U0516762

庄子浅注

（修订重排本）

曹础基 著

中华书局

图书在版编目(CIP)数据

庄子浅注:修订重排本/曹础基著. —3 版. —北京:中华书局,2007.3(2025.2 重印)
ISBN 978-7-101-02118-9

Ⅰ.庄… Ⅱ.曹… Ⅲ.①道家②《庄子》-注释 Ⅳ.B223.52

中国版本图书馆 CIP 数据核字(2007)第 027665 号

书　　名　庄子浅注
著　　者　曹础基
责任编辑　张继海　朱立峰
封面设计　刘　丽
责任印制　管　斌
出版发行　中华书局
　　　　　(北京市丰台区太平桥西里 38 号　100073)
　　　　　http://www.zhbc.com.cn
　　　　　E-mail:zhbc@zhbc.com.cn
印　　刷　三河市宏达印刷有限公司
版　　次　1982 年 10 月第 1 版　2000 年 6 月第 2 版
　　　　　2007 年 3 月第 3 版　2025 年 2 月第 12 次印刷
规　　格　开本/700×1000 毫米　1/16
　　　　　印张 25½　插页 2　字数 384 千字
印　　数　36301-37300 册
国际书号　ISBN 978-7-101-02118-9
定　　价　98.00 元

前　言

《庄子》基本上是庄周(公元前369—前286年)及其后学所作的。全书现存三十三篇，分内篇七、外篇十五、杂篇十一。内篇的思想、文风都比较一致，当属庄周自著。外、杂篇则兼有其后学之作，还羼入了其他学派的个别篇章。因此，思想观点与内篇多有出入：政治上不仅主张绝对的无为，有时还主张上无为而下有为；在处世态度上，有宣扬混世的，也有赞成避世的；在人生观上，有提倡寡欲的，也有鼓吹纵欲的；在对待不同学派的态度上，有坚持混合齐同的，也有针锋相对的。这些分歧，与孔丘之后，儒分为八；墨翟之后，墨离为三，是完全一样的。表明了庄周之后，庄周学派也在发展、分化。反映了从战国中至秦汉间的社会变革及各种学派间的相互渗透。但只要不违背《天下》篇所表述的庄周观点，都应归属于同一体系。因此可以说，《庄子》是以庄周思想为主体，从战国中至秦汉间庄周学派的总集。它上承《老子》，下启《淮南子》，是道家的一部主要著作。从全书的基本倾向看来，完全体现了在野派的政治态度，抒发了对当时社会的极度不满；尤其在哲学领域里，广泛而深入地阐明了作者的见解，完成了一个博大精深的道家思想体系。

研究中国哲学，不能不读《庄子》；研究中国文学，也不能不读《庄子》。鲁迅先生说过："其文则汪洋辟阖，仪态万方，晚周诸子之作，莫能先也。"(《汉文学史纲要》)它那浓厚的浪漫主义色彩，创造性的寓言，辛辣的讽刺笔调，生动逼真的描绘，灵活多样的句式，丰富的词汇，在中国古代的散文史上，是很少能够与之伦比的。

《庄子》对后世的影响是深远而又复杂的。知识分子几乎都爱读它，连封建帝王也很重视它。唐天宝元年，还诏号庄周为南华真人，《庄子》为《南华真经》。或取其无为寡欲，保命养生；或取其不满现实，鄙弃功名；或学其悲观厌世，自我超脱，自我陶醉。从现存的晋人郭象《庄子注》算起，评注《庄子》的数以百计。

有的说《庄子》与法家同源，有的把《庄子》与儒家合流，有的说《庄子》等同佛家，有的以阴阳家、神仙家的观点去解说《庄子》。虽然各有所见，但总未能揭示出《庄子》的实质。近几十年来，人们从不同的角度、用不同的理论，开展了对《庄子》新的研究和评价，而且对《庄子》进行了多种注释，出现了大批的研究论文，形成了历史上的一个庄子热。但关于庄周其人，《庄子》各篇的写作年代，《庄子》在哲学、美学、文学、自然科学等方面的问题，还存在不少分歧、对立的看法，需要进一步深入讨论。本书作为建国后第一本《庄子》的新注，是为了给相当于高中毕业水平的读者提供一种较为通俗、浅白的解说，适应广大读者读《庄》的需求而出版的。初版至今已经十六年了，《庄子》研究的丰硕成果以及本人对庄子认识的变化，都需要进行修订。故在原本的基础上，参考时贤的有关论著，稍加修改。注解体例仍旧如下：

一、本书中的《庄子》原文，以中华书局一九六一年七月版的《庄子集释》(郭庆藩辑，王孝鱼整理)为底本，参阅其他，择善而从。凡于底本有所改动者，必在注中加以说明。

二、每篇篇首有“导读”，概括该篇中心，指出其中的主要问题；每段之后有段意说明，而且必要时稍加评点。

三、由于《庄子》文章义理玄虚，故除了对生字难词注明音义外，有些句子还根据上下文意略加串解。

四、《庄子》的核心在内篇，故评注时内篇稍详而外、杂篇偏略。

本书的注释工作从一九六四年开始，一直是在杭州大学王焕镳老师的指导下进行的。在初稿的修改中，还得到邵君朴、丘世友等先生提出的珍贵的意见。定稿时，中华书局哲学编辑室孙通海同志曾给以热情的鼓励和具体的帮助。这次修订出版又得到中华书局哲学文化编辑室的支持。均在此表示由衷的感谢。本人水平有限，错误一定不少，望读者多多批评指正。

曹础基

一九九八年十二月修订于华南师范大学

目次

内篇

外篇

杂篇

内篇①

逍遥游第一

【导读】

逍遥，悠闲自得、无拘无束的样子。游，交游，这里指社会上的人事交往。作者以鲲鹏展翅九万里开篇，继以小雀笑其劬劳相衬，说明小大之辨。再推类旁及动植物、社会人生，并谓知效一官者流不及宋荣子、列子者远甚。然皆“犹有

① 先秦著作有些因为篇幅太长，故分内外篇，甚至内外中又分左右，左右中又分上下。如《韩非子》中的《内储说上》，《外储说左下》等就是例子。《庄子》全书分内、外、杂篇，是后人整理的分类。现存的郭象注本三十三篇，分内篇七、外篇十五、杂篇十一。内篇依据各篇意旨命题，思想、文风亦比较统一，论者多认为是庄周手笔，而外、杂篇则不少为庄周后学所作。

所待者也”，而“至人无己，神人无功，圣人无名”，“彼且恶乎待哉”！此为全篇点睛之笔。上篇先扬后抑，层层铺垫，用归纳法托出主题，属总论；下篇用四五个寓言分论内无己则外无为之理。内外皆无，何不逍遥！

对于本篇主题，历代读者见仁见智。或谓鲲鹏、小雀各有各的遭遇；或谓鲲鹏、小雀都不算逍遥，至人才是真正的逍遥；或谓鲲鹏之大而化，就是逍遥。而主要是表达作者的人生哲学，以自由自在为理想境界，则是大家所认同的。为了达到这一境界，作者认为必须与物无待，即摆脱与周围事物的依赖、对立关系。而做到无待的关键，又是无己，连自己的存在都不放在心上，就没有什么不逍遥的了。

北冥有鱼①，其名为鲲。鲲之大，不知其几千里也。化而为鸟，其名为鹏。鹏之背，不知其几千里也。怒而飞②，其翼若垂天之云③。是鸟也④，海运则将徙于南冥⑤。南冥者，天池也⑥。

【注释】

①冥(míng 明)，同溟，指海。北冥，北海。下文“南冥”类此。因海水深黑而得名，故下文又称“冥海”。　②怒，奋发的样子。　③垂，通陲，边际。垂天，天边。　④是，此。　⑤海运，海动。海边歌谣有六月海动的说法。海动必有大风，故鹏可以乘风南飞。　⑥天池，天然形成的大池。

《齐谐》者①，志怪者也②。《谐》之言曰：“鹏之徙于南冥也，水击三千里③，抟扶摇而上者九万里④，去以六月息者也⑤。”野马也⑥，尘埃也，生物之以息相吹也。天之苍苍⑦，其正色邪？其远而无所至极邪？其视下也⑧，亦若是则已矣。

【注释】

①齐谐，书名。出于齐国，内容多诙谐怪异，故名“齐谐”。　②志，记述。志怪，记载怪异的事情。　③击，拍击。　④抟(tuán 团)，环绕。扶摇，旋风。九万里，形容极高。上文“三千里”形容极远，三、九都是虚指，形容数之多。

⑤息，止息。句谓飞了六个月才止息。 ⑥野马三句：野马似的游气，飞扬的尘埃，都是被生物的气息吹拂着而在空中游荡。息，气息。 ⑦天之三句：天上的深蓝色，究竟是天真正的颜色呢？还是由于无限高远的缘故呢？其，抑，或许。正色，真正的颜色。邪，同耶。无所至极，不能达到尽头的地方。形容极远。 ⑧其视二句：其，代词，指鹏。若是，像这样。则已，如同“而已”。

且夫水之积也不厚①，则其负大舟也无力②。覆杯水于坳堂之上③，则芥为之舟④。置杯焉则胶⑤，水浅而舟大也。风之积也不厚，则其负大翼也无力⑥。故九万里则风斯在下矣⑦，而后乃今培风；背负青天而莫之夭阏者，而后乃今将图南。

【注释】

①且，递进连词。夫，助词，表示要发议论。且夫，表示要进一步论述，有提起下文的作用。 ②负，载。 ③覆，倒。坳(ào 澳)堂，堂中凹处。 ④则芥句：那就只有小草可以当船。芥，小草。 ⑤置杯句：如果把杯放下去就粘着浮不起来了。置，放。焉，于此，在这里。 ⑥大翼，指代大鹏。 ⑦故九万四句：鹏飞九万里，那么风就在下面了(意指风有九万里那么厚)，然后才乘着大风；背像负着青天一般，而没有什么阻拦，然后才谋向南飞。斯，乃，就。而后乃今，“今而后乃”的倒文，这时然后才。培，凭。夭阏(è 饿)，阻拦。图南，图谋向南飞去。

蜩与学鸠笑之曰①：“我决起而飞②，抢榆枋③，时则不至而控于地而已矣④，奚以之九万里而南为⑤？”适莽苍者⑥，三飡而反⑦，腹犹果然⑧；适百里者，宿舂粮⑨；适千里者，三月聚粮⑩。之二虫又何知⑪！

【注释】

①蜩(tiáo 条)，蝉。学，一作鸴。鸴鸠，斑鸠。 ②决(xuè 血)起，迅速飞起。 ③抢(qiāng 枪)，突，冲上。榆，榆树。枋(fāng 方)，檀木。 ④则，或。控，投。 ⑤奚以，为何。之，往。为，疑问助词，犹“呢”。“奚以……为”，

相当于"为什么要……呢"。 ⑥适，往。莽苍，郊野景色，故引申为近郊。⑦飡，同餐。三飡，指一日。反，通返。 ⑧果然，饱饱的样子。 ⑨宿舂(chōng 充)粮，隔夜捣舂食粮。意即作较多的干粮准备。 ⑩三月聚粮，花三个月的时间来积蓄食粮。 ⑪之，此。之二虫，指蜩与学鸠。古时通称动物为虫。

小知不及大知①，小年不及大年②。奚以知其然也？朝菌不知晦朔③，蟪蛄不知春秋④，此小年也。楚之南有冥灵者⑤，以五百岁为春，五百岁为秋；上古有大椿者⑥，以八千岁为春，八千岁为秋。而彭祖乃今以久特闻⑦，众人匹之⑧，不亦悲乎！

【注释】

①知(zhì 志)，通智。不及，赶不上，比不上。 ②年，寿命。小年，短命。大年，长寿。 ③朝菌，一种朝生暮死的菌类植物。晦朔，每月的头一天叫朔，尾一天叫晦。这里犹言早晚。 ④蟪蛄(huì gū 惠姑)，寒蝉。春秋，指整年。商代和西周前期一年只分春秋二季。寒蝉春生夏死，或夏生秋死，因此它只能经历某一二个季节，而不可能晓得整年。 ⑤冥灵，树名。 ⑥椿(chūn 春)，香椿。⑦彭祖，传说中人物。以久特闻，因长寿而特别著名。一般说彭祖有八百岁。乃今，而今。 ⑧匹，比。匹之，和他相比。

汤之问棘也是已①：穷发之北②，有冥海者，天池也。有鱼焉，其广数千里，未有知其修者③，其名为鲲。有鸟焉，其名为鹏，背若太山，翼若垂天之云，抟扶摇羊角而上者九万里④，绝云气⑤，负青天，然后图南，且适南冥也⑥。

【注释】

①汤，商汤，商朝第一个王。棘，即夏革，商时大夫，汤以他为师。是已，是也，就是这样的，表示肯定。 ②穷发，不毛之地，连草都不长的地方。③修，长。 ④羊角，形容旋风旋转如羊角的状态。 ⑤绝，超越。⑥且，将。

斥鴳笑之曰[①]："彼且奚适也？我腾跃而上，不过数仞而下[②]，翱翔蓬蒿之间[③]，此亦飞之至也[④]，而彼且奚适也?"此小大之辩也[⑤]。

【注释】

①斥，小池泽。鴳(yàn 燕)，小雀。斥鴳，生活在小池泽的一种小雀。 ②仞，八尺。一说七尺。 ③翱翔(áo xiáng 敖详)，展翅回旋地飞。蓬蒿，本指蓬与蒿两种草，这里引申作草野。 ④飞之至，飞翔中最得意的境界。至，最。 ⑤辩，通辨，区别。

故夫知效一官[①]，行比一乡，德合一君，而徵一国者，其自视也[②],亦若此矣[③]。而宋荣子犹然笑之[④]。且举世而誉之而不加劝[⑤]，举世而非之而不加沮[⑥]，定乎内外之分[⑦]，辩乎荣辱之境[⑧]，斯已矣[⑨]。彼其于世，未数数然也[⑩]。虽然，犹有未树也[⑪]。

【注释】

①故夫四句：智慧可以胜任一官之职，品行可以团结一乡的人，道德可以投合一国的君主，能力可以取得全国的信任。知，通智。比，亲近。而，古通能，能力。徵，信，取信。 ②其，指上述四种人。自视，自己看自己。 ③此，指斥鴳自以为"飞之至"这件事。 ④宋，宋国。荣，姓。子，对男子的尊称。一说姓宋名荣，即《天下》篇中的宋钘。犹然，笑的样子。之，指上述四种人。 ⑤且，提起连词。举世，整个社会。誉，赞扬。劝，努力。不加劝，不会更加积极。 ⑥非，非议。沮，沮丧。不加沮，不会更加消极。 ⑦定，确定。内，主观。外，客观。《天下》篇说宋钘"以禁攻寝兵为外，以情欲寡浅为内"。 ⑧辩，通辨。境，界限。句意谓不把世俗的称赞与非议看作是光荣与耻辱，心中自有区分光荣与耻辱的标准。 ⑨斯，此。 ⑩彼其二句：他在社会上说来，并不常见。数数(shuò朔)，常常。然，这样。未数数然，很少人这样。 ⑪树，立。未树，指道德上还未到家。

夫列子御风而行[①]，泠然善也[②]，旬有五日而后反[③]。彼于致福者④。未数数然也。此虽免乎行，犹有所待者也⑤。

若夫乘天地之正，而御六气之辩⑥，以游无穷者⑦，彼且恶乎待哉⑧！故曰：至人无己⑨，神人无功，圣人无名。

【注释】

①列子，姓列名御寇，郑国人。御，乘。 ②泠(líng 铃)然，轻快的样子。善，妙。 ③旬，十天。有，通又。旬有五日，十五日。反，通返。 ④彼于二句：他在追求幸福的人当中，并不多见。意谓他是相当幸福的了。致，追求。 ⑤有所待，指依赖于风。有依赖就算不上绝对自由。 ⑥正，与辩对举。辩，变。正是根本的，辩是派生出来的。乘天地之正，顺着自然的本性。御六气之辩，驾御六气的变化。六气，说法很多，最早指阴、阳、风、雨、晦、明六气。 ⑦无穷，指无限的时间与空间，即绝对自由的境界。 ⑧恶(wū 乌)，何。句谓那样的人还要依赖什么呢！ ⑨至人三句：无己，去我顺物。无功，不求有功。无名，不求名声。

【点评】 说明小雀与知效一官者流，自鸣得意，其实是坐井观天，根本微不足道；鲲鹏与宋荣子、列子，虽然摆脱了一般的局限，似乎有点自由的气象了，但其实对于大道也未到家，远未达到逍遥游的境界。与前者相比，虽然有大小的差别，但本质上是一样的，都是有所待的。而真正达到逍遥游的只有那种“游无穷者”。

文章以先扬后抑、层层铺垫的手法，把种种“有所待”的境界逐个推倒，然后端出他的榜样来。

作者认为常人之所以达不到逍遥游，是因为有包袱，有所依赖、有所追求，把自己看得很重，尤其把功名利禄看得很重。要成为一个“游无穷者”，就必须做到“无己”、“无功”、“无名”，这才是一个自由人。在现实中，人是社会关系的总和，不能不受各种社会关系的制约；同时也不能脱离对自然条件的依赖而生活。庄子的无己而逍遥，主要在精神上使自我回归于大道，超越我与人、我与物的各种关系，以实现绝对的自由。

尧让天下于许由①，曰："日月出矣，而爝火不息②，其于光也③，不亦难乎！时雨降矣④，而犹浸灌⑤，其于泽也⑥，不亦劳乎⑦！夫子立而天下治⑧，而我犹尸之⑨，吾自视缺然⑩。请致天下⑪。"许由曰："子治天下，天下既已治也，而我犹代子，吾将为名乎？名者，实之宾也⑫，吾将为宾乎？鹪鹩巢于深林⑬，不过一枝；偃鼠饮河⑭，不过满腹。归休乎君⑮，予无所用天下为！庖人虽不治庖⑯，尸祝不越樽俎而代之矣⑰。"

【注释】

①尧，传说中的古帝王。许由，传说中的隐士。 ②爝(jué 爵)火，火炬。 ③其于光也，它(指火炬，尧自比)对于显示光亮这一点来说。 ④时雨，应时雨。 ⑤浸灌，灌溉。 ⑥泽，润泽作物。 ⑦劳，费力。 ⑧夫子，古时对男子的尊称，这里指许由。而，则。这句是假设句，意谓先生如果立为天下之主，那么就可以天下太平了。 ⑨尸，主治。 ⑩缺然，指不够资格做君主的样子。 ⑪致，送。请致天下，请让我把天下交给你。 ⑫宾，从属、派生的东西。 ⑬鹪鹩(jiāo liáo 焦僚)，巧妇鸟。 ⑭偃鼠，一种大鼠。饮河，在河饮水。 ⑮归休乎二句：回去吧，君主！天下对我一点用处也没有啊！为，表感叹的句末语气词。 ⑯庖(páo 袍)人，炊事员。治庖，治理厨房的工作(如煮烹之类)。 ⑰尸祝，祭祀中执祭版对神主祷祝的人。樽，酒器。俎(zǔ 祖)，古时祭祀时盛牛羊的礼器。句谓尸祝不会超越自己祭神的职责而代理庖人治庖。这是许由自比。

【点评】 主要说明"无名"，但也说明"无功"、"无己"。许由不愿接受尧所让的天子之位，是因为如"鹪鹩巢于深林，不过一枝；偃鼠饮河，不过满腹"。他感到自满自足，不想去追求过多的功名。"庖人虽不治庖，尸祝不越樽俎而代之矣。"后人把那些与此态度相反，越权包办的做法，叫做"越俎代庖"。

肩吾问于连叔曰①："吾闻言于接舆②，大而无当③，往而不返④。吾惊怖其言犹河汉而无极也⑤，大有径庭⑥，不近人情焉。"连叔曰："其言谓何哉？""曰'藐姑射之山⑦，有神人居焉。肌肤若冰雪，淖约若处子[⑧]；不食五谷，吸风饮露；乘云气，御飞龙，而游乎四海之外；其神凝[⑨]，使物不疵疠而年谷熟’。吾以是狂而不信也[⑩]。”连叔曰：“然，瞽者无以与乎文章之观[⑪]，聋者无以与乎钟鼓之声。岂唯形骸有聋盲哉[⑫]？夫知亦有之[⑬]。是其言也[⑭]，犹时女也。之人也[⑮]，之德也[⑯]，将旁礴万物以为一[⑰]，世蕲乎乱，孰弊弊焉以天下为事！之人也，物莫之伤[⑱]，大浸稽天而不溺[⑲]，大旱金石流、土山焦而不热。是其尘垢秕糠[⑳]，将犹陶铸尧舜者也，孰肯以物为事！”

【注释】

①肩吾、连叔，都是假设人名。传说肩吾是泰山神。　②接舆，与孔子同时的隐士，《论语》说他是楚狂人。　③大而无当(dàng 档)，堂皇而不切实际。当，底。④往而不返，这里指说开去就收拢不回来。意即漫无边际。故下句说“无极”。⑤怖，惊。惊怖，表示惊怪非常。河汉，天河。　⑥径，门外路。庭，堂前地。两者相隔很远，互不相关。比喻接舆所说的话与常理完全两样。故下句说“不近人情”。　⑦藐姑射(yè 夜)，又名姑射、石孔山，在今山西省临汾县西。　⑧淖(chuò 啜)约，姿态柔美。处子，处女。　⑨其神二句：她的精神专一凝聚，能使万物不遭受病害，年年五谷丰收。凝，凝聚不散。疵疠(cī lì 呲利)，疾病。年谷，指代庄稼。　⑩吾以句：以，认为。是，此，指上述接舆的那段话。狂，即诳字，诳语。　⑪瞽(gǔ 古)者，盲人。与(yù 遇)，参与，指参与欣赏。文章，文彩。观，景象。　⑫岂唯，难道只有。　⑬知，通智。指认识上。　⑭是其二句：是，此。其言，指上文关于瞽聋的那一段议论。时，是。女，同汝，你。二句谓：这段话说的就是你了。即你就是智之瞽聋者了。　⑮之人，这种人，指神人。⑯之德，这种道德，指神人的道德。　⑰将旁礴三句：将要混同万物而融合为一体，世人希望他们治理好天下，但他们哪里肯辛辛苦苦地管这种多余的事情呢！旁礴，混同。蕲(qí 其)，求。乱，治。孰，谁，指神人。弊弊，忙碌疲惫的样子。⑱物莫之伤，没有哪一个东西能伤害他。莫，没有能。　⑲大浸，大水所淹。稽，至。　⑳是其三句：就是他的尘埃糟粕，还可以造就尧舜，哪里愿意把世务当作一回事。意如《让王》篇所说：“道之真以治身，其绪余以为国家，其土苴以治天下。帝王之功，圣人之余事也。”陶铸，造就。物，事，指世务。

宋人资章甫而适诸越[①]，越人断发文身[②]，无所用之。

【注释】

①资，贩卖。章甫，殷代冠名。宋国是殷族后代，故此还保存殷服制度。诸，于。适诸越，谓到越国去卖。　②断发，剪了头发。文身，一种民族风俗：用针在人体上刺上花纹，有的染色，有的不染色，一般用作图腾标志。

尧治天下之民，平海内之政。往见四子藐姑射之山[①]，汾水之阳[②]，窅然丧其天下焉[③]。

【注释】

①四子，《经典释文》引司马、李注：王倪、啮缺、被衣、许由。实即虚设人物。②汾(fén 坟)水，在今山西中部，黄河第二支流。阳，中国大部分地处北温带，所以水的北岸与山的南面向阳，故称为阳，反面为阴。　③窅(yǎo 咬)，通杳。窅然，深远难见的状态。这是指尧入于混沌恍惚的精神状态，故把所统治的天下都遗弃掉。丧，遗弃。

【点评】　神人是"无己"而逍遥的形象，她美貌、清高、神灵、伟大。这是道家精神的化身。作者以取象的手法，表现了道的性质。道与物为春，故"若处子"；一切无待，故何必五谷；无所不在，故游四海之外；主宰万物，能陶铸尧舜；与物齐同，则无所谓溺，亦无所谓热；自然无为，故不肯以天下为事。

惠子谓庄子曰[①]："魏王贻我大瓠之种[②]，我树之成而实五石[③]。以盛水浆，其坚不能自举也[④]。剖之以为瓢，则瓠落无所容[⑤]。非不呺然大也[⑥]，吾为其无用而掊之[⑦]。"庄子曰："夫子固拙于用大矣[⑧]。宋人有善为不龟手之药者[⑨]，世世以洴澼絖为事[⑩]。客闻之，请买其方百金[⑪]。聚族而谋曰[⑫]：'我世世为洴澼絖，不过数金。今一朝而鬻技百金[⑬]，请与之[⑭]。'客得之，以说吴王[⑮]。越有难[⑯]，吴王使之将[⑰]。冬，与越人水战，大败越人[⑱]，裂地而封之[⑲]。能不龟手一也[⑳]，或以封㉑，或不免于洴澼絖，则所用之异也。今子有五石之瓠，何不虑以为大樽而浮乎江湖㉒，而忧其瓠落无所容？则夫子犹有蓬之心也夫㉓！”

【注释】

①惠子，宋人惠施，曾任梁惠王相，是先秦名家学派的代表人物。详见《天下》篇。本书写他与庄子辩论不少，其中部分可能属于寓言。　②魏王，姓魏名罃，因魏国建都大梁，所以又称梁惠王。贻（yí 移），赠。大瓠（hù 户），大葫芦。种，种子。　③成，结成葫芦。实五石，装满能有五石的容量。　④坚，硬度。⑤瓠，假借为廓。廓落，很大的样子。无所容，无所可容，没有什么东西好装。⑥呺（xiāo 逍）然，空虚巨大的样子。　⑦为，因为。掊（pǒu 剖上声），击破。⑧拙，不善。　⑨不龟手，使手不被冻裂。龟，通皲（jūn 军），皮肤因寒冷或干燥而破裂。　⑩洴澼（píng pì 平辟），漂洗。絖（kuàng 况），通纩，绵絮。　⑪方，指不龟手的药方。金，古代货币单位，一金就是一方寸一斤重的铜。　⑫聚族而谋，召集全家族的人来商量。　⑬鬻（yù 育）技，出卖技术。　⑭与之，指卖给他。　⑮说（shuì 税），用语言劝说别人，使他信服自己。吴，周代诸侯国，据有今江苏大部分和安徽、浙江等省一部分，国都原在梅里（今无锡市），后迁姑苏（今苏州市）。　⑯越，周代诸侯国，原据今浙江钱塘江流域一带，春秋末年灭吴，于是占有吴国全部领土，并发展到山东东南部。国都会稽（今绍兴市）。难，难事，指军事行动。　⑰使之将（jiàng 酱），派他率领军队。　⑱大败越人，因吴军有使手脚不冻裂的药，故此得胜。　⑲裂地，割出一块地方。封之，封赐给他。⑳一也，是一样的。　㉑或，有人。以封，因此而得到封地。　㉒虑，考虑。樽，葫芦形似酒樽，缚在腰上游泳，如今之救生圈。船家小孩还多有这种用法。㉓蓬之心，如有蓬草蔽塞的心，犹说“茅塞”。

惠子谓庄子曰：“吾有大树，人谓之樗①。其大本拥肿而不中绳墨②，其小枝卷曲而不中规矩。立之涂③，匠者不顾④。今子之言，大而无用，众所同去也⑤。”庄子曰：“子独不见狸狌乎⑥？卑身而伏⑦，以候敖者；东西跳梁⑧，不避高下；中于机辟⑨，死于罔罟⑩。今夫斄牛⑪，其大若垂天之云。此能为大矣，而不能执鼠⑫。今子有大树，患其无用，何不树之于无何有之乡⑬，广莫之野⑭，彷徨乎无为其侧⑮,逍遥乎寝卧其下。不夭斤斧⑯，物无害者，无所可用，安所困苦哉!”

【注释】

①樗(chū 初)，臭椿树。落叶乔木，木质很差。 ②大本，主干。拥，通臃。臃肿，肥短而不端正。中(zhòng 众)，合。绳墨，与下句的“规矩”，都是木匠常用工具。绳墨划直线，规划圆，矩划方。 ③立之涂，立在路上。“之”下省“于”字。涂，通途。 ④匠者不顾，木匠连看都不看。 ⑤去，抛弃。说明大家不听庄子那一套。 ⑥独，偏偏。狸，野猫。狌，黄鼠狼。 ⑦卑身二句：低身匍匐在地上，等候着行走过的动物(指可食的鸡、鼠之类)。卑，低。敖，通遨，遨游。 ⑧东西二句：时东时西地跳跃，不管高低。梁，通踉(liáng 良)，跳跃。 ⑨中(zhòng 众)，触到。机辟，捕禽兽的工具，装有开关的机件。辟，开。与楚辞《九章》“设张辟以娱君兮”之“张辟”义同。现在捉鸟、鼠还有用这种工具的。 ⑩罟(gǔ 古)，网类。 ⑪斄(lí 犁)，字亦作“犛”，就是牦(máo 毛)牛，产于我国西南。 ⑫执，捉拿。 ⑬无何有，虚无。 ⑭广莫，辽阔。莫，通漠，也是广大的意思。 ⑮彷徨乎，放任不拘的样子。无为，无所事事。 ⑯不夭二句：不会夭折于斤斧，没有什么东西会损害它。夭，折。斤，大斧头。

【点评】 以大瓠、大樗所谓无用之用，说明“无功”的道理。物各有所能，各有所用。大有大的用处，小有小的用处。以自己的功利观点去强求物为我所用，这是一种茅塞的表现。顺物自然，随其所用，就是无用之用。篇中所记与庄周论辩的惠施，是作者的好友，又是作者的论敌。他们平生交往甚密，经常相互辩难。或谓《庄子》一书，多为惠施而发，不是没有根据的。

齐物论第二

【导读】

齐物论有两种解释：齐物之论与齐同物论。其实两者是密切相关的。根据文中所论述的内容，齐同物论是主要的。

物论，即人们对客观事物的评论。不同的人，不同的客观事物，就会产生不同的评论。但作者认为：客观事物本来就不分彼此，是齐同的，而人们关于是非、然否的争论都是出于私心成见所致。从道的观点看来，万物是齐同的，故物论也应该是齐同的。

本篇是《庄子》一书论述哲学思想最重要的一篇，甚至可以说是中国道家哲学的代表作之一。篇中反复描述的道，又称“真君”或“真宰”，是作者哲学思想的出发点和归宿。它是客观存在着的，又是非物质的，甚至是产生物质的。实际上，它就是作者哲学思想的最高原则。

作者还认为：不论客观万物或者人的内心世界都受着道的主宰。因而事物的彼此、认识上的是非，都是相对的。从根本上说来，一切都是道的“物化”现象，如庄周梦为蝴蝶，蝴蝶梦为庄周一样，只不过是一种幻觉，是没有定准的。因而应该放弃一切对立、一切争论，做到无知无觉、无见无识，回复到万物的老祖宗——虚无的道那里，就一切都统一了，一切都可以作罢了。这就是作者论证物之所以齐、物论之所以齐的基本前提。

从唯物主义的观点看来，事物是有同一性的，但是，“对立面的统一(一致、同一、均势)，是有条件的、暂时的、易逝的、相对的。相互排斥的对立面的斗争则是绝对的，正如发展、运动是绝对的一样”(列宁《谈谈辩证法问题》)。而《齐物论》的作者则相反，把统一看作是无条件的、永远的、绝对的，而把对立的斗争则看作是相对的、一时的、易逝的。这是一种相对主义的观点，是作者无为的政治论与混世的人生哲学的理论基础。

南郭子綦隐机而坐①，仰天而嘘②，荅焉似丧其耦③。颜成子游立侍乎前④，曰：“何居乎⑤？形固可使如槁木，而心固可使如死灰乎？今之隐机者，非昔之隐机者也？”子綦曰：“偃，不亦善乎而问之也⑥！今者吾丧我⑦，汝知之乎？女闻人籁而未闻地籁⑧，女闻地籁而未闻天籁夫！”

【注释】

①南郭子綦(qí 其)，楚昭王庶弟，楚庄王司马。居住在南郭，故以此作为称号。隐，凭靠。机，案。 ②嘘(xū 虚)，呵气，慢慢地吐气。 ③荅(tà 蹋)焉，形体死寂的样子。故下文问“形固可使如槁木”。丧其耦(ǒu 偶)，丧失了与真君相对立的东西，如功、名、己等。故下文问“心固可使如死灰乎?”耦，通偶。 ④颜成子游，姓颜成，名偃，子綦弟子。 ⑤居(jī 基)，故，缘由。 ⑥不亦句：这是倒

装句，意谓你问得不是很好吗？而，汝。 ⑦吾，指今日得道的我。我，指没有忘己、忘功、忘名的我，亦即上面所说的“耦”。 ⑧籁，箫。人吹而能成为乐音的竹管叫人籁，风吹而能发出声响的洞穴叫地籁。天籁，见下文。

子游曰：“敢问其方①。”子綦曰：“夫大块噫气②，其名为风。是唯无作③，作则万窍怒呺。而独不闻之翏翏乎④？山林之畏佳⑤，大木百围之窍穴⑥，似鼻⑦，似口，似耳，似枅，似圈，似臼，似洼者，似污者。激者⑧、謞者、叱者、吸者、叫者、譹者、宎者、咬者，前者唱于而随者唱喁⑨，泠风则小和⑩，飘风则大和，厉风济则众窍为虚⑪。而独不见之调调之刀刀乎⑫？”

【注释】

①方，道理。 ②大块，指天地。噫(ài 爱)气，本指人呃逆出气。这里说天地吐气，与《逍遥游》篇“以息相吹”意近，是一种形象的说法。 ③是唯二句：这个风除非不发作，发作就会千万个洞孔发出怒号的声音。是，此。窍，洞穴。呺(xiāo 逍)，通号。 ④而，你。翏翏(liù 六)，悠长的风声。 ⑤畏佳，通嵔崔(wèi cuī 畏催)，高大参差的样子。 ⑥围，两手合抱的范围。 ⑦“似鼻”至“似污者”：都是形容窍穴的形状。枅(jī 鸡)，木制的酒瓶。圈，杯盂。臼(jiù 旧)，舂米的器具，一般用石头制成。洼，池沼。污，泥坑。 ⑧“激者”至“咬者”：都是形容怒号的声音。激者，急流声。謞(xiào 笑)者，飞箭声。叱(chì 斥)者，发怒时的出气声。吸者，吸气声。叫者，叫喊声。譹(háo 豪)者，号哭声。宎(yǎo 夭)者，沉吟声。咬(jiāo 交)者，哀叹声。 ⑨于(yú 鱼)、喁(yú 鱼)，表示相应和的声音。前者指风，随者指窍穴。 ⑩泠(líng 零)风，清风，也就是小风。 ⑪厉风，烈风。济，停止。虚，指没有声。 ⑫而，你。调调、刀刀，都是形容摇动的样子。

子游曰：“地籁则众窍是已，人籁则比竹是已①，敢问天籁。”子綦曰：“夫吹万不同②，而使其自已也③。咸其自取④，怒者其谁邪？”

【注释】

①比竹，多支竹管并列而成的乐器，如笙竽之类。比，并。 ②吹万不同，风吹千万个窍穴而声音不同。 ③自已，自身。指洞穴发出各自的声音。④咸其二句：都是取决于它们自己吗？使它们怒号的又是谁呢？咸，都。

【点评】 物论的是非产生于人心的不同。作者认为要齐同物论就必须人人去掉私心成见，即做到所谓“吾丧我”，所谓“心如死灰”。但人心为什么不可凭藉？作者接着以人籁、地籁、天籁来说明。人心犹如一管一洞，而一管一洞之所以独成其声，是有个“怒者”在主宰的。这个“怒者”是什么？作者在下文作了回答。

大知闲闲①，小知间间。大言炎炎②，小言詹詹。其寐也魂交③，其觉也形开。与接为构④，日以心斗。缦者⑤、窖者、密者。小恐惴惴⑥，大恐缦缦。其发若机栝⑦，其司是非之谓也；其留如诅盟⑧，其守胜之谓也；其杀若秋冬⑨，以言其日消也；其溺之所为之⑩，不可使复之也；其厌也如缄⑪，以言其老洫也；近死之心，莫使复阳也⑫。喜怒哀乐，虑叹变慹⑬，姚佚启态⑭——乐出虚⑮，蒸成菌。日夜相代乎前而莫知其所萌⑯。已乎⑰，已乎！旦暮得此⑱，其所由以生乎！

【注释】

①大知二句：旧注多把大知理解为褒词，似乎不妥。本段中的大知与小知，大言与小言，大恐与小恐，都是指争论是非的人来说的，应属贬词。闲，防。闲闲，拒绝接受意见的样子。间间，细加分别的样子。二句意谓：那些绝顶聪明的人自以为是，对别人的意见根本不听；而那些才智低浅的人则只能在枝节问题上和别人计较。 ②大言二句：炎炎，火猛气盛的样子。詹詹（zhān 沾），啰啰嗦嗦。二句意谓：善于雄辩的则猛如烈火，气势凌人；言不达意的则啰啰嗦嗦。 ③其寐二句：魂交，心神烦乱。形开，四体不安。二句说明日夜都十分紧张。 ④与接二句：与接触的人物周旋，整天勾心斗角。构，交合，引申为周旋。 ⑤缦（màn 慢），缓慢。窖（jiào 较），深沉。密，谨密。意指争辩、心斗的人，有的慢条斯理、有恃无恐的样子，有的心怀叵测的样子，有的小心谨慎的样子。 ⑥惴惴（zhuì 坠），提

心吊胆的样子。缦缦，沮丧落魄的样子。 ⑦其发二句：出口像飞箭一样，先发制人，这叫做善于洞察是非。机，弩上发射的机关。栝(kuò 括)，箭末扣弦的部位。机栝，指代射箭。司，通伺，伺察。 ⑧其留二句：守口如誓约一样慎重，这叫做以守取胜。诅(zǔ 祖)盟，誓约。 ⑨其杀二句：这种心斗对身心的摧残，就如秋冬天气对生物的摧残一样，就是说他们日甚一日地消瘦了。杀，肃杀，严酷摧残。消，衰退。 ⑩其溺二句：他们沉溺到如此地步，无法使他们回头了。复，恢复，回头。 ⑪其厌二句：他们紧闭得像密封的一般，就是说他们是厚貌深衷、老奸巨滑的。厌，闭藏。缄(jiān 笺)，封闭。洫(xù 绪)，本指田沟或城池，有自封自守的意思。老洫，自守的老手。 ⑫复阳，恢复生气。 ⑬变，变化无常。慹(zhé 哲)，通蛰，蛰伏不动，这里指心神不动，犹今说无动于衷。 ⑭姚，轻浮。佚，通逸，纵逸。启，放荡。态，作态。 ⑮乐出虚，乐音发自空虚的箫管。蒸成菌，湿气蒸发就会长出菌。这两句以比喻总承本段，又回应上一段，把人们的是非争论和万窍怒号联系起来，而说明都是无中生有的，像众窍为虚而能发出乐音、蒸气会长出朝菌一样，万事万物也是从虚无中产生出来的。 ⑯日夜二句：在人们的眼前日夜不停地出现互相变化的万物，但无法知道这种现象的缔造者。萌，始，生。其所萌，指万物的缔造者。 ⑰已乎，算了吧。 ⑱旦暮二句：有朝一日悟到了这个造物者，就明白是由它缔造出来的。这两句是承上“莫知其所萌”说的。其所由以生，即其所萌，都是指造物者。

非彼无我①，非我无所取。是亦近矣，而不知其所为使。若有真宰②，而特不得其眹③。可行已信④，而不见其形，有情而无形⑤。百骸、九窍、六藏⑥，赅而存焉⑦，吾谁与为亲？汝皆说之乎⑧？其有私焉⑨？如是皆有为臣妾乎⑩？其臣妾不足以相治乎？其递相为君臣乎⑪？其有真君存焉！如求得其情与不得，无益损乎其真⑫。一受其成形⑬，不亡以待尽。与物相刃相靡⑭，其行尽如驰而莫之能止，不亦悲乎！终身役役而不见其成功⑮，苶然疲役而不知其所归⑯，可不哀邪！人谓之不死，奚益！其形化⑰，其心与之然⑱，可不谓大哀乎⑲？人之生也，固若是芒乎⑳？其我独芒，而人亦有不芒者乎？

【注释】

①非彼四句：没有它就没有我，没有我它也无法体现。这样理解算是接近一步了，但还是没有真正了解我被它所支配的那个东西。彼，即上文“旦暮得此”的“此”，亦即其所萌、其所由以生者、其所为使者、真宰等等。我，与彼对举，即上文“日夜相代乎前”的现象。取，禀受，引申为体现。使，支配。 ②若有，假设之辞。真宰，天然的主宰者，即下文的真君，亦即道。 ③特，独。眹(zhèn 振)，借为朕，迹象。 ④可行句：可以使自己相信它是存在的。 ⑤情，实。这句说明真宰是存在的，但又是无形的，看不到的。 ⑥骸(hái 孩)，骨节。六藏，心、肝、脾、肺、肾、命门。 ⑦赅(gāi 该)，齐备。存，有。 ⑧说(yuè 月)，通悦。 ⑨私，偏爱，偏重。 ⑩如是句：臣妾是被君主所主宰支配的。皆有为臣妾，都得做臣妾，意即没有一个是主宰者。故下句以“不足以相治”反问。 ⑪递(dì 弟)相，互相。真君，指百骸、九窍、六藏的主宰者。 ⑫真，天然的本性。 ⑬一受二句：一禀受了它而形成了自己的形体，就一直活着到死。这一小段都是指人说的。亡，原作“忘”，依《续古逸丛书》本改。 ⑭与物三句：指人的竞争追逐。相刃，互相斗杀。相靡，互相摩擦。靡，通摩。 ⑮役役，忙碌的样子。 ⑯苶(nié 捏阳平声)然，困顿、精神不振的样子。疲役，疲于劳役。所归，目的，归宿。 ⑰形化，形体变化，即幼年变为青年、壮年、老年，以至死亡。⑱与之然，和形体一齐变化。 ⑲大，通太。大哀，非常可悲。 ⑳芒，愚昧。

夫随其成心而师之①，谁独且无师乎？奚必知代而心自取者有之②？愚者与有焉！未成乎心而有是非③，是今日适越而昔至也。是以无有为有。无有为有，虽有神禹且不能知④，吾独且奈何哉！

【注释】

①夫随二句：若各人依照自己的成见作为是非标准，那么谁没有标准呢！成心，与上文“成形”相对举。成形，是指禀受于真君而形成自己的形体。成心，是指禀受于真君而形成自己的意识。成心是主观的，与今语主观成见意近。 ②代，更，变化。知代，懂得事物的变化。心自取者，有心得的人。句谓何必了解事物的变化发展而有见地的人才有呢？ ③未成二句：未形成主观成见而有是非，即如今日

去越国而昨天就到了一样不可能。　④不能知，无法理解。

夫言非吹也①，言者有言。其所言者特未定也②。果有言邪？其未尝有言邪？其以为异于鷇音③，亦有辩乎④？其无辩乎？道恶乎隐而有真伪⑤？言恶乎隐而有是非？道恶乎往而不存⑥？言恶乎存而不可？道隐于小成⑦，言隐于荣华⑧。故有儒墨之是非，以是其所非而非其所是⑨。欲是其所非而非其所是，则莫若以明⑩。

【注释】

①夫言二句：当然说话并不等于吹风，既然说了就有所说明的内容。以上两段都是以籁比喻争鸣，把说话和吹风同等看待。作者怕别人不同意，故针对读者可能产生的疑问作补充说明。　②特未定，但还不一定。意即不一定真的说了。　③鷇(kòu 扣)，还要哺喂的小鸟。鷇音，初生小鸟的叫声。比喻不带任何含义的话语。　④辩，通辨，别。　⑤道恶乎隐二句：道被什么所蒙蔽而产生真伪？言论被什么所蒙蔽而产生是非？隐，蔽。言，这是指反映道的语言。　⑥道恶乎往二句：道在什么地方不存在？言论在哪些方面不行？以下两句就是回答以上四个问句的。　⑦成，即上文"成心"之"成"，虽是禀受于大道而形成的，但毕竟只是大道的一点一滴，是一管之见。犹《天下》篇"得一察焉以自好"之"一察"，故称作"小成"。　⑧荣华，指花言巧语。　⑨以是句：把他人认为不对的看作是对的，把他人认为是对的看作是不对的。闻一多认为这句应作"以是其所是而非其所非"，可参考。　⑩莫若，不如。明，即《老子》"复命曰常，知常曰明"之"明"。懂得追溯到根本的虚无之道那里去，就什么是非、真伪都解决了。因为在那里是一切都是齐同的。故下文接着就阐发这一观点。

物无非彼①，物无非是。自彼则不见②，自知则知之。故曰：彼出于是③，是亦因彼。彼是方生之说也。虽然，方生方死④，方死方生；方可方不可，方不可方可；因是因非⑤，因非因是。是以圣人不由而照之于天⑥，亦因是也。是亦彼也⑦，彼亦是也。彼亦一是非，此亦一是非，果且有彼是乎哉⑧？果且无彼是乎哉？彼是莫得其偶⑨，谓之道枢⑩。枢始得其环中⑪，以应无穷。是亦一无穷，非亦一无穷也。故曰：莫若以明。

【注释】

①物无二句：从他方面说，事物没有不可以称作彼，从本身说，事物没有不可以称作此。是，此。　②自彼二句：从他方面看来就看不到这一面，从本身知道的说来当然是知道的。　③彼出三句：彼产生于此，此依存于彼，这就是彼此同时产生的理论。因，依赖。方，并。　④方生四句：生的同时就出现死，死的同时就出现生。对的同时就出现错，错的同时也出现对。　⑤因是二句：对的就任它对，错的也任它错，对的错的都不计较。因，由，任。　⑥是以二句：因此圣人不经由是非之途而只是如实地反映自然之道，也是任由如此罢了。“由”下省“之”字。照，反映。天，自然，指自然的天道。　⑦是，此。下句同。　⑧且，句中助词，无义。下句同。　⑨莫得其偶，不能互相对立。偶，对立面。　⑩道枢，道的关键。　⑪枢始五句：枢始一句，语意不清，疑“枢”字误重“道枢”之“枢”而衍。环中，旧注指环中空处，这是不对的，应指环圈本身。作者这一比喻十分重要：他把环与偶相对。偶是彼此对立的两面，环是相通为一的。天地万物的变化循环往复，没有止境。《寓言》篇所谓“万物皆种也，以不同形相禅，始卒若环，莫得其伦”。故无须计较彼此是非，不如任之自然。

以指喻指之非指①，不若以非指喻指之非指也；以马喻马之非马，不若以非马喻马之非马也。天地一指也，万物一马也。

【注释】

①“指”与“马”是先秦理论界争论名（反映事物的概念）实（被反映的客观事物）关系的中心问题。名辩派公孙龙提出“指非指”的命题。前一个“指”是一个概念所转化而来的事物，又称“物指”；后一个“指”是概念本身。前者是具体的，后者是抽象的，故“物指”不是“指”。他又说：“白马非马。”“白马”是具体的马。“马”是抽象的马的概念。《齐物论》的这一段正是针对当时的争论而发的。意谓：从概念出发来说明与

之相应的事物不是概念，不如从事物出发来说明与之相应的概念不是事物；从马的概念出发来说明具体的马（如白马）不是马的概念，不如从具体的马出发来说明马的概念不是具体的马。公孙龙把客观事物看成是概念转化来的，故偏于从概念出发来论证两者的对立。这是唯心主义的。而《齐物论》的作者认为不如从事物本身出发来论证两者的对立，是否就是唯物主义呢？不是的。他没有根本反对公孙龙的命题，而只是说另一种论证更好些。概念与它相应的事物相对存在，或以概念为是而以事物为非，或以事物为是而以概念为非。这两者的论争，作者认为都是不必要的，即下文所说的“两行”。重要的是要取消两者的对立，即所谓“莫得其偶”。故接着说：如果说概念，那么天地的一切也可以说是概念；如果说马，那么万物都可以说是马。

可乎可①，不可乎不可。道行之而成②，物谓之而然③。恶乎然④？然于然。恶乎不然？不然于不然。物固有所然⑤，物固有所可。无物不然，无物不可。故为是举莛与楹⑥，厉与西施⑦，恢恑憰怪⑧，道通为一⑨。

【注释】

①可乎可二句：对的就是对的，不对的就是不对的。按刘文典、王叔岷校，此二句为衍文。　②道，道路。这一句起着衬托下句的作用。　③物谓句：某一事物（如马）是人们把它叫成这种事物的。　④恶乎四句：何以这样？这样就是这样；何以不是这样？不是这样就不是这样。言外之意是说没个定准的，反正都是一样。按刘文典、王叔岷校，此四句后当有：“恶乎可，可于可。恶乎不可，不可于不可。”　⑤物固四句：事物中本来就有被认为是这样，事物中本来就有被认为是对的。因此，没有一个不是这样的，没有一个不是对的。　⑥莛（tíng 廷），草本植物的茎。楹（yíng 迎），房屋的柱子。举莛，比喻轻而易举的事。举楹，比喻难做到的事。　⑦厉，丑陋的女人。西施，春秋时越国人，以美貌著称，故代指美女。⑧恢，恢谐。恑（guǐ 鬼），通诡，狡猾。憰（jué 决），通谲，欺诈。怪，奇异。⑨道通句：从道的角度看来，都是不分彼此的、等同的。

其分也①，成也；其成也，毁也。凡物无成与毁，复通为一。唯达者知通为一，为是不用而寓诸庸②。庸也者③，用也；用也者，通也；通也者，得也。适得而几矣。因是已④，已而不知其然谓之道。劳神明为一而不知其同也⑤，谓之"朝三"。何谓"朝三"？狙公赋芧⑥，曰："朝三而暮四⑦。"众狙皆怒。曰："然则朝四而暮三。"众狙皆悦。名实未亏而喜怒为用⑧，亦因是也。是以圣人和之以是非而休乎天钧⑨，是之谓两行⑩。

【注释】

①其分六句：分离就意味着新的组合，新的组合就意味着有所毁坏。其实无所谓组成与毁坏，一切事物终归都是一样的。凡物，一切事物。　②为是，因此。不用，指不用成或毁的观点去看问题。寓，托付。诸，"之于"合音。庸，常。"复命曰常"，因此常就是循环往复。寓诸庸，托付于循环往复的变化。"不用而寓诸庸"与上文"不由而照之于天"义同。　③庸也七句：按照循环往复的变化行事，就是无用之用，就可以无所不通，因此就无所不得，达到有所得就差不多了。适，至。几，近，差不多。　④因是二句：任由它这样就是了，已经如此而又不知道怎么一回事，这就叫做道了。　⑤劳神明句：指百家争鸣而言。一，指一管之见，一面之辞。同，指是非彼此相通。　⑥狙（jū 疽），猕（mí 迷）猴。狙公，养猕猴的老翁。赋，给，分发。芧（xù 序），橡子。　⑦朝三暮四，早上发三个，傍晚发四个。⑧名实二句：名和实都没有减少，而只是利用了猕猴高兴朝四暮三而不满朝三暮四的心理。这也就是任由着它的意思。名，橡子的数目。实，实际给的橡子。亏，减少。　⑨和，调和。休，本义为人凭依在树下休息，故有无为任之的意思。天钧，《寓言》篇："万物皆种也，以不同形相禅，始卒若环，莫得其伦，是谓天钧。天钧者，天倪也。"又写作天均，自然调和的意思。　⑩两行，任由是与非两方面各自发展，意即任之"是亦一无穷，非亦一无穷"，而最后"复通为一"。

【点评】　从各种现象及其千变万化中，作者企图揭示出一个"真宰"来，这个"真宰"就是万物的本质、万物的主宰、万物的同一性，它又叫做道。从道的观点看来，当时的"百家争鸣"简直是一场胡闹。各家所主张的是非、彼此，如"指非指"、"马非马"之类，其实都是一管之见，片面之辞，是没有什么定准的。

事物的彼此，言论的是非，都是相对而产生而又相互依存的。如果取消双方的对立，任其自然，两者就没有什么区别，万物以及百家的主张就可以相通为一了。这样看问题就算是掌握了道的关键了。

事物有相对的同一性，还有绝对的差异性。取消了差异性，而又把同一性绝对化，否认事物性质的相对稳定性，把转化看作是无条件的；虽然承认客观事物在变化，但把这种变化限制在神秘的道的范围之内，而且受着道的支配，而不是事物的内因在起作用。这是一种相对主义的世界观。

古之人，其知有所至矣①。恶乎至？有以为未始有物者②，至矣③，尽矣，不可以加矣！其次以为有物矣，而未始有封也④。其次以为有封焉，而未始有是非也。是非之彰也⑤，道之所以亏也。道之所以亏，爱之所以成。果且有成与亏乎哉⑥？果且无成与亏乎哉？有成与亏⑦，故昭氏之鼓琴也；无成与亏，故昭氏之不鼓琴也。昭文之鼓琴也，师旷之枝策也⑧，惠子之据梧也⑨，三子之知几乎皆其盛者也⑩，故载之末年⑪。唯其好之也以异于彼⑫，其好之也欲以明之。彼非所明而明之⑬，故以坚白之昧终。而其子又以文之纶终⑭，终身无成。若是而可谓成乎⑮，虽我亦成也；若是而不可谓成乎，物与我无成也。是故滑疑之耀⑯，圣人之所图也⑰。为是不用而寓诸庸，此之谓“以明”⑱。

【注释】

①知(zhì)，认识。有所至，达到最高的境界。　②以为，认为。未始，未曾。③至矣三句：为什么认识到未曾产生物质就是最高境界？这是关系到作者哲学思想的重要问题。因为世界是哪里来的？这是一切哲学家必须回答的根本问题。从未曾有物到有物，这显然是把世界说成是起源于非物质，起源于生天生地的虚无的道。这是作者哲学唯心主义的显著特征。　④封，界限。　⑤是非四句：是非分明，就是绝对统一的道被败坏的原因；由于道的败坏，爱憎也就会形成。这里所说的道的败坏是从人们对道的认识来说的，即“道隐于小成”而有真伪、有是非的意思；如

果从道本身来说，即“如求得其情与不得，无益损乎其真”。彰，明。亏，损失，败坏。　⑥果，真的。且，句中助词。　⑦有成四句：昭氏名文，善于鼓琴。就以鼓琴和其他方面比较起来，他是成功了；但从其他方面与他鼓琴的成就相比，他又是失败了。如果他原来没有从事鼓琴，样样都差不多，你说他什么都不成功也可以，说他什么都成功也可以。故无所谓成功与失败可言。　⑧师旷，字子野，精通音律，晋平公的乐师。枝，拄。策，打鼓棒。枝策，这大概是说师旷打拍子。⑨惠子，惠施。据，依靠。梧，梧桐。惠施善辩，可能常常与辩论的人在树下争论，直到疲倦不堪，靠着梧桐树休息、吟叹，如《德充符》篇说他：“倚树而吟，据槁梧而瞑，天选子之形，子以坚白鸣。”倚树即据梧，互文见义。　⑩三子句：三位先生的才智恐怕算是最了不起的了。知，通智。几，近。盛，最强。　⑪故载句：所以记载在书里，传于后世。末年，后代。　⑫唯其二句：都是宾语提前，即以其好之也异于彼，欲以其好之也明之。异于彼，不同于别人。明之，使别人领会。⑬彼非二句：别人都不想（或不能）领会而一定要人领会，故此惠子抱着“坚白”这种糊涂的理论而终身。坚白论是战国时期名辩的论题之一。当时分为两派，一派以公孙龙为首，他分析“坚白石”，认为视觉只看到石头的白色而看不到坚硬，触觉摸到坚硬而摸不到白色。因此，坚和白是分离的。这是“离坚白”的一派。（见《公孙龙子·坚白论》）另一派主张“盈坚白”，以墨子为首，认为坚白同是石的属性而不可分。（见《墨经·经说》）惠施参加了这个争论，但不知道他具体主张如何。　⑭而其二句：昭文的儿子又继承他父亲的琴技而花费了毕生精力，一辈子也没有什么成就。纶，琴弦，指代琴。　⑮若是四句：他们守着一种技能而花费了毕生精力也可以算是有成就，那么谁都在某一方面有点本事，这样我们大家都可算是有成就了；如果他们那么专也不算有成就，又怎样才算有成就呢？这样就谁也算不上有成就了。言下之意是：根本不存在有成就与没有成就的问题。　⑯滑（gǔ骨）疑，谓能言善辩、能乱是非异同。滑，乱。疑，同稽，同的意思。耀，炫耀。　⑰图，革除。犹《左传·隐公元年》“蔓，难图也”之“图”。　⑱以明：见上文“莫若以明”注。

【点评】 这段说明：成亏、爱憎、是非、彼此的对立都是由于人们没有认识到它们原本是一体的。要认识到它们原来是一体的，就要溯源上去：爱憎出于是非，是非出于界限，界限由于物的形成，而物即产生于未曾有物。即《知北游》篇“物物者非物”的意思。可见尽管世界如此纷繁，原来都是虚无的、混然一体的道。那么，以道看万物，又有什么不齐同的道理呢！因此，以片面之辞、一技之巧夸耀于世而不明大道，是圣人所不取的。

在这里，作者主张物质世界产生于非物质，万物的本原就是虚无，并且认为事物间的矛盾对立只不过是一种表象而已。

今且有言于此①，不知其与是类乎②？其与是不类乎？类与不类③，相与为类，则与彼无以异矣。虽然④，请尝言之：有始也者⑤，有未始有始也者，有未始有夫未始有始也者；有有也者，有无也者，有未始有无也者，有未始有夫未始有无也者。俄而有无矣⑥，而未知有无之果孰有孰无也。今我则已有谓矣，而未知吾所谓之其果有谓乎？其果无谓乎？

【注释】

①今且，假设之辞。句谓现在假设有人在此发表了一番言论。　②是，此。指上面“为是不用而寓诸庸，此之谓以明”等言论。　③类与三句：类同也罢，不类同也罢，都是同为一类的，那么和那种言论就没有什么区别了。　④虽然，虽是如此，表示语意转折。担心读者不领会“相与为类”的道理，故转折论述。⑤有始七句：从物质世界的产生溯源上去：产生、未曾产生、未曾产生以前；有、无、未曾无、未曾无以前。在上一段本来已经说过“有以为未始有物者，至矣，尽矣，不可加矣”，为什么又再推上去呢？作者的目的是要把读者引导到玄秘而不可捉摸的境界里去。我们可以按作者的逻辑设想：“有”（物质）出于“无”（非物质），“无”又出于什么？必然出于“有”。以“有”“无”相生推论下去，世界的起源就不可知了。但在我们看来，物质世界不论从空间和时间上说都是无限的，它是没有尽头的。“有”产生于“无”，物质产生于非物质的理论是荒谬的。这问题正是唯物论与唯心论根本对立的所在。　⑥俄而五句：一下子产生了“有”和“无”了，但不知道这“有”和“无”究竟谁是真正的“有”，谁是真正的“无”。现在我是已经把话说了，但不知道我所说的究竟是真的说了，还是没有说呢？意即“有”和“无”都是空的。以此证明，前面说的“类与不类，相与为类”是有根据的。谓，说。

天下莫大于秋豪之末①，而大山为小②；莫寿于殇子③，而彭祖为夭④。天地与我并生⑤，而万物与我为一。既已为一矣⑥，且得有言乎？既已谓之一矣，且得无言乎？一与言为二，二与一为三。自此以往，巧历不能得⑦，而况其凡乎⑧！故自无适有⑨，以至于三⑩，而况自有适有乎！无适焉⑪，因是已！

【注释】

①秋豪，动物秋天换的新毛。新毛最小，故用来比喻微小的东西。豪，通毫。②大山，即泰山。古人多用泰山比喻高大的东西。现在作者倒过来说，天下万物本来都是"无"的，"无"和秋毫比较，当然是秋毫为大；天地万物是混然一体的，泰山只占其中一点，故算作小。下二句义同。大小、长短都是相比较来说的，抛弃了比较的对象、或者转换了比较的对象来论大小、长短，就必然成了诡辩。 ③寿，长命。殇子，夭折的小孩。 ④彭祖，见《逍遥游》篇注。夭，短命。 ⑤天地二句：天地万物都和我们同生于"无"，都同为一体。 ⑥既已二句：既然已经是同为一体了，那么还有什么可说呢？ ⑦巧历，善于计算的人。不能得，不能算出发展下去的数目。 ⑧凡，一般的人。 ⑨适，往，发展。 ⑩以，而。三，多。 ⑪无适二句：别推算下去了，就这样吧！无，通毋。是，此，这样。

【点评】 两种言论明明不齐，怎样说明它们相齐呢？作者又从世界的起源谈起：天地万物都是从"无"发展来的。一切对立、分歧，如果溯源到它的本原，都属于"无"，因而是同生同体的，那还有什么不齐呢？这就是作者齐物论的理论根据。

《老子》："道生一，一生二，二生三，三生万物。"（第42章）这是作者观点的由来。老庄都认为，道不仅体现万物的同一性，而且体现了有与无的同一性，故谓之一。它是不可言的，因为言就意味着有所界定，分出彼此，破坏了同一性，但既然称之为一，怎能说是没有言呢？本体的道，加上给它的称号就是二。道体本是虚无的，有了名称，就成了有。故谓"自无适有"。产生了有，就会发展为万物，故老子又说："有名，万物之母。"

当代一些外国科学家，把老、庄的道比之为能量场。万物都可以分解为分子，再分解为原子，乃至电子、质子、中子，现代又发现可分解为量子。量子产生于能量场，能量场具有波粒二象性。能量场处在能量最低态时是真空，相当于“无”。处在激发态则产生粒子。这是物质，相当于“有”。能量有正负则为二，正负作用产生中性则为三，三者错综结合则成万物。

夫道未始有封①，言未始有常②，为是而有畛也③。请言其畛：有左有右，有伦有义④，有分有辩⑤，有竞有争，此之谓八德⑥。六合之外⑦，圣人存而不论⑧；六合之内，圣人论而不议⑨；春秋经世先王之志⑩，圣人议而不辩⑪。

【注释】

①封，界限。 ②常，是非定准。 ③为是，因此。此，指上文“自有适有”的现象。畛(zhěn 诊)，界限，与封义同。 ④伦，次序等级。义，宜。⑤辩，别。 ⑥八德，贾谊《道德论》：“德者，离无而之有。”故八德即指从无发展到有的八种界限。 ⑦六合，天地。因天地间为东、南、西、北、上、下六方所包围，故称六合。 ⑧圣人，指道家的圣人而非指孔丘。下同。 ⑨论而不议，论述而不评议。论偏重于客观反映，议偏重于主观评价。 ⑩春秋句：春秋，指史书。经，治。经世，指治世之事，即社会政事。句谓：史书是记载先王的政迹的。“春秋经世先王之志”，即“春秋先王经世之志”交错而言。 ⑪辩，争辩。

故分也者，有不分也；辩也者，有不辩也。曰：“何也?”“圣人怀之①，众人辩之以相示也②。故曰：辩也者③，有不见也。”夫大道不称④，大辩不言⑤，大仁不仁⑥，大廉不嗛⑦，大勇不忮⑧。道昭而不道，言辩而不及，仁常而不成，廉清而不信，勇忮而不成。五者圆而几向方矣⑨！故知止其所不知，至矣。孰知不言之辩⑩，不道之道?若有能知，此之谓天府⑪。注焉而不满⑫，酌焉而不竭⑬，而不知其所由来⑭，此之谓葆光⑮。

【注释】

①怀之，指胸中囊括万物。 ②辩之，指分别彼此，争辩是非。相示，争相

显示。 ③辩也二句：凡争辩的人，都是由于片面而不见大道，故说有所不见。 ④称，称道，说明。大道无穷而又不可捉摸，故此是不可能说明的，下文说“道昭而不道”也是这个意思。 ⑤大辩，高论，指掌握了高论的人。不言，即不说。因为说就有是非，有是非即与大言不相干。故下文说“言辩而不及”。意思与《知北游》篇说的“知者不言”是一样的。 ⑥大仁句：不仁，不会有所爱。大仁是无所谓爱与不爱的。因为有所爱就必然有所不爱。爱有所固定就不成为大仁。故下文说：“仁常而不成。” ⑦大廉句：嗛(qiān 谦)，通谦。廉洁的人常常表现得很谦让的样子，但大廉是不讲谦让的，过分谦让就成了貌为谦虚，就不能取信于人。故下文说：“廉清而不信。” ⑧大勇句：忮(zhì 至)，忌恨，害。不忮，不会有害人之心。大勇而又害人，则终有一败。故下文说：“勇忮而不成。” ⑨五者句：圆和方是相反的。以上五个方面都适得其反，所以说本来想圆而变成了方。几，近乎。向，转向。 ⑩孰，谁。 ⑪天府，指圣人的心胸，形容它宽广，能包罗一切。 ⑫注焉句：注，灌注。这句形容圣人的胸怀海涵万物，无所不容。 ⑬酌焉句：酌，取。这句形容圣人的智慧无穷，用之不尽。 ⑭所由来，来源。 ⑮葆光，隐藏着的光辉。与上文“滑疑之耀”相反。后人用葆光比喻善藏。

故昔者尧问于舜曰①：“我欲伐宗脍、胥、敖②，南面而不释然③。其故何也?”舜曰：“夫三子者④，犹存乎蓬艾之间⑤。若不释然何哉⑥!昔者十日并出，万物皆照，而况德之进乎日者乎⑦!”

【注释】

①舜，姓姚，字重华。上古帝王之一，继尧帝之后。 ②宗脍(kuài 快)、胥(xū 须)、敖(ào 遨)，上古时代的三个小国。 ③南面，南向。古代帝王的座位是南向的，故以南面指帝位。这里引申为临朝。不释，放心不下。指在伐还是不伐的问题上犹豫不定。 ④三子，指三国国君。古代多以国君指代国家。 ⑤蓬，蓬蒿。艾，艾草。三国褊小，故如在蓬艾之间。 ⑥若，你。 ⑦而况句：而何况道德比太阳还要光辉的呢？意谓更应普照万物，宽容三个小国。进乎，超过。

【点评】 说明万物的本原是统一而又不可分的。物与物论之所以不齐，就是由于人们对事物硬加分辨，划出许多界限来。故圣人不言、不道，胸怀万物，与道合一。所以得道的君王亦应宽大为怀。

啮缺问乎王倪曰①："子知物之所同是乎②？"曰："吾恶乎知之！""子知子之所不知邪？"曰："吾恶乎知之！""然则物无知邪③？"曰："吾恶乎知之！虽然，尝试言之：庸讵知吾所谓知之非不知邪④？庸讵知吾所谓不知之非知邪？且吾尝试问乎女⑤：民湿寝则腰疾偏死⑥，鳅然乎哉？木处则惴栗恂惧，猨猴然乎哉⑦？三者孰知正处⑧？民食刍豢⑨，麋鹿食荐⑩，蝍蛆甘带⑪，鸱鸦耆鼠⑫，四者孰知正味⑬？猿猵狙以为雌⑭，麋与鹿交⑮，鳅与鱼游。毛嫱丽姬⑯，人之所美也⑰；鱼见之深入，鸟见之高飞，麋鹿见之决骤⑱，四者孰知天下之正色哉⑲？自我观之，仁义之端⑳，是非之涂㉑，樊然淆乱㉒，吾恶能知其辩㉓！"啮缺曰："子不知利害，则至人固不知利害乎？"王倪曰："至人神矣！大泽焚而不能热㉔，河汉沍而不能寒㉕，疾雷破山、飘风振海而不能惊。若然者，乘云气，骑日月，而游乎四海之外，死生无变于己㉖，而况利害之端乎！"

【注释】

①啮(niè 聂)缺、王倪，传说是尧时贤人。尧的老师叫许由，许由的老师叫啮缺，啮缺的老师叫王倪。(见《天地》篇)　②子，先生。所同是，即所同之是，指被人们所共同肯定的道理。是，肯定。　③无知，无法认识。　④庸讵(jù 巨)，何以。庸，用。讵，何。　⑤女，通汝，你。　⑥民，人。湿寝，睡在湿的地方。疾，病。偏死，半身瘫痪。鳅(qiū 秋)，泥鳅。然，这样。然乎哉，会这样吗？下同。　⑦木处，居处在树上。惴栗(zhuì lì 坠吏)，害怕得发抖的样子。恂(xún 旬)惧，害怕。猨，同猿。　⑧三者句：人、鳅、猿猴三者安居不同，谁才算懂得真正舒适的处所呢？处，处所。　⑨刍豢(chú huàn 除患)，指禽兽。食草的叫刍，食谷的叫豢。　⑩荐(jiàn 践)，茂盛的草。　⑪蝍蛆(jí jū 即居)，蜈蚣。甘，可口。带，蛇。蜈蚣爱吃蛇脑。　⑫鸱(chī 痴)，猫头鹰。鸦，乌鸦。耆，通嗜，爱好吃。　⑬正味，真正可口的味道。　⑭猵狙(biān jū 编居)，猕猴的一

种。句谓猿与猵狙相配为雌雄。 ⑮交，交配。 ⑯毛嫱(qiáng 墙)，古代美女，有说是越王的美姬。丽姬，晋献公夫人。 ⑰所美，认为美丽的人。 ⑱决骤,迅速奔跑。 ⑲正色，真正漂亮的容貌。 ⑳端，头绪。 ㉑涂，途径。 ㉒樊(fán 烦)然，杂乱的样子。淆(xiáo 崤)，错杂。 ㉓辩，通辨，区别。 ㉔大泽，大草泽。热，作动词用，使之感到热。下句"寒"字亦作动词用。 ㉕河，黄河。汉，汉水。冱(hù 互)，冻结。 ㉖死生句：生死问题在身上毫不发生作用。变于己，使自身产生变化。

【点评】 本段以人与其他动物所追求的处所、味道、美色等不同，论证仁义、是非都是没有个定准的。所以至人顺物自然，对是非、利害毫不动心。

是非是一种价值判断，爱好是一种审美判断。这些判断的标准，是在人类发展过程中不断地积淀而成的。尽管不同时期、不同社会、不同地位的人，标准有所不同。但总有其相对稳定的标准。"毛嫱丽姬，人之所美也"，正说明这一点。但作者的道，并非人之道，而是天之道，亦即囊括万物之道。所以他总是站在万物之上来发议论。人与鱼鸟猴鹿，虽不同类，但以道观之，本质无二。神人之所以神，就在于超越人类，故何论死生是非！

瞿鹊子问乎长梧子曰①："吾闻诸夫子②：圣人不从事于务③，不就利④，不违害⑤，不喜求⑥，不缘道⑦，无谓有谓⑧，有谓无谓，而游乎尘垢之外⑨。夫子以为孟浪之言⑩，而我以为妙道之行也⑪。吾子以为奚若⑫？"

【注释】

①瞿鹊(qú què 渠却)子，孔门后学。长梧子，被封在长梧，故又被称为长梧封人。(见《则阳》篇) ②夫子，孔丘。即下文长梧子所说的丘。 ③务，世务。 ④就，趋就，这里有追逐的意思。 ⑤违，避开。 ⑥喜求，热衷于追求。 ⑦缘道，与喜求对举，依前两句的格式，缘与喜意思应相反。《方言》十三：缘，废也。《管子·侈靡》："好缘而好驵。"注："缘即捐也。"《大宗师》篇："不以心捐道。"捐，弃也，故缘有废弃的意思。缘道，意即害道。 ⑧无谓二句：没有说也是说

了，说了也等于没有说。　⑨尘垢，指世俗。　⑩孟浪，荒诞。孟浪之言，指上述“圣人”八句所云。　⑪行，途径。妙道之行，通向美妙的大道的道路。　⑫奚若，何如。

长梧子曰：“是黄帝之所听荧也①，而丘也何足以知之！且女亦大早计②，见卵而求时夜③，见弹而求鸮炙④。予尝为女妄言之⑤，女以妄听之。奚旁日月⑥，挟宇宙，为其吻合⑦，置其滑涽⑧，以隶相尊⑨？众人役役⑩，圣人愚芚⑪，参万岁而一成纯⑫。万物尽然⑬，而以是相蕴⑭。予恶乎知说生之非惑邪⑮！予恶乎知恶死之非弱丧而不知归者邪⑯！

【注释】

①是，此，指上述关于圣人之说。黄帝，古代五帝的第一个。荧(yíng 营)，通瞀，眼花缭乱。听荧，听了感到惑乱。　②大，通太。太早计，求之过急。指瞿鹊子“妙道之行”的想法。　③见卵句：时夜，司夜。五更时分鸡啼报晓，故古人称鸡为司夜。句谓见到鸡蛋就想得到鸡。这句与下句都是比喻求之过急。　④弹，指打鸟用的弹丸。鸮(xiāo 嚣)，鹏鸟，似斑鸠，青绿色，肉美味好吃。炙，烤肉。句谓看见弹丸就想要得到鹏鸟的烤肉。　⑤尝，试。女，你。妄，随便，姑且。⑥奚，通曷，何不。旁，依傍。旁日月，挟宇宙，即上文“游乎尘垢之外”的意思。⑦为，与。其，指日月、宇宙。为其吻合，即《逍遥游》篇中“旁礴万物以为一”的意思。　⑧置，任。滑涽(hūn 昏)，昏乱。置其滑涽，任其昏乱，即上文“樊然淆乱，吾恶能知其辩”的意思。　⑨隶，奴仆之类。以隶相尊，把下贱的看作同样尊贵。　⑩役役，忙碌奔波的样子。　⑪芚，通钝。　⑫参万岁句：与万岁的大道相糅合而整个地变得浑浑沌沌。参，糅合。一，一体，整个。纯，与《老子》“愚人之心也，沌沌兮”之“沌”、上文“圣人愚芚”之“芚”，都从屯而义同。在作者看来，浑沌就是纯，纯就是浑沌。　⑬尽然，都如此。　⑭是，此，指“参万岁而一成纯”的道理。相蕴(yùn 运)，相互包藏。　⑮说，通悦。　⑯弱，年少。丧，亡失。句意谓：我哪里知道厌恶死的就不是类似年少流亡在外而不晓得回家一样的人呢！言外之意是说应该视死如归。

丽之姬[1]，艾封人之子也。晋国之始得之也，涕泣沾襟。及其至于王所[2]，与王同筐床[3]，食刍豢，而后悔其泣也。予恶乎知夫死者不悔其始之蕲生乎[4]？梦饮酒者，旦而哭泣[5]；梦哭泣者，旦而田猎。方其梦也，不知其梦也。梦之中又占其梦焉，觉而后知其梦也。且有大觉而后知此其大梦也[6]，而愚者自以为觉，窃窃然知之[7]。'君乎[8]！牧乎！'固哉[9]！丘也与女皆梦也，予谓女梦亦梦也[10]。是其言也[11]，其名为吊诡[12]。万世之后而一遇大圣知其解者[13]，是旦暮遇之也。

【注释】

①丽之二句：晋献公伐丽戎国时，娶丽戎国艾地守疆人的女儿为姬，称之为丽姬。　②王所，王居住的地方，即王宫。晋献公属侯爵，但战国时各诸侯多自称为王，故称王所。　③筐(kuāng 匡)床，安床，君主所睡的床。《商君书·画策》："是以人主处匡床之上，听丝竹之声，而天下治。"　④蕲(qí 其)，求。　⑤旦，早上，这里指醒来。　⑥大觉，指领悟了大道而觉醒。大梦，指一辈子不觉悟，如长期睡觉一般。　⑦窃窃，犹察察，明察。窃窃然，这里指自以为明察的样子。⑧君乎二句：牧，牧圉，养马的人。君，代表高贵的。牧，代表卑贱的。这两句是作者引用愚人的话，说他们总是在叫喊"君主呀！贱民呀！"　⑨固，固陋。⑩予谓句：我说你做梦这件事本身也是做梦。　⑪是其言，这些话。　⑫其，指愚者。名，称。吊诡，即恢恑。诡借为恑。(朱骏声说)句谓愚俗之人不理解梦觉的道理，因此称之为恢谐荒诞之谈。　⑬万世二句：在万世之后，如果遇到一个大圣人，能解释这个道理的，他只当作朝夕相遇一样平常的事。言外之意是：现在的人们是少见多怪。

既使我与若辩矣[1]，若胜我，我不若胜[2]，若果是也[3]？我果非也邪？我胜若，若不吾胜，我果是也？而果非也邪[4]？其或是也[5]？其或非也邪？其俱是也[6]？其俱非也邪？我与若不能相知也。则人固受其黮闇[7]，吾谁使正之？使同乎若者正之，既与若同矣，恶能正之？使同乎我者正之，既同乎我矣，恶能正之？使异乎我与若者正之，既异乎我与若矣，恶能正之？使同乎我与若者正之，既同乎我与若矣，恶能正之？然则我与若与人俱不能相知也⑧，而待彼也邪？”

【注释】

①若，你。　②不若胜，这是宾语提前，即不胜若，不赢你。　③果是，一定对。　④而，你。　⑤或是，指一方对。或非，指一方不对。　⑥俱是，都对。俱非，都不对。　⑦则人二句：那么别人也必然被搞到糊里糊涂，我叫哪个评判呢？固，必。黮闇（tǎn àn 坦暗），不明的样子。谁使，宾语提前，即使谁。正，评判。　⑧然则二句：彼，指上文说的“大圣”。是非本无一定，你我及第三者固然都不可能分辨，而大圣则是任其是非，根本不会去分辨，故等待他来评判也是没有必要的。言外之意则上文说的“圣人和之以是非而休乎天钧”。因此下文接着问天倪。

“何谓和之以天倪①？”曰：“是不是②，然不然③。是若果是也④，则是之异乎不是也亦无辩⑤；然若果然也，则然之异乎不然也亦无辩。化声之相待⑥，若其不相待。和之以天倪，因之以曼衍⑦，所以穷年也。忘年忘义⑧，振于无竟⑨，故寓诸无竟⑩。”

【注释】

①天倪，自然。见上文“天钧”注。　②是不是，把不对的看成对。前一“是”字作动词用，犹肯定。　③然不然，把不是这样的看成这样。前一“然”字作动词用。　④是若句：对的如果真的是对的。　⑤辩，通辨，别。　⑥化声，郭注认为：“是非之辩为化声。”这是颇得作者本意的。大道能产生一切，变化一切。它变成人的形体就叫成形，变成人的精神就叫成心，变成各种言论就叫化声，变成各种物象就叫物化。故此《大宗师》篇中称道为“造化者”、“造物者”。万物虽然是道变化出来的，但只是道的一点一滴的体现，故有彼此对立，互为是非，并由此而产生物与物论的不齐。但这种对立，似乎并不是真的相对立，故下句说：“若其不相待。”待，对立。相待，相对立。　⑦因，任。曼衍，变化。　⑧忘年，不计岁月。忘义，不讲仁义。　⑨振，畅。竟，通境。振于无竟，可以无止境、无界限地畅

游。与上文"游乎尘垢之外"意同。 ⑩寓，寄托。诸，之于合音。

罔两问景曰[①]："曩子行[②]，今子止；曩子坐，今子起。何其无特操与[③]？"景曰："吾有待而然者邪[④]？吾所待又有待而然者邪[⑤]？吾待蛇蚹蜩翼邪[⑥]？恶识所以然？恶识所以不然？"

【注释】

①罔两，影子的影子。景，古影字。 ②曩(nǎng 囊上声)，从前。 ③特操，独特的操守。无特操，指影子随物而动，缺乏独立性。 ④有待，有所依赖。然者，这样子。 ⑤吾所待又有待，指影子所依赖的物又有所依赖。 ⑥蛇蚹(fù 付)，蛇壳。

昔者庄周梦为胡蝶，栩栩然胡蝶也[①]。自喻适志与[②]！不知周也[③]。俄然觉，则蘧蘧然周也[④]。不知周之梦为胡蝶与？胡蝶之梦为周与？周与胡蝶则必有分矣。此之谓物化[⑤]。

【注释】

①栩栩(xǔ 许)然，生动活泼的样子。 ②喻，晓，觉得。适志，得意。与，通欤，句尾助词。 ③不知句：忘记了自己是庄周啊！ ④蘧蘧(jù 巨)然，惊疑的样子。梦醒之后，想到自己又是庄周，故感到惊奇而又可疑。 ⑤物化，化为物。指大道时而化为庄周，时而化为胡蝶。参考上文"化声"注。

【点评】 庄子认为：生与死、祸与福、物与影、梦与觉、是与非等各种现象，表面看来是各不相同的，但本体上是一致的，都是道的物化现象罢了。故圣人在认识上取消了它们之间的对立关系，任之自然，随之变化。这就是本段的中心。

人们的认识，事物的是非，都带有相对性。但无数相对的真理的总和，就是绝对的真理。而作者在本段里，却把人们在实践中获得的相对的正确认识以及客观存在的事物本身全部看成幻觉，而只把道看作绝对的真理。

养生主第三

【导读】

本篇是讲人生观的。主，主宰者。支配养生处世的基本原则就称之为养生之主或养生之道。

开宗明义，篇首以庖丁解牛的故事，形象地表现了“缘督以为经”的道理。以下写文轩见右师，说明要知天安命；泽雉十步一啄，显示了精神的自由；秦失吊老聃，安时处顺，生死如一。最后火传之说，喻形骸可尽，真君尚存。

吾生也有涯①，而知也无涯②。以有涯随无涯③，殆已④！已而为知者⑤，殆而已矣！为善无近名⑥，为恶无近刑，缘督以为经，可以保身，可以全生⑦，可以养亲⑧，可以尽年⑨。

【注释】

①涯，限。 ②知，知识。 ③随，追随。 ④殆(dài 代)，危险。已，句末助词，犹“了”。 ⑤已，指已经如此。为知，追求知识。 ⑥为善三句：无，通毋。缘，因循，沿着。督，督脉，沿背脊中央贯彻人体上下，人体中奇经八脉之一，为人体阳脉之总纲。经，贯通南北，也指纲纪。督脉贯通人体上下，又是阳脉之纲纪。故“缘督以为经”即是因其固然。作者认为：做了世人所谓的善事，并非为了追求名利，做了世人所谓的坏事，也无心触犯刑法，只是随顺自然之道，作为自己生活的准则。 ⑦全生，保全自己的生理。 ⑧亲，指“真君”，即精神。⑨年，年寿。指自然寿命。

【点评】 这一段揭示出全篇宗旨：为人处世要“缘督以为经”。

庖丁为文惠君解牛①，手之所触，肩之所倚，足之所履，膝之所踦②，砉然响然③，奏刀騞然④，莫不中音⑤，合于桑林之舞⑥，乃中经首之会⑦。

【注释】

①庖(páo 袍)丁，厨工。文惠君，旧说即梁惠王。但根据《竹书纪年》梁惠王复谥惠成，并未见有文惠的称号。解，分解，宰。 ②踦(yǐ 椅)，通倚，抵住。 ③砉(huà 化)、响，都是状声词，形容解牛的声音。 ④奏刀，进刀。騞(huō 豁阴平声)，状声词，牛体被解开时发出的声音。 ⑤中(zhòng 众)音，合于乐音。 ⑥桑林，商汤王时的乐曲名。用这个曲配乐的舞蹈则叫桑林之舞。合于桑林之舞，比喻庖丁的动作像桑林舞的动作一样悠然自得。 ⑦经首，尧时咸池乐曲中的一章。会，音节。

文惠君曰：“嘻①，善哉！技盖至此乎②？”庖丁释刀对曰③：“臣之所好者道也，进乎技矣④。始臣之解牛之时，所见无非全牛者；三年之后，未尝见全牛也⑤；方今之时，臣以神遇而不以目视⑥，官知止而神欲行⑦。依乎天理⑧，批大郤⑨，导大窾⑩，因其固然⑪。技经肯綮之未尝⑫，而况大軱乎⑬！良庖岁更刀⑭，割也；族庖月更刀，折也；今臣之刀十九年矣，所解数千牛矣，而刀刃若新发于硎⑮。彼节者有间而刀刃者无厚⑯，以无厚入有间，恢恢乎其于游刃必有余地矣⑰。是以十九年而刀刃若新发于硎。虽然，每至于族⑱，吾见其难为，怵然为戒⑲，视为止⑳，行为迟㉑，动刀甚微㉒，謋然已解㉓，如土委地㉔。提刀而立，为之四顾，为之踌躇满志㉕，善刀而藏之㉖。"文惠君曰："善哉！吾闻庖丁之言，得养生焉㉗。"

【注释】

①嘻，惊叹声。　②盖，通盍(hé 盒)，何。　③释，放下。　④进乎，超过。句意谓对道的喜爱超过了对宰牛技巧的兴趣。　⑤未尝句：似乎未曾看到牛的整体。因为对于牛体的结构已心中有数，故动刀时只考虑和注意牛体的各部结构，而不把它看作一条活生生的牛。　⑥臣以句：我根据心里对牛体结构的理解去用刀，而不需要眼睛看着。神，神气。遇，指接触牛体。　⑦官知句：感觉器官的作用停下来了，而精神活动还在进行。说明解牛时思想领先，动作随后。官，器官。　⑧依，按照。天理，天然的生理结构。　⑨批，击。郤，指筋骨间的空隙。　⑩导，引向。窾(kuǎn 款)，洞穴，指骨节间的窍穴。　⑪因，顺着。固然，本来结构。　⑫技，"枝"字之误。(按俞樾《诸子平议》)枝经，经络相连的地方。肯，附在骨头上的肉。綮(qìng 庆)，筋骨连结的地方。未尝，没有试过。⑬大軱(gū 孤)，大骨，即髀骨。　⑭良庖四句：好的厨师每年换一次刀，由于他多用拉割的方法；一般的厨师每月换一次刀，由于他多用劈折的方法。族，众，多数。　⑮新发于硎(xíng 刑)，刚从磨刀石上磨过。发，磨出。硎，磨刀石。⑯间，间隙。无厚，没有厚度，说明很薄。　⑰恢恢乎，宽绰的样子。游刃，刀口的运转。　⑱族，指骨头结聚的地方。　⑲怵(chù 触)然，小心谨慎的样子。为(wèi 卫)戒，为之警戒。　⑳视为止，视力因此而集中。止，定，集中。㉑行为迟，动作因此而缓慢。　㉒微，轻。　㉓謋(huò 霍)，象声词，形容牛体解开时发出的声音。　㉔委地，丢在地上。　㉕踌躇(chóu chú 酬厨)，从容自得的样子。满志，心满意足。　㉖善，通拭(shì 式)，擦。　㉗得养生焉，领悟到养生之道了。

【点评】 寓言的中心是说明做事要“依乎天理”，“以无厚入有间”，亦即前一段所说的“缘督”。这是养生法的核心。

公文轩见右师而惊曰①：“是何人也？恶乎介也②？天与？其人与③？”曰：“天也，非人也。天之生是使独也④，人之貌有与也⑤。以是知其天也，非人也。”

【注释】

①公文轩，姓公文，名轩，传说是宋国人。右师，本是官职，这里指的是当过右师的一个人。 ②恶乎，何以。介，《方言》：“特也。”意即单足。 ③天与，是天造成的呢。其，抑。人与，人事造成的呢。与，通欤，呢。 ④是，此，这个样。 ⑤与，赐与，赋予。人之貌有与，意即按照人的样子，是赋予他双足的。

【点评】 作者告诉人们：倘或有患难，像右师那样成了单足，也是天命所致，无须大惊小怪。这就是“依乎天理”。

泽雉十步一啄①，百步一饮，不蕲畜乎樊中②。神虽王③，不善也④。

【注释】

①泽雉，生活在草泽中的野鸡。 ②蕲，求。畜，养。樊(fán 烦)，笼。 ③王(wàng 旺)，通旺，旺盛，饱满。 ④不善，不好。因为被关着没有自由。

【点评】 前一寓言着重说明养生不可介意形体上的缺陷，这一寓言则着重说明养生主要是使精神上得到自由。

老聃死①，秦失吊之②，三号而出③。弟子曰：“非夫子之友邪？”曰：“然④。”“然则吊焉若此可乎⑤？”曰：“然。始也吾以为其人也⑥，而今非也。向吾入而吊焉⑦，有老者哭之，如哭其子；少者哭之，如哭其母。彼其所以会之⑧，必有不蕲言而言⑨，不蕲哭而哭者。是遁天倍情⑩，忘其所受⑪，古者谓之遁天之刑⑫。适来⑬，夫子时也；适去，夫子顺也。安时而处顺，哀乐不能入也，古者谓是帝之县解⑭。”

【注释】

①老聃(dān 丹)，姓李名耳，字聃，人称老子。　②秦失，老子的朋友。　③三号，号哭三声。　④然，是的。肯定是朋友。　⑤焉，之，他。可乎，行吗？　⑥始也二句：开始时，我把他当一般人看待，后来我醒悟到，并非如此。老聃是安时处顺的人，不该以一般人对待他。这可以与《至乐》篇庄子妻死一段参看。　⑦向，刚才。　⑧彼其句：他们之所以聚集在这里痛哭。彼，指哭者。会，聚集。　⑨必有二句：一定有不想吊唁而吊唁，有不想痛哭而痛哭的。意即并非吊唁、痛哭的人都出于真情，而只是一种礼节形式罢了。言，借为唁。　⑩是，此。指不想吊唁而吊唁，不想哭而哭的表现。遁，失。遁天，失去天性。倍，背。倍情，违背真情。　⑪所受，指禀受的本性。受，即《齐物论》篇中"一受其成形"之"受"。人禀受于真君而成形、成心。　⑫遁天之刑，违背了天理所得到的刑罚。　⑬适来四句：偶然来到人世是他当生的时候，偶然离开人世是他合乎自然的发展。适，偶然。时，应时。　⑭是，此。帝，天帝。县，通悬，系吊。帝之县解，天的束缚解除了。作者认为顺天之自然，就可以无所牵累而逍遥自在。如果违反天理，则受到天的束缚、制约。

【点评】　说明不仅形体残缺，就是生死之变也毫不计较，做到安时处顺，排除哀乐，就能与天合一了。

指穷于为薪①，火传也②，不知其尽也。

【注释】

①指，朱桂曜《庄子内篇证补》认为是"脂"字之误或假借。闻一多说："古无蜡烛，以薪裹动物脂肪而燃之，谓之曰烛，一曰薪。……此曰'脂穷于为薪'，即烛薪也。"朱、闻所说是有道理的。指穷于为薪，即脂为薪而穷，脂肪作为烛薪而被点尽了。　②火传二句：点完一烛薪又接着一烛薪，故一烛薪被点尽了，而火还可以传下去，没有尽期。

【点评】　指薪比喻人的形体，火比喻永存的真君。只要真君还在，生死残缺都可以置之度外。因此养生主要的是养神而不是养形。一切现象，都是道的物化，是暂存的，终会消失，而道却是永存的。故养生要养神，养神主要修道。

人间世第四

【导读】

人间世，人间社会。这篇也是谈处世哲学的，主旨与《养生主》基本相同。比之《养生主》论述得更深入、系统，更多地从官场政事着眼。《养生主》提出养生要“缘督以为经”，本篇则阐明如何做到“缘督以为经”。

全篇结构与其他内篇大不相同，以六七个寓言组成：前三个所示处境不同，或游说专横的暴君，或出使怠慢使者的异国，或辅导嗜杀成性的太子，而对付的方法都是一个：因顺为怀，与之周旋。中间三个皆以大树为例，非材才是大用，成材却是不祥。比之为人，如支离疏者，靠畸形残体，免除征役，得到救济，

“足以养身，终其天年”。最后写楚狂接舆对孔子的讥讽，表明作者在处世上与儒家祖师不同的态度。

文中说：“方今之世，仅免刑焉。”这对于当时现实是一种尖刻的批判。但作者面对这种环境，只能“知其不可奈何而安之若命”，“托不得已以养中”。

颜回见仲尼①，请行②。曰：“奚之③？”曰：“将之卫④。”曰：“奚为焉？”曰：“回闻卫君，其年壮，其行独⑤。轻用其国而不见其过。轻用民死，死者以国量⑥，乎泽若蕉，民其无如矣⑦！回尝闻之夫子曰：‘治国去之⑧，乱国就之⑨。医门多疾⑩。’愿以所闻思其则⑪，庶几其国有瘳乎⑫！”

【注释】

①颜回，姓颜名回，字子渊，孔子弟子。仲尼，孔子的字。 ②请行，辞行。 ③奚之，去哪儿？奚，何。之，往。 ④卫，春秋时诸侯国，在今河南汤阴南。 ⑤独，专横独断。 ⑥死者二句：国，域，区域。量，量度。乎，假借为墲，坼裂。蕉，通焦。二句意谓：死的人以区邑进行计算，田泽龟裂成了焦土一片。前句说杀人之多，后句比喻暴君盘剥残酷，颗粒无收。 ⑦如，去。无如，无路可走。 ⑧去，离开。 ⑨就，即，这里指进去救治。 ⑩医门，医家之门。疾，指病人。 ⑪所闻，指夫子所说的话。则，法，指救治卫国的办法。《庄子阙误》引李氏本“思其”下有“所行”二字。“则”字属下读，则作：“愿以所闻思其所行，则庶几其国有瘳乎！”这样意思比较完整、顺畅。 ⑫庶几，或许。瘳（chōu 抽），病愈。有瘳，可以治好。

仲尼曰：“嘻，若殆往而刑耳①！夫道不欲杂，杂则多，多则扰②，扰则忧，忧而不救③。古之至人，先存诸己而后存诸人④。所存于己者未定⑤，何暇至于暴人之所行⑥！且若亦知夫德之所荡而知之所为出乎哉⑦？德荡乎名⑧，知出乎争。名也者，相轧也⑨；知也者，争之器也⑩。二者凶器，非所以尽行也⑪。

【注释】

①若，你。殆，大概，差不多。刑，受刑罚。耳，句尾助词。　②扰，乱。忧，忧患。　③不救，不可挽救。　④先存句：先在自己身上确立起来(指道的修养)，然后才能培养别人。意即正人先正己。存，立。诸，"之于"的合音。⑤未定,动摇不定。　⑥何暇句：哪里谈得上能够感化暴人的所作所为！何暇，哪来得及。至于，及于，指下文"及化"的意思。　⑦荡，失。所为出，产生的原因。⑧德荡二句：道德败坏是由于追求名誉，智慧产生于争夺。　⑨轧，倾轧。句谓名誉是引起互相倾轧的原因。　⑩器，工具，手段。　⑪尽，即《荀子·荣辱》"则农以力尽田，贾以察尽财，百工以巧尽械器"之"尽"，精于、善于的意思。句意谓智慧和名誉是不能使自己的品行纯正高尚的。

且德厚信矼①，未达人气②；名闻不争，未达人心。而强以仁义绳墨之言術暴人之前者③，是以人恶有其美也④，命之曰菑人⑤。菑人者，人必反菑之。若殆为人菑夫⑥。

【注释】

①德厚，道德纯厚。信矼(qiāng 腔)，行为诚实。矼，憨实的样子。　②达，通达，了解。人气，他人的感情。　③绳墨，本指木匠划线用的工具，这里引申为法度规矩。術，借为述，陈述。(按朱桂曜《庄子内篇补正》说)焦竑说：江南古藏本作"衒"。衒，卖弄。可参考。　④是以句：这就是用别人的罪过来换取自己的美德。是，此。以，用。有，取得；一说"有"当为"育"字之误，育，通鬻，卖。⑤命，名，称。菑，即"灾"字，害。　⑥若，你。为，被。

且苟为悦贤而恶不肖①，恶用而求有以异？若唯无诏②，王公必将乘人而斗其捷。而目将荧之③，而色将平之④，口将营之⑤，容将形之⑥，心且成之⑦。是以火救火⑧，以水救水，名之曰益多。顺始无穷⑨，若殆以不信厚言⑩，必死于暴人之前矣！

【注释】

①且苟二句：而且假如能够做到尊重贤才而憎恶坏人(指卫君)，又何须乎你去追求标新立异呢？言外之意是：卫国自有贤才，无须你多此一举。恶(wù务)，何。而，你。　②若唯二句：你除非不诤谏，否则卫君一定会乘着你的漏洞而以他的巧辩与你相斗。诏，告诫，诤谏。王公，指卫君。人，指颜回。捷，巧辩。③而，你。荧(yíng营)，通瞢，眩惑。　④色，气色。平之，平静下来。意即消除了对他的不满。　⑤营，乱，指说话错乱。　⑥形，表现。形之，指表现出理屈顺从的样子。　⑦成，行成之成，有妥协的意思。　⑧是以三句：犹今说火上加油。　⑨顺始无穷，指按照开始时那样诤谏下去，坚持不休。　⑩若，你。殆，将。不信，不被信任。厚，多。厚言，指反复诤谏。

且昔者桀杀关龙逢①，纣杀王子比干②，是皆修其身以下伛拊人之民③，以下拂其上者也④，故其君因其修以挤之⑤。是好名者也。

【注释】

①桀，夏桀王。关龙逢(páng旁)，桀时贤臣，因忠谏桀而被杀。　②纣，商纣王。王子比干，纣王叔父，因忠谏纣王而被挖心。　③是，此。指关龙逢与王子比干。伛拊(yǔ fǔ羽抚)，通呕呴，怜爱。人之民，指国君之民。　④拂，违逆，触犯。　⑤因其修以挤之，因为他们修养太好而加以陷害。修，善。挤，排挤。

昔者尧攻丛枝、胥、敖①，禹攻有扈②。国为虚厉③，身为刑戮④。其用兵不止⑤，其求实无已，是皆求名实者也，而独不闻之乎⑥？名实者，圣人之所不能胜也⑦，而况若乎⑧！虽然，若必有以也⑨，尝以语我来⑩。”

【注释】

①丛枝、胥、敖，三古国名。丛枝即宗脍，丛与宗、枝与脍，古音均相通。②扈(hù户)，夏时国名。在今陕西户县北。有，语助词。　③国，指以上四国。

为，成了。虚，通墟，废墟。厉，厉鬼。古时说人无后而死则变为厉鬼。 ④身，本身。指四国国君。为，被。 ⑤其用兵三句：其，指尧与禹。实，实利。已，止。是，此，这样做。名，名声。 ⑥而，你。 ⑦胜，克服。 ⑧若，你。⑨以，因，原因。如《诗·邶风·旄丘》“何其久也，必有以也”之“以”。 ⑩尝，试。以语我来，即以之语我来，把原因说给我听。来，句末助词，犹“咧”。

颜回曰：“端而虚①，勉而一，则可乎？”曰：“恶！恶可②！夫以阳为充孔扬③，采色不定④，常人之所不违⑤，因案人之所感⑥，以求容与其心，名之曰日渐之德不成⑦，而况大德乎！将执而不化⑧，外合而内不訾⑨，其庸讵可乎！”

【注释】

①端而二句：正直而谦虚，积极而坚定。一，专一不移。这两句是针对上文孔子批评“所存于己者未定”、“强以仁义绳墨之言術暴人之前”、“目将荧之”、“心且成之”等妥协态度而答的。 ②恶（wū 乌），表示否定的语词。恶可，哪里行。③夫以句：阳，指刚猛气盛的品格。充，补足。孔，甚。扬，张扬。孔扬，犹今说锋芒毕露。句意谓卫君本来已经是锋芒毕露的了，又加上正是方刚之年，故气势甚盛。 ④采色，神采颜色，即表情。采色不定，指卫君喜怒无常。 ⑤不违，不敢触犯。 ⑥因案二句：以压别人的思想来使自己的心情舒畅。案，压抑。感，感触。所感，指思想活动。容与，欢畅。这是指卫君说的。 ⑦日渐之德，每天有点进步的道德，即小德。不成，不能形成。 ⑧执而不化，固执己见而不能随物变化。指卫君说。 ⑨外合句：与下文颜回所答的“内直而外曲”意正相反。外合，指表面上投合。訾（zǐ 子），毁，消除。内不訾，内心不消除己见。

“然则我内直而外曲①，成而上比②。内直者，与天为徒③。与天为徒者，知天子之与己④，皆天之所子⑤，而独以己言蕲乎而人善之⑥，蕲乎而人不善之邪？若然者，人谓之童子⑦，是之谓与天为徒。外曲者，与人之为徒也⑧。擎跽曲拳⑨，人臣之礼也。人皆为之，吾敢不为邪？为人之所为者，人亦无疵焉⑩，是之谓与人为徒。成而上比者，与古为徒⑪。其言虽教，谪之实也⑫，古之有也，非吾有也。若然者，虽直而不病⑬，是之谓与古为徒。若是则可乎？”仲尼曰：“恶！恶可！大多政法而不谍⑭。虽固⑮，亦无罪。虽然，止是耳矣⑯，夫胡可以及化⑰！犹师心者也⑱。”

【注释】

①内直，内心直率而无偏见。外曲，外表委曲求全。　②成，平，允当。上，以前。比，从。上比，向从前看齐，意即从古。句谓说得允当而又引古人的话作依据。　③与天为徒，以天为师。意即随着自然而变化。　④天子，人君。⑤所子，所生所养。　⑥而独二句：而偏要将自己的主张要求别人称赞或者计较别人不称赞吗？言外之意是：大家同是上天所生，本无区别，故无须计较。蕲，求。善，称善。　⑦童子，比喻天真。　⑧与人之为徒，以世人为师。意即举动随和于世人。　⑨擎(qíng 晴)，执，指执笏(hù 户)。古时大臣上朝要拿着手板，用来备忘。跽(jì 技)，长跪。挺着上身，屈膝至地，臀不接踵。曲，指曲身鞠躬。拳，拱手。　⑩疵，毛病。作动词用，意即指为毛病。　⑪与古为徒，以古人为师。⑫其言四句：所说的虽然是引导性的话，而实质上是责备他，但那是古来就有的，并非我创造的。谪，谴责。　⑬不病，不会出毛病。　⑭大，太。政，通正。正法，法规，指上文关于内直、外曲、上比的说法。谍，通渫，通达。句意谓纠正人家的方式方法太多而又不通达。　⑮固，浅陋。　⑯止是，只不过如此。意即仅可免罪。　⑰胡，何。及化，感化别人。　⑱师心，以自己的心为师。犹今说自以为是。

颜回曰：“吾无以进矣①，敢问其方。”仲尼曰：“斋②，吾将语若③。有心而为之④，其易邪？易之者，皞天不宜。”颜回曰：“回之家贫，唯不饮酒不茹荤者数月矣⑤。如此则可以为斋乎？”曰：“是祭祀之斋⑥，非心斋也。”

【注释】

①无以进，指无法提出更好的办法。 ②斋(zhāi 摘)，心斋，这里指洗除心中欲念。 ③语若，告诉你。 ④有心四句：有心去做(指感化卫君)，难道就容易吗？就是容易的话，老天爷也不容许。其，岂。皞(hào 浩)，明亮。宜，适，容许。 ⑤茹(rú 如)，吃。荤(hūn 昏)，肉食。 ⑥祭祀之斋，祭祀前的斋戒，吃素，整洁身心。

回曰："敢问心斋。"仲尼曰："若一志①，无听之以耳而听之以心②;无听之以心而听之以气。听止于耳③，心止于符④。气也者⑤，虚而待物者也。唯道集虚。虚者，心斋也。"

【注释】

①若，你。一志，使心志纯一，排除杂念。 ②无听二句：常人都是用耳听的，怎么不用耳听而用心听，甚至用气听？这就是要对外界听而不闻，心守虚寂。 ③听止句：止，不动。句意谓外界的声音对耳朵毫无触动。宣颖《南华经解》认为应作"耳止于听"。根据上下文句法，宣说是有道理的。 ④心止句：符，接合。句谓心停止与外界事物接触，即所谓"对境莫任心，对心莫认境"。 ⑤气也五句：气其实不能听亦不能与外界接合，无声无虑，所以是虚的，虚就能接纳万物。但唯有道才能集结在空虚之中，因为道本身也是虚的。如果有物进入其中就不成为空虚了。这个虚就是心斋，虚才可能得道。

颜回曰："回之未始得使①，实自回也；得使之也，未始有回也，可谓虚乎?"夫子曰："尽矣！吾语若：若能入游其樊而无感其名②，入则鸣③，不入则止。无门无毒④，一宅而寓于不得已则几矣⑤。绝迹易，无行地难⑥。为人使易以伪⑦，为天使难以伪。闻以有翼飞者矣，未闻以无翼飞者也；闻以有知知者矣⑧，未闻以无知知者也。瞻彼阕者⑨，虚室生白，吉祥止止⑩。夫且不止，是之谓坐驰⑪。夫徇耳目内通而外于心知⑫，鬼神将来舍⑬，而况人乎！是万物之化也⑭，禹、舜之所纽也⑮，伏戏、几蘧之所行终⑯，而况散焉者乎⑰！”

【注释】

①回之四句：我颜回还没有接受心斋的教育时，实在感到我颜回自身的存在；接受了心斋的教育之后，就感到未曾有我颜回的存在了。这就是“无己”、“吾丧我”的意思。得使，受教。　②樊，藩篱。入游其樊，入游于卫国之地。无感其名，不为名利动心。　③入则二句：人家听得进就讲，听不进就不讲。即投机则说，不投机就算了。入，入耳。　④无门无毒：这是应上文“医门多疾”句而来的。颜回以医师自比，企图要把卫国的病症治好，这实在是好取名声，过于自负。故孔丘教他无感其名，无门无毒。无，通毋。门，即“医门”之“门”。在这里作动词用。无门，不要摆出医师的门面。毒，药治。无毒，不要把自己的主张看作治人的药方。　⑤宅，安居，安处。一宅，完全安处。寓于不得已，托心于无可奈何的境地。几，差不多。　⑥绝迹二句：不走路容易，走路而不踏地是很难的。意谓逃人绝世容易，但涉世无心、不留形迹就难以做到了。迹，脚印。　⑦为人二句：被他人驱使就容易作假，被天性驱使就难以作假。为，被。　⑧闻以句：前一“知”字通智，下句同。　⑨瞻彼二句：瞻，观望。阕(què 却)，空。彼阕者，那个空虚的境界。生，出现。二句意谓：眼看着那个空虚的境界，就会使淡漠的心室呈现纯白的映象。人们张开眼睛就会看到万物纷纭，怎能有个空虚的境界可以看到呢？那就是要人们视而不见。看见了当没有看见一般，心里就没有印象，就可以使内心保持清静。《天地》篇“视乎冥冥，听乎无声。冥冥之中，独见晓焉；无声之中，独闻和焉”、“上神乘光，与形灭亡，是谓昭旷”也是这个意思。　⑩吉祥，善福。止止，来临了。上一“止”字作集、来临解。下一“止”字是句尾助词。《淮南子·俶真训》引作“止也”。唐卢重元注《列子·天瑞》引作“止耳”。　⑪坐驰，形坐而神驰。　⑫徇，使。耳目内通，把自己的听觉、视觉引向自身体内，犹气功中的意守丹田，收视反听。外于心知，排除心智的作用。外，《汉书·霍光传》“尽外我家”颜师古注：“外，疏斥之。”亦即疏远，排斥的意思。　⑬舍，居。　⑭是，此，指大道。化，变化。句谓这就是顺应万物变化的原因。　⑮纽，关键。所纽，作为治天下的关键。

⑯伏戏、几蘧(qú 渠)，都是传说中的上古君王。所行终，作为终身奉行的准则。

⑰散焉者，没有成就的人。指一般人。

【点评】 卫君专横，国民遭殃，颜回想游说卫君，解除卫国的弊病。仲尼用“心斋”之法告诫颜回，叫他随机应变，“入则鸣，不入则止”，随遇而安，“一宅而寓于不得已”，尽力求得内心的虚寂静止。

叶公子高将使于齐①，问于仲尼曰：“王使诸梁也甚重②。齐之待使者，盖将甚敬而不急③。匹夫犹未可动④，而况诸侯乎！吾甚栗之。子常语诸梁也曰：‘凡事若小若大，寡不道以欢成⑤。事若不成，则必有人道之患⑥；事若成，则必有阴阳之患⑦。若成若不成而后无患者，唯有德者能之。’吾食也执粗而不臧⑧，爨无欲清之人。今吾朝受命而夕饮冰⑨，我其内热与！吾未至乎事之情而既有阴阳之患矣！事若不成，必有人道之患，是两也⑩。为人臣者不足以任之⑪，子其有以语我来⑫！”

【注释】

①叶(shè 射)公子高，楚庄王玄孙，被封于叶，字子高，名诸梁。使于齐，出使去齐国。　②王，指楚王。重，指出使所负的责任重大。　③甚敬而不急，态度上十分恭敬而办事则毫不着急。　④匹夫三句：自己连一个普通的人都不能感化，何况要感化一个诸侯呢！我是非常担心的。表明叶公子高自感无能为力。动，感动。诸侯，指齐王。栗，恐惧的样子。　⑤寡不句：很少不合于道而能愉快成事的。意谓邦交的事情，如果没有办法，那是很难成功的。　⑥人道，人事。⑦阴阳之患，指或悲或喜的感情会引起身体阴阳失调，伤害身心。　⑧吾食二句：执，取，拣择。臧，善，精美。爨(cuàn 篡)，烧火做饭。二句谓：我只求吃上粗糙的而不敢希望精美的，烧火煮饭的人谁也不敢妄想得到清凉。这两句是比喻，言外之意是：我出使齐国不敢希望出色地完成任务，而且担负了出使的责任是不敢妄想轻松的。　⑨今吾三句：现在我早上接受了使命，傍晚就饮起冰来，我可能患了内热症了。我负责的工作都还没有完成，就已经有阴阳之患了。与，通欤，句尾助词。　⑩两，双。指双重之患。　⑪不足以任之，指承受不了双重之患。⑫子，先生，指仲尼。其，表示祈求语气的助词。有，又。以，下省“之”。句谓先

生再把这个问题和我谈谈吧。

仲尼曰："天下有大戒二[①]：其一命也，其一义也。子之爱亲，命也，不可解于心；臣之事君[②]，义也，无适而非君也[③]，无所逃于天地之间。是之谓大戒。是以夫事其亲者，不择地而安之，孝之至也；夫事其君者，不择事而安之，忠之盛也[④]；自事其心者[⑤]，哀乐不易施乎前[⑥]，知其不可奈何而安之若命，德之至也。为人臣子者，固有所不得已。行事之情而忘其身[⑦]，何暇至于悦生而恶死[⑧]！夫子其行可矣！

【注释】

①戒，法则。　②事君，为国君服务。　③无适句：不论何时何国都不能没有国君。适，往。　④盛，最。　⑤自事其心者，懂得调养自己心性的人。　⑥哀乐句：什么哀乐也不能改变自己当时的心境。易施，改变移动。前，当前，指当时的心境。　⑦行事句：行，实行，执行。情，情实。行事之情，按实际行事。忘其身，忘却自身的得失哀乐。　⑧何暇句：哪里有工夫考虑到喜欢生而憎恶死。这是针对"人道之患"与"阴阳之患"说的。

丘请复以所闻[①]：凡交近则必相靡以信[②]，远则必忠之以言[③]。言必或传之[④]。夫传两喜两怒之言[⑤]，天下之难者也。夫两喜必多溢美之言[⑥]，两怒必多溢恶之言。凡溢之类妄[⑦]，妄则其信之也莫[⑧]，莫则传言者殃。故法言曰[⑨]：'传其常情[⑩]，无传其溢言，则几乎全[⑪]。'

【注释】

①复以所闻，再把所听到的说说。复，再。　②交，交往。指国家间的外交。靡，亲顺。相靡以信，以信任相亲怜。　③忠之以言，用语言来表达互相忠诚。④言必句：语言必定要有人传达。或，有人。　⑤两喜，双方都高兴。两怒，双方都愤怒。　⑥溢，夸张。溢美，夸大了好处。溢恶，夸大了坏处。　⑦类妄，类似说谎。　⑧莫，通漠，淡漠。信也莫，即不大相信。　⑨法言，古代格言。

⑩常情，基本内容。句意谓传言时要剔除那些出于两喜两怒的溢言。　⑪则几乎全，就大概可以保全自己了。

且以巧斗力者①，始乎阳②，常卒乎阴，泰至则多奇巧③；以礼饮酒者，始乎治④，常卒乎乱⑤，泰至则多奇乐。凡事亦然⑥，始乎谅⑦，常卒乎鄙⑧；其作始也简⑨，其将毕也必巨⑩。言者，风波也⑪；行者，实丧也⑫。夫风波易以动，实丧易以危。故忿设无由⑬，巧言偏辞。兽死不择音⑭，气息茀然⑮，于是并生心厉⑯。剋核大至⑰，则必有不肖之心应之而不知其然也⑱。苟为不知其然也，孰知其所终⑲！故法言曰：‘无迁令⑳，无劝成㉑。过度益也㉒。’迁令劝成殆事㉓。美成在久㉔，恶成不及改，可不慎与！且夫乘物以游心㉕，托不得已以养中㉖，至矣。何作为报也㉗！莫若为致命㉘，此其难者？”

【注释】

①以巧斗力，凭借智巧角力争胜。　②始乎二句：开始时用公开的办法，但往往最后就用秘密的办法。卒，最后。　③泰至，太甚，太过。奇巧，异乎寻常的机巧，此指阴谋诡计。　④治，有规矩。　⑤乱，此指喝醉了酒而乱了规矩。奇乐，异乎寻常的娱乐，此指醉欢取乐。　⑥凡，一切。　⑦谅，信，诚实。⑧鄙，险恶。　⑨作，发生。简，微小。　⑩巨，大，严重。　⑪风波，比喻捉拿不定。　⑫实丧，得失。有所作为则必有得失。　⑬故忿二句：忿怒的发作没有别的原因，只是由于花言巧语和偏激失当。设，立，形成。　⑭不择音，意即狂乱而叫。　⑮气息，呼吸喘气。茀(bó 帛)，通勃，气息急促的样子，表现怒气发作。　⑯厉，恶。心厉，心上恶意。指害人之意。　⑰剋(kè 克)核，限制要求。这句以下是指与齐国的外交，如果条件太苛刻是不行的。回应上文说齐国待使者是“甚敬而不急”的“急”字与“寡不道以欢成”的“欢”字。要求太过就是急而不欢了。　⑱不肖，不善。应之，报答之。　⑲所终，结果，下场。　⑳迁，移，变。迁令，改变命令。　㉑劝成，促成。无劝成，意即任之自然，不要加上任何主观作用来促进它。　㉒过度，超越分寸。益，溢字古体，泛滥，越轨。

㉓殆事，害事。　㉔美成二句：美德的形成是长期的，但变坏就快得连悔改都来不及了。　㉕乘物以游心，心神任随外物的变化而遨游。　㉖养中，保养心性。㉗何作句：作，作意。报，指齐国的报答。句谓何必在齐国的报答问题上考虑那么多！　㉘莫若二句：莫若，不如。致命，致君之命。二句谓：不如如实地传达国君的指示，这样会有困难吗？

【点评】 上一段提出要做到"心斋"的境界，这一段以孔子回答叶公子高如何担任使者的问题说明如何做到"心斋"："乘物以游心，托不得已以养中。"连什么人道之患、阴阳之患都不要去想它。从主观说，要对一切都采取不可奈何而安之若命的态度，丝毫不动哀乐之心；从工作说，以完成使命为例，就是"无迁令，无劝成"，任务观点，应付应付。这是《养生主》篇"缘督以为经"的具体展现。

颜阖将傅卫灵公大子①，而问于蘧伯玉曰②："有人于此③，其德天杀④。与之为无方则危吾国⑤，与之为有方则危吾身。其知适足以知人之过⑥，而不知其所以过。若然者，吾奈之何⑦？"蘧伯玉曰："善哉问乎！戒之⑧，慎之，正女身也哉⑨！形莫若就⑩，心莫若和。虽然，之二者有患⑪。就不欲入⑫，和不欲出⑬。形就而入，且为颠为灭⑭，为崩为蹶；心和而出，且为声为名，为妖为孽⑮。彼且为婴儿⑯，亦与之为婴儿；彼且为无町畦⑰，亦与之为无町畦；彼且为无崖⑱，亦与之为无崖；达之⑲，入于无疵。

【注释】

①颜阖(hé合)，姓颜名阖，传为鲁国贤人。大，通太。卫灵公太子，蒯聩(kuǎi kuì扢愧)。傅，古时贵族子弟的老师。这里作动词用，作某人的师傅。　②蘧(qú渠)伯玉，姓蘧字伯玉，名瑗，传为卫国的贤大夫。　③人，指太子。　④德，性。天杀，天生嗜杀。　⑤与之，对他。方，法，原则。无方，没有原则。⑥适足，仅能。　⑦奈之何，对他怎么办。之，指太子。　⑧戒，警惕。⑨正女身，端正你自己本身。女，通汝。　⑩形莫二句：外表上最好多接近他，内心上最好多顺从他。形，形态，外表。就，近。　⑪之，此。患，危险。

⑫入，陷入。句谓接近而又不要陷进去。　⑬出，表露，显露。句谓和顺而又不要太显露。　⑭且为二句：说明“形就而入”的恶果。颠，倒，堕落。灭，毁坏，败坏。崩，垮。蹶(jué 决)，跌倒，失败。　⑮妖、孽，都是凶恶的象征。⑯婴儿,比喻天真无知。　⑰町(tǐng 挺)，田界。畦(qí 其)，田园中分成的小区域。町畦，田基所限的区域，引申为限制、约束。　⑱崖，通涯。婴儿、无町畦、无崖，三者都有随心任性，无拘无束的意思。　⑲达之二句：达到了这些就进入一个无可挑剔的境界。疵，毛病。

汝不知夫螳螂乎？怒其臂以当车辙①，不知其不胜任也，是其才之美者也②。戒之，慎之，积伐而美者以犯之③，几矣！

【注释】

①怒，奋举。当，通挡。辙，本指车轮碾过的痕迹。此指车轮。　②是，作动词，有恃的意思。美，得意可观，指螳螂臂说。　③积，多次，屡屡。伐，夸耀。而，你。犯之，触犯太子。二句谓：老是吹嘘你自以为得意的东西而触犯了太子，就和螳螂差不多了。

汝不知夫养虎者乎？不敢以生物与之①，为其杀之之怒也；不敢以全物与之②，为其决之之怒也③。时其饥饱④，达其怒心⑤。虎之与人异类，而媚养己者⑥，顺也；故其杀者⑦，逆也⑧。

【注释】

①生物，活的动物。与之，给它吃。　②全物，整个动物(指老虎吃的小动物)。　③决，裂，撕开。　④时，假借为伺，等候。　⑤达，引导。达其怒心，对它发怒的性情要引导。意即使它在可能发怒时不至于发怒。这里以虎比喻太子。　⑥媚养己者，媚顺于养自己的人。　⑦杀，指伤人。　⑧逆，触犯。指人触犯了它。

夫爱马者，以筐盛矢①，以蜄盛溺②。适有蚊虻仆缘③，而拊之不时④，则缺衔毁首碎胸⑤。意有所至而爱有所亡⑥，可不慎邪！”

【注释】

①筐，竹编的盛东西的器具。盛，装。矢，屎的假借字。　②蜄(shèn 慎)，大蛤。此处指大蛤壳，作装马尿用。溺，尿。　③适，偶然。仆，附。缘，攀。仆缘，指蚊虻叮着。　④拊，拍打。不时，不合时。　⑤缺衔，咬断口勒。首、胸，指马笼头与肚带之类。这句形容马发怒的样子。　⑥意，主观意图。亡，失。句意谓爱马之意是极其周到的，但过分的爱却反而造成了损失。

【点评】 作者通过蘧伯玉之口表明对于当政者是不满的，但又感到如螳螂之不能挡车辙一样无能为力，故只好一切顺之。虎虽性暴，顺之就可以媚人；马虽驯服，逆之也会暴怒。反复比喻，都在说明“顺”的重要。

匠石之齐①，至于曲辕②，见栎社树③。其大蔽数千牛，絜之百围④，其高临山十仞而后有枝⑤，其可以为舟者旁十数⑥。观者如市⑦，匠伯不顾⑧，遂行不辍⑨。弟子厌观之⑩，走及匠石，曰：“自吾执斧斤以随夫子，未尝见材如此其美也。先生不肯视，行不辍，何邪？”曰：“已矣⑪，勿言之矣！散木也⑫。以为舟则沉，以为棺椁则速腐⑬，以为器则速毁⑭，以为门户则液樠⑮，以为柱则蠹⑯，是不材之木也⑰。无所可用，故能若是之寿⑱。”

【注释】

①匠石，木匠名石。之，往。　②曲辕，地名。　③栎(lì 力)，树名，有白栎、高山栎等。社树，被拜为土地神的树。　④絜(xié 协)，用绳子计量圆筒形物体的粗细。旧说直径一尺为一围。　⑤临山，临居山顶，即高出山顶。仞，八尺，或说七尺。　⑥为舟，造船。旁，读为方，且。　⑦市，集市。形容人多热闹。⑧不顾，不看。　⑨遂，竟。辍(chuò 龊)，停止。　⑩厌观，饱看。　⑪已矣，罢了。　⑫散木，没有用的木材。　⑬棺，棺材。古代棺外再有一层，叫做椁(guǒ 果)。　⑭器，用具。　⑮樠(mán 蛮)，树名，树心似松。松树心有脂液流出，樠树也是如此。液樠，脂液流出如樠树。说明木心不坚实。　⑯蠹(dù

杜)，蛀木虫。此作动词，谓虫蛀。　⑰不材，不能用作材料。　⑱若是，如此。寿，长命。

匠石归，栎社见梦曰①："女将恶乎比予哉②？若将比予于文木邪③？夫柤梨橘柚果蓏之属④，实熟则剥⑤，剥则辱。大枝折，小枝泄⑥。此以其能苦其生者也⑦。故不终其天年而中道夭，自掊击于世俗者也⑧。物莫不若是。且予求无所可用久矣！几死⑨，乃今得之⑩，为予大用。使予也而有用，且得有此大也邪⑪？且也若与予也皆物也⑫，奈何哉其相物也？而几死之散人，又恶知散木！"匠石觉而诊其梦⑬。弟子曰："趣取无用⑭，则为社何邪？"曰："密⑮！若无言！彼亦直寄焉⑯！以为不知己者诟厉也⑰。不为社者，且几有翦乎⑱！且也彼其所保与众异⑲，而以义喻之⑳，不亦远乎㉑！"

【注释】

①见(xiàn 现)梦，托梦。　②女，通汝。比予，和我相比较。　③文木，纹理正常，可作木料的树。　④柤(zhā 渣)，通楂，即山楂。果蓏(luǒ 裸)，一说有核叫果，无核叫蓏；一说木本植物的果实叫果，草本植物的果实叫蓏。这句就树木说，宜用前说。　⑤实熟，果实成熟。剥，被剥。　⑥泄，通抴(yè 夜)，拉，牵扭。这里指被牵扭。　⑦苦，作动词。苦其生，使一生受苦。　⑧自掊句：自讨世俗的人的打击啊！掊，打。　⑨几(jī 机)死，几乎被砍死。　⑩得之，指实现了无用为用的愿望。　⑪大，高大。　⑫且也二句：而且你和我都是物，为什么要互相看作可用不可用之物呢？言外之意是：你也不过是无用之物罢了。故下文称之为"散人"(不成材的人)。"相物"之"物"，作动词用。　⑬诊，通畛，即《礼记·曲礼》"畛于鬼神"之"畛"，告。诊其梦，把他的梦告诉给弟子。一解诊为占梦。　⑭趣取二句：趣，通趋。趋取，追求。为社，做土地神。　⑮密，保密。叫弟子不得泄露。提示下文是知心话。　⑯直，特。直寄，特意寄托。言外之意是：它根本不是有心做土地神，只是挂个招牌来保全自己罢了。　⑰以，因。为，被。诟(gòu 够)，侮辱。厉，病。《礼记·儒行》郑注："诟病，犹耻辱也。"

句谓以致被不了解自己的人讥讽辱骂。 ⑱几，几乎。剪，砍伐。 ⑲且也句：而且它和众木保存生命的方法不同。意即众木以有用被人珍惜，它以无用获得长生。⑳义，常理。喻，说明。 ㉑远，相距太远，即失去分寸。

南伯子綦游乎商之丘①，见大木焉，有异②：结驷千乘③，隐，将芘其所藾④。子綦曰："此何木也哉！此必有异材夫！"仰而视其细枝，则拳曲而不可以为栋梁；俯而视其大根⑤，则轴解而不可以为棺椁⑥；咶其叶，则口烂而为伤⑦；嗅之，则使人狂酲三日而不已⑧。子綦曰："此果不材之木也，以至于此其大也。嗟乎，神人以此不材⑨。"

【注释】

①南伯子綦，即南郭子綦，为南郭之长，故称之为伯。商之丘，即商丘，宋国国都，在今河南省商丘县。 ②有异，有异常的景象，指树大得出奇。 ③结，集。驷，四马拉一车。千乘，千辆车。 ④隐，藏。芘，通庇。藾(lài 赖)，荫。句谓车辆千乘要隐藏的话，都能庇护在树荫之下。这是形容树之大。 ⑤大根，粗大的树干下部。根，本。 ⑥轴，本指车轮中心的圆柱。这里借指树心。解，松散。轴解，木心不坚实。 ⑦咶(shì 世)，同舐，舔。为伤，被伤害。 ⑧酲(chéng 程)，醉酒。狂酲，大醉如狂。已，止。 ⑨嗟乎，表示赞叹的语词。以，用。句意谓神人取效这种无用之材而作为大用。

宋有荆氏者①，宜楸柏桑②。其拱把而上者③，求狙猴之杙者斩之④；三围四围，求高名之丽者斩之⑤；七围八围，贵人富商之家求椫傍者斩之⑥。故未终其天年而中道之夭于斧斤，此材之患也。故解之以牛之白颡者⑦，与豚之亢鼻者，与人有痔病者，不可以适河。此皆巫祝以知之矣，所以为不祥也。此乃神人之所以为大祥也。

【注释】

①荆氏，宋地名。 ②宜，适宜，指适宜种植。楸(qiū 秋)，落叶乔木，干高叶大，木材质地细密。 ③拱，两手合握。把，一手所握。形容树枝的粗细。

④杙(yì 亦)，小木桩。可用来拴狙猴。 ⑤高名，荣华高大。丽，屋栋。 ⑥樿(shàn 善)傍，单幅板的棺材。 ⑦故解四句：故此解祷时，那些白额的牛、高鼻的小猪和生痔疮的人，都是不能用来作为祭品丢进河里的。解，解祷，求神免灾的祈祷。以，用。颡(sǎng 嗓)，额。豚(tún 臀)，小猪。亢，高。适，往。

支离疏者①，颐隐于脐②，肩高于顶③，会撮指天④，五管在上⑤，两髀为胁⑥。挫针治繲⑦，足以糊口；鼓筴播精⑧，足以食十人。上征武士⑨，则支离攘臂而游于其间⑩；上有大役⑪，则支离以有常疾不受功⑫；上与病者粟⑬，则受三锺与十束薪⑭。夫支离其形者⑮，犹足以养其身，终其天年，又况支离其德者乎⑯！

【注释】

①支离疏，作者假设人名。有支离破碎的意思，表明形体不健全。 ②颐(yí 宜)，面颊。隐于脐，藏在肚脐里。 ③顶，头顶。 ④会撮(cuō 搓)，假借为髻鬟。髻，束发。鬟，髻。合用亦解为髻。指天，向上。 ⑤五管，五脏之腧。 ⑥髀(bì 闭)，大腿。为胁，与胁相并，几乎变成胁一样。 ⑦挫，按。挫针，缝衣。治，治理。繲(xiè 懈)，《集韵》："故衣也。"治繲，洗衣。 ⑧鼓，振动。筴，即《仪礼·士冠礼》"筮人执筴"之"筴"，蓍草。鼓筴，占卦时，摇动蓍草，求出卦的号数之类，再根据该号卦文推说吉凶。这完全是一种迷信活动。播，撒。精，精米。问卦者把米交给算卦的人，算卦的把米撒在神位上求神，米终归为算卦者所有。这里说支离疏算卦，赚得的米足够供养十个人。食，通饲，养。 ⑨上，统治者。征武士，征兵。 ⑩支离，支离疏简称。攘，捋起袖子。攘臂，捋起袖子，伸出胳膊，表现支离疏毫无被征的忧虑。 ⑪役，徭役。 ⑫常疾，长期残废。功，工作。不受功，不用当差。 ⑬与，给。 ⑭锺，量的单位，六斛四升为一锺。三锺，指米三锺。十束薪，十把柴。 ⑮支离，作动词用。支离其形，使他的形体残废。 ⑯支离其德，使他的道德成为世俗看来是不正常的，有缺陷的。

孔子适楚，楚狂接舆游其门曰①："凤兮凤兮②，何如德之衰也。来世不可待③，往世不可追也。天下有道，圣人成焉④；天下无道，圣人生焉[⑤]。方今之时，仅免刑焉[⑥]！福轻乎羽[⑦]，莫之知载；祸重乎地[⑧]，莫之知避。已乎[⑨]，已乎！临人以德。殆乎[⑩]，殆乎！画地而趋。迷阳迷阳[⑪]，无伤吾行。吾行郤曲[⑫]，无伤吾足。"

山木，自寇也[⑬]；膏火，自煎也[⑭]。桂可食[⑮]，故伐之；漆可用，故割之。人皆知有用之用，而莫知无用之用也。

【注释】

①游其门，走过他的门口。 ②凤兮二句：以凤鸟讽喻孔子。何如，何以。 ③来世二句：表现了对于未来的绝望，对于没落的哀叹。待，等待。追，追及，挽回。 ④成，指成就他们的事业。 ⑤生，宣颖《南华经解》："全其生也。" ⑥仅免刑焉，仅仅免于刑戮罢了。以下几句都是说社会的黑暗。但这是从作者所处的阶级立场上说的，在一定程度上也可说是他们命运的写照。 ⑦福轻二句：幸福比羽毛还要微薄，且谁也不晓得怎样才能享受到。载，承受，故引申为享受。 ⑧祸重二句：灾祸比大地还重，且谁也不晓得怎样才能避免。 ⑨已乎三句：已乎，算了吧。临人，待人，这里指教人。 ⑩殆乎三句：殆，危险。画地而趋，自己画定一个圈子自个儿在里边跑。意谓自己束缚自己。这些都是指孔子说的。 ⑪迷阳二句：迷阳，一种多刺的草。行，借为胻，脚胫。二句意谓：世路艰难险阻，如满地荆棘，故要特别提起精神，注意脚给刺伤。 ⑫吾行二句：吾行郤曲，《阙误》引张君房本作"郤曲郤曲"。郤曲，即刺榆，一种带刺的小树。小者如草，散生在原野，刺针伤人。这两句与上两句义同。（采高亨《诸子新笺》说） ⑬寇，砍伐。自寇，自讨砍伐。 ⑭膏，油脂。油脂可以点火，故称膏火。自煎，自讨燃烧。 ⑮桂可食，桂枝可用作熬汤、配药。以上六句都是说明因为有用而被残害。

【点评】 前面三段说明处世要安、要顺、要不得已，都是从待人接物说的；这一段则一连几个寓言，都从自身说，说明有用有为必有害，无用无为才是福。如支离疏就靠自己的畸形残体免除征役，得了救济。字里行间流露着作者不可忍耐的愤世疾俗的情绪。"福轻乎羽，莫之知载；祸重乎地，莫之知避"，和《诗·正月》"谓天盖高，不敢不局；谓地盖厚，不敢不蹐"，对于当时社会的揭露，可称之为异曲同工。但比之《正月》，本篇就丧气得多了。

德充符第五

【导读】

这是一篇道德论。充，满，完满。符，标志，象征。德充符，道德完美的标志。文中写了五个肢体残缺的人，他们都是道德完美的象征，故题为“德充符”。

全篇由五六个寓言排比而成，多采用对比、反衬、烘托的手法。通过盛名当世的孔子，赞美兀者王骀、叔山无趾、哀骀它，现身说法，自比不如；以左右中原的政治家郑子产与兀者申徒嘉相较，终感羞愧；还以卫灵公、齐桓公见闉跂支离无脤、瓮㼜大瘿，其形体虽丑陋而令人油然喜悦。说明得道者之高尚与感人。写他们形之丑反衬他们德之美，美到“丈夫与之处者，思而不能去也；妇人见之，请于父母曰‘与为人妻，宁为夫子妾’者十数而未止也”，美在他们“命物之化而守其宗”，“以死生为一条，以可不可为一贯”，守道不失，与物为春。最后庄子与惠施关于人有无情之辩，进一步说明道德完美不靠人为的培养，而在乎保持人的自然之性。

作者所说的道德，并非常人所说的笃学善教、平政爱民之类，而是要做到领悟大道，因循万物的变化，消除是非的观念，抛弃立德的动机。篇中反复倡导全德之人，对于外物要或因、或顺、或和，三者字异而义同，都是叫人取消一切能动的作用，绝对地服从天道的摆布，任随万物的变化。所谓“游心于德之和”，“德者，成和之修也”。“和”是道德的主要标志。儒家也讲“和”，《论语》载有子曰：“礼之用，和为贵。”但儒家之和，是有条件、有等级标准的。“知和而和，不以礼节之，亦不可行也”；“君子和而不同，小人同而不和”。而庄子说的“和”是绝对的、无条件的，不仅人际关系上要和，人与天地万物的关系也要讲和。为什么作者反复地强调“和”、“因”、“顺”呢？在他看来，是有不得已的苦衷的。“游乎羿之彀中。中央者，中地也，然而不中者，命也。”生活在任人置于死地的环境之中，又容得你作什么挣扎呢？故只好“知其不可奈何而安之若命”。

荀子批评庄子“蔽于天而不知人”，司马谈评论道家时说：“其本以虚无为本，以因循为用。”可说是抓住了要害。

鲁有兀者王骀①，从之游者与仲尼相若②。常季问于仲尼曰③：“王骀，兀者也，从之游者与夫子中分鲁④。立不教⑤，坐不议。虚而往⑥，实而归。固有不言之教⑦，无形而心成者邪？是何人也？”仲尼曰：“夫子，圣人也⑧，丘也直后而未往耳⑨！丘将以为师⑩，而况不若丘者乎⑪！奚假鲁国⑫，丘将引天下而与从之。”

【注释】

①兀（wù误）者，被处刑断足的人。王骀（tái抬），假设人名。　②从之游者，跟随他的门徒。相若，相当。　③常季，孔子弟子。　④中分，对半分。句谓鲁国的学士一半跟孔子，一半跟王骀。　⑤立不教二句：意谓任何时候都不指导

学生。　⑥虚而往二句：指学生去跟王骀学习时肚里是空空的，但结果满载而归。⑦固有二句：岂有不用开口就能使学生无形中从心里领会的吗？固，乃，岂，表反诘。成，形成，引申为掌握、领会。　⑧夫子，孔子对王骀的称呼。　⑨丘也句：我孔丘也太落后而未能追随他啊！直，特。后，迟，落后。　⑩以为师，拜他作老师。　⑪不若，不如。　⑫假，但。奚假，何止。

常季曰："彼兀者也，而王先生①，其与庸亦远矣②。若然者，其用心也③，独若之何？"仲尼曰："死生亦大矣，而不得与之变④；虽天地覆坠⑤，亦将不与之遗⑥；审乎无假而不与物迁⑦，命物之化而守其宗也。"

【注释】

①王（wàng 旺）先生，作先生的师长。王，长。　②庸，常人。与庸，与常人比较。　③用心，犹今说指导思想。　④不得，不会。与之，跟随着它（指死生）。　⑤覆，指天塌下来。坠，指地陷下去。　⑥之，指天地。遗，失，指天塌地陷。　⑦审乎二句：审，安。无假，真。迁，变化。命，主宰。宗，根本，按《天下》篇"以天为宗"，宗则指天、自然。"审乎无假"与"守其宗"意同，谓安守天道。"不与物迁"与"命物之化"亦同义，不随外物变化是从反面说，主宰万物的变化是从正面说。都是说明王骀的指导思想就是作者宣扬的天道。

常季曰："何谓也？"仲尼曰："自其异者视之①，肝胆楚越也；自其同者视之，万物皆一也。夫若然者，且不知耳目之所宜②，而游心乎德之和③。物视其所一而不见其所丧④，视丧其足犹遗土也。"

【注释】

①自其四句：从那些不同的方面去看，肝和胆就像楚国和越国一样；从那些相同的方面去看，万物都是一样的。　②且不知句：那就不晓得什么声色才是耳目感到适宜的。意即耳目对声色无所谓适宜或不适宜。　③而游心句：而使心神在和顺的道德境界中遨游。所谓和，就是指取消界限、对立，与物相通为一。

④物视二句：对于万物，看到它统一的方面就看不见它所丧失的。这样，失去了一条腿也可以看作像丢了块泥土一样。

常季曰："彼为己①，以其知得其心②，以其心得其常心③。物何为最之哉④？"仲尼曰："人莫鉴于流水而鉴于止水⑤。唯止能止众止⑥。受命于地⑦，唯松柏独也正，在冬夏青青；受命于天，唯尧、舜独也正，在万物之首。幸能正生⑧，以正众生⑨。夫保始之徵⑩，不惧之实，勇士一人，雄入于九军。将求名而能自要者而犹若是⑪，而况官天地⑫、府万物⑬、直寓六骸⑭、象耳目⑮、一知之所知而心未尝死者乎⑯！彼且择日而登假⑰，人则从是也⑱。彼且何肯以物为事乎⑲！"

【注释】

①彼，指王骀。为，治。为己，修养自己。　②以其句：用他的智力意识到他的心灵。如今说自我意识。　③常心，永恒不变的思想，实指天道。句谓用他的心灵去领悟天道。　④物，外物，包括他的门徒。最，聚，或作冣。《说文》冣字段注："冣与聚音义皆同。"常季认为王骀只是自我修养罢了，并非有意教人，故此问：人们为什么追随他、聚集在他周围？　⑤莫，没有。鉴，照。止水，静止的水。仲尼解说人们之所以追随王骀，是王骀固有的本性所决定的，如流水不会有人去照，而只有静止的水才会有人去照一样。同时静水亦有比喻静寂无为的意思。⑥唯止句：只有静止的水才能留住众人停下来临照。这句是上句的说明。三个"止"字先后解作止水、留、停止。　⑦受命六句：树木同是受命于大地而生，唯独松柏得天地的真性，故冬夏常青；众人同是受命于天而生，唯独尧、舜得上天的真性，故成为万民之首长。言下之意是：人们都得道而"成形"、"成心"，但唯独王骀这样的人领悟这个道的真谛（即"得其常心"），故能成为大家的老师。"松柏独也"下的"正"字、"尧"字、"在万物之首"五字原本缺，据《阙误》校引张君房本及参考郭注补。　⑧正生，使自己的心性纯正。生，通性。　⑨正众生，使众人的心性纯正。　⑩夫保四句：那些遵守事先许下的诺言，具有无所畏惧的品格的，只要勇士一人，也敢直冲敌人千军万马之阵。保，守。徵，信，指信诺。实，本质。九军，天子六军、诸侯（大国）三军，通称九军。这里总言军队众多。　⑪要（yāo 腰），

要求。自要，自己要求自己。 ⑫官，主宰。 ⑬府，包藏。 ⑭直，但。寓，寄托。六骸，头、身、四肢，即指代人体。直寓六骸，只是以人体为寄托。⑮象，虚象，形式。象耳目，以耳目为虚象，意即徒有耳目之形而没有视听的作用。⑯一知句：一，同一，作动词用。前一“知”字通智。一知之所知，把人们的种种认识、看法视为同一。心未尝死者，指得常心的人。 ⑰择日，取日，意即需要一定时间。旧注选择吉日，疑非。登，升。假，通格，至。登假，升至。与《大宗师》篇“知之能登假于道者也”中之“登假”意同，指上达于大道。这句说明王骀自我修养，得其常心，上达大道也要有个过程，是不容易的。 ⑱从是，追随他这一点。⑲彼且句：他哪里肯把世俗的事情当做一回事。肎，肯本字。这两句直接回答常季问为什么人们追随他的问题。

【点评】 王骀能有超过孔子的声望，就在于他领悟了永恒不变的大道，用齐一的观点去看待万事万物。故人们都追随他。作者借仲尼之口说出“丘将以为师”，无疑是要把盛行当时的儒家道德打在下风，自捧为至上。以下几个寓言，用意亦莫不如此。

申徒嘉①，兀者也，而与郑子产同师于伯昏无人②。子产谓申徒嘉曰：“我先出则子止③，子先出则我止。”其明日，又与合堂同席而坐④。子产谓申徒嘉曰：“我先出则子止，子先出则我止。今我将出，子可以止乎？其未邪？且子见执政而不违⑤，子齐执政乎⑥？”申徒嘉曰：“先生之门固有执政焉如此哉⑦？子而说子之执政而后人者也⑧。闻之曰：‘鉴明则尘垢不止⑨，止则不明也。久与贤人处则无过。’今子之所取大者⑩，先生也，而犹出言若是，不亦过乎！”

【注释】

①申徒嘉，姓申徒名嘉，郑国人。 ②郑子产，郑国大夫，姓公孙，名侨，字子产。伯昏无人，假设人名。 ③我先出二句：子产认为和犯人一起，有伤体面，故此这样说。止，留。 ④合堂，同在一个屋里。 ⑤执政，宰相。子产是郑相。违，避开。 ⑥齐，齐比。齐执政，与宰相平起平坐。 ⑦先生，指

伯昏无人。 ⑧子而句：上一“而”字，解乃。说，通悦，得意。后，用作动词。后人，看不起别人。 ⑨鉴明二句：镜子光亮，灰尘就不会沾染，沾染了就说明不够光滑。鉴，镜子。明，光亮。这个比喻说明：人心纯洁，就没有龌龊的想法，有了龌龊的想法，就说明心地不够纯洁。 ⑩子，您。取大，借重。

子产曰：“子既若是矣①，犹与尧争善②。计子之德③，不足以自反邪？”申徒嘉曰：“自状其过以不当亡者众④；不状其过以不当存者寡。知不可奈何而安之若命，唯有德者能之。游于羿之彀中⑤。中央者，中地也⑥；然而不中者，命也。人以其全足笑吾不全足者多矣⑦，我怫然而怒⑧，而适先生之所⑨，则废然而反⑩。不知先生之洗我以善邪⑪？吾之自寤邪⑫？吾与夫子游十九年矣⑬，而未尝知吾兀者也。今子与我游于形骸之内⑭，而子索我于形骸之外⑮，不亦过乎！”子产蹴然改容更貌曰⑯：“子无乃称⑰！”

【注释】

①若是，如此。指申徒嘉受过断足的刑罚。 ②犹与尧争善，还要跟尧较最长短。这句来得太突兀，与前后文连接不顺。疑“尧”为“侨”字，音近而误。侨，为子产自称其名。 ③计子二句：衡量一下你的品德，难道还不足令你反省吗？反，反省。 ④自状二句：状，陈述。过，过错。以，认为。亡，指亡足。不当亡，不应当受断足的刑罚。二句意谓：犯法而计较得失，申述自己的过错，认为不应被处断足的人是很多的；犯了法而不计较得失，不申述自己的过错，承认自己应该受断足刑罚的人是很少的。 ⑤羿(yì 艺)，传说中射箭的能手。彀(gòu 够)，使劲张弓。彀中，射程之内。 ⑥中(zhòng 众)地，射中的境地。 ⑦全足，双足齐全。 ⑧怫(fú 扶)然，脸上变色的样子。 ⑨适，往。所，住处。 ⑩废，消除。废然，指怒气消除的样子。反，通返。 ⑪洗我以善，即以善洗我，意谓以善教育我。 ⑫寤，觉悟。“吾之自寤邪”五字依《阙误》校引张君房本补。⑬夫子，即先生。游，交往。 ⑭形骸之内，指心。 ⑮索，求。形骸之外，即外貌，指腿而言。 ⑯蹴(cù 促)，变色。蹴然，脸上显出不安的样子。

⑰称，称述。子无乃称，你别那样说了。

【点评】 这个寓言写到三个人物：伯昏无人是作者所推崇备至的，但没有出场。出场的只有子产和申徒嘉。子产羞与被处刑者同坐，是执政者的立场；申徒嘉不以被处刑为耻辱，而且能安之若命，是道家的信徒。寓言以声名享于当时的子产自愧不如而告终。

鲁有兀者叔山无趾①，踵见仲尼②。仲尼曰："子不谨，前既犯患若是矣③。虽今来，何及矣④！"无趾曰："吾唯不知务而轻用吾身⑤，吾是以亡足。今吾来也，犹有尊足者存⑥，吾是以务全之也⑦。夫天无不覆⑧，地无不载，吾以夫子为天地，安知夫子之犹若是也⑨！"孔子曰："丘则陋矣⑩！夫子胡不入乎？请讲以所闻⑪。"无趾出⑫。孔子曰："弟子勉之⑬！夫无趾，兀者也，犹务学以复补前行之恶⑭，而况全德之人乎⑮！"

【注释】

①叔山无趾，居于叔山，脚趾被割去，故称。 ②踵，脚跟。踵见，由于没有脚趾，故此只得用脚跟走去见。 ③谨，谨慎。犯患，遭殃，指犯罪而得刑罚之祸。若是，如此，指脚趾被砍去。 ④何及，哪儿来得及。意即无法挽救。 ⑤吾唯二句：这两句是反语，影射社会黑暗，不知务，不懂世务。 ⑥尊足者，比足还尊贵的东西。指道德。存，在。 ⑦是以，因此。务全之，竭力保全它。 ⑧夫天二句：说明天地伟大，并用来比喻夫子。 ⑨安知，哪晓得。 ⑩丘，孔子自称其名。陋，浅陋。 ⑪请讲句：请把所听到的讲一讲。 ⑫无趾出：孔子请入，无趾不但不入，反而出，表示根本看不起孔丘。 ⑬勉之，努力啊！ ⑭前行之恶，从前行为中的过错。 ⑮全德，道德完美。

无趾语老聃曰："孔丘之于至人①，其未邪？彼何宾宾以学子为②？彼且蕲以諔诡幻怪之名闻③，不知至人之以是为己桎梏邪④？"老聃曰："胡不直使彼以死生为一条⑤，以可不可为一贯者，解其桎梏，其可乎?”无趾曰:“天刑之⑥,安可解!”

【注释】

①孔丘二句:孔丘对于得道的人来说,远未达到吧?上文无趾说过:“吾以夫子为天地,安知夫子之犹若是也!”可见无趾原来以为孔丘是至人的,但一接触后,感到不对,故再问老聃。 ②彼何句:他为什么恭恭敬敬地向您学习呢?宾宾,恭敬的样子。以,而。学子,学于子,指向老聃学习。为,疑问助词。 ③彼且句:他还追求奇异怪诞的名声传闻于天下。蕲(qí 其),求。諔(chù 触)诡,奇异。前句说孔子好学,这句说孔子慕教。都是与至人的无为思想背道而驰的。 ④是,此。指学与教。桎梏(zhì gù 窒固),镣铐。在脚叫桎,在手叫梏。古代用木做成,故二字均从木。 ⑤一条、一贯,都是相连相通的意思。可不可,可与不可。 ⑥天刑之,天对他的惩罚。句意谓孔丘违反了天性而受惩罚,故下句说他不可救药。

【点评】 这里把儒家的圣人孔子描绘成一个鄙陋而追求声名的人,以此反衬兀者叔山无趾追求全德的高超。

鲁哀公问于仲尼曰:“卫有恶人焉①,曰哀骀它②。丈夫与之处者③,思而不能去也④;妇人见之。请于父母曰‘与为人妻,宁为夫子妾’者,十数而未止也⑤。未尝有闻其唱者也⑥,常和人而已矣⑦。无君人之位以济乎人之死⑧,无聚禄以望人之腹⑨,又以恶骇天下⑩,和而不唱,知不出乎四域⑪,且而雌雄合乎前⑫,是必有异乎人者也。寡人召而观之⑬,果以恶骇天下。与寡人处,不至以月数⑭,而寡人有意乎其为人也⑮;不至乎期年⑯,而寡人信之。国无宰⑰,寡人传国焉⑱。闷然而后应⑲,氾若辞⑳。寡人丑乎㉑,卒授之国㉒。无几何也㉓,去寡人而行㉔。寡人恤焉若有亡也㉕,若无与乐是国也㉖。是何人者也㉗!”

【注释】

①恶(è 饿)人,容貌丑恶的人。 ②哀骀(tái 台)它(tuó 驼),假设人名。

③丈夫，男子。 ④思，思慕。去，离开。 ⑤夫子，指哀骀它。十数而未止，反复请求而不罢休。 ⑥唱，倡导立说。 ⑦和人，附和别人。 ⑧君人之位，人君的地位。济，救。 ⑨聚，积蓄。禄，粮食。望，本指月满。这里用满的意思。望人之腹，使人肚子食饱。 ⑩又以句：又因面目丑恶使天下人都惊骇。⑪知，认识。四域，四方。句谓他的认识只局限在四方之内。 ⑫且而，而且。雌雄，男女。犹《管子·霸形》"令其人有丧雌雄"中的"雌雄"。此承上文丈夫、妇人而言。 ⑬寡人，国君自谦之称。寡，少。寡人，道德不足的人。 ⑭不至句：不到一个月。数，读 shǔ。 ⑮有意乎其为人，对于他的为人产生了倾慕之意。⑯期(jī 机)年，一周年。 ⑰宰，宰相。 ⑱传国，指把国家委托给人。⑲闷然，无心的样子。 ⑳氾，漠不关心的样子。若辞，像拒绝一样。 ㉑丑，羞耻。 ㉒卒，终于。授，委任。 ㉓无几何，没有多久。 ㉔去，离开。㉕恤(xù 序)焉，忧虑的样子。 ㉖若无句：似乎感到没有人和我共同以国家为欢乐了。 ㉗何人，何等样人。

仲尼曰："丘也尝使于楚矣①，适见㹠子食于其死母者②，少焉眴若③，皆弃之而走。不见己焉尔④，不得类焉尔⑤。所爱其母者，非爱其形也，爱使其形者也⑥。战而死者，其人之葬也不以翣资⑦；刖者之屦⑧，无为爱之。皆无其本矣⑨。为天子之诸御⑩：不爪剪⑪，不穿耳；取妻者止于外⑫，不得复使。形全犹足以为尔⑬，而况全德之人乎！今哀骀它未言而信⑭，无功而亲⑮，使人授己国，唯恐其不受也，是必才全而德不形者也⑯。"

【注释】

①尝使，曾经出使。 ②适，遇。㹠(tún 臀)，通豚，小猪。食，指食奶。③少焉，一会儿。指发现其母已死之后。眴(shùn 瞬)若，惊慌而目动的样子。④不见己，不看自己。指小猪发现死母猪不会看自己。焉尔，才如此。指弃之而走。⑤不得类，不能类似生时那样。指母猪。 ⑥使，主宰。使其形者，指母猪的精神。 ⑦翣(shà 煞)，棺材的装饰品。句谓在战场上牺牲的战士，没有棺材装殓，因而也用不着棺材的装饰品。资，供给，资助。 ⑧刖(yuè 月)，古代把脚割掉

的一种酷刑。刖者，受过刖刑的人。屦(jù具)，鞋子。　⑨本，所从属的本体。翣以棺为本，屦以足为本。没有本体，从属的就用不着了。　⑩诸御，各种侍从人员。　⑪爪剪，剪指甲。不爪剪、不穿耳，指女侍从，从正面说。　⑫取妻者二句：指男侍从，从反面说。止于外，留在宫外，即结婚后不能再担任侍从之职。⑬形全，指女不爪剪、不穿耳，男不结婚。为尔，为此，指作侍从。　⑭信，被信任。　⑮亲，被敬爱。　⑯才全，才性完美。德不形，道德不体现在外貌上。

哀公曰："何谓才全？"仲尼曰："死生、存亡、穷达、贫富、贤与不肖、毁誉、饥渴、寒暑，是事之变、命之行也①。日夜相代乎前②，而知不能规乎其始者也③。故不足以滑和④，不可入于灵府⑤。使之和豫⑥，通而不失于兑⑦。使日夜无郤⑧，而与物为春⑨，是接而生时于心者也⑩。是之谓才全。""何谓德不形？"曰："平者，水停之盛也⑪。其可以为法也⑫，内保之而外不荡也⑬。德者，成和之修也⑭。德不形者，物不能离也⑮。"

【注释】

①命之行，天命的运行。　②相代乎前，在我们眼前互相交替。代，替。③知，智力。规，假借为窥，观察。始，开端。　④滑，乱。和，和顺。句意谓事之变、命之行实在不可知，只好任之由之，故此不值得以此扰乱心性的和顺。⑤灵府，指心灵。　⑥和豫，和顺逸乐。　⑦通而句：与物相通而又不至有外流的弊病。兑，即《老子》"塞其兑，闭其门"与《淮南子·道应训》"则塞民于兑"之兑，意谓道穴，是道家指心知外流的道穴，如耳、目、鼻、口等。唯物主义者主张以感官接触外界，通过实践来认识世界，达到主观与客观的统一；而作者则认为与外界的接触不是实际的，而是神秘的，所谓"无视无听，抱神以静"、"听之以气"，他要在道的原则的指导下，从内心里取消主观与客观的对立，从而达到统一。⑧郤，同隙。无郤，无间断。敦煌一抄本作"日夜无陈"，于义为长。　⑨为春，变得像春天一样有生气。句意谓随物更生。　⑩是接句：是，此。生，反映出。时，指四时。句谓这就是说，与外界接触而从心里反映四时的变化，意即顺物而变。⑪水停之盛，水最平静的状态。　⑫法，准则，今称作水准。　⑬内保之，内

部保持稳定。外不荡，外表不动荡。都是指水而言。　⑭成和之修，养成和顺的修养。　⑮物不句：道德外露就如水外面动荡一样，动荡就不可能与物和顺。故不形则与物和顺，混然为一，故说物不能离。

哀公异日以告闵子曰①："始也吾以南面而君天下，执民之纪而忧其死②，吾自以为至通矣。今吾闻至人之言③，恐吾无其实④，轻用吾身而亡其国。吾与孔丘非君臣也，德友而已矣⑤！"

【注释】

①异日，他日。闵子，姓闵名损，字子骞，鲁人，孔子弟子。　②纪，纲纪。　③至人，指上文的孔丘。这个孔丘，不是历史上真实的孔丘，而是按作者观点塑造出来的孔丘。　④实，指治国忧民的实际。　⑤德友，以道德相交的朋友。

闉跂支离无脤说卫灵公①，灵公说之②，而视全人：其脰肩肩③。瓮盎大瘿说齐桓公④，桓公说之，而视全人：其脰肩肩。故德有所长而形有所忘⑤。人不忘其所忘而忘其所不忘⑥，此谓诚忘⑦。

【注释】

①闉(yīn 因)跂支离无脤(chún 纯)，按形状虚设的人名。闉，曲，伛背。跂，企，走路脚跟不着地。脤，通唇。说(shuì 税)，游说，劝说别人，使他听从自己的意见。　②说(yuè 悦)，通悦。　③脰(dòu 豆)，颈。上一"肩"字解肩膀，下一"肩"字解肩负。句谓他的脖子要用肩膀来托住。　④瓮(wèng 翁去声)盎(àng 盎)大瘿(yǐng 影)，假设人名。意为像瓦瓮那么大的肿瘤。瓮盎，装东西的陶器。瘿，长在脖子上的一种囊状肉瘤。　⑤长(cháng 常)，善。忘，指对形体上的缺陷。　⑥不忘其所忘，即不忘其所当忘(指形体缺陷)。忘其所不忘，即忘其所不当忘(指道德上的不足)。　⑦诚，真。

【点评】　本段所着重说明的是：像鲁哀公那样，"执民之纪而忧其死"，世人一定称他为有德行的了。但作者认为，他比起不以国政为事的"至人"，可以说还未进入道德之门。有道德的人是"才全而不形"的。因此世人重形不重德是大错特错的。

当时社会上认为，“有诸内必形诸外”，很重视人的外貌。《盗跖》篇记孔子以“生而长大，美好无双”作为天下的“上德”。作者在上文却写了五个残形怪状的人，他们道德无限高尚，连君主、师友，不管男女都被他们所感动、所吸引。完全否定了以貌相人的观点。但他所宣扬的道德标准是混同自然、齐一生死、淡漠无为，不足为师。

故圣人有所游①，而知为孽②，约为胶③，德为接④，工为商⑤。圣人不谋，恶用知？不斲⑥，恶用胶？无丧，恶用德？不货⑦，恶用商？四者，天鬻也⑧。天鬻者，天食也。既受食于天，又恶用人⑨！

【注释】

①游，指心游。　②知，智谋。孽(niè 聂)，妖孽。句谓把智慧看作是孽根。　③约为胶，结合是因为有胶粘。约，结合。　④德，通得。下文“无丧恶用德”之“德”亦同。接，取。句谓有所得是因为有所取。　⑤工为商，工巧是为了做生意。　⑥斲(zhuó 浊)，斲开，指人为地分开。圣人与物是不能离的，故说不斲。　⑦货，卖。　⑧鬻(yù 育)，养。天鬻、天食，都是说明禀受于天然。　⑨人，人为。

有人之形，无人之情①。有人之形，故群于人②；无人之情，故是非不得于身③。眇乎小哉④，所以属于人也；謷乎大哉⑤，独成其天⑥。

【注释】

①情，指人主观上的性情，即所谓世间的是非。详见下文。　②群于人，与人为群。　③不得于身，在身上毫无反映。　④眇(miǎo 秒)，细小。　⑤謷(áo 敖)，伟大。　⑥独成句：独能成为与天同体的圣人。

惠子谓庄子曰：“人故无情乎？”庄子曰：“然①。”惠子曰：“人而无情，何以谓之人？”庄子曰：“道与之貌②，天与之形，恶得不谓之人？”惠子曰：“既谓之人，恶得无情？”庄子曰：“是非吾所谓情也③。

吾所谓无情者，言人之不以好恶内伤其身，常因自然而不益生也④。”惠子曰：“不益生，何以有其身⑤？”庄子曰：“道与之貌，天与之形，无以好恶内伤其身。今子外乎子之神⑥，劳乎子之精，倚树而吟⑦，据槁梧而瞑。天选子之形⑧，子以坚白鸣⑨。”

【注释】

①然，是这样。　②与，赋予。下句同。　③是，此。指惠子所说的人情。　④常因句：因，顺。不益生，无需培养性情。句意谓一切顺乎自然而不用人为地去培养性情。　⑤身，身体。有其身，维持身体健康。　⑥今子二句：谓惠子把精神用在追逐外物上，以至疲劳。　⑦倚树二句：据槁梧，靠着干枯的梧桐。与“倚树”互文。都是表现惠施与人在树下辩论，疲倦、叹息的样子。　⑧选，选择，决定。形，形体。　⑨坚白，坚白论，这是当时名家辩论的重要命题。鸣，争鸣。（参阅《齐物论》篇注）

【点评】 世人一方面重形轻德，另一方面又常常以道德高尚标榜于众。因此作者在这一段里继而指出：道德完美的标志不仅不在于形体，而且也不在于智慧、感情，甚至连自己道德修养的动机也要忘却，做到扫除是非好恶，顺于自然。也就是要极力抹杀人的主观能动性，乃至泯灭自我的好恶之情。

大宗师第六

【导读】

这篇是论道和论修道的。大宗师就是篇中借许由之口称作“吾师乎”的天道，或天道的体现者“古之真人”。天道为万物之宗，万众之师，故名“大宗师”。

开头四说古之真人，即体道之人。故接着一段为全书最直接、最重要、最完整的论道文字。然后以南伯子葵问乎女偊的寓言，写修道功夫与次序；再以三个关于疾病与死亡的寓言，表现得道者安时处顺，善死善生。后以意而子见许由、颜回坐忘的故事，明仁义是非毒害太深是难以悟道的，如能彻底忘去仁义礼乐而进入坐忘，也是可以达道的。

全文以修道为中心，先后阐明了修道的程序、功夫、障碍和悟道境界。这个道，世界从它产生，万物由它铸造。不但人在它的面前要屈从随顺，就是天地日月、星辰鬼神也得由它主宰。因而古之真人，毫无作为，把自己看作自然界的一物，达到天人合一的境界。达到这种境界，则忘仁忘义，无所谓生，无所谓死，唯天命是从。

知天之所为①，知人之所为者，至矣！知天之所为者，天而生也②；知人之所为者，以其知之所知以养其知之所不知③，终其天年而不中道夭者，是知之盛也。虽然，有患④：夫知有所待而后当⑤，其所待者特未定也⑥。庸讵知吾所谓天之非人乎⑦？所谓人之非天乎？且有真人而后有真知。

【注释】

①所为，作用。 ②天而生，自然而产生。意则毫无人为的痕迹，犹《天地》篇“无为为之之谓天”。 ③以其三句：用自己智力所能理解的来保养智力所不能理解的（即不强求所不知），使之能够长寿，这就是最聪明的了。亦即《缮性》篇“以知养恬”的意思。三句中“知之”的“知”字都通“智”。养，保养。盛，至。 ④有患，有问题。问题如下所说。 ⑤所待，所依赖的，指知识所反映的对象。当，得当。 ⑥特，但。未定，因为事物的真相不易认识，故未可确定。 ⑦庸讵二句：庸讵，何以。天，天然。人，人为。二句意谓：何以知道我所说的自然作用不是人为、我所说的人为不是自然作用呢？

何谓真人？古之真人，不逆寡①，不雄成②，不谟士③。若然者，过而弗悔，当而不自得也。若然者，登高不栗④，入水不濡⑤，入火不热，是知之能登假于道者也若此⑥。

【注释】

①逆，违逆。寡，失。不逆寡，不以失败为不顺利。 ②不雄成，不以成功逞雄。 ③谟（mó 模），谋。士，假借为事。不谟士，不对任何事情有所考虑。

④栗，发抖。　⑤濡（rú 儒），沾湿。　⑥登假，升至，达到。

古之真人，其寝不梦，其觉无忧①，其食不甘②，其息深深③。真人之息以踵④，众人之息以喉。屈服者，其嗌言若哇⑤。其耆欲深者⑥，其天机浅⑦。

【注释】

①觉，醒。　②不甘，不求美味。　③息，呼吸。　④以踵：气功中有踵息法，要求把气运到脚跟（经涌泉穴），不同于平常那样呼吸。作者把它神化，说成是真人的呼吸法。　⑤屈服者，指辩论中被人所屈服的人。嗌（ài 爱），咽喉窒塞。嗌言，咽塞在喉头的话。哇（wā 蛙），呕。　⑥耆，通嗜，嗜欲。　⑦天机，《文选·文赋》注引《庄子》司马注："自然也。"指天然的本能。浅，浅薄。

古之真人，不知说生①，不知恶死。其出不䜣②，其入不距。翛然而往③，翛然而来而已矣。不忘其所始④，不求其所终⑤。受而喜之⑥，忘而复之⑦。是之谓不以心捐道⑧，不以人助天，是之谓真人。若然者，其心志⑨，其容寂⑩，其颡頯⑪。凄然似秋，暖然似春⑫，喜怒通四时，与物有宜而莫知其极⑬。故圣人之用兵也，亡国而不失人心⑭。利泽施乎万世，不为爱人⑮。故乐通物⑯，非圣人也；有亲⑰，非仁也；天时⑱，非贤也；利害不通⑲，非君子也；行名失己⑳，非士也；亡身不真㉑，非役人也。若狐不偕㉒、务光、伯夷、叔齐、箕子、胥余、纪他、申徒狄，是役人之役㉓，适人之适㉔，而不自适其适者也㉕。

【注释】

①说（yuè 月），通悦。说生，以生为可喜。恶死，厌恶死。　②出，生。䜣（xīn 心），同欣，欢喜。入，死。距，通拒，抗拒。不距，意即顺受。　③翛（xiāo 萧）然，自由自在的样子。往，死。来，生。犹《养生主》篇"适来，夫子时也；适去，夫子顺也"中的"来"、"去"。　④始，生。　⑤终，死。　⑥受，得

到。指得到天道所赋予的生命。 ⑦忘，失。指生命的亡失。复之，复归于天道。即《至乐》篇“杂乎芒芴之间，变而有气，气变而有形，形变而有生，今又变而之死，是相与为春秋冬夏四时行也”。以上反复说明的都是生死的问题。 ⑧是之二句：“不以心捐道”与“不以人助天”义同，都是指不可把人的主观能动作用加在天道上。甚至连人的生命形体都任随着天道的变化就行了，无须计较生死祸福。捐，损。 ⑨志，《灵枢经·本神》：“心有所忆谓之意，意之所存谓之志。”故郭注谓“所居而安为志”。是指心意安于天道。 ⑩容，容貌。寂，静。 ⑪颡（sǎng 嗓），额。頯（qiú 求），中部宽广两边显角的样子。 ⑫凄然，严肃的样子。暖然，温和的样子。似秋、似春，都是一种比喻，说明合乎自然。故下云“通四时”。 ⑬有宜，能相配合。极，尽头。句谓随物变化无穷。 ⑭亡国句：圣人能顺从人心而用兵，故亡国亦不失人心。 ⑮不为句：不是出于有意爱人之心。 ⑯乐通物，乐与外物交往，取悦于人。 ⑰亲，偏爱。 ⑱天时：钟泰《庄子发微》作“失时”，并云：“失旧作天，注家虽强为解释，终不可通。”有理。旧注为选择时机，太牵强。 ⑲利害不通，不把利与害看作相通为一。 ⑳行名，趋步于名声。失己，指丧失自己的天性。 ㉑亡身不真，死亡而失于自然。役人，劳动者。 ㉒狐不偕，姓狐，字不偕。传说尧让天下给他而不肯接受，而且投河而死。务光，传说夏时人，后来商汤王让天下给他而不肯接受，负石投庐水自杀。伯夷、叔齐，商时孤竹君的两个儿子，周武王灭商，他们认为这是以暴易暴，表示不食周粟，饿死在首阳山上。均详见《让王》篇。箕（jī 基）子，殷纣王诸父。因为谏说纣王而被关进监牢，后又要他作奴仆，于是装成疯子。胥（xū 须）余，旧注说是箕子名。钟泰按汉伏胜《尚书大传》载太公曰：“爱人者，兼其屋上之乌，不爱人者，及其胥余。”认为是指奴隶。纣王以箕子为奴，故称之为胥余。纪他，商汤时逸民，担心汤让天下给自己，故投窾水而死。申徒狄，闻说汤要让天下，于是投河而死。 ㉓役人之役，把别人的事当作自己的事来做。 ㉔适人之适，把别人的快意当作自己的快意。故宣颖解以上二句为：为人用，快人意。 ㉕自适其适，以自己的快意为快意。意即任性自然。

古之真人，其状义而不朋①，若不足而不承②；与乎其觚而不坚也③，张乎其虚而不华也④；邴邴乎其似喜也⑤，崔崔乎其不得已也⑥,滀乎进我色也⑦，与乎止我德也⑧，广乎其似世也⑨，謷乎其未可制也⑩，连乎其似好闭也⑪，悗乎忘其言也⑫。以刑为体⑬，以礼为翼⑭,以知为时⑮，以德为循⑯。以刑为体者，绰乎其杀也⑰；以礼为翼者，所以行于世也；以知为时者⑱，不得已于事也；以德为循者⑲，言其与有足者至于丘也，而人真以为勤行者也。故其好之也一⑳，其弗好之也一。其一也一，其不一也一。其一与天为徒㉑，其不一与人为徒㉒，天与人不相胜也㉓，是之谓真人。

【注释】

①其状，指真人的情态。这二字统领下文，至“悗乎忘其言也”都是表现这个“状”字。义，宜，合。朋，朋党。句谓与人合得来，但不与人结成朋党。 ②若不足句：不足就应该承受，但真人无所谓足与不足，只是好像不足，故无须承受。承，接受。 ③与乎句：前后文都是每两句为韵，这句与下句也应该相押，但“坚”与“华”不押，故疑应作“与乎其坚而不觚也”，“觚”与“华”上古同属鱼韵。与，读若举，称举。与乎其坚，即其坚可以称举。觚(gū 孤)，棱角。句谓他坚定的性格多么值得称举啊，但他又并不显得有棱角。 ④张乎句：他虚淡的胸怀多么宽广啊，而又毫不浮华。张，广大的样子。华，浮华。 ⑤邴邴(bǐng 丙)，焕发的样子。也，原本作“乎”，今依《阙误》本改。 ⑥崔崔，运动的样子。已，止。原本“崔崔”作“崔”，“也”作“乎”，今依《阙误》本增改。 ⑦滀(chù 搐)乎句：他那和霭的样子使我眉开眼笑。滀，颜色和泽的样子。进，增进。色，神色。 ⑧与乎句：他那随和的样子令我心性归服。与，和。止，安。 ⑨广乎句：辽阔啊，犹如无边无际。广，原作“厉”，按崔本改。世，古与太通。太，甚大。也，原作“乎”，依《阙误》本改。 ⑩謷乎句：高远啊，不可限量。謷，高远。制，裁度。 ⑪连乎句：闭，宣颖本作“闲”，这是对的。因为“闲”与下句“言”押韵，“闭”应是“闲”的缺笔。句谓流连啊，好像十分闲逸的样子。连，《孟子·梁惠王下》：“从流上而忘反谓之连。”故解流连。 ⑫悗(mèn 懑)乎句：心不在焉啊，连要说的话也忘记了。悗，无心的样子。 ⑬刑，刑法。体，主体。 ⑭翼，翅膀。

⑮知，通智，智慧。时，时变。为时，适应时变。　⑯循，依据。　⑰绰(chuò 辍)，宽广的样子。天地间一切生物的衰败死亡都是由于天道的肃杀，故说“绰乎其杀”。　⑱以知二句：道家本来是主张弃智的，但为了适应时势的变化，亦有不得已而用知(智)的。　⑲以德三句：遵循天德行事，本来与有足的人都可以走到山丘上去一样平常，但世人却认为是要经过艰苦的行走才能走到的。言下之意是：问题只在于世人不愿按天道行事。　⑳一，相同。下同。　㉑其一句：天包罗万物，故从相同方面说，与万物同，就是师于天。　㉒其不句：人分彼此，故从不同方面说，与他物有别，这就是随于众。　㉓相胜，相侵犯，相抵触。天与人不相胜，即天人合一，亦即《齐物论》篇说的“两行”。

【点评】 这段四说古之真人：一说忘怀于物；二说淡情寡欲；三说不计生死，随物而变，应时而行；四说天与人合一。

天，在作者笔下，并非单指自然界，而是包括社会生活的整个客观世界。而这个客观的世界又是被天道所主宰的。人的主观世界与客观世界之间存在着矛盾。解决这一矛盾的办法，说是天与人不相胜。但无情的天又怎么会对人有丝毫迁就呢？因而实际上只是要求人绝对地驯服于天，把自己看作如同自然界的一草一木，取消作为社会的人、能动的人的意义。

死生，命也；其有夜旦之常①，天也。人之有所不得与②，皆物之情也③。彼特以天为父④，而身犹爱之，而况其卓乎⑤！人特以有君为愈乎己⑥，而身犹死之，而况其真乎！

【注释】

①夜旦，日夜。常，永恒的现象。　②与，参与，干预。　③情，常情。　④彼，指人。特，仅，只是。天为人生育的根本，故说“以天为父”。　⑤卓，卓越。其卓，那卓越、伟大的，指天道。　⑥人特三句：人们只是认为国君的地位胜过自己，尚且为之终身效劳，况且还有至高无尚的真宰呢？愈，过。真，真宰。

泉涸①，鱼相与处于陆，相呴以湿②，相濡以沫③，不如相忘于江湖④。与其誉尧而非桀也⑤，不如两忘而化其道⑥。

【注释】

①涸(hé 河)，水干。　②呴(xū 虚)，吐气。相呴以湿，用湿气互相呼吸。　③濡(rú 儒)，沾湿。相濡以沫，用口沫来互相沾湿。　④相忘，相互忘掉。　⑤誉，称颂。非，谴责，反对。　⑥两忘，两者都把它忘却。化其道，同化于大道。意即无所谓誉，亦无所谓非。

夫大块载我以形①，劳我以生②，佚我以老③，息我以死④。故善吾生者⑤，乃所以善吾死也。夫藏舟于壑⑥，藏山于泽，谓之固矣⑦！然而夜半有力者负之而走⑧，昧者不知也⑨。藏小大有宜⑩，犹有所遯⑪。若夫藏天下于天下而不得所遯⑫，是恒物之大情也⑬。特犯人之形而犹喜之⑭。若人之形者，万化而未始有极也⑮，其为乐可胜计邪⑯？故圣人将游于物之所不得遯而皆存⑰。善妖善老⑱，善始善终⑲，人犹效之⑳，又况万物之所系而一化之所待乎㉑！

【注释】

①大块，天地，亦即自然。载我以形，赋予形体来使我有所寄托。载，承受，寄托。　②劳我以生，赋予生命来使我疲劳。即《齐物论》篇“终身役役”的意思。　③佚我以老，赋予暮年来使我享受清闲。佚，通逸。　④息我以死，赋予死亡来使我安息。　⑤善吾生，以我生为乐事。善吾死，以我死为乐事。　⑥壑(hè 贺)，山沟。　⑦固，牢固。　⑧负之，背着它。之，指舟。　⑨昧，当为“寐”之假借。寐者即睡觉的人，承上文“夜半”而言。　⑩有宜，得当。　⑪遯(dùn 顿)，通遁，失。　⑫藏天下于天下，意即无所谓藏，只是任天地万物自然存在。不得所遯，不会有所失。　⑬恒物，常物。大情，基本性质。　⑭特，仅。犯，借为范。《淮南子·俶真训》引作“范人之形”。范，冶铸模型。用作动词，引申为铸造。　⑮未始，未曾。极，止境。　⑯为乐，得到的快乐。以上四句谓只是铸造了人体就那么高兴，而大道能变出像人形一类的东西上千上万，无有止境，那么快乐就无穷了。　⑰物之所不得遯而皆存，使万物不会失去而且完全保

存的那种境界。即指包罗万物的天道。　⑱妖，应是“夭”之通假字，夭与老是反义相对。　⑲始，生。终，死。　⑳效，效法。　㉑系，从属。一化，一切变化。所待，所依赖的，指主宰一切的大道。

【点评】 死生有命，日夜由天。这是人所不能干预的。而且万物都不能例外。因此圣人任由天道支配，把人生、毁誉看破。无所谓得，亦无所谓失；既乐于生，也乐于死。这就是本段论述的中心。

夫道有情有信①，无为无形；可传而不可受②，可得而不可见；自本自根③，未有天地，自古以固存④；神鬼神帝⑤，生天生地；在太极之先而不为高⑥，在六极之下而不为深⑦，先天地生而不为久，长于上古而不为老。狶韦氏得之⑧，以挈天地；伏戏氏得之⑨，以袭气母；维斗得之⑩，终古不忒；日月得之，终古不息⑪；堪坏得之⑫，以袭昆仑；冯夷得之⑬，以游大川；肩吾得之⑭，以处大山；黄帝得之，以登云天⑮；颛顼得之⑯，以处玄宫；禺强得之⑰，立乎北极；西王母得之⑱，坐乎少广，莫知其始，莫知其终；彭祖得之，上及有虞⑲，下及五伯；傅说得之⑳，以相武丁，奄有天下，乘东维、骑箕尾而比于列星。

【注释】

①夫道二句：情，实。信，真。有情有信，说明是客观存在的。无为无形，说明不见动静形迹。　②可传二句：因为是有情有信的，所以可以传授可以领会；但又是无为无形的，所以不能手授，不能目见。受，通授。得，指心得，故引申为领会。　③自本自根，自为根本。根本是生长的基础，任何事物的产生、发展都有个根本条件，但道却只是自己产生自己。　④以，而。固存，本来就存在着。⑤神，神灵。作动词用。神鬼神帝，能使鬼和上帝变得神灵。这个上帝指天帝。⑥太极，最大的极限。先，上。　⑦六极，天地四方、上下的极限。　⑧狶(xī希)韦氏，传说中远古的帝王。得之，指得到了大道。挈(qiè窃)，提举，这里有开辟的意思。　⑨伏戏(xī希)氏，相传是创造畜牧业时代的帝王。袭，合。气母，

刘武《庄子集解内篇补正》谓："《则阳》篇云'阴阳，气之大'，则气母者，即阴阳。"阴阳调合则畜生草长。　⑩维斗，北斗。因为从地上看去，好像众星围向着北斗，北斗维系着众星，故称维斗。忒（tè 特），差错。不忒，指北斗运行不会离开轨道。⑪息，停息。　⑫堪坏（pēi 胚），昆仑山神。袭，入。　⑬冯夷，河神，亦称河伯。大川，大河。　⑭肩吾，泰山神。大（tài 太）山，泰山。　⑮登云天，传说轩辕黄帝在首山采铜，在荆山铸鼎。鼎成，有龙垂在鼎上迎接黄帝，于是黄帝和臣妾七十二人，乘云驾龙，登天化仙。　⑯颛顼（zhuān xū 专需），又称高阳氏，古代五帝之一，为北方帝。玄宫，北方帝宫。　⑰禺强，水神，居住在北方。一说是北海神。　⑱西王母，传说甚多，《山海经》、《汉武内传》等都有记载。成疏："少广，西极山名也。王母，太阴之精也，豹尾，虎齿，善笑。舜时王母遣使献玉环，汉武帝时献青桃。颜容若十六七女子，甚端正，常坐西方少广之山，不复生死，故莫知始终也。"说法与本文符合，但属汉人传说。　⑲及，至。有虞，舜的时代。五伯（bà 霸），即五霸：齐桓公、晋文公、秦穆公、楚庄王、宋襄公，分别为春秋时霸主。　⑳傅说（yuè 悦），传说殷代贤臣。他原是在傅岩从事版筑的奴隶，后被殷高宗（武丁）任用为相，治理天下。傅说死后，其精神升天，乘骑在东维、箕尾两星之间，与众星并列。奄，才。

【点评】 这一段是《庄子》全书论道最重要最完整的文字，是其哲学思想的纲。这个道虽然无为无形，不见动静形迹。但有情有信，又是客观存在的。它比上古还要古，比天地还要大，是没有时空限制的，但又与帝王、日月山川等社会、自然现象密切相连。它以自己为本根，没有谁产生它，它却产生了天地鬼神。古往今来，谁获得成功都得靠它。

这个道究竟是什么，几千年来都没有谁能说清楚，无数的注《庄子》者，也只能对它进行描述性的说明。而所有的描述却并没有超过《庄子》。庄子也和其他哲学家一样，热心于探索天地万物的本体。老子喜欢用水来比喻道的性质，庄子进一步用光来揭示道。《知北游》篇中有个寓言，塑造了"光耀"与"无有"两个的形象。"光耀"对"无有"说："予能有无矣，而未能无无也。""有无"→"无有"→"无无"，从固体到液体，再到气体，再到光，再到比光更虚的"无有"、"无无"才能见道。汉代的道家著作《淮南子》明确指出："道之子为光，之孙为水。"（《原道训》)可见他们是真的在探索世界万物的本体。故现代科学家们用量子场来指道家的道、气等观念，应该说是从物理学的角度接近了道。用这一理论，可以说明庄子所描述的道的各种属性。至于从哲学上来明确地指陈道的实质，恐怕尚待努力。

南伯子葵问乎女偊曰①："子之年长矣，而色若孺子②，何也?"曰："吾闻道矣。"南伯子葵曰："道可得学邪?"曰："恶！恶可！子非其人也③。夫卜梁倚有圣人之才而无圣人之道④，我有圣人之道而无圣人之才。吾欲以教之，庶几其果为圣人乎⑤？不然，以圣人之道告圣人之才，亦易矣。吾犹守而告之⑥，参日而后能外天下⑦；已外天下矣，吾又守之，七日而后能外物⑧，已外物矣，吾又守之，九日而后能外生⑨；已外生矣，而后能朝彻⑩；朝彻而后能见独⑪；见独而后能无古今⑫；无古今而后能入于不死不生⑬。杀生者不死⑭，生生者不生。其为物无不将也⑮，无不迎也，无不毁也⑯，无不成也。其名为撄宁⑰。撄宁也者，撄而后成者也⑱。"

【注释】

①南伯子葵，即南伯子綦。葵、綦上古音同。女偊(yǔ 雨)，得道的人。 ②色，神色。孺子，小孩。 ③子非其人，你不是属于能学道的那种人。 ④卜梁倚,姓卜名梁倚。 ⑤庶几，疑惑之词，犹或许。 ⑥守，坚持。守而告之，坚持着指导他。 ⑦参，同三。外天下，把天下置之度外。 ⑧外物，把周围的东西置之度外。 ⑨生，借为性。下文有"不死不生"，则此句的"生"字不应解为生死之生而与下文重复。外生即是忘却自己的心性。个人的心性，有是非好恶，是天道所不容的，故应排除在外。《人间世》篇说："唯道集虚。"以上三步就是使之达到虚的过程。外天下从远处说，外物从近处说，二者都是从体外说，外生则从体内说。 ⑩彻，通。朝彻，一旦豁然贯通。 ⑪见独，见常人所不见，别开境界。以上二句说对大道的领悟。 ⑫无古今，把古今看作没有区别。 ⑬不死不生，无所谓死，无所谓生。 ⑭杀生二句：解说"不死不生"的道理。意谓：

能够把有全部生命的东西杀死的，它本身当然不会死。最早把有生命的东西产生出来的，它本身当然不会有诞生的问题。也就是说，对于决定生物命运的主宰者来说，它自己是没有生与死的问题的。 ⑮其为（wèi 卫）物，他对于万物。将，送。迎，迎接。不将不迎，即任物来去。 ⑯毁，破坏。成，形成。从“无古今”至此，主要说明道的运用，以道为指导思想则不分古今生死，不管万物的往来成败。 ⑰撄（yīng 英），触犯，干扰。宁，平静。撄宁，虽受干扰而宁静自如。 ⑱撄而句：指宁静自如的境界，是经受过干扰才能形成的。

南伯子葵曰：“子独恶乎闻之？”曰：“闻诸副墨之子①，副墨之子闻诸洛诵之孙②，洛诵之孙闻之瞻明③，瞻明闻之聂许④，聂许闻之需役⑤，需役闻之于讴⑥，于讴闻之玄冥⑦，玄冥闻之参寥⑧，参寥闻之疑始⑨。”

【注释】

①副墨之子，比喻书册。以下八人都是按意思假设的名字。 ②洛诵之孙，意指传诵。 ③瞻（zhān 沾）明，所见。 ④聂许，所闻。 ⑤需役，所为。 ⑥于讴，歌谣。 ⑦玄冥，渺茫。 ⑧参寥，参悟虚寂。 ⑨疑始，疑测天地万物的起源。这是哲学家首先要解答的基本问题。

【点评】 本段主要论述修道的过程和道的传授。

子祀、子舆、子犁、子来四人相与语曰①：“孰能以无为首②，以生为脊，以死为尻；孰知死生存亡之一体者，吾与之友矣！”四人相视而笑，莫逆于心③，遂相与为友。俄而子舆有病④，子祀往问之。曰：“伟哉⑤，夫造物者将以予为此拘拘也⑥。”曲偻发背⑦，上有五管⑧，颐隐于齐⑨，肩高于顶⑩，句赘指天⑪，阴阳之气有沴⑫，其心闲而无事⑬，跰𨇤而鉴于井⑭，曰：“嗟乎！夫造物者又将以予为此拘拘也⑮。”

【注释】

①子祀句：四人无可考，疑亦假设人名。与语，交谈。 ②孰，谁。首，头。

尻(kāo 考阴平声)，屁股。以下几句作者把从无到生、再到死比喻成从头到背脊，再到屁股，说明三者同为一体而顺序不同罢了。 ③莫逆于心，都觉得顺心。④俄而，不久。子舆有病，崔本作“子祀有病”，下句“子祀”亦作“子舆”，故疑“子舆”与“子祀”误倒。 ⑤伟哉，伟大啊！赞叹造物者之辞。 ⑥拘拘，拘挛不直的样子。 ⑦曲偻(lóu 楼)，鸡胸驼背。发背，背曲向上突露。 ⑧五管，五脏脉管。头下垂而背上拱，故五管在上。 ⑨颐(yí 宜)，面颊。齐，假借为脐。句谓面颊藏在肚脐里。 ⑩项，头顶。 ⑪句赘(gōu zhuì 钩坠)，颈椎。句赘指天，头下垂，颈椎则向上。 ⑫沴(lì 丽)，因气不和顺而引起灾害。这里形容阴阳之气错乱不调。 ⑬闲，宽闲。无事，若无其事。 ⑭跰䠗(pián xiān 骈鲜)，犹蹒跚，行步倾跌不稳的样子。鉴，照。 ⑮夫造物句：此句与上文“伟哉”下面的一句不同，多一“又”字，有加重语意作用，并指今后而言。

子祀曰：“女恶之乎①？”曰：“亡②，予何恶！浸假而化予之左臂以为鸡③，予因以求时夜；浸假而化予之右臂以为弹，予因以求鸮炙④；浸假而化予之尻以为轮⑤，以神为马，予因以乘之，岂更驾哉⑥！且夫得者，时也；失者，顺也。安时而处顺，哀乐不能入也，此古之所谓县解也⑦，而不能自解者，物有结之⑧。且夫物不胜天久矣⑨，吾又何恶焉！”

【注释】

①恶，厌恶。 ②亡，无，指没有厌恶。 ③浸假，渐至。时夜，司夜，指鸡啼报晓。 ④鸮(xiāo 嚣)炙，鸮鸟的烤肉。 ⑤轮，代指车。 ⑥更，再求。驾，车乘。 ⑦县解，见《养生主》篇注。 ⑧物有结之，被外物(包括人事)所束缚、缠绕。 ⑨物，万物(包括人)。

俄而子来有病。喘喘然将死①。其妻子环而泣之②。子犁往问之，曰：“叱③！避！无怛化！”倚其户与之语曰④：“伟哉造化！又将奚以汝为⑤？将奚以汝适⑥？以汝为鼠肝乎？以汝为虫臂乎？”子来曰：“父母于子，东西南北，唯命之从，阴阳于人，不翅于父母⑦。彼近吾死而我不听⑧，我则悍矣⑨，彼何罪焉⑩？夫大块载我以形，劳我以生，佚我以老，息我以死。故善吾生者，乃所以善吾死也。今大冶铸金⑪，金踊跃曰⑫：'我且必为镆铘⑬！'大冶必以为不祥之金⑭。今一犯人之形而曰⑮：'人耳⑯！人耳！'夫造化者必以为不祥之人⑰。今一以天地为大炉⑱，以造化为大冶，恶乎往而不可哉⑲！"成然寐⑳，蘧然觉。

【注释】

①喘喘然，气喘的样子。　②环，指绕着走。　③叱（chì 斥）三句：叱，叱喝声。避，避开。怛（dá 达），惊恐。无怛化，无须惊恐于生死的变化。　④倚，靠着。户，单扇门。　⑤将奚以汝为，要把你变为何物。奚，何。　⑥将奚以汝适，要把你引到何处。适，往。　⑦不翅，何止，岂但。　⑧近，作动词。近吾死，使我近死。　⑨悍，凶顽不顺。　⑩彼何罪焉，它有什么过错呢？⑪冶，铁匠。铸，铸造。金，铁器。古称铁为恶金或黑金。　⑫踊跃，跳起来。⑬且，将要。镆铘，宝剑名。　⑭不祥，不吉利。　⑮一，乃。犯，通范，范铸，铸造。　⑯人耳，我是人了。　⑰造化者，造化万物的，犹说创世主。参阅《齐物论》篇"化声"注。　⑱为，当作。　⑲恶乎句：意即任大冶安排、铸造。生也好，死也好，只不过像各种铁器那样形状不同罢了。　⑳成然二句：成，熟。成然寐，熟睡，亦即上文"其寝不梦"的意思。蘧然，自得的样子。蘧然觉，即上文"其觉无忧"的意思。

子桑户、孟子反、子琴张三人相与友①，曰："孰能相与于无相与②，相为于无相为③？孰能登天游雾，挠挑无极④，相忘以生⑤，无所终穷⑥？"三人相视而笑，莫逆于心。遂相与为友。

【注释】

①子桑户三人，无可考。相与友，相交为朋友。　②孰，谁。相与于无相与，相交在无所谓相交的关系中。意犹"君子之交淡若水"。　③为（wèi 卫），帮助。④挠挑，即《鶡冠子·道端》"复而如环，日夜相桡"的意思。挠、桡义通。挑与挠亦

意同。故挠挑有循环往复的意思。无极，无穷。 ⑤相忘以生，互相把生命忘却。⑥终穷，指死。无所终穷，无所谓死。

莫然有间①，而子桑户死，未葬。孔子闻之，使子贡往侍事焉②。或编曲③，或鼓琴，相和而歌曰："嗟来桑户乎④！嗟来桑户乎！而已反其真⑤，而我犹为人猗⑥！"子贡趋而进曰⑦："敢问临尸而歌⑧，礼乎？"二人相视而笑曰⑨："是恶知礼意！"子贡反，以告孔子曰："彼何人者邪？修行无有而外其形骸⑩，临尸而歌，颜色不变⑪，无以命之⑫。彼何人者邪？"孔子曰："彼游方之外者也⑬，而丘游方之内者也。外内不相及，而丘使女往吊之，丘则陋矣！彼方且与造物者为人⑭，而游乎天地之一气⑮。彼以生为附赘县疣⑯，以死为决疣溃痈⑰。夫若然者，又恶知死生先后之所在！假于异物⑱，托于同体；忘其肝胆⑲，遗其耳目；反复终始⑳，不知端倪；芒然彷徨乎尘垢之外㉑，逍遥乎无为之业㉒，彼又恶能愦愦然为世俗之礼㉓，以观众人之耳目哉㉔！"

【注释】

①莫然，平静无事的样子。有间，顷刻之间。 ②侍事，指助理丧事。③或，其中一人。编曲，编作曲辞。 ④嗟来，表感叹的歌辞。 ⑤而，尔，你。反，通返。反其真，返归大道，指死亡。 ⑥猗(yī 依)，句尾助词。⑦趋，急步走。 ⑧敢问二句：敢问，请问。临尸，对着尸体。礼乎，合礼吗？⑨二人，指孟子反、子琴张。 ⑩修行无有，信仰、实践虚无之道。外其形骸，把他们的身体置之度外。 ⑪颜色，面色。颜色不变，面不改容。指没有一点悲伤的表情。 ⑫无以命之，无法形容。犹今说莫名其妙。命，名，形容。⑬彼游二句：方之内，六方之内，指现实世界，即所谓尘世。游方之内，即所谓入世。游方之外，超脱于现实世界，即所谓出世。 ⑭方且，正要。人，偶。为人，犹为偶。《淮南子·原道训》："与造物者俱"，《本经训》："与造化者相雌雄"，《齐俗训》："上与神明为友，下与造化为人"，意皆类此。 ⑮一气，指道的作用。道的作用是支配着天地万物的。所以叫天地之一气。游乎天地之一气，即顺着道的作

用而游。 ⑯附赘(zhuì 坠)，附属在身体上多生的肉块。县，通悬。疣(yóu 尤)，俗称千日疮。悬疣，长在身上的毒疮。句意谓把生看作是可恶的负担。 ⑰疣(huàn 换)、痈(yōng 拥)，都是毒疮之类。决、溃，破而流脓。句意谓把死看作解除祸患的快事。 ⑱假于二句：假、托，都是寄托的意思。异物，从一个个的人、一件件的事说则互相不同，故称异物。同体，从大道说则为一体，故说同体。这二句犹上文说的："其不一与人为徒"、"其一与天为徒"。 ⑲忘其二句：是"外其形骸"的说明。遗，忘。 ⑳反复二句：指他们视生死变化如循环反复。端，开头。倪，边际，尽头。 ㉑芒然，茫茫然。尘垢，指现实世界，犹尘世。 ㉒业，事。 ㉓愦愦(kuì 溃)然，昏乱、糊涂的样子。为，实行。世俗之礼，指儒家的礼。 ㉔观，这里是被动用法，示人，给人看。

子贡曰："然则夫子何方之依①？"孔子曰："丘，天之戮民也②。虽然，吾与汝共之③。"子贡曰："敢问其方④？"孔子曰："鱼相造乎水⑤，人相造乎道。相造乎水者，穿池而养给⑥；相造乎道者，无事而生定⑦。故曰：鱼相忘乎江湖，人相忘乎道术。"子贡曰："敢问畸人⑧。"曰："畸人者，畸于人而侔于天⑨。故曰：天之小人⑩，人之君子；人之君子，天之小人也。"

【注释】

①何方，指问方之内还是方之外。依，从，选择。 ②戮(lù 路)，刑戮。天之戮民，受天所惩罚的人。 ③共，通拱，向。共之，指向往方外。 ④方，方法。指游乎方之外的方法。 ⑤造，至。这句以鱼得水比喻人得道。 ⑥穿，通。穿池，通往水池。 ⑦无事，虚静。生，通性。生定，指心性恬淡，不为是非、爱憎所动。 ⑧畸(jī 基)，不正常。畸人，异人，不平常的人。 ⑨畸于人，异于常人。侔(móu 谋)，齐。侔于天，与天齐一。 ⑩天之小人四句：前后二句语意重复，故刘武《庄子集解内篇补正》疑后二句为："天之君子，人之小人。"

颜回问仲尼曰："孟孙才①，其母死，哭泣无涕，中心不戚②，居丧不哀[3]。无是三者[4]，以善处丧盖鲁国[5]，固有无其实而得其名者乎[6]?回壹怪之。”仲尼曰:“夫孟孙氏尽之矣[7]，进于知矣[8]，唯简之而不得[9]，夫已有所简矣[10]。孟孙氏不知所以生，不知所以死。不知就先[11]，不知就后。若化为物[12]，以待其所不知之化已乎。且方将化，恶知不化哉?方将不化，恶知已化哉?吾特与汝[13]，其梦未始觉者邪!且彼有骇形而无损心[14]，有旦宅而无情死[15]。孟孙氏特觉[16]，人哭亦哭，是自其所以乃。且也相与‘吾之’耳矣[17]，庸讵知吾所谓‘吾之’乎[18]?且汝梦为鸟而厉乎天[19]，梦为鱼而没于渊[20]。不识今之言者[21]，其觉者乎[22]?其梦者乎?造适不及笑[23]，献笑不及排，安排而去化[24]，乃入于寥天一[25]。”

【注释】

①孟孙才，姓孟孙名才，鲁人。　②中心，心中。戚，忧伤。　③居丧，服丧事。　④是，此。三者，即上三句所说的。　⑤以，认为。善处丧，善于守丧。盖，覆。盖鲁国，高出于鲁国，即在鲁国是最有名的。　⑥固有二句:实，指处丧之心。名，指善处丧的名声。回，颜回自称。壹，实在，确实。　⑦尽之，做得彻底。　⑧进于知，超过了所谓懂得丧礼的人。　⑨唯简之而不得，想简化了它而办不到。唯，通惟。之，指丧礼。　⑩夫已句:指孟孙才居丧。⑪就，趋近，追求。先，指生。后，指死。　⑫若化二句:若果已经化作某一物，那只不过意味着等待未来不可知的再一变化罢了。　⑬吾特二句:就是我和你吧，恐怕都是在做梦而还没有觉醒呢?特，但。汝，你。其，抑，恐怕。　⑭彼，指孟孙氏。骇(hài 害)，惊动。骇形，形体上受到震动。损，伤。无损心，没有伤心。⑮旦宅，据《经典释文》引李本作“怛侘”，惊惧的样子，与“骇形”之“骇”意同。无情死，没有感情上的伤害。与“无损心”意同。《淮南子·精神训》引此文改“情死”为“耗精”，与“损心”相对，意义更为明确。　⑯孟孙三句:特觉，尤为清醒。是自其所以乃，这只不过是随着人们那样做做罢了。是，此。自，从。乃，如此。⑰相与“吾之”，互相说“我啊我”。指世人而言。　⑱庸讵句:何以知道就真的是所谓我呢?　⑲厉，奋飞。　⑳没，深入水中。　㉑不识，不知。今之言者，

孔子自指。　㉒其，其为。　㉓造适二句：意谓适意的心境出现时，往往还来不及笑；从内心发出的笑声，出于自然，往往也来不及安排。说明适意与笑都是自然而然的，是不能自主的。造，至。适，适意。献，发。排，安排，指人为的安排。㉔安排，安于自然的安排。去，行。去化，随行变化。句谓安于自然的安排而随行变化。　㉕乃入句：于是就进入了与寥廓无涯的天道同一的境界。

【点评】 生死关是解决人生观问题的一大关，要修道就必须过好这一关。作者连续写了三个关于病和死的寓言故事，主要说明做人要安时处顺，善死善生，任随造物者的摆布。

盘古开天辟地的神话，表明人一出现，就是顶天立地的。儒家认为，人“为天下贵”，或谓人与天地合称三才。但作者以大冶铸金的故事，说明人只是天地这一熔炉中的一物而已，造化把你冶炼成什么，都是一样的。一定要成为人，倒是一种不祥之兆。

意而子见许由①，许由曰：“尧何以资汝②？”意而子曰：“尧谓我：汝必躬服仁义而明言是非③。”许由曰：“而奚来为轵④？夫尧既已黥汝以仁义⑤，而劓汝以是非矣。汝将何以游夫遥荡恣睢转徙之涂乎⑥？”

【注释】

①意而子，人名，其事迹不详。　②资，帮助，这里意谓指教。　③躬服，身体力行，亲身实践。明言，明辩。明，从观察问题说。言，从论述问题说。④而，你。轵，通只，句尾助词。句谓你来为的是什么呢？　⑤黥(qíng 晴)，古时用刀刺刻在犯人的额颊等处，然后涂上墨的一种刑罚。劓(yì 义)，古时割鼻子的刑罚。二句意谓：意而子已受了仁义、是非的毒害。　⑥恣睢，放纵。转徙，变迁。涂，通途。句意谓你将凭什么游在自由逍遥的道路上？

意而子曰：“虽然，吾愿游于其藩①。”许由曰：“不然。夫盲者无以与乎眉目颜色之好②，瞽者无以与乎青黄黼黻之观③。”意而子曰：“夫无庄之失其美④，据梁之失其力⑤，黄帝之亡其知，皆在炉捶之间耳⑥。庸讵知夫造物者之不息我黥而补我劓⑦，使我乘成以随先生邪⑧？”许由曰：“噫！未可知也⑨。我为汝言其大略：吾师乎⑩！吾师乎！齑万物而不为义⑪，泽及万世而不为仁，长于上古而不为老，覆载天地、刻雕众形而不为巧。此所游已！”

【注释】

①藩（fān 帆），领域，境界。指上言“遥荡恣睢转徙之涂”。　②与，参与，指参与欣赏。下句同。好，美好，漂亮。　③瞽（gǔ 古），瞎。黼黻（fǔ fú 府弗），古时礼服上绣的花纹。观，华丽。　④无庄，古代美人。失，亡，忘却。下同。⑤据梁，古大力士。　⑥捶，一本作锤。炉、捶，都是冶炼工具。句意谓都是在锻炼中形成的。这是指天然的锻炼。　⑦息，生。息我黥，长回我被割去的皮肉。补我劓，补回我被割去的鼻子。　⑧成，全。乘成，载着完全的形体。意而子上述所说的，意在表示悔过自新。　⑨未可知：指造物者是否如意而子所希望的那样而言。　⑩吾师，指天道。因为许由以天为师，故称。　⑪齑（jī 跻），《说文通训定声》：“细切匀之有叙也。”故有调和之意。齑万物，意谓调和万物。不为义，不算作义。

【点评】　说明中仁义、是非之毒太深的人是难以领悟大道的。

颜回曰：“回益矣①。”仲尼曰：“何谓也？”曰：“回忘仁义矣。”曰：“可矣，犹未也②。”他日复见，曰：“回益矣。”曰：“何谓也？”曰：“回忘礼乐矣！”曰：“可矣，犹未也。”他日复见，曰：“回益矣！”曰：“何谓也？”曰：“回坐忘矣③。”仲尼蹴然曰④：“何谓坐忘？”颜回曰：“堕肢体⑤，黜聪明⑥，离形去知⑦，同于大通⑧，此谓坐忘。”仲尼曰：“同则无好也⑨，化则无常也⑩。而果其贤乎！丘也请从而后也⑪。”

【注释】

①益，进步。说明经过一个时期的修养之后有所进步。　②可矣，对了。犹未，还不够。　③坐忘，静坐而心亡。《齐物论》篇“隐机而坐，仰天而嘘，荅焉似丧其耦”，就是坐忘的形象表现。　④蹴（cù 促）然，神态突然变化的样子。⑤堕（huī 灰），通隳，废。堕肢体，把肢体看作不存在。　⑥黜（chù 触），废除。

黜聪明，把聪明才智抛弃掉。 ⑦离形，离析肢体。去知，除去心智。 ⑧大通，大道。 ⑨好，偏好。 ⑩常，执著。 ⑪请从而后，愿步后尘。

【点评】 说明修道要抛弃仁义礼乐，并进一步进入坐忘的境界。坐忘是气功中的境界。但《庄子》书中类似气功的一类描写，如《齐物论》篇的“丧其耦”，《人间世》篇的“心斋”，《刻意》篇的“养神之道”，本篇的“息之以踵”、“坐忘”等等，已不仅仅属于养生方法的范畴，而成为书中理想人物的处世为人的基本态度。借以引导人们进入道的虚寂的精神境界。在《庄子》书中，气功是修养入道的缩影，修养入道是气功的扩大、延伸。在虚无的观点指导下易于入静，入静之后通过自身的气功运动又反过来体会到虚静无为的哲理。性命双修，是庄子气功理论的最大特点。

子舆与子桑友。而霖雨十日①，子舆曰：“子桑殆病矣②！”裹饭而往食之③。至子桑之门，则若歌若哭④，鼓琴曰：“父邪！母邪！天乎！人乎！”有不任其声而趋举其诗焉⑤。子舆入，曰：“子之歌诗，何故若是？”曰：“吾思夫使我至此极者而弗得也⑥。父母岂欲吾贫哉？天无私覆，地无私载，天地岂私贫我哉？求其为之者而不得也⑦！然而至此极者，命也夫！”

【注释】

①霖，久雨。霖雨，连绵大雨。 ②殆，大概。病，指饥饿。 ③食（sì饲），拿食物给人吃。 ④若歌若哭，指子桑。 ⑤不任其声，他的声音已不胜任，意即声嘶力竭了。趋，急促。举，引起。趋举其诗，急促地唱起他的诗句。 ⑥极，绝境。 ⑦为之者，即上文“使我至此极者”，指造成潦倒贫病的原因。

【点评】 前段写子舆、子来病而无可救药，故作乐观，若置生死于度外；在这段寓言中，作者却向我们交了底：子桑明明没有饭吃，强装高歌。但饿肚子的遭遇却没有因此而解除，而他们又无法理解这种遭遇的原因，更谈不上拿出解救的办法，故只好归于天命。在这里清楚地向我们暴露了庄子们的思想矛盾，暴露了他们人生的现实基础。其实一部《庄子》不知包含有多少悲哀、多少痛苦。

应帝王第七

【导读】

本篇是回答帝王如何治天下问题的，故名“应帝王”。全文前后两大部分。前部分列了四个寓言，否定了仁义法度之治，提出淡漠无为的明王之治：“功盖天下而似不自己，化贷万物而民弗恃。有莫举名，使物自喜。立乎不测，而游于无有者也。”此为篇中枢纽。后部分再写两个故事：相者季咸以能测知人的生死寿夭相标榜，结果在得道者壶子面前，以失败告终。作者以此说明“可测”的破产，反证必须“立乎不测”。儵忽凿死了浑沌，是有为的恶果；反证必须“游乎无有”。前者有人物、对话、动作、情节，在作者寓意之外，还可视作破除迷信的短篇故事；后者虽简单，但浑沌凿七窍而死，意象玄妙，耐人寻味。历来说者由此悟出了许多哲理。

啮缺问于王倪①，四问而四不知。啮缺因跃而大喜②，行以告蒲衣子③。蒲衣子曰："而乃今知之乎④？有虞氏不及泰氏⑤。有虞氏其犹藏仁以要人⑥，亦得人矣⑦，而未始出于非人⑧。泰氏其卧徐徐⑨，其觉于于⑩。一以己为马⑪，一以己为牛。其知情信，其德甚真，而未始入于非人⑫。"

【注释】

①啮缺、王倪，见《齐物论》篇注。 ②因跃而大喜，因为从王倪四答"不知"中，领悟了圣人以无知为知的妙道，故高兴得跳起来。 ③蒲衣子，传说是尧时人。 ④而，你。乃，才。 ⑤有虞氏，舜帝。泰氏，伏牺氏。 ⑥藏仁，心怀仁义。要(yāo 腰)，要结，笼络。 ⑦得人，得人心。 ⑧而未始句：出，超出。非人，指外物。句谓未曾摆脱外物的牵累。 ⑨徐徐，安闲自得的样子。⑩于于，愚昧无知的样子。 ⑪一以二句：说明与物同体，不分彼此。 ⑫而未始：而未曾陷入外物的牵累。

肩吾见狂接舆。狂接舆曰："日中始何以语女①？"肩吾曰："告我：君人者以己出经式义度②，人孰敢不听而化诸③！"狂接舆曰："是欺德也④。其于治天下也，犹涉海凿河而使蚊负山也⑤。夫圣人之治也，治外乎⑥？正而后行⑦，确乎能其事者而已矣⑧。且鸟高飞以避矰弋之害⑨，鼷鼠深穴乎神丘之下以避熏凿之患⑩，而曾二虫之无知⑪？"

【注释】

①日中始，假设人名。 ②君人者，国君。出，公布。经，法典。式，程式，规矩。义，裁断之法。度，准则。都是统治国家的法度。 ③孰，谁。化，接受教化。诸，句尾助词，犹呢。 ④欺德，虚伪的道德。 ⑤涉海、凿河、使蚊负山，三者都说明办不到。 ⑥治外，统治别人。 ⑦正，指正己。行，推行。

⑧确乎句：按照人们各自能够干的而定就是了。意即人们能干什么就任随他去干什么。确，定。　⑨矰（zēng 增），一种用丝绳系住以便弋射飞鸟的短箭。弋（yì 易），弋射，用绳系住箭来射。　⑩鼷（xī 溪）鼠，小鼠。深穴，作动词，打很深的地洞藏身。神丘，社坛。熏，用烟熏。凿，挖掘。　⑪而曾句：难道就和这两种动物一样无知吗？言外之意是说，动物尚且知道避害，何况比动物聪明的人怎能被欺骗而听从经式义度？曾，乃。

天根游于殷阳①，至蓼水之上②，适遭无名人而问焉③，曰："请问为天下④。"无名人曰："去！汝鄙人也⑤，何问之不豫也⑥！予方将与造物者为人⑦，厌则又乘夫莽眇之鸟⑧，以出六极之外，而游无何有之乡，以处圹埌之野⑨。汝又何帠以治天下感予之心为⑩？"又复问，无名人曰："汝游心于淡⑪，合气于漠，顺物自然而无容私焉⑫，而天下治矣。"

【注释】

①天根，假设人名。殷阳，殷山之南。　②蓼（liǎo 了）水，水名。　③适遭，刚好碰到。无名人，假设人名。　④为，治。　⑤鄙，卑陋。　⑥豫，厌。　⑦方将，正在。句意详见《大宗师》篇"方且与造物者为人"注。　⑧厌，厌烦。莽眇，飘渺。乘夫莽眇之鸟，比喻心神翱翔在飘渺的世界。　⑨圹埌（kuàng làng 旷浪），空荡辽阔。　⑩帠，不知什么字。《经典释文》："徐音艺，又鱼例反。司马云，法也。一本作寱，牛世反。"寱（yì 艺），"呓"的本字。慧琳《一切经音义》卷十四"寱语"注引《声类》："睡中不觉妄言也。"句谓：你又为什么像说梦话似地拿治天下的事来感惑我的心呢？　⑪游心二句：心虚静就是游于淡，气平和就是合于漠。相当于气功中意与气会，合于虚静的意思。　⑫容私，夹杂私心成见。

【点评】　通过上述三个寓言，批判了仁义、礼法的政治论。主张淡漠自然才能治好天下。

阳子居见老聃①，曰："有人于此，向疾强梁②，物彻疏明③，学道不勌④。如是者，可比明王乎?"老聃曰："是於圣人也⑤，胥易技系⑥，劳形怵心者也。且也虎豹之文来田⑦，猨狙之便执斄之狗来藉⑧。如是者，可比明王乎?"阳子居蹴然曰："敢问明王之治。"老聃曰："明王之治：功盖天下而似不自己⑨，化贷万物而民弗恃⑩。有莫举名⑪，使物自喜。立乎不测⑫，而游于无有者也⑬。"

【注释】

①阳子居，姓阳名朱，字子居。　②向，通响，回声。疾，速。向疾，回声一样快。比喻敏捷。强梁，刚强有力。　③物彻，物理洞彻，对事物的道理理解得十分透彻。疏，即《盗跖》篇"内周楼疏"之"疏"，指疏窗。疏明，如疏窗一样通明，比喻洞彻的程度。　④勌，同倦。明王，英明的君主。　⑤於，古通乌。乌，何。句谓这哪称得上圣人呢!　⑥胥易二句：胥，有才智而供人役使的小吏。(见《周礼·天官》"胥十二人"疏)易，《礼记·祭义》："易抱龟南面，天子卷冕北面。"可见易是占卜的官。技系，指胥与易均被技术所束缚。故说"劳形怵心"。怵，惊。　⑦文，花纹。指虎豹皮毛上的花纹。来，招致。田，通畋，畋猎。⑧猨狙句：疑文有脱误，似应作"猨狙之便来执，斄之狗来藉"。便，敏捷。执，捉。斄(lí 离)，形状如牛而尾长。狗，通徇，疾走。藉，系缚。句意谓猨狙由于敏捷可爱，故招致人们抓它来玩耍；长髦牛走得太快而招致被人用绳索套缚。如按原文解释，则为：敏捷的猕猴和能捉狐狸的狗，由于自己的才能被人系上绳索使用。⑨盖，覆盖。自，由。不自己，不归功于自己。　⑩贷，施，恩赐。恃，依赖。句意谓虽然英明的君王化育、施恩于万物，但老百姓并不认为是依靠了君主，而只是出于自然罢了。　⑪有，得。莫，毋，无法。举，称说。名，形容。句谓取得成就而无法用语言来表达。　⑫立乎不测，指明王立足于不测的变化。　⑬无有者，指虚无之道。

郑有神巫曰季咸①，知人之死生②、存亡、祸福、寿夭，期以岁月旬日若神③。郑人见之，皆弃而走④。列子见之而心醉⑤，归，以告壶子⑥，曰："始吾以夫子之道为至矣⑦，则又有至焉者矣⑧。"壶子曰："吾与汝既其文⑨，未既其实⑩。而固得道与⑪？众雌而无雄⑫，而又奚卵焉！而以道与世亢⑬，必信⑭，夫故使人得而相汝⑮。尝试与来⑯，以予示之⑰。"

【注释】

①神巫，神灵的巫祝。巫祝是古代以降神、祭祀、占卜为职业的人。 ②知，指能测知。 ③期，约，预言。句谓预言某年、某月、某旬、某日像神一样灵验。④弃而走，抛开他而远走。因为怕被他测知自己的死期。 ⑤心醉，指醉心于季咸的技术。 ⑥壶子，列子的老师，是很有道德修养的人。 ⑦至，最高级。⑧又有，更有。 ⑨与，授予。既，尽。文，表面。 ⑩实，实质。 ⑪而，你。与，通欤。 ⑫众雌二句：奚，何。又奚卵焉，又怎么能生育呢！二句意谓：事情单方面是不会成功的，总是与双方有关的。意即人们不表露自己的话，季咸也是无法测知的。 ⑬亢，通抗，抗衡，较量。 ⑭信，通伸，表露自己。⑮相(xiàng 象)，一种巫术，观察人的容貌以测定吉凶祸福。 ⑯与来，带来。指把季咸带来。 ⑰以予示之，把我介绍给他看一看。

明日，列子与之见壶子。出而谓列子曰："嘻！子之先生死矣！弗活矣！不以旬数矣①！吾见怪焉②，见湿灰焉③。"列子入，泣涕沾襟以告壶子。壶子曰："乡吾示之以地文④，萌乎不震不正，是殆见吾杜德机也⑤，尝又与来。"明日，又与之见壶子。出而谓列子曰："幸矣！子之先生遇我也，有瘳矣⑥！全然有生矣！吾见其杜权矣⑦！"列子入，以告壶子。壶子曰："乡吾示之以天壤⑧，名实不入，而机发于踵。是殆见吾善者机也⑨。尝又与来。"明日，又与之见壶子。出而谓列子曰："子之先生不齐⑩，吾无得而相焉。试齐，且复相之。"列子入，以告壶子。壶子曰："吾乡示之以太冲莫胜⑪，是殆见吾衡气机也⑫，鲵桓之审为渊⑬，止水之审为渊，流水之审为渊。渊有九名⑭，此处三焉。尝又与来。"明日，又与之见壶子。立未定⑮，自失而走。壶子曰："追之!”列子追之不及。反，以报壶子曰：“已灭矣，已失矣，吾弗及已。”壶子曰：“乡吾示之以未始出吾宗⑯。吾与之虚而委蛇⑰，不知其谁何⑱，因以为弟靡⑲，因以为波流，故逃也⑳。”然后列子自以为未始学而归。三年不出，为其妻爨㉑，食豕如食人㉒，于事无与亲㉓。雕琢复朴㉔，块然独以其形立㉕。纷而封哉㉖，一以是终㉗。

【注释】

①不以旬数，不需用旬来计算。意即寿命不到十天就完了。　②怪，怪异，指死亡的征候。　③湿灰，必死的象征。湿的灰则连复燃也不可能了。　④乡(xiàng向)吾二句：乡，往，往日。地文，与下文的“天壤”、“太冲莫胜”、“未始出吾宗”，都是表示宁神运气的不同阶段：入静、运气、守气、忘我。地文，大地阴静的气象。用来比喻入静的境界。但静并非绝对的死寂的静，而是静中有动，气息不停，如大地尚有万物萌动一般。不过这时气息的运行与万物的萌动又并非是有意识的动，更不是有意于助长它变化生长。故说“萌乎不震不正”。这是动中有静。震，动。正，《尔雅·释诂》：“长也。”　⑤是，此，殆(dài代)，大概。杜，闭塞。德，即《天地》篇“物得之以生谓之德”之“德”。德机，即生机。气是人体生化之本，故生机也就是气机。入静的时候，气息运行，但十分平静，故如气机闭塞不动。
⑥瘳(chōu抽)，病愈。有瘳，有好转的希望。　⑦杜权，闭塞中有转机，即变得有点生气。权，变。　⑧乡吾三句：壤，地。天地合、阴阳调和则万物生长。人体之内，神与气相结合才能有生气，故比作天壤。但神与气相结合，其中不能参杂虚名实利，否则就会精神错乱、意气激愤，故说“名实不入”。机发于踵，心神领着气息从脚跟涌泉穴开始向上运行，如《大宗师》篇所说的“息之以踵”。　⑨善，指病愈。机，气机。　⑩齐，通斋，斋戒。无得，无法。　⑪冲，调。阴阳二气调和就叫太冲。既然调和就没有偏胜(或偏阴，或偏阳)。故说“太冲莫胜”。
⑫衡，平。气机平静就是守气不动。　⑬鲵(ní泥)，小鱼。桓，盘桓，徘徊。审，《徐无鬼》篇“水之守土也审”之“审”。罗勉道《庄子循本》：“言水之守土，审定不移也。”可见审有沉静的意思。鲵桓之审，即沉静中仅有小鱼徘徊的微动。比喻静中有动(地文)；止水之审为最静的状态，比喻静而又静(太冲莫胜)；流水之审，比喻动中有静(天壤)。三句比喻气机的各种状态。　⑭渊有九名：还有滥、沃、氿(guǐ

鬼)、雍(yōng 拥)、汧(qiān 千)、肥六水之潘为渊。(见《列子·黄帝》篇)潘,奚侗认为当作“瀋”。古时“瀋”、“審(审)”相通。处,居,占。 ⑮立未定二句:指季咸。 ⑯吾宗,《天下》篇:“以天为宗”,吾宗即指天。未始出吾宗,即《达生》篇“圣人藏于天”的意思,都是说与天浑然一体,如《人间世》篇颜回所说“未始有回也”。这就是虚而集道的境界。 ⑰委蛇(wēi yí 威宜),随顺自然的样子。⑱不知,指季咸不知。其,壶子自指。谁何,怎么样一个人。占卜是迷信的把戏,但时亦兼用中医的望、闻、问诸诊的知识。壶子有控制自身心气神色的本领,故使季咸摸不着底,不知他是怎么样一个人。 ⑲因,跟随。即《在宥》篇“神动而天随”的意思。弟靡(mǐ 米),郭注:“变化颓靡。”成疏:“颓者放任,靡者顺从。”可见弟或作颓,或通颓。与下句“波流”同是申说委蛇的含义。弟靡从平静状态说,波流从动荡状态说。 ⑳故逃也,指季咸逃。 ㉑爨(cuàn 窜),烧火煮饭。 ㉒食(sì 饲),拿东西给人或动物吃。食豕,喂猪。句意说明他不杂私念,天真待物。㉓无与亲,无所关心。 ㉔雕琢复朴,意谓把在世俗中染上的是非好恶等恶习雕琢清除,恢复纯朴的心性。 ㉕块然,像土块那个样子。意即无知无识,犹今说像木头一样。 ㉖纷,指世事纷纭。封,指列子封闭自己的心窍,不染世尘,如《达生》篇所说的“不开人之天”。 ㉗一以是终,一直以此终生。

无为名尸①,无为谋府②,无为事任③,无为知主④。体尽无穷⑤,而游无朕⑥。尽其所受乎天而无见得⑦,亦虚而已!至人之用心若镜⑧,不将不迎,应而不藏⑨,故能胜物而不伤。

【注释】

①无为,不要作。尸,主。名尸,名声的承当者。 ②谋府,藏计谋的地方,犹今说智囊。 ③事任,工作的担任者。 ④知主,智慧的主宰者。 ⑤体尽无穷,与无穷的事物完全浑然一体。意同《逍遥游》篇说的“旁礴万物以为一”。⑥朕(zhèn 振),迹。无朕,无迹,无迹则虚。 ⑦尽其句:终生而不见有所得。故下句说“亦虚而已”。意即视人生为虚无。所受乎天,指禀受于天道而形成的形体、生命。 ⑧若镜,意即纯客观地反映。 ⑨应,反应。不藏,在心里不留痕迹。

南海之帝为儵①，北海之帝为忽，中央之帝为浑沌。儵与忽时相与遇于浑沌之地，浑沌待之甚善。儵与忽谋报浑沌之德②，曰："人皆有七窍以视听食息③。此独无有，尝试凿之。"日凿一窍，七日而浑沌死。

【注释】

①儵(shū 叔)，与下文的忽、浑沌，都是寓言中假设的名字。　②谋报，筹谋报答。德，恩德，即上句说的"待之甚善"。　③七窍，七个洞，指二眼、二鼻孔、二耳、一口。息，呼吸。

【点评】 说明统治天下不是靠才能智慧，而是要虚心若镜，无为而治。即"立乎不测，游于无有"。季咸以能测知人的生死寿夭自我标榜，结果在壶子面前以失败告终，是"可测"的破产，反证必须"立乎不测"；儵、忽凿死了浑沌，是"有为"的恶果，反证必须"游于无有"。

庄子强调事物的不可测，是因为万物的本体(道)具有不可测性。这与量子学家发现测不准定律，发现量子波具有测不准性，又相暗合。

【导读】

取篇首二字为题，外、杂篇的题目大多数如此。其中也有些是同时隐括全篇中心的。这是一篇道家的人性论。主要说明人性自然，而认为仁义智辩以及为名、为利、为国、为家都是违反和伤害人性的，是道德上的骈拇枝指、邪门歪道。

骈拇枝指出乎性哉①，而侈于德②；附赘县疣出乎形哉③，而侈于

性；多方乎仁义而用之者④，列于五藏哉⑤，而非道德之正也。是故骈于足者，连无用之肉也；枝于手者，树无用之指也；多方骈枝于五藏之情者⑥，淫僻于仁义之行⑦，而多方于聪明之用也⑧。

【注释】

①骈(pián 跰)，并。拇，拇指，手或脚的大指。骈拇，拇指与第二指连生。枝指，拇指旁生的小指。性，指自然的本性。 ②侈(chǐ 齿)，多余。《天地》篇："物得之以生谓之德。"不正常而多生，故对德来说是多余的。 ③附赘县疣，见《大宗师》篇"彼以生为附赘县疣"注。附赘悬疣是后天形体所生的，并非出于自然的本性。故对自然的本性来说是多余的。 ④方，旁。多方，多生枝节。 ⑤列于二句：五藏，肝、心、脾、肺、肾。列于五藏，指仁义列于五藏。据《内经》：仁配肝，礼配心，信配脾，义配肺，智配肾。虽然配上五藏，但并非人纯正的道德，而是后天外加的，故说"非道德之正也"。正，纯正。 ⑥多方，宣颖认为这二字是衍文。骈枝，即骈拇枝指。句谓在仁义礼智信上又多生枝节。 ⑦淫僻，淫邪偏僻，作动词用。行，道路。句谓走上了仁义的邪门歪道。 ⑧多方，作动词用。句谓在聪明的运用上多生枝节，犹今说多耍小聪明。

是故骈于明者①，乱五色②，淫文章，青黄黼黻之煌煌非乎③？而离朱是已④！多于聪者，乱五声⑤，淫六律，金石丝竹黄钟大吕之声非乎⑥？而师旷是已⑦！枝于仁者⑧，擢德塞性以收名声⑨，使天下簧鼓以奉不及之法非乎⑩？而曾、史是已⑪！骈于辩者，累瓦结绳窜句⑫,游心于坚白同异之间⑬，而敝跬誉无用之言非乎⑭？而杨、墨是已⑮！故此皆多骈旁枝之道，非天下之至正也⑯。

【注释】

①骈于明，过分明察。骈，在这里有多生、过分的意思。 ②乱五色二句：五色，青、黄、赤、白、黑。青与赤相交为文，赤与白相交为章。在五色、文章之外还能辨别出更多的颜色，反而造成五色混乱、文章淫滥。 ③黼黻，见《大宗师》篇"青黄黼黻之观"注。煌煌，缭乱的样子。 ④而，如。离朱，传说黄帝时视力最好的人，

能在百步那么远看见秋毫之末。《孟子》作“离娄”。已，语尾助词，犹也。　⑤乱五声二句：五声，宫、商、角、徵(zhǐ 止)、羽。是古时音符，犹后来的工、尺、上、士、合。六律，把竹子截成长短不等的筒子，吹出清浊高低不同的十二音，分为阴阳各六音，阴为吕，阳为律，称六吕六律。六律的名称是黄钟、太簇、姑洗、蕤宾、夷则、无射。　⑥大吕，六吕中的第一音。　⑦师旷，见《齐物论》篇注。　⑧枝于仁者，在仁义上多生枝节。　⑨擢(zhuó 斫)，拔。塞，王念孙认为“擢”与“塞”意义不相关，“塞”当为“搴”的形误。《淮南子·俶真训》“俗世之学，擢德搴性”可证。搴(qiān 千)，举，拔取。句意谓标榜自己的道德、品格来沽名钓誉。　⑩簧(huáng 黄)鼓，作动词用，吹笙打鼓，鼓吹，比喻宣传吹捧。奉，崇拜。不及，不可企及。法，法式，榜样。　⑪曾，曾参，字子舆，孔子弟子。史，史鳝，字子鱼，卫灵公臣子。这两个人以仁孝出名。　⑫累瓦、结绳，都是古时记事的办法，故引申为记事。窜句，穿凿文句。句谓多方搜罗事例，玩弄文辞。唐写本下有“捶辞”二字，“窜句捶辞”为句，意思比较完整。　⑬坚白，见《齐物论》篇注。同异，见《天下》篇“惠施多方”一段。　⑭敝跬(bì kuǐ 币葵上声)，借为蹩躠(bié xiè 别屑)，费力的样子。跬、躠二字古音通。誉，夸耀。　⑮杨，杨朱，字子居，宋人。主张“为我”。墨，墨翟。《墨经》中有“坚白同异”的理论。　⑯至正，指最纯正的德性。

彼正正者①，不失其性命之情。故合者不为骈②，而枝者不为跂；长者不为有余，短者不为不足。是故凫胫虽短③，续之则忧；鹤胫虽长，断之则悲。故性长非所断，性短非所续，无所去忧也④。

【注释】

①正正，当为“至正”之误。　②故合二句：合就是骈，枝就是跂，但道德纯正的人，顺其自然，根本不把两指合生看作骈，也不把枝生小指看作跂。　③凫(fú 扶)，野鸭。胫，脚。　④去，抛弃。无所去忧，没有什么忧愁，所以无须抛弃。

意仁义其非人情乎①！彼仁人何其多忧也②。且夫骈于拇者，决之则泣③；枝于手者，龁之则啼④。二者或有余于数⑤，或不足于数，其于忧一也。今世之仁人，蒿目而忧世之患[⑥]；不仁之人，决性命之情而饕贵富[⑦]。故意仁义其非人情乎！自三代以下者[⑧]，天下何其嚣嚣也[⑨]。

【注释】

①意，想，认为。情，即“性命之情”的“情”，本质。　②仁人，行仁义的人。多忧，有许多不必要的忧虑。　③决，裂。　④龁(hé 核)，咬。　⑤数，指正常的数目。　⑥蒿(hāo 薅)，愁苦的样子。如《国语·晋语》“使民蒿焉忘其安乐”中的“蒿”。蒿目，忧愁的眼光，意犹愁眉苦脸。　⑦决，溃乱，作动词用。决性命之情，使得本性败坏。饕(tāo 滔)，贪。　⑧三代，指夏商周三代。以下，以后。　⑨嚣嚣(xiāo 消)，喧哗不停。

且夫待钩绳规矩而正者[①]，是削其性者也[②]；待绳约胶漆而固者[③]，是侵其德者也；屈折礼乐[④]，呴俞仁义[⑤]，以慰天下之心者，此失其常然也[⑥]。天下有常然。常然者，曲者不以钩[⑦]，直者不以绳，圆者不以规，方者不以矩，附离不以胶漆[⑧]，约束不以纆索[⑨]。故天下诱然皆生[⑩]，而不知其所以生；同焉皆得[⑪]，而不知其所以得。故古今不二[⑫]，不可亏也。则仁义又奚连连如胶漆纆索而游乎道德之间为哉[⑬]！使天下惑也！

【注释】

①待，需要。钩、绳、规、矩，都是木工工具。钩用来划曲线，绳用来划直线，规划圆，矩划方。正，指划得标准。　②削，与下句的“侵”字，都有伤害的意思。③绳、约，都是用来缚东西的。胶、漆，都是用来粘东西的。固，牢固，指缚或粘得牢固。　④屈折，屈肢折体。屈折礼乐，是举乐行礼的形象化说法。　⑤呴俞(xū yú 虚余)，吹嘘。　⑥常然，正常的状态。　⑦以，用。下数句同。⑧离，通丽，依附。附离，粘合。　⑨纆(mò 墨)，三条索扭成的绳。纆索，绳索。　⑩诱然，油然。　⑪同，混通为一。　⑫故古今二句：指自然之性古今一样，与物混同，无所谓亏损。　⑬连连，连续不断的样子。而，以。游，活

动。“奚……为”，相当于“为什么……”。

夫小惑易方①，大惑易性。何以知其然邪？自虞氏招仁义以挠天下也②，天下莫不奔命于仁义。是非以仁义易其性与③？

【注释】

①惑，疑惑，糊涂。易，变换，颠倒。方，方向。 ②招（qiáo 桥），标举。挠（náo 蛲），扰乱。 ③是，此。性，指人的本性。

【点评】 反复说明纯正的人性就是人自然的本性，而仁义则不但不合人性，而且是伤性乱世的。

故尝试论之：自三代以下者，天下莫不以物易其性矣①！小人则以身殉利②；士则以身殉名；大夫则以身殉家；圣人则以身殉天下。故此数子者③，事业不同，名声异号，其于伤性以身为殉④，一也。

【注释】

①物，指身外物，即下文说的利、名、家、天下。 ②殉利，为利而牺牲。③数子，指上述四种人。 ④以身为殉，把自身作为牺牲品。

臧与谷，二人相与牧羊而俱亡其羊①。问臧奚事②，则挟筴读书③；问谷奚事，则博塞以游④。二人者，事业不同⑤，其于亡羊均也⑥。

【注释】

①亡，失掉。 ②奚事，干什么。 ③挟，持，拿。筴，通策，书册。 ④博塞（sài 赛），下棋之类的游戏。 ⑤事业不同：一个读书，一个博塞。 ⑥均，相同。

伯夷死名于首阳之下①，盗跖死利于东陵之上②。二人者，所死不同，其于残生伤性均也。奚必伯夷之是而盗跖之非乎③？

【注释】

①伯夷，见《大宗师》篇注。死名，死于名，为名声而死。 ②盗跖，见《盗跖》篇。死利，为利而死。东陵，山东章武有东陵山，传说上有跖冢。 ③是，肯定。伯夷之是，肯定伯夷。非，否定。盗跖之非，否定盗跖。都是宾语提前。

天下尽殉也①：彼其所殉仁义也，则俗谓之君子；其所殉货财也，则俗谓之小人。其殉一也，则有君子焉，有小人焉。若其残生损性，则盗跖亦伯夷已，又恶取君子小人于其间哉②！

【注释】

①天下，指天下的人。尽殉，都是为了某种目的而牺牲自己。 ②又恶句：又何须在他们之间分什么君子小人呢！恶，何。取，拣择，区分。

【点评】 说明为名、为利、为私、为公而奋斗的人，都是残生伤性的，是一种无谓的牺牲。

且夫属其性乎仁义者①，虽通如曾、史，非吾所谓臧也②；属其性于五味③，虽通如俞儿④，非吾所谓臧也；属其性乎五声，虽通如师旷，非吾所谓聪也；属其性乎五色，虽通如离朱，非吾所谓明也。吾所谓臧者，非仁义之谓也，臧于其德而已矣⑤；吾所谓臧者，非所谓仁义之谓也，任其性命之情而已矣；吾所谓聪者，非谓其闻彼也⑥，自闻而已矣⑦；吾所谓明者，非谓其见彼也⑧，自见而已矣⑨。夫不自见而见彼，不自得而得彼者，是得人之得而不自得其得者也⑩，适人之适而不自适其适者也⑪。夫适人之适而不自适其适，虽盗跖与伯夷，是同为淫僻也⑫。余愧乎道德⑬，是以上不敢为仁义之操⑭，而下不敢为淫僻之行也。

【注释】

①属，递属。乎，于。句谓把自己的本性归属于仁义，意即把仁义看作是自己

的本性。 ②臧，善，好。 ③五味，酸、苦、甘、辛、咸。 ④俞儿，传说是很善于辨别味道的人。 ⑤德，得天性。臧于其德，好就好在得天然的本性。 ⑥闻彼，对外界有所听闻。彼，指身外的人与物。 ⑦自闻，与“闻彼”相反，对外界不闻不问，把听觉集中在自己身上。 ⑧见彼，对外界有所见。 ⑨自见，与“见彼”相反，把视觉集中在自己身上。 ⑩其得，其所应得。 ⑪适，合。 ⑫是，此。 ⑬余愧句：我在道德上自感惭愧。这是一种貌似谦虚的说法。 ⑭是以二句：是以，因此。上，从好的方面说。下，从坏的方面说。所谓好、坏，都是就世俗之见来说的。操，操守。行(xìng 杏)，品行。

【点评】 说明最好的人性不是仁义，而是人本性的自然发展。

马蹄第九

【导读】

取篇首二字为题，中心思想与《骈拇》篇大体相同。文章开首以伯乐治马、陶匠治埴木比兴，引出圣人之治天下。作者认为：至德之世，人们纯朴无知；及至圣人，“屈折礼乐以匡天下之形，县跂仁义以慰天下之心，而民乃始踶跂好知，争归于利，不可止也”。说明仁义礼乐是人性的破坏，圣人是社会的罪人。带有尚古的倾向。语言简净明快，音韵铿锵，议论中结合描写，有情有理，浑然一片。

马，蹄可以践霜雪，毛可以御风寒。龁草饮水①，翘足而陆②，此马之真性也。虽有义台路寝③，无所用之。及至伯乐④，曰："我善治马⑤。"烧之⑥，剔之⑦，刻之⑧，雒之⑨。连之以羁絷⑩，编之以皂栈⑪，马之死者十二三矣⑫！饥之渴之，驰之骤之⑬，整之齐之⑭，前有橛饰之患⑮，而后有鞭筴之威⑯，而马之死者已过半矣！陶者曰⑰："我善治埴⑱。"圆者中规⑲，方者中矩。匠人曰⑳："我善治木。"曲者中钩，直者应绳㉑。夫埴木之性，岂欲中规矩钩绳哉！然且世世称之曰："伯乐善治马，而陶匠善治埴木。"此亦治天下者之过也。

【注释】

①龁，咬。 ②陆，通踛，跳。 ③义台，即仪台，用来举行礼的仪式的台。筑土为台，台上架屋，当中设门。路寝，正室。 ④伯乐，姓孙名阳，伯乐是字。秦穆公时人。 ⑤治，训练。下面叙述伯乐治马的过程。 ⑥烧之，指把铁烧红，在马身上打火印作为标志。 ⑦剔（tī 踢），剪，指剪马毛。 ⑧刻，刻削马蹄甲。 ⑨雒（luò 落），通络。雒之，给马戴上笼头。 ⑩连，绑上。羁（jī 基），带嚼子的马络头。絷（zhí 执），用来绊住马的前足的绳索。 ⑪编，架搭。皂（zào 造），马槽。栈，马棚。 ⑫十二三，十分之二三。 ⑬骤之，使马快跑。 ⑭整、齐，都是装饰的意思。见下文"齐之以月题"注。 ⑮橛（jué 决），马口所含的横木，叫马嚼子。饰，指马缨。这些东西对马说来是一种束缚，故称为患。 ⑯鞭筴，打马的工具。带皮的叫鞭，无皮的叫筴。筴，亦作策。威，威胁。 ⑰陶者，做陶器的人。 ⑱埴（zhí 直），黏土。 ⑲中（zhòng 众），符合。这两句说明所作的圆形与方形陶器都很标准。 ⑳匠人，木匠。 ㉑应，适合。

吾意善治天下者不然①。彼民有常性②，织而衣，耕而食，是谓同德③。一而不党④，命曰天放⑤。故至德之世⑥，其行填填⑦，其视颠颠⑧。当是时也，山无蹊隧⑨，泽无舟梁⑩；万物群生，连属其乡⑪；禽兽成群，草木遂长⑫。是故禽兽可系羁而游⑬，乌鹊之巢可攀援而窥⑭。夫至德之世，同与禽兽居，族与万物并⑮。恶乎知君子小人哉！同乎无知⑯，其德不离⑰；同乎无欲⑱，是谓素朴⑲。素朴而民性得矣。及至圣人，蹩躠为仁⑳，踶跂为义㉑，而天下始疑矣㉒。澶漫为乐㉓，摘僻为礼㉔，而天下始分矣㉕。故纯朴不残㉖，孰为牺尊！白玉不毁㉗，孰为珪璋！道德不废㉘，安取仁义！性情不离㉙，安用礼乐！五色不乱㉚，孰为文采！五声不乱，孰应六律！

【注释】

①意，想，认为。不然，不是这样。　②常性，不变的本性。　③同德，共性。　④一而不党，纯一而无偏爱。党，偏。　⑤放，放任。天放，天赐予的自由。与《知北游》中的“天弢”、“天袠”意正相反。　⑥至德之世，道德最高尚的时代。　⑦填填，悠闲稳重的样子。　⑧颠颠，质朴纯真的样子。　⑨蹊(xī 溪)，小路。隧(suì 岁)，隧道。凿通山石或在地下挖掘的通路。　⑩舟，船。梁，桥。　⑪连属其乡，居处相连而不分彼此。　⑫遂，成。遂长，成长。⑬系羁而游，牵系着来游玩。　⑭鸟鹊句：与上句同写人与禽兽混在一起生活而互不害怕的情景。援，拉。窥(kuī 亏)，探视。　⑮族，聚在一块。并，共处。⑯同乎无知，与无知的东西一样。　⑰不离，指不失常性。　⑱同乎无欲，与没有欲望的东西一样。　⑲素朴，纯朴。　⑳蹩躠(bié xiè 别屑)，本来形容跛者走路的样子，引申为费劲的样子。　㉑踶跂(zhì qǐ 至企)，用心力的样子。㉒疑，惑。　㉓澶(chán 禅)漫，放纵。　㉔摘僻，烦琐的样子。　㉕天下，指天下人的道德。分，与上文的“同德”、“同乎无知”、“同乎无欲”的“同”相对，指各人有各人的知识，各人有各人的欲望。　㉖故纯朴二句：不把完整的木头破开，怎么造出牺尊来？纯朴，未加工过的木头。残，破。尊，通樽，是祭神用的木刻酒器，上面刻画着牛头图形的称作牺尊。　㉗白玉二句：白玉如果不破开加以雕琢，怎么造成珪璋？珪(guī 规)、璋，都是名贵的玉器。珪上圆(或剑头形)下方，是古代君臣在举行典礼时拿的一种玉器。璋，形状为纵剖开的半个珪。　㉘道德，指庄子学派的道德，即自然之道，而不是儒家所主张的道德。　㉙离，意同上文“天下始分”的“分”。　㉚五色四句：为了画成图画文彩，为了谱成合乎六律的乐曲，必须将五色、五声调混相配，这是破坏了自然的声色的。乱，破坏。

【点评】 说明原始人类那样朴素无知才是人的本性，而仁义礼乐则是人性的败坏。

夫残朴以为器，工匠之罪也；毁道德以为仁义，圣人之过也。夫马陆居则食草饮水，喜则交颈相靡①，怒则分背相踶②。马知已此矣③！夫加之以衡扼④，齐之以月题⑤，而马知介倪闉扼鸷曼诡衔窃辔⑥。故马之知而态至盗者⑦，伯乐之罪也。夫赫胥氏之时⑧，民居不知所为，行不知所之⑨，含哺而熙⑩，鼓腹而游⑪。民能以此矣⑫！及至圣人，屈折礼乐以匡天下之形⑬，县跂仁义以慰天下之心⑭，而民乃始踶跂好知⑮，争归于利，不可止也。此亦圣人之过也。

【注释】

①靡，通摩。 ②分背，背对背。踶(tì 惕)，通踢。句谓马发怒时背着用后脚相踢。 ③马知(zhì 志)句：马的智慧只不过如此罢了。已，止。 ④衡，车辕前端的横木。扼，通轭。叉着马颈的曲木，两头与衡木相连。 ⑤齐，装饰。月题，在马额上的一种装饰，用金属雕刻而成，形状似月，又叫当颅。 ⑥介，间侧。倪，借为輗，车辕与车衡衔接的关键部件。介輗，马侧立在两輗之间，不服驾驶。闉(yīn 因)，曲。闉扼，马曲着脖子，企图把轭摆脱。鸷(zhì 志)，抵。曼，借为幔，车的覆笭，覆盖在车的前后和两旁，用来遮挡风尘的。鸷曼，指马作恶时抵触车幔。诡衔，诡诈地吐掉嚼子。窃辔(pèi 佩)，偷偷地咬坏缰绳。以上五个动宾词组都是形容马不听使唤，诡计多端地进行反抗的状态。 ⑦知(zhì 志)，通智。而，与。句谓马的心智与神态变得像盗贼一样。 ⑧赫胥氏，传说中上古时代的帝王。 ⑨之，往。 ⑩哺，口中含着的食物。熙，通嬉，游戏。 ⑪鼓腹，肚子吃得饱饱的样子。 ⑫以，《御览》七十六引此文作“止”。 ⑬匡，正。天下之形，指天下人的举动。句谓教人举动合乎礼乐的轨道。 ⑭县，通悬。县跂，悬举，提倡。慰，安。 ⑮好知(hào zhì 浩志)，推崇才智。

【点评】 说明人们好智争利是提倡仁义礼乐的结果，圣人是破坏道德的罪人。

胠箧第十

【导读】

本篇的中心是宣扬绝圣弃智的。文章以日常防盗之事起兴譬喻，推论出圣智“有不为大盗积者乎”、“有不为大盗守者乎”的问题。然后以田成子利用圣智之法窃国，夏商周三代之贤者龙逄、比干、苌弘、子胥以圣智之法杀身，跖现身说法以明圣智为大盗必备条件，从而得出绝圣弃智的结论。文章后半部围绕这一中心展开了正反论证。

将为胠箧探囊发匮之盗而为守备①，则必摄缄縢②，固扃镉③，此

世俗之所谓知也。然而巨盗至，则负匮揭箧担囊而趋④，唯恐缄縢扃镝之不固也。然则乡之所谓知者⑤，不乃为大盗积者也⑥？

【注释】

①为，因为。胠（qū 区），撬开。箧（qiè 怯），箱子之类。大的叫箱，小的叫箧。胠箧，把小箱子撬开。探囊（náng 馕），摸袋子。发匮（guì 贵），开柜子。胠箧、探囊、发匮，都是指偷窃行为。为守备，进行防备。　②摄（shè 设），绑紧。缄（jiān 笺）、縢（téng 藤），都是绑东西的绳子。　③固，作动词用，使之坚固。扃（jiōng 炯阴平），从外面关门的闩、钩等。镝（jué 决），箱子上安锁的环状物。扃镝，门窗或箱柜上用来加锁的部件，相当于后代的锁钥。　④负，用背背。揭，用手提。担，用担抬。趋，快走。　⑤乡（xiàng 向），通向，早先。　⑥不乃，不正是。也，邪，吗。

故尝试论之：世俗之所谓知者，有不为大盗积者乎？所谓圣者，有不为大盗守者乎？何以知其然邪？昔者齐国邻邑相望①，鸡狗之音相闻②，罔罟之所布③，耒耨之所刺，方二千余里。阖四竟之内④，所以立宗庙社稷⑤，治邑屋州闾乡曲者⑥，曷尝不法圣人哉⑦？然而田成子一旦杀齐君而盗其国⑧，所盗者岂独其国邪？并与其圣知之法而盗之⑨，故田成子有乎盗贼之名，而身处尧舜之安⑩。小国不敢非，大国不敢诛，十二世有齐国⑪，则是不乃窃齐国并与其圣知之法以守其盗贼之身乎？

【注释】

①昔者，从前。从下文看，应指齐简公被杀（在鲁哀公十四年）以前。　②鸡狗句：表现一种宁静太平的景象。　③罔罟三句：方圆二千余里都是齐国人民打猎、捕鱼、犁锄耕种的地方。罔罟（wǎng gǔ 网古），都是网，网鸟的叫罔，网鱼的叫罟。布，设置。耒（lěi 磊），犁上的木把。耨（nòu），古代锄草的工具。刺，插。④阖（hé 合），总合。竟，通境。　⑤宗庙，同宗之庙。社，土地神的祠。稷，谷神的祠。这些都是每个国家必须设立的，故此多作为国家的代称。立宗庙社稷，即

意味着建立国家。　⑥治，统治。邑屋，根据《周礼·小司徒》"四井为邑"郑注引《司马法》：六尺为步，百步为亩，百亩为夫，三夫为屋，三屋为井，四井为邑。州闾，根据《周礼·大司徒》：五家为比，五比为闾，四闾为族，五族为党，五党为州。邑屋从土地方面说，州闾从户口方面说。乡曲，偏僻的乡村。　⑦曷，何。法，效法。　⑧田成子，春秋时齐国大夫陈恒。田、陈古音同。成子是他死后，后人给他的称号。齐君，指齐简公。盗其国，指田成子杀了齐简公，夺取了政权（事见《左传·哀公十四年》）。　⑨并与句：因为田成子是打着遵照圣人的礼制法度的旗号来"篡权"的，故此说他连圣人的礼制法度也偷用了。　⑩身处句：当时田成子当了齐相，立齐平公为傀儡。他的食邑比齐平公的还大。故说他安乐如帝王。⑪十二世：从田成子至齐王建共十二代。齐王建是齐国最后的国君。齐国在公元前221年被秦所灭。可知本篇一定是作于齐国灭亡之后的。当时庄周已死，可见为庄周后学所作。有，享有。

尝试论之：世俗之所谓至知者，有不为大盗积者乎？所谓至圣者，有不为大盗守者乎？何以知其然邪？昔者龙逢斩①，比干剖，苌弘胣②，子胥靡③。故四子之贤而身不免乎戮④。故跖之徒问于跖曰："盗亦有道乎？"跖曰："何适而无有道邪⑤？夫妄意室中之藏⑥，圣也；入先⑦，勇也；出后⑧，义也；知可否⑨，知也；分均⑩，仁也。五者不备而能成大盗者，天下未之有也。"由是观之，善人不得圣人之道不立⑪，跖不得圣人之道不行。天下之善人少而不善人多，则圣人之利天下也少而害天下也多。故曰：唇竭则齿寒⑫，鲁酒薄而邯郸围⑬，圣人生而大盗起⑭。掊击圣人⑮，纵舍盗贼⑯，而天下始治矣。

【注释】

①龙逢、比干，均见《人间世》篇注。　②苌弘（cháng hóng 长宏），周敬王时大夫，与晋国范、中行氏有联系，后来晋赵鞅因与范、中行氏的矛盾而讨伐周，周人因此杀苌弘。胣（chǐ 侈），裂。　③子胥，姓伍名员。楚国人，后投靠吴王夫差。夫差与越王勾践讲和时，子胥反对，夫差不听，赐剑给子胥自杀，并用马皮做

成猫头鹰形状的袋子，装着子胥的尸体，抛到江水中去，故糜烂在江中。靡，通糜。 ④戮(lù 陆)，杀。以上几句说明暴君利用了圣智之法来杀害贤臣，可见圣智之法被盗窃了。 ⑤何适，到哪里。 ⑥夫妄意二句：妄意，猜想，推测。藏，指室中所藏的东西。圣，英明。二句谓：能测度出房子里藏有什么，就称得上英明。 ⑦入先二句：带头进去，就称得上勇敢。 ⑧出后二句：最后离去，掩护撤退，就称得上有义气。 ⑨知可二句：分析出能不能成功，就称得上聪明。 ⑩分均二句：分赃时分得平均，就称得上仁惠。 ⑪圣人之道，即圣智之法。这里说的圣人都是指儒家的圣人。立、行，都有成功的意思。 ⑫唇竭句：嘴唇没有了，牙齿就受冻。竭，亡。 ⑬鲁酒句：楚宣公朝会各国诸侯，鲁恭公迟到，而且献来的酒味道不浓。于是楚国出兵讨伐鲁国。梁惠王早想出兵攻打赵国，但一向怕楚国支援赵国，故此乘楚国出兵讨伐鲁国的机会攻打赵国，包围了赵国的国都邯郸。以上两句说明事物总是有它的前因后果的，并为下句作铺垫。 ⑭生、起，都是出现的意思。 ⑮掊(pǒu 剖上声)击，抨击，犹说打倒。 ⑯纵舍，放走。《老子》说："法令滋章，盗贼多有。"与这句意思相同。《老子》从正面说，作者从反面说。

夫川竭而谷虚①，丘夷而渊实②。圣人已死，则大盗不起，天下平而无故矣③！圣人不死，大盗不止。虽重圣人而治天下④，则是重利盗跖也。为之斗斛以量之⑤，则并与斗斛而窃之；为之权衡以称之⑥，则并与权衡而窃之；为之符玺以信之⑦，则并与符玺而窃之；为之仁义以矫之⑧，则并与仁义而窃之。何以知其然邪？彼窃钩者诛⑨，窃国者为诸侯，诸侯之门而仁义存焉，则是非窃仁义圣知邪⑩？故逐于大盗⑪，揭诸侯⑫，窃仁义并斗斛权衡符玺之利者，虽有轩冕之赏弗能劝⑬，斧钺之威弗能禁⑭。此重利盗跖而使不可禁者，是乃圣人之过也。

【注释】

①夫川句：两山间的流水叫川，两山间的流水道叫谷。川水干涸则谷道空虚。竭，尽。 ②丘夷句：夷，平。实，满。丘与渊是相对而言的，土高出来就是丘，

深下去就成了渊。如果把山丘铲平，那么深渊也会给填满，因而也就不成其为渊了。以上两句是为下句起兴的。作者认为，圣人与大盗也是相对的，圣人没有了，大盗也不会产生。　③平，太平。无故，无事。　④虽重二句：虽然有加倍的圣人来治天下，实则是大大有利于盗跖之流。前句重字念 chóng，后句重字念 zhòng。⑤斛（hú 胡），十斗的量器。　⑥为之权衡二句：权，秤锤。衡，秤杆。称（chēng 撑），衡量轻重。用斗斛量物，用秤称物，本来是为了公平交易。但有人利用它，大斗入，小斗出；大秤入，小秤出。从中刮削，把欺骗合理化。亦有像田成子那样，小斗入，大斗出，以此争取群众，准备好夺权的条件。因而作者认为，斗斛、秤都被盗用了。下四句推而广之，意思类同。　⑦符，符契。分则为两片，合则成一体，双方各执一片作证据来保证信用。玺（xǐ 洗），印。秦朝以后专指皇帝的印。⑧矫，正。　⑨彼窃三句：那些偷了一点钱的小偷要斩头，而偷了整个国家的大盗却做了诸侯，这些诸侯的门面上还打着仁义的牌号。钩，即《达生》篇"以钩注者惮"之"钩"。铸金作钩形，像后世银锞之类。一解为衣带钩，指代不值钱的东西。⑩是，此。　⑪逐，追随。　⑫揭，拔取。揭诸侯，攻打诸侯之国。　⑬虽有句：轩，古代大夫以上官员乘的车。冕（miǎn 免），古代大夫以上官员戴的礼帽。轩冕，指代官爵。弗，不。劝，鼓励。句谓用赏赐官爵的办法也无法勉励他们不要这么干。　⑭钺（yuè 月），形状像斧头而稍为大一点的一种武器。

故曰："鱼不可脱于渊①，国之利器不可以示人②。"彼圣人者③，天下之利器也，非所以明天下也④。故绝圣弃知⑤，大盗乃止；擿玉毁珠⑥，小盗不起；焚符破玺⑦，而民朴鄙；掊斗折衡⑧，而民不争；殚残天下之圣法⑨，而民始可与论议；擢乱六律⑩，铄绝竽瑟⑪，塞瞽旷之耳⑫，而天下始人含其聪矣⑬；灭文章，散五采，胶离朱之目⑭，而天下始人含其明矣⑮；毁绝钩绳而弃规矩，攦工倕之指⑯，而天下始人有其巧矣⑰。故曰：大巧若拙⑱。削曾、史之行⑲，钳杨、墨之口⑳，攘弃仁义㉑，而天下之德始玄同矣㉒。彼人含其明，则天下不铄矣㉓；人含其聪，则天下不累矣㉔；人含其知，则天下不惑矣；人含其德，则天下不僻矣㉕。彼曾、史、杨、墨、师旷、工倕、离朱，皆外立其德而以爚乱天下者也㉖，法之所无用也㉗。

【注释】

①鱼不可句：脱离了深渊就会给人捉住，故说“不可”。这句为下文起兴。②示，显示。以上两句引自《老子》。 ③圣人，包括圣智之法而言。这是维护国家统治的重要工具，故称“利器”。 ④非所以句：因为公开出来给天下人知道，天下的“坏人”就会利用它。明，公开。 ⑤绝、弃，都是抛弃的意思。 ⑥擿(zhì至)，同掷，仍掉。句意谓珠玉一类的东西，把它扔掉、打烂，小偷就不会出现。 ⑦焚符二句：把符烧了，把印砸烂，无法利用它来欺骗，那么人们的品格就会变得纯朴些。鄙，朴野。 ⑧掊斗二句：把斗和秤之类打碎折断，人们就不会从中争利。 ⑨殚残二句：殚(dān丹)，尽。残，破坏。殚残，彻底摧毁。始可与论议，然后才能和他们谈论大道(指作者那一套主张)。 ⑩擢(zhuó斫)，拔。擢乱，搞乱。 ⑪铄(shuò朔)，销毁。竽(yú余)，像笙差不多的一种乐器。瑟(sè穑)，一种二十五根弦(一说二十七根)的乐器。 ⑫瞽旷，古代乐师，又称师旷。 ⑬含，包藏不露。聪，听觉灵敏。 ⑭胶，粘合。离朱，古时眼力最好的人。 ⑮含其明，把他们的明察隐藏起来。 ⑯攦(lì丽)，折断。工倕(chuí垂)，尧时著名工匠，传说规矩是他发明的。指，手指。 ⑰巧，工艺技巧。这里指天工之巧，而不是人工之巧。 ⑱大巧，指不着人为的天然本能，即天工之巧。句意谓：真正的天然大巧似乎比人工雕琢小技显得笨拙。言外之意是：灵巧其实只是小巧，能顺天工之自然，不着人为才是大巧。 ⑲削，铲除。曾，曾参。史，史鱼。见《骈拇》篇注。曾、史之行，即指曾参与史鱼那种孝顺、忠直的品行。⑳杨，杨朱。墨，墨翟。均见《骈拇》篇注。 ㉑攘(rǎng壤)，排斥。 ㉒玄同，混同暗合。语出《老子》：“塞其兑，闭其门，挫其锐，解其纷，和其光，同其尘，是谓玄同。”塞兑、闭门、挫锐都是表示含藏不露，不显锋芒，就是“玄”的意思；解纷、和光、同尘都是表示混通为一，就是“同”的意思。“玄同”是上文说的塞耳、胶目、含聪、含明意思的概括。 ㉓铄，通耀，光明，炫耀。 ㉔累，重杂。以上四句意思是说：文章五采，炫耀于世；竽瑟六律，闹声重杂。如果人们都不去显示自己的聪明，那么世界上炫耀的文采，重杂的乐声也就不存在了。 ㉕僻，邪僻。 ㉖外立其德，显露、炫耀自己的才能品德。爚(yuè跃)，炫耀。爚乱，

迷乱。　㉗法之句：统治国家的办法是用不着这些的。法，办法。这句总结上文。

【点评】 用田成子打着仁义的招牌弑君夺权、历史上四个忠贤的臣子被杀戮、盗跖亦讲道等事实，来论证圣人提倡仁义礼智是有利于大盗而危害了天下的。故力主绝圣弃智。

子独不知至德之世乎？昔者容成氏①、大庭氏、伯皇氏、中央氏、栗陆氏、骊畜氏、轩辕氏、赫胥氏、尊卢氏、祝融氏、伏牺氏、神农氏，当是时也，民结绳而用之②。甘其食③，美其服，乐其俗，安其居，邻国相望，鸡狗之音相闻，民至老死而不相往来。若此之时，则至治已。今遂至使民延颈举踵④，曰"某所有贤者⑤"，嬴粮而趣之⑥，则内弃其亲而外去其主之事⑦，足迹接乎诸侯之境⑧，车轨结乎千里之外⑨。则是上好知之过也⑩！

【注释】

①昔者句：以下所列十二个都是传说时代氏族的首领。有些后代称之为"帝"、为"皇"。　②结绳，远古时代没有文字，故用结绳的办法记事。大事打一个大的绳结，小事打一个小的绳结，有多少件事打多少个结，不同类的事又有不同的结法。现代少数民族中还有类似的办法。　③甘，作动词用。甘其食，对所食的东西感到可口。下文三句类同。　④延颈，伸长脖子。举踵，提起脚跟。都是一种向往、企慕的神态。　⑤某所，某个地方。　⑥嬴（yíng 盈），装足。趣，走向。句谓装足干粮往贤者那里跑。　⑦内，与下句的"外"，都是从家庭说，意指家内家外。去，抛弃。去其主之事，抛弃了为主子服务的工作。　⑧足迹句：竞相追随，足迹相接，遍及各诸侯的国土。　⑨轨，车辙。结，交。句谓他们所坐车子走过的痕迹，远至千里之外。　⑩上，指最高统治者。好知（hào zhì 浩志），推崇才智。

上诚好知而无道，则天下大乱矣！何以知其然邪？夫弓弩毕弋机变之知多①，则鸟乱于上矣；钩饵罔罟罾笱之知多②，则鱼乱于水矣；削格罗落罝罘之知多③，则兽乱于泽矣；知诈渐毒、颉滑坚白、解垢同异之变多④，则俗惑于辩矣。故天下每每大乱，罪在于好知。故天下皆知求其所不知而莫知求其所已知者，皆知非其所不善而莫知非其所已善者，是以大乱。故上悖日月之明⑤，下烁山川之精⑥，中堕四时之施⑦，惴耎之虫⑧，肖翘之物⑨，莫不失其性。甚矣夫，好知之乱天下也！自三代以下者是已！舍夫种种之民而悦夫役役之佞⑩；释夫恬淡无为而悦夫啍啍之意⑪，啍啍已乱天下矣！

【注释】

①弩(nǔ 努)，一种安有机械的弓。毕，一种小而又有长柄的网，是用来捕鸟兽的。弋(yì 亦)，一种带着绳子的箭，是用来射鸟的。机变，机巧变诈。 ②钩，鱼钩。饵(ěr 耳)，钓饵，引鱼上钩的食物。罾(zēng 增)，一种用竹竿或木棍做支架的方形鱼网，如倒伞状放入水底，有鱼则吊起。笱(gǒu 苟)，竹做的捕鱼工具，笼状，放在流水的地方，鱼从笼口进去而不能出。 ③削格，用坚硬的竹或木做的一种捉野兽的器具，野兽踏中其中的机关，脚就会给钳住而不能脱 。罗落，罗网。落，通络。罝(jū 居)，捕兽的网。罘(fú 浮)，通罦，一种安上机关可以翻弄的捕兽网。 ④知诈，智数巧诈，犹今说诡计多端。渐(jiàn 践)，剧。渐毒，异常恶毒。颉(jié 杰)，借为黠。颉滑，奸黠。坚白，见《齐物论》篇注。解垢 (xiè gòu 懈够)，通邂逅，本为不约而遇合的意思，这里指说话没有依据，乱说乱碰。同异，见《天下》篇注。 ⑤悖(bèi 倍)，乱，搞乱。明，光。 ⑥烁(shuò 朔)，熔化。精，精灵。古人认为山川都有精灵。 ⑦堕，通隳(huī 恢)，破坏，施，运行。四季的运行正常，则凉热得时，风调雨顺；四季运行受到破坏则气候反常。 ⑧惴耎(zhuì ruǎn 缒软)，虫动的样子。 ⑨肖翘，轻微。 ⑩舍，舍弃。种种，纯朴的样子。悦，喜爱。役役，奔波劳困而不休息的样子。佞，巧，狡猾。 ⑪释，废弃。恬(tián 田)淡，清静寡欲。啍啍(zhūn 肫)，通谆谆，教诲人的口气。

【点评】 作者认为：在道德最高尚的时代，人们都是淡情寡欲，无所作为的。而三代以后，由于统治者好智、无道，因而扰乱了天下。指出文明造成自然界平衡的破坏，是作者天才的发现。但一概地反对好智，颂扬原始社会的无知状态，引导人们向后看，又是违背历史前进方向的。

在宥第十一

【导读】

在，自在。宥，宽容。在宥，意即使天下人感到自在宽容。这是一篇以人性自然为基础的无为政治论。

文中先承《骈姆》、《马蹄》、《胠箧》三篇之旨，重述仁义、圣智、刑罚等只能扰乱人心而导致“天下脊脊大乱”，绝圣弃智才能天下大治的主张；接着以广成子教训皇帝、鸿蒙教训云将的故事，阐明在上者应修道任物，无为而治，进而又提出“明乎物物者之非物也”，点明要从哲学上领悟无为之道；最后转而论天道与人道的关系。虽强调天道无为而人道有为亦不可废，与后面《天地》、《天运》、《天道》诸篇之旨相衔接。但就本文结构而言，使人有脱节之感。故疑其为《天道》篇之错简。

全篇敷衍无为而治之意，有正反，有虚实，抑扬开合，似断非断，变化无穷。其中对人心的描写，细致入微，苏东坡称"绝妙形容"(引自《南华真经评注》)。

闻在宥天下①，不闻治天下也②。在之也者，恐天下之淫其性也③;宥之也者，恐天下之迁其德也④。天下不淫其性，不迁其德，有治天下者哉⑤？昔尧之治天下也，使天下欣欣焉人乐其性⑥，是不恬也⑦；桀之治天下也，使天下瘁瘁焉人苦其性⑧，是不愉也⑨。夫不恬不愉，非德也；非德也而可长久者，天下无之。

【注释】

①在宥天下，任由天下的自然发展，不加人为的约束、促进作用。亦即以无为的态度对待天下。 ②治，指用仁义、刑法进行统治。 ③淫，过，失。 ④迁，变。 ⑤有，"何有"、"岂有"的省略，意即"何须"。 ⑥欣欣焉，高兴的样子。人乐其性，人们感到身心快乐。 ⑦恬，静。《胠箧》篇说"恬淡无为"才是人的本性。尧使天下人都那么高兴，就成了"淫其性"了，故说"不恬"。 ⑧瘁瘁(cuì翠)焉，劳累疲病的样子。苦其性，身心受苦。这样又成了"迁其德"了。 ⑨愉，舒畅、惬意。愉与乐，有程度上的差异。在作者看来，这种差异是本质的差异，愉是人本性中具备的，乐是外界条件造成的，是人为的，是超越人的本性所固有的。

人大喜邪，毗于阳①；大怒邪，毗于阴。阴阳并毗②，四时不至，寒暑之和不成，其反伤人之形乎！使人喜怒失位③，居处无常④，思虑不自得，中道不成章⑤。于是乎天下始乔诘卓鸷⑥，而后有盗跖、曾、史之行。故举天下以赏其善者不足⑦，举天下以罚其恶者不给⑧。故天下之大不足以赏罚。自三代以下者，匈匈焉终以赏罚为事⑨，彼何暇安其性命之情哉⑩！

【注释】

①毗(pí 皮)，偏。 ②阴阳四句：阴阳调和，人的身体才能安康。偏于阳就表现为阴虚或阴亏病症，偏于阴就表现为阳虚或阳亏病症。阴阳并毗，就成了阴阳俱虚。一个人的身体如果阴阳平衡，自然能自行调节来适应四季气候的变化。阴阳俱虚的人，热时怕热，寒时畏寒。四时不至，指人体不能适应四季气候而产生变化，有四时不分的感觉，故下句说与寒冬暑夏的天气不能调和。人之形，人的身体。上四句说的喜怒是指人的心情，这四句则从心情不正常说到影响了人的身体。 ③失位，失常。 ④无常，不定。句意指心神居处不定。 ⑤中道句：做成一件事或写成一篇文章都叫章。中道不成章，即做事半途而废。 ⑥乔(qiáo 桥)，骄。诘(jié 洁)，挑剔别人的过错。乔诘，骄傲自大。卓，出众。鸷(zhì 志)，本指一种性情猛烈的鸟，这里比喻不凡、超群。卓鸷，出众不凡。 ⑦举，尽。天下，指天下的名位、财物。 ⑧天下，指天下的刑法。不给，不够。 ⑨匈匈焉，乱哄哄的样子。终，专。 ⑩彼，指老百姓。

而且说明邪①，是淫于色也；说聪邪，是淫于声也；说仁邪②，是乱于德也；说义邪，是悖于理也；说礼邪，是相于技也③；说乐邪，是相于淫也④；说圣邪，是相于艺也⑤；说知邪，是相于疵也⑥。天下将安其性命之情，之八者⑦，存可也，亡可也。天下将不安其性命之情，之八者，乃始脔卷狁囊而乱天下也⑧。而天下乃始尊之惜之⑨。甚矣，天下之惑也！岂直过也而去之邪⑩！乃齐戒以言之⑪，跪坐以进之，鼓歌以儛之。吾若是何哉⑫！

【注释】

①说(yuè 月)，通悦，喜爱，提倡。淫，乱。参阅《骈拇》篇“乱五色”注。 ②说仁四句：说明统治者提倡仁义就会使人们丧乱本性，违反天理。因为在作者看来，自然的德性无所谓爱憎，天理无所谓是非。而仁则有所爱，义则分是非，因而是乱德悖理的事。 ③相，注视，这里指精神上有所注重。技，技巧，有巧伪的意思。 ④淫，淫逸。 ⑤艺，技能。古代称多才多艺为圣。 ⑥疵，毛病。相于疵，注重在挑剔别人的毛病。 ⑦之，此。八者，指上述的明、聪、仁、义、

礼、乐、圣、智。 ⑧脔(luán 峦)卷，拘束忍性的样子。狁囊，借为抢攘，放纵喧嚷的样子。 ⑨之，指上述八者。 ⑩岂，哪里。直，但，就。过，过错，作动词用，把……看作过错。去，抛弃。句意谓人们对于上述的八个方面，哪里就认为是错误的东西而抛弃掉它呢！反而视如珍宝。 ⑪乃齐三句：说明人们把它看得十分隆重、珍贵。齐，通“斋”。 ⑫吾若句：即若是吾何哉？意谓天下都如此，我又有什么办法呢？

故君子不得已而临莅天下①，莫若无为。无为也，而后安其性命之情。故贵以身于为天下②，则可以托天下；爱以身于为天下，则可以寄天下。故君子苟能无解其五藏③，无擢其聪明④，尸居而龙见⑤，渊默而雷声⑥，神动而天随⑦，从容无为而万物炊累焉⑧。吾又何暇治天下哉⑨！

【注释】

①临莅(lì 立)，到。临莅天下，就天子之位。 ②故贵四句：意谓对自身的珍重、爱护还甚于对天下的珍重、爱护的人才可以把天下交给他。 ③解，散。藏，通脏。五脏是藏五性的，故此这里借用来指五性。无解五藏，即不可放纵情性。④擢，举用。 ⑤尸居句：看来寂然不动，实如龙一般活现。居，止。尸居，寂然不动的样子。见(xiàn 现)，通现。 ⑥渊默句：看来深沉静默，实如雷声一般震动。渊默，沉静。 ⑦神动句：虽动如神灵，但随顺天然。 ⑧炊累，通吹塿(lóu 楼)。塿，尘土。万物炊累，万物如风吹尘土一样自然运动。 ⑨吾又句：意谓无须我治天下。

【点评】 说明如果不得已而要当天子，就不要有心去统治天下，而任天下百姓之自然。人人心性安定，天下就自然太平；如果扰乱人心，天下就不可能长治久安。

崔瞿问于老聃曰①：“不治天下，安藏人心②？”老聃曰：“女慎③，无撄人心④。人心排下而进上⑤，上下囚杀⑥，淖约柔乎刚彊⑦，廉刿雕琢⑧，其热焦火⑨，其寒凝冰⑩，其疾俯仰之间而再抚四海之外⑪。其居也，渊而静⑫；其动也，县而天⑬。偾骄而不可系者⑭，其唯人心乎！昔者黄帝始以仁义撄人之心，尧、舜于是乎股无胈⑮，胫无毛，以养天下之形⑯。愁其五藏以为仁义⑰，矜其血气以规法度⑱。然犹有不胜也⑲。尧于是放讙兜于崇山⑳，投三苗于三峗㉑，流共工于幽都㉒,此不胜天下也。夫施及三王，而天下大骇矣㉓。下有桀、跖，上有曾、史，而儒墨毕起㉔。于是乎喜怒相疑，愚知相欺，善否相非㉕，诞信相讥㉖，而天下衰矣；大德不同㉗，而性命烂漫矣；天下好知，而百姓求竭矣㉘。于是乎釿锯制焉㉙，绳墨杀焉㉚，椎凿决焉㉛。天下脊脊大乱㉜，罪在撄人心。故贤者伏处大山嵁岩之下㉝，而万乘之君忧栗乎庙堂之上。今世殊死者相枕也㉞，桁杨者相推也㉟，刑戮者相望也㊱，而儒墨乃始离跂攘臂乎桎梏之间㊲。意㊳，甚矣哉！其无愧而不知耻也甚矣！吾未知圣知之不为桁杨椄槢也㊴，仁义之不为桎梏凿枘也㊵，焉知曾、史之不为桀、跖嚆矢也㊶！故曰：绝圣弃知，而天下大治。

【注释】

①崔瞿，未详何人。 ②安，怎样。藏，畜，养。这里有安顿的意思。 ③女，通汝，你。 ④无，通毋。撄，引动。 ⑤排下，不愿居处在低下的职位。进上，向上爬。 ⑥上下句：为了势位的上下高低而苦煞心机。囚杀，绞杀。 ⑦淖(chuò 啜)约，软弱。柔，顺，屈从。乎，于。彊，即强字。句谓勾心斗角中强者胜而弱者败。 ⑧廉，棱。刿(guì 贵)，利。如《荀子·不苟》“廉而不刿”之“廉”、“刿”。廉刿，尖利。雕琢，刻削。这句是写人情心理的尖利刻薄。 ⑨其热句：犹今说火热。 ⑩其寒句：冷若冰霜。 ⑪疾，快。指心神活动迅速。抚，触及，到。句谓它的速度可以在一俯一仰之间就驰逐于四海之外。 ⑫渊而静，根据郭注“静之可使如渊”以及“渊”与下句“天”字协韵，应作“静而渊”。渊，比喻深不可测。 ⑬县，通玄。而，如。玄而天，玄妙如天那样莫测。 ⑭偾(fèn 奋)，紧张而兴奋。骄，马放纵奔跑的样子。偾骄，指心机的偾发，神思的奔

驰。不可系，无法约束。 ⑮胈(bá 拔)，股上小毛。(见马叙伦《庄子义证》)这两句说明尧、舜奔走劳苦，而使得皮毛都为之脱落。 ⑯养天下之形，养天下人的身体。指尧、舜为天下人的衣食而奔波。 ⑰愁其句：为了推行仁义而令心性愁苦。 ⑱矜，盛。规，规定，建立。句谓为了建立法度而血气激奋。 ⑲不胜(shēng 升)，不堪。 ⑳放，流放。讙兜(huān dōu 欢篼)，传说是帝鸿氏之子，又称浑沌，是共工的同党。崇山，在湖南省大庸县境。 ㉑投，放。三苗，古代国名，传说在洞庭湖与彭蠡湖之间。这里指代三苗的国君，传说他是缙云氏之子，又称饕餮，是尧时诸侯。三峗(wéi 危)，山名，在甘肃天水一带。 ㉒共(gōng 供)工，传说尧时的造反者。幽都，幽州。据《尚书》、《孟子》记载，混沌、饕餮、穷奇(共工)、梼杌(鲧)四凶作乱，尧不能征服，而后舜才把他们流放了。 ㉓施，延。三王，夏、商、周三代的君王。骇，惊动。 ㉔毕，都。 ㉕否(pǐ 痞)，恶，坏。 ㉖诞，荒诞。信，诚实。 ㉗大德二句：大德，天道。不同，指不能统一人心。性命烂漫，指人的天性大受伤害。大伤为烂。水害为漫。 ㉘求，借为赇，财货。 ㉙釿(jīn 斤)，通斤，斧头。制，断。句谓用斧锯把人砍断、锯断。说明施用酷刑。 ㉚绳墨，指法度。句谓依法度处死。 ㉛决，断。 ㉜脊脊，通藉藉，互相践踏、欺压。 ㉝嵁(kān 堪)，深。嵁岩，即深岩。句谓贤者隐居山林。 ㉞殊，身首异处。相枕，指尸体交加。 ㉟桁(háng 杭)杨，架绑在脚和颈上的刑具。犹今说的枷锁。相推，相推而行，说明拥挤。 ㊱相望，表明不是个别行刑，而是集体屠杀。 ㊲离跂，阔步。攘臂，见《人间世》篇注。桎，脚镣。梏，手铐。 ㊳意，通噫。 ㊴椄槢(jiē xí 接习)，木尖。句谓圣智的作用像枷锁、木尖一样，只能加强残酷的统治。 ㊵凿(zuò 作)，榫眼。枘(ruì 锐)，榫头。句谓仁义成了加固桎梏的关键。 ㊶嚆(hāo 蒿)矢，响箭。古时盗贼抢杀，先发响箭作为信号。句谓曾、史之流是暴君盗贼出现的信号。

【点评】 本段说明：人心总是想向上爬的，如果一加煽动，就会互相斗杀。所以，只要不搞乱人心，天下就可以大治。而圣人、儒墨用仁义煽动人心，造成了天下大乱。可见圣智、仁义成了酷政的帮凶。因此要在宥天下，必须绝圣弃智。

黄帝立为天子十九年，令行天下，闻广成子在于空同之山①，故往见之，曰："我闻吾子达于至道，敢问至道之精②。吾欲取天地之精③，以佐五谷，以养民人。吾又欲官阴阳以遂群生④，为之奈何？"广成子曰："而所欲问者⑤，物之质也⑥；而所欲官者，物之残也⑦。自而治天下，云气不待族而雨⑧，草木不待黄而落，日月之光益以荒矣⑨，而佞人之心翦翦者⑩，又奚足以语至道！"黄帝退，捐天下⑪，筑特室⑫，席白茅⑬，闲居三月，复往邀之⑭。广成子南首而卧⑮，黄帝顺下风膝行而进⑯，再拜稽首而问曰⑰："闻吾子达于至道，敢问：治身奈何而可以长久⑱？"广成子蹶然而起⑲，曰："善哉问乎！来，吾语女至道：至道之精，窈窈冥冥⑳；至道之极㉑，昏昏默默㉒。无视无听㉓，抱神以静，形将自正㉔。必静必清㉕，无劳女形，无摇女精，乃可以长生。目无所见，耳无所闻，心无所知，女神将守形，形乃长生。慎女内㉖，闭女外㉗，多知为败㉘。我为女遂于大明之上矣㉙，至彼至阳之原也；为女入于窈冥之门矣，至彼至阴之原也。天地有官㉚，阴阳有藏。慎守女身，物将自壮。我守其一以处其和㉛。故我修身千二百岁矣，吾形未常衰㉜。"黄帝再拜稽首曰："广成子之谓天矣！"广成子曰："来！余语女：彼其物无穷，而人皆以为有终；彼其物无测㉝，而人皆以为有极㉞。得吾道者，上为皇而下为王㉟；失吾道者，上见光而下为土㊱。今夫百昌皆生于土而反于土㊲。故余将去女，入无穷之门㊳，以游无极之野㊴。吾与日月参光㊵，吾与天地为常㊶。当我缗乎㊷，远我昏乎！人其尽死，而我独存乎㊸！"

【注释】

①广成子，未详何人。一说即老子。空同，或作崆峒，似是虚设山名。②精。精华。　③吾欲三句：参阅《逍遥游》篇关于神人的一段描述。五谷，黍、稷、菽、麻、麦。　④官，掌管。阴阳，指阴阳变化，如水旱之类。遂，成就。群生，各种生物。　⑤而，你。　⑥物之质，万物的本质，即黄帝所问的"至道之精"。　⑦物之残，事物的渣滓，即上面说的民人、群生。　⑧云气二句：正

常情况下，云气凝聚才会下雨，草木衰黄才会落叶。现在说不凝聚就下雨，不衰黄就落叶，可见反常。 ⑨荒，昏。益以荒，越来越昏暗。 ⑩佞(nìng 泞)人，智巧的人。翦翦(juǎn 剪)，狭隘的样子。 ⑪捐，弃，抛弃不管。 ⑫特室，独居的房子。 ⑬席，通藉，垫。《易·系辞上》："籍之有茅，何咎之有，慎之至也。"席白茅，即藉用白茅，用白茅垫鼎，表示洁净恭谨，而且不易跌倒。 ⑭邀，通要，求。 ⑮南首，头向南面。 ⑯下风，风的下方，如"甘拜下风"的"下风"。表示谦虚而甘居人下。膝行，跪着用膝盖行路。 ⑰稽首，磕头到地，表示谦恭。 ⑱长久，指寿命。 ⑲蹶(jué 决)然，迅速起来的样子。 ⑳窈窈冥冥，深藏的状态。 ㉑极，尖端，精髓。 ㉒昏昏默默，看不见听不到的状态。说明至道是难见莫测的。 ㉓无视二句：说明学道的态度方法。无，毋。 ㉔形，形体。自正，自然正常、健康。 ㉕必静二句：要清静就得使形体免于劳作，不用劳作才能神情清静。二者相辅相成。 ㉖内，指内心活动。 ㉗闭，《道藏》成疏本、《辑要》本、褚伯秀本均作"闲"。闲，放松。外，指感官、言行。 ㉘多知，好智。 ㉙我为四句：为女，与你。遂，达到。大明，异常光明，是至阳的景象。原，本。至道之精是阴阳之本，可见阴阳也是从至道产生的。窈冥，是至阴的景象。至阳、至阴都以至道为根本，至道的境界比"大明"还要光明，比"窈冥"还要深邃，故说"之上"、"之门"。 ㉚天地四句：官，掌管。藏，蓄，如上文"安藏人心"之"藏"。四句意谓：天地有至道掌管，阴阳为至道所蓄藏。万物自然生长，无须劳神。因此，自身谨慎保养就可以了。 ㉛我守句：我坚信天道，与万物调和相处。 ㉜常，通尝，曾。 ㉝无测，不可测。 ㉞极，限。 ㉟皇，"三皇五帝"之"皇"。王，"施及三王"之"王"。两者地位虽然相等，但作者认为上古淳朴而后世多诈，故有上下的区别。上文说"施及三王而天下大骇矣"，对"王"原有贬意，而这里说"得吾道"为王，应是从地位说。 ㊱见(xiàn 现)，通现。见光，显露光芒。为土，为生死于土的东西，如下句的"百昌"。 ㊲百昌，百物。反，通返。反于土，指物死后返归于土。 ㊳无穷之门，至道境界的入口处。无穷，与下句的"无极"都是指至道。 ㊴野，境，区域。 ㊵参光，同样光明。 ㊶常，久。句谓寿同天地。 ㊷当我二句：当我，与我同时。远我，早死于我。缗(mín 民)、昏，都是无心的意思。二句谓：对于与我同时或早已不在的，我都不把他们放在心上。 ㊸人其二句：得至道的人，视生死如一，精神长在，故能独存。

【点评】 本段主要说明：把自身看得比统治天下还重要的人才可以统治天下。所以黄帝问如何治天下，而广成子不答；黄帝问如何长生，广成子回答说：清静无为，不要把统治天下当作一回事，成为自身的负担。实际上就是要无为而治。

云将东游①，过扶摇之枝而适遭鸿蒙②。鸿蒙方将拊脾雀跃而游③。云将见之，倘然止④，贽然立⑤，曰："叟何人邪⑥？叟何为此？"鸿蒙拊脾雀跃不辍⑦，对云将曰："游⑧！"云将曰："朕愿有问也⑨。"鸿蒙仰而视云将曰："吁⑩！"云将曰："天气不和，地气郁结，六气不调⑪，四时不节。今我愿合六气之精以育群生⑫，为之奈何？"鸿蒙拊脾雀跃掉头曰⑬："吾弗知！吾弗知！"云将不得问。又三年，东游，过有宋之野⑭，而适遭鸿蒙。云将大喜，行趋而进曰："天忘朕邪⑮？天忘朕邪？"再拜稽首，愿闻于鸿蒙。鸿蒙曰："浮游不知所求，猖狂不知所往⑯，游者鞅掌⑰，以观无妄⑱。朕又何知⑲！"云将曰："朕也自以为猖狂⑳，而民随予所往；朕也不得已于民㉑，今则民之放也！愿闻一言。"鸿蒙曰："乱天之经㉒，逆物之情㉓，玄天弗成㉔，解兽之群而鸟皆夜鸣㉕，灾及草木，祸及止虫㉖。意！治人之过也。"云将曰："然则吾奈何？"鸿蒙曰："意！毒哉㉗！僊僊乎归矣㉘！"云将曰："吾遇天难，愿闻一言。"鸿蒙曰："意！心养㉙！汝徒处无为㉚，而物自化。堕尔形体㉛，吐尔聪明㉜，伦与物忘㉝，大同乎涬溟㉞。解心释神㉟，莫然无魂㊱。万物云云㊲，各复其根㊳，各复其根而不知㊴。浑浑沌沌，终身不离㊵。若彼知之㊶，乃是离之。无问其名，无窥其情㊷，物固自生。"云将曰："天降朕以德㊸，示朕以默。躬身求之，乃今也得。"再拜稽首，起辞而行。

【注释】

①云将、鸿蒙，都是虚设人名。 ②扶摇，从下卷向上的暴风。扶摇之枝，

暴风的余风。这是以树作比喻，暴风中心如树干，余风如树枝。 ③脾，通髀。拊，拍击。拊脾，拍股。雀跃，像小雀一样跳跃。 ④倘然，忽然。 ⑤贽(zhì至)然，不动的样子。与《田子方》篇中的“慹然似非人”的“慹然”意同。 ⑥叟(sǒu擞)，对长者的称呼。 ⑦辍(chuò啜)，停止。 ⑧游，意即叫云将一起游而无须多问。 ⑨朕(zhèn振)，我。 ⑩吁，感叹词。表示嫌云将多事。⑪六气二句：六气，阴、阳、风、雨、晦、明。不节，节令不正常。 ⑫今我句：六气失调，天气反常，万物就不能生长。故云将要调合六气的精华，使风雨寒暑适时，一切生物正常生长。 ⑬掉头，摇头。表示否定。 ⑭有，语助词，无义。有宋，宋国。 ⑮天，对鸿蒙的尊称。与黄帝称广成子“可谓天矣”意同。⑯猖狂,无所束缚的状态。 ⑰鞅掌，《诗·小雅·北山》毛传：“鞅掌，失容也。”故可引申为放任随便的意思。 ⑱无妄，真实。指万物的本来面目。 ⑲何知，哪里懂得。意即不理睬云将问的那一套。 ⑳朕也自二句：我也是原来想自由而游的，但老百姓总是跟随着我跑。以为，认为，想。 ㉑朕也二句：我对老百姓实在没有办法(指“民随予所往”一事)，现在可暂时摆脱他们了。放，脱，摆脱。㉒经，常。 ㉓逆，违反。情，性。 ㉔玄天，老天爷。因为天是玄妙莫测的，故称玄天。弗成，不会使你成就。 ㉕解，散。句谓鸟兽都被惊动。 ㉖止虫，崔本作“正虫”，即贞虫。雌雄没有交合的虫，如细腰蜂之类。 ㉗毒，害。毒哉，感叹云将受毒害太深而又难于觉悟。 ㉘僊僊(xiān仙)，轻飘飘的样子。句意谓叫云将飘回去。 ㉙心养，即养心。为了突出“心”字，所以提宾。这是叫云将加强内心的修养。 ㉚徒，只，只要。 ㉛堕，通隳，废。尔，你。堕尔形体，即忘身。 ㉜吐，通杜，绝。 ㉝伦，类同。伦与物忘，指自己连同万物都要忘却。 ㉞涬溟(xìng mǐng幸酩)，混混沌沌的状态。 ㉟解、释，都有放弃、忘却的意思。句谓无所用心，无所用神。 ㊱莫，通漠。莫然，茫茫然。无魂，连魂魄都没有，亦即忘心。 ㊲云云，种种，众多的样子。 ㊳根，本。句谓各自恢复它们的本性。 ㊴不知，指自身没有意识到。 ㊵不离，指不失本性。㊶若彼二句：如果他们都意识到如何恢复自己的本性，而不是浑浑沌沌，就说明了他们又失去了自己的本性。 ㊷窥(kuī亏)，注视。其，指物。情，情状。㊸天降二句：天(指鸿蒙)把天道传授给我，用沉默(不言之教)来感化我。因为把鸿蒙比作天，故把他的传授称之为降、为示。降，下达。示，指示。

【点评】 鸿蒙这个名字就意味着是最大的愚昧者。他对云将说的一大套，不外也是说明：愚昧无知，无为任物，才可以养育群生。

世俗之人，皆喜人之同乎己而恶人之异于己也。同于己而欲之①，异于己而不欲者，以出乎众为心也②。夫以出乎众为心者，曷常出乎众哉③？因众以宁所闻④，不如众技众矣⑤。而欲为人之国者⑥，此揽乎三王之利而不见其患者也⑦。此以人之国侥幸也⑧。几何侥幸而不丧人之国乎？其存人之国也，无万分之一；而丧人之国也，一不成而万有余丧矣！悲夫，有土者之不知也⑨！夫有土者，有大物也⑩。有大物者，不可以物⑪。物而不物⑫，故能物物。明乎物物者之非物也⑬，岂独治天下百姓而已哉！出入六合，游乎九州，独往独来⑭，是谓独有⑮。独有之人，是谓至贵。

【注释】

①欲，喜爱。 ②以，因。出乎众为心，用意在出人头地。 ③曷，何。句谓实际上并没有出众。 ④宁，安。所闻，所知。句谓因为众人的附会而安于自己的见解。 ⑤不如句：比不上众人的技巧多。意即众人赞同你并非说明你出众，反而说明你不如众。 ⑥为人之国者，当一国的统治者。 ⑦其患，指当国君的害处。 ⑧侥(jiǎo 饺)幸，由于偶然的原因而得到成功。犹今说碰运气。 ⑨有土者，指君王，因为“普天之下，莫非王土”。 ⑩大物，指天下，国家。 ⑪不可以物，不能拘泥于物。 ⑫物而二句：虽然天下、国家是一个大物，而我不拘泥于物，故此能够主宰大物。意即要站在道的高度，超出物外，才能统治天下、国家。 ⑬明乎句：明白主宰物质的是非物质的东西(即道)。 ⑭独往句：由于注重精神，故能摆脱万物的牵累而独往独来。 ⑮独有，说明是众人所办不到的。

大人之教①，若形之于影，声之于响。有问而应之，尽其所怀，为天下配。处乎无响②。行乎无方③。挈汝适复之挠挠④，以游无端⑤，出入无旁，与日无始⑥。颂论形躯⑦，合乎大同。大同而无己⑧。

无己，恶乎得有有⑨。睹有者⑩，昔之君子；睹无者，天地之友。

【注释】

①大人六句：得天道的人对别人的教育、感化，像形体对于影子，声音对于回响一样，凡有问道的都和盘托出，与天下人都合得来。大人，指得道的人。响，回响。尽，倾尽。所怀，心里所有的东西。为，与。配，合。 ②无响，静寂。 ③无方，没有定向。说明随便、自由。 ④挈汝句：挈（qiè 切），携带。适复，往返。挠挠，纷乱的样子。句谓我带着你往返于纷乱的世界之中。 ⑤无端，没有尽头。 ⑥与日句：随着时间的变化日新月异，循环往复，无所谓终始。与，随。日，时间。 ⑦颂论二句：颂论，言谈。形躯，指形态举动。合，符合。大同，大道。因为大道体现了万物的同一性，故称大同。 ⑧大同句：符合于大道，即与天地万物混然一体，故无己，不再显示个体的特殊性。 ⑨有有，把所占有的看作为己有。连自身都看作无，当然就不会把所占有的看作为自己所有的了。 ⑩睹有四句：睹（dǔ 堵），看。睹有，着眼于有。睹无，着眼于无。君子，指讲仁义的儒者。天地之友，与天地相配的得道者。

【点评】“明乎物物者之非物”是本段核心。物物者，万物的主宰者，即大道。大道是非物质的、虚无的，是与万物混同一体的。以此作为指导思想来治国，就必须铲除高明过人的念头，做到与众混同，而不要去显示自己。

贱而不可不任者①，物也；卑而不可不因者②，民也；匿而不可不为者③，事也；粗而不可不陈者④，法也；远而不可不居者⑤，义也；亲而不可不广者⑥，仁也；节而不可不积者⑦，礼也；中而不可不高者⑧，德也；一而不可不易者⑨，道也；神而不可不为者⑩，天也。故圣人观于天而不助⑪，成于德而不累⑫，出于道而不谋⑬，会于仁而不恃⑭，薄于义而不积⑮，应于礼而不讳⑯，接于事而不辞⑰，齐于法而不乱⑱，恃于民而不轻⑲，因于物而不去⑳。物者莫足为也㉑，而不可不为。不明于天者㉒，不纯于德；不通于道者，无自而可㉓；不明于道者，悲夫！何谓道？有天道，有人道。无为而尊者㉔，天道也；有为而累者㉕，人道也。主者㉖，天道也；臣者㉗，人道也。天道之与人道也，相去远矣㉘，不可不察也。

【注释】

①任，用。　②因，依，顺。　③匿，微小。(见《尔雅·释诂》)　④陈，施，实行。　⑤远而二句：义理与实际虽然有较远的距离，但也不可不遵守。居，守。　⑥亲而二句：亲亲就是仁，故仁本来是对亲人来说的，但又不可不推广。意思近似孟子说的："老吾老以及人之老，幼吾幼以及人之幼。"　⑦节而二句：节，节度规矩。积，多。礼的仪式本来是有一定节度规矩的，但又不能不那样繁多，因为过于简略就显得无礼。　⑧中而二句：有德的人，虽然顺合于世，但思想行为高尚。否则，只是顺合于世，就是世俗之人，而称不上有德。中，顺，合。⑨一而二句：一，固定，永恒不变的。易，变。道的本质是永恒的，但又是不断变化的。　⑩神而二句：天机是神妙的，但又总是在显示它的作用。　⑪故圣人句：因此圣人效法自然，无须帮助。意即顺乎自然，无须有所作为。观，看，效法。助，帮。　⑫成于句：德性自然形成，而无须操心。累，劳，操心。　⑬出于句：顺自然之道而生，不必有意图谋。　⑭会，合。　⑮薄，迫，近。积，多。不积，不以为多。　⑯应，当。讳，违。句意谓该行礼时则行礼，无须违避。⑰接，接受。辞，推辞。　⑱齐于句：根据法令统一规定而不要乱搞。齐，划一。⑲恃于句：对老百姓要依靠而不能轻视。　⑳因于句：对万物要利用而不应抛弃。㉑物者二句：物是卑贱而不值得要的，但不能不要。这是说明上句"不去"的原因。㉒不明二句：对天道不领会，德性就不可能纯真。　㉓自，由。无自而可，一切都行不通。　㉔尊，尊贵。　㉕累，劳累。　㉖主者，主要的。　㉗臣者，次要的，辅助性的。　㉘去，离，距离。

【点评】 这段主要说明天道与人道的关系。天道无为，人道有为；天道为主，人道为次；天道为上，人道为下。作者着重强调的是天道，故此说："天道之与人道也，相去远矣！"但又没有完全抹杀人道。任物、因民、陈法、居义、广仁等都是属于有为的人道的，不能不要，只是人道有局限性、片面性，因而不如天道那样周全博大罢了。这些观点，与全篇意旨不合。

天地第十二

【导读】

这是一篇君德论，是论述国君应具备什么样的道德和如何进行道德修养的。作者认为，君德就是天德。当国君的要以历史上最原始时代的国君为榜样，一切都无心无为，成为天道的体现者。而后世的所谓贤君圣人，如夏禹、周武王、孔丘、曾参、史鱼、杨朱、墨翟等人，只不过是一些失性乱世之徒。

篇中华封人祝圣人之语、谆芒论圣治之道，与内篇思想明显偏离。或疑后学所作。然就整体而言，还是以阐明上无为为主。

文章以论始，以论终，中间插入九个寓言故事。或从正面、或从反面论证

“玄古之君天下，无为也，天德而已矣”的命题。故事“段段是撰出，愈出而愈奇”(林希逸《庄子口义》)。末段议论一转，深痛世俗迷惑而不可挽救，以无可奈何自宽，寄托无限情深。

天地虽大，其化均也①；万物虽多，其治一也②；人卒虽众③，其主君也。君原于德而成于天④。故曰：玄古之君天下⑤，无为也，天德而已矣。以道观言而天下之君正⑥；以道观分而君臣之义明⑦；以道观能而天下之官治⑧；以道泛观而万物之应备⑨。故通于天地者⑩，德也；行于万物者⑪，道也；上治人者⑫，事也；能有所艺者⑬，技也。技兼于事⑭，事兼于义，义兼于德，德兼于道，道兼于天⑮。故曰：古之畜天下者⑯，无欲而天下足，无为而万物化，渊静而百姓定⑰。《记》曰⑱：“通于一而万事毕⑲，无心得而鬼神服。”

【注释】

①均，平均，普遍而没有偏私。这里指一种支配天地万物变化的神秘力量，又名“天均”。《寓言》篇：“万物皆种也，以不同形相禅，始卒若环，莫得其伦，是谓天均。”“以不同形相禅”，说明天地万物的变化；“始卒若环，莫得其伦”，说明无先无后，均平如一。其实这就是所谓“天德”。如《天道》篇所说的：“夫明白于天地之德者，此之谓大本大宗，与天和者也；所以均调天下，与人和者也。” ②一，万物的主宰者，其实就是下文说的“行于万物者道也”之“道”。为什么叫它做“一”呢？后文说：“泰初有无，无有无名。一之所起，有一而未形。”作者推原万物的产生，说物质还没有产生的时候，就有一个东西存在，后来由它产生万物，主宰万物。这个东西就叫做“一”。 ③卒，徒。人卒，百姓。 ④原，本。原于德，以德为本。成于天，达到自然的境界。 ⑤玄古三句：玄古，远古。天德，指无为。下文说：“无为为之之谓天，无为言之之谓德。”以下反复阐述“无为”二字。 ⑥以道观言句：用天道来表示君主的名号，就会得当。当时孔子等许多家都提出“正名”的问题。这里作者提出根据天道来“正名”的主张。观，示，表示或显示。言，名。正，得当。⑦以道观分句：用天道来表示君臣的职分，就会明确。 ⑧能，能力。治，治理

得好，指完成职责。 ⑨以道泛观句：用天道来显示一切，那么万物的需求就无不具备了。这是因为天道无为，无为就无所求，所以万物都会感到满足。 ⑩通，贯串，遍及。 ⑪行，作用。 ⑫上治人者，在上统治人的。事，政事。 ⑬艺，才能。技，技术。句谓具备了某种才能就成一门技术。 ⑭兼，统属。 ⑮道兼句：道与天分开，而且道统属于天的说法是内篇中没有的。 ⑯畜，养。历来的统治阶级都把自己说成是养活老百姓的，作者亦是如此。但实际上是被统治者养活统治者。 ⑰渊静，像深渊里的水一样平静。定，安定。句谓君主无为平静，百姓就可以安定了。 ⑱记，书名。《释文》说是老子作的，不知根据什么。这里所引的话见《西升经》，而《西升经》疑是伪书。 ⑲通于二句：人君如果能融会贯通天道，那么就万物都可以完成，心中空无一物，就使鬼神也能信服。一，指道。毕，完结。

夫子曰①："夫道，覆载万物者也②，洋洋乎大哉③！君子不可以不刳心焉④。无为为之之谓天⑤，无为言之之谓德⑥，爱人利物之谓仁⑦，不同同之之谓大⑧，行不崖异之谓宽⑨，有万不同之谓富⑩。故执德之谓纪⑪，德成之谓立⑫，循于道之谓备⑬，不以物挫志之谓完⑭。君子明于此十者，则韬乎其事心之大也⑮，沛乎其为万物逝也⑯。若然者⑰，藏金于山⑱，藏珠于渊；不利货财⑲，不近贵富⑳；不乐寿㉑，不哀夭㉒；不荣通㉓，不丑穷㉔。不拘一世之利以为己私分㉕，不以王天下为己处显㉖。显则明㉗。万物一府㉘，死生同状㉙。

【注释】

①夫子，指老子。 ②覆载，包罗。覆从上面说，载从下面说。 ③洋洋，广大辽阔的样子。 ④刳(kū 枯)，挖空。刳心，彻底抛弃个人的心智。 ⑤无为为之句：任其自然，没有半点人为的痕迹，这样来对待一切，就可以说符合天道了。 ⑥无为言之句：无须去作半句解说，完全让客观事物的本身去表明自己，这就符合天德了。 ⑦爱人句：作者所说的"爱人利物"与儒家所说的"仁者爱人"、墨家所说的"兼爱"等不同，他认为任随人与物本性的自然就是爱人利物了，而绝非

要对人对物表示亲爱。故他又说"至仁无亲"。 ⑧不同句：客观事物本来是彼此区分、甚至对立的。但掌握了天道之后，就可以不分彼此，消除对立，达到同归于一，这就叫做大。 ⑨崖异，突出而区别于众。句谓举动不标新立异，和同众人万物，毫无界限，这就叫宽容。 ⑩有万句：包容了不同的万物，无所不有，这就成为最富。 ⑪执，掌握。纪，纲纪。 ⑫立，指立身成人。 ⑬循，遵循。备，完备。 ⑭挫，干扰。不以物挫志，不会因为外物而扰乱自己的心志。意即不因顺境而高兴，不因逆境而忧伤。完，完美。 ⑮韬(tāo 滔)，《广雅·释诂三》："宽也。"在这里是形容心怀宽广的样子。事心，立心。 ⑯沛，流逝的样子。为(wèi 位)，与。为万物逝，与万物一同运动变化。 ⑰若然，如果这样。指如果明白了上述的十个方面。 ⑱藏金二句：金、珠等贵重物品也不要，随它们存在山渊之中。 ⑲利，作动词用。句谓不以得货财为利。 ⑳近，就。不近，意即不要。以上四句都是说明不要因为财货利害而牵累自己。 ㉑乐，作动词用。句谓不因长寿而高兴。 ㉒不哀夭，不因短命而悲伤。以上二句说明不因寿命的长短而牵累自己。 ㉓不荣通，不因飞黄腾达而感到光荣。通，达。㉔不丑穷，不因潦倒而感到羞愧。以上二句说明不因地位的变化而牵累自己。㉕拘，取。一世之利，全天下的利益。私分(fèn 份)，私自所占有。 ㉖王(wàng 旺)天下，为天下之王。处(chǔ 础)显，处在出众的地位。 ㉗显则明，出众就是显露自己。明，即《山木》篇"明居"之"明"。疑这句是上句的注解而误入正文。㉘一府，一体。句谓与万物不分彼此。 ㉙同状，同样。句谓把生死看作一样。

夫子曰："夫道，渊乎其居也①，漻乎其清也②。金石不得无以鸣③。故金石有声④，不考不鸣。万物孰能定之⑤！夫王德之人⑥，素逝而耻通于事⑦，立之本原而知通于神⑧，故其德广⑨。其心之出，有物采之⑩。故形非道不生⑪，生非德不明⑫。存形穷生⑬，立德明道，非王德者邪！荡荡乎⑭！忽然出⑮，勃然动，而万物从之乎⑯？此谓王德之人。视乎冥冥⑰，听乎无声。冥冥之中⑱，独见晓焉；无声之中，独闻和焉。故深之又深而能物焉⑲；神之又神而能精焉⑳。故其与万物接也㉑，至无而供其求，时骋而要其宿，大小、长短、修远。"

【注释】

①渊，幽深静寂的状态。说明道的神秘。居，处。　②漻(liáo 辽)，清澈的样子。说明道的神明。　③不得，指不得道的作用。无以鸣，没法响。　④故金石二句：考，敲击。钟泰《庄子发微》："'故金石有声不考不鸣'九字，此乃郭子玄注误入正文者。郭注本云：'声由寂彰，故金石有声，不考不鸣。因以喻体道者，物感而后应也。'后人以注散入正文各句下，传写者偶未能明，遂成此误。其迹甚显。"可供参考。　⑤万物句：孰，谁。定，确定，分辨。句谓万物中谁能确定使金石发出某种响声的原因？言外之意是：只有"王德之人"才能确定。故下面接着论述"王德之人"。这与《天道》篇"非至人孰能定之"同一意思。　⑥王(wàng 旺)德，盛德，最高尚的道德。　⑦素，纯真。逝，往。素逝，天真地随着时间的过去而过去。耻通于事，不愿被事务所牵累。　⑧立之本原，立足于天道这一根本。知，通智。通于神，与神明相通。　⑨广，伟大。　⑩采，牵引，影响。⑪形，形体。生，活。　⑫生，通性。明，灵通。　⑬存形，保身。穷生，尽性。　⑭荡荡，广阔辽远的样子。　⑮忽然二句：忽然、勃然，都是形容心神的活动随其自然，不受外物牵制的样子。出，表现出来。　⑯而万物句：心与道相一致，而万物随道而变，所以万物也是随着心神活动而活动的。　⑰冥冥，幽暗的样子。　⑱冥冥之中四句：道体本来就是没有形状声音的，故此看来昏昏暗暗，听也听不到。但只要是领悟了天道的人，就可以在昏暗之中有所发觉，看到有个光明的境界；在无声之中听到一种与万籁十分调协的声音。　⑲故深句：道藏得很深很深，但能支配着万物。　⑳神之句：道神秘莫测，却又能显示出它的微妙作用。精，微妙。　㉑故其四句：接，交接，联系。至无，虚无之极。要(yāo 邀)，求。宿，居止，归宿。要其宿，成为万物的归宿。修远，久远。这几句是阐述道与万物的关系的。意谓：天道无时无刻不与万物相联系。虽然它虚无之极，但能适应万物的需求，随时都在变化发展，成为万物的归宿，而且可大可小，可长可短，可久可远，顺物之自然。最后一句语意不够完整，故怀疑有脱文。《淮南子·原道训》袭用此文，下接有"各有其具"四字。

【点评】　总述全篇中心，说明君主应该具有最高尚的道德，成为天道的体现者。做到无为无欲，天下自然就可以太平了。

黄帝游乎赤水之北①，登乎昆仑之丘而南望②。还归，遗其玄珠③。使知索之而不得④，使离朱索之而不得⑤，使喫诟索之而不得也⑥。乃使象罔⑦，象罔得之。黄帝曰："异哉，象罔乃可以得之乎？"

【注释】

①赤水，河名，在昆仑山南面。 ②南望，南面，面向南。古代帝王座位向南，所以常用南面代指当帝王。 ③玄珠，玄妙的珍珠，比喻天道。遗其玄珠，比喻失去了天道。得天道的人应该是"不以王天下为己处显"的，而黄帝却"登乎昆仑之丘而南望"，以显示自己当帝王。所以说他失道。 ④知，通智，假设名字，是智慧的象征。知找不到玄珠，比喻不能凭智慧去寻求天道。 ⑤离朱，详见《骈拇》篇注。这里用来比喻聪明。 ⑥喫诟（chī gòu 吃垢），假设名字。有巧辩的意思。 ⑦象罔，假设名字。有无心的意思。

【点评】 说明求道不能靠智慧聪明，而要无所用心。

尧之师曰许由①，许由之师曰齧缺，齧缺之师曰王倪，王倪之师曰被衣。尧问于许由曰："齧缺可以配天乎②？吾藉王倪以要之③。"许由曰："殆哉④，圾乎天下！齧缺之为人也，聪明睿知⑤，给数以敏⑥，其性过人，而又乃以人受天⑦。彼审乎禁过⑧，而不知过之所由生⑨。与之配天乎？彼且乘人而无天⑩。方且本身而异形⑪，方且尊知而火驰⑫，方且为绪使⑬，方且为物絯⑭，方且四顾而物应⑮，方且应众宜⑯，方且与物化而未始有恒⑰。夫何足以配天乎！虽然，有族有祖⑱，可以为众父而不可以为众父父。治，乱之率也⑲，北面之祸也⑳，南面之贼也。"

【注释】

①许由，见《逍遥游》篇注。齧缺、王倪，见《齐物论》篇注。被衣，即蒲衣子，见《应帝王》篇注。 ②配天，称得上得天道。"天"即"无为为之之谓天"之"天"，亦兼指天子之位。 ③藉，借，借助。要，通邀。尧想把帝位让给齧缺，故通过

王倪去邀请他。　④殆，危。圾，通岌，危险的样子。　⑤睿知（ruì zhì 锐智），英明而有远见。　⑥给（jǐ 几），敏捷。数（shuò 朔），快。敏，灵敏。句谓迅速敏捷。　⑦乃，且。受，通授，加。以人受天，用人的才智强加作用于自然。⑧审，明察。禁过，制止过错。句谓他对于制止别人犯错误是十分明察的。⑨所由生，产生的原因。　⑩且，将。乘人，恃着人的才智。无天，无视天道。⑪方且，正将。本身，本于自身，即以自身为根本，为出发点。异形，形迹不同于别人。说明他不能与众人混同一体，而是突出自己。　⑫火驰，如火一样迅速蔓延。形容智慧的旺盛、敏捷。　⑬绪，丝端。比喻细小。使，役使。绪使，被小小的事情所牵制。意即忙于事务。　⑭絯（gāi 该），束缚。为物絯，被外物所拖累。　⑮四顾，四方顾盼。形容应接不暇的样子。物应，与万物相应接。⑯应众宜，投合众人的需要。　⑰与物化，随万物变化。未始，未曾。恒，常。如《天道》篇"以无为为常"之"常"。句谓虽然能随物变化，但心中未曾树立个无为的天道。　⑱族，众属。祖，祖宗。有族有祖，既有众属又有祖宗。下有众属，故"可以为众父"；上有祖宗，故"不可以为众父父"。祖、众父父，都是指天。《天下》篇说圣人"以天为宗"，而齧缺达不到这个水平，故此上文又说他"何足以配天乎！"⑲率，由，因。句谓治是产生乱的原因。　⑳北面二句：北面，指臣。南面，指君。贼，害。这两句说明像齧缺那样的人，做臣必害君，做君必害臣。

【点评】 说明圣智明察、做事敏捷的人，是不配当天子的。

尧观乎华①，华封人曰②："嘻，圣人！请祝圣人③，使圣人寿④。"尧曰："辞⑤。""使圣人富。"尧曰："辞。""使圣人多男子。"尧曰："辞。"封人曰："寿，富，多男子，人之所欲也。女独不欲，何邪？"尧曰："多男子则多惧，富则多事，寿则多辱。是三者，非所以养德也⑥，故辞。"封人曰："始也我以女为圣人邪⑦，今然君子也。天生万民，必授之职⑧。多男子而授之职，则何惧之有？富而使人分之⑨，则何事之有？夫圣人，鹑居而鷇食⑩，鸟行而无彰。天下有道，则与物皆昌；天下无道，则修德就闲⑪。千岁厌世⑫，去而上仙⑬，乘彼白云[14]，至于帝乡[15]。三患莫至[16]，身常无殃，则何辱之有[17]?”封人去之，尧随之曰：“请问[18]。”封人曰：“退已[19]!”

【注释】

①观，视察。华(huà 话)，华州。　②华封人，在华州守封疆的人。③祝，祝祷。　④使，祈使。　⑤辞，不接受。　⑥养德，道德的自我修养。句意谓寿、富、多男子三者对培养无为的道德是没有什么好处的。　⑦始也二句：开始以为你是圣人呢，现在看来，只不过是君子罢了。女，汝。然，乃，却是。⑧职，职务。　⑨富而二句：富则怕有损失，故处处设防，百般张罗，所以多事。如果对财物并不着意，任人分用，哪还有什么事呢！　⑩鹑居二句：鹑(chún 纯)，鹌鹑。鷇(kòu 扣)，初生小鸟。彰，迹。二句说明：圣人衣食住行，都如鸟兽一般，无所用心，顺其天性，自然而动。　⑪就闲，闲居。表示与世无争。⑫厌，尽。厌世，一生已尽。　⑬去，离去人世。上仙，升仙。　⑭乘，驾。句谓腾驾着白云。　⑮帝乡，天帝所居的地方。这实际上是一种虚幻的境界。⑯三患，即上文说的多惧、多事、多辱。　⑰则何句：从上“夫圣人”至这句，都是说明：只要随世任物，虽然长寿，也不存在什么受辱的问题。　⑱请问：尧对封人的话有所领悟，因此表示想进一步请教。　⑲退已，回去吧。封人已把道理说清楚，要尧用心体会，故不想再向尧解说。

【点评】　说明追求福、禄、寿，固然有害于道德修养，但把福、禄、寿看作负担，而不是既来之则安之，也不利于道德的修养。

尧治天下，伯成子高立为诸侯[1]。尧授舜[2]，舜授禹，伯成子高辞为诸侯而耕[3]。禹往见之，则耕在野。禹趋就下风[4]，立而问焉，曰：“昔尧治天下，吾子立为诸侯[5]。尧授舜，舜授予，而吾子辞为诸侯而耕。敢问其故何也?”子高曰：“昔尧治天下，不赏而民劝[6]，不罚而民畏[7]。今子赏罚而民且不仁[8]，德自此衰，刑自此立[9]，后世之乱自此始矣！夫子阖行邪[10]？无落吾事[11]!”俋俋乎耕而不顾[12]。

【注释】

①伯成子高，人名，不详。 ②授，指传授天子之位。 ③辞为诸侯，辞退诸侯之位。 ④趋，快步上前。就，近。下风，是“面前”的卑称，犹说“足下”。意思是俯身低下，触感足下之风。 ⑤吾子，我的先生，您。 ⑥赏，奖赏。劝，积极。 ⑦畏，畏忌，指不敢做坏事。 ⑧不仁，不善良。 ⑨立，建立，产生。 ⑩阖，通盍，何不。 ⑪无，通毋，不要。落，废。句谓别妨碍我的工作。 ⑫俋俋，抑抑，专心的样子。不顾，指不理睬禹。

【点评】 作者认为：从夏禹开始，就道德衰败而天下乱了。这是由于禹实行赏罚，扰乱了民心，而未能无为而治的恶果。

夏禹时代，是中国原始社会向奴隶社会转化的时代。庄子反对的不仅是某个阶级或某种方式的统治，而是一概地反对统治，反对政治，主张无为而治。这与作者对现实统治的感受是分不开的。子高是夏代的庄子，庄子是战国中期的子高。

泰初有无①，无有无名②。一之所起③，有一而未形。物得以生谓之德④；未形者有分⑤，且然无间谓之命；留动而生物⑥，物成生理谓之形⑦；形体保神⑧，各有仪则谓之性；性修反德⑨，德至同于初⑩。同乃虚⑪，虚乃大⑫。合喙鸣⑬。喙鸣合，与天地为合⑭。其合缗缗⑮，若愚若昏，是谓玄德⑯，同乎大顺⑰。

【注释】

①泰初，远古的开头。有无，只有“无”，意即存在无。 ②无有，不存在有。无名，没有名称。 ③一之二句：从无到有，先产生“一”。“一”这个东西虽然存在，但还没有呈现某种形状。这个东西就是作者所说的道。未形，未有形状。 ④物得句：万物得到了这个“一”的作用就生长，这叫做德。意即万物的产生是由于道的作用。 ⑤未形二句：未形者，指道。有分，从未形中分别出来，产生有形。无间，不可分割地有机联系着。意指在道的支配下，物体进一步形成了有机体，于是产生了有生命的生物。 ⑥留动句：道是不断变化的，但在变化中有所留滞，相对地稳定，就形成了物。意即物是道在变化中相对稳定的一种形式。 ⑦物成

句：物形成了生理结构，这就是生物的形体。 ⑧形体二句：形体中寄寓着精神，而且各有它本身的表现形式，这就叫做它的本性。保，安，居。仪则，形式。各有仪则，各有各的特性。 ⑨性修句：这是指人说的。人的心性经过修养，回复到刚得到道的作用而产生的那种境界。反，通返。德，即上文“物得以生谓之德”之“德”。 ⑩德至句：道德达到与泰初相同的境界。初，泰初。 ⑪同乃虚：泰初只有“无”，故同于初就是进入虚无的境界。 ⑫虚乃大：万物都各有局限，而虚无的道却是贯通万物、无所不包的，故最广大。 ⑬喙（huì 会），鸟兽的嘴。合喙鸣，和鸟兽的鸣叫一样。鸟兽鸣叫，出于无心，合乎天然，故用来比喻得道的状态。 ⑭与天地为合，合乎自然。 ⑮缗缗（mín 民），无心的样子。 ⑯玄德，天德。因为天德玄妙而不可捉摸，故称。 ⑰大顺，即道。因道与万物毫无抵迕，故称大顺。

【点评】 作者首先论述了从无、一、德、命、形到性的发展变化过程，这是由虚无的道分离出来形成个体的人的形体、精神的过程，然后说明人的修养，就是反过来把自己的心性复归于泰初的虚无状态。超越个体，超越类属，与万物同，与天地合，进入浑沌玄深的道德境界。

夫子问于老聃曰①：“有人治道若相放②，可不可③，然不然。辩者有言曰④：‘离坚白，若县寓。’若是则可谓圣人乎？”老聃曰：“是胥易技系⑤，劳形怵心者也。执留之狗成思⑥，猿狙之便自山林来。丘，予告若⑦，而所不能闻与而所不能言⑧：凡有首有趾、无心无耳者众⑨；有形者与无形无状而皆存者尽无⑩。其动止也，其死生也，其废起也，此又非其所以也⑪。有治在人⑫。忘乎物，忘乎天，其名为忘己⑬。忘己之人，是之谓入于天⑭。”

【注释】

①夫子，指孔丘。故下文老聃直叫他的名“丘”。 ②治道，进行道的修养。放，通仿。相放，互相仿效。 ③可不可二句：由于互相仿效，故人云亦云，把“不可”附会为“可”，把“不然”附会为“然”。 ④辩者三句：辩者，指公孙龙之

流。他们提出：一块白色的硬石头，可分析为白色与坚质。用眼睛去看，见到白色，只能称作白石；用手去摸，感到它坚硬，只能称作坚石。因此，石头的白色和坚质是可以分离的，故称作“离坚白”。县，通悬，高耸。寓，通宇。县寓，高屋。三句谓：辩者的话是说：离坚白论之正确，如高屋一样显而易见。作者举这一例子说明“可不可”、“然不然”的现象。　⑤是胥易二句：见《应帝王》篇注。　⑥执留二句：留，留牛，又称犛牛。思，疑是“田”之误。这两句似有脱文。大意是说：能捕捉犛牛的狗就要被猎人捉来，敏捷的猿狙就要被猎人从山林中捉回来。说明多才多能的害处。《应帝王》篇：“虎豹之文来田，猿狙之便执犛之狗来藉。”意思与此相似，可相互参看。　⑦若，你。　⑧而，你。　⑨有首有趾，指具备人的形体。无心无耳，指懵懵懂懂，不明大道。一般人都如此，故说众。　⑩有形者，即有首有趾的人。无形无状，指道。皆存，指有形的与无形无状的都具备。也就是下文说的“形全神全”的人。尽无，表示非常罕见。　⑪此，指动与止、死与生、废与起等变化。以，为。非其所以，并非是他有心要作的。　⑫有治在人，有心于治则是在于人为。这是承上说的。　⑬忘己，见《逍遥游》篇注。　⑭入于天，符合了天道。

【点评】 说明学道不能互相仿效，而要忘掉一切，甚至连自身的存在都忘掉，才可以达到天道的境界。

将闾葂见季彻曰①：“鲁君谓葂也曰：‘请受教②。’辞不获命③。既已告矣，未知中否④。请尝荐之⑤。吾谓鲁君曰：‘必服恭俭⑥，拔出公忠之属而无阿私⑦，民孰敢不辑⑧！’”季彻局局然笑曰⑨：“若夫子之言，于帝王之德，犹螳蜋之怒臂以当车轶⑩，则必不胜任矣！且若是，则其自为处危⑪，其观台多物⑫，将往投迹者众⑬。”将闾葂覤覤然惊曰⑭：“葂也汒若于夫子之所言矣⑮！虽然，愿先生之言其风也⑯。”季彻曰：“大圣之治天下也，摇荡民心⑰，使之成教易俗⑱，举灭其贼心而皆进其独志⑲。若性之自为⑳，而民不知其所由然㉑。若然者，岂兄尧、舜之教民溟涬然弟之哉㉒？欲同乎德而心居矣㉓！”

【注释】

①将闾，姓。葂（miǎn 免），名。季，姓。彻，名。二人未详。　②受教，给予指教。　③辞不获命，推辞而得不到允许。　④中（zhòng 众），当。指合乎天道。　⑤荐，陈，陈述。　⑥服，实行。　⑦拔出，提拔起。公忠之属，公正尽责的那类人。阿，偏。私，指宠爱、亲近的人。无阿私，意犹今说不要用人唯亲。　⑧辑，和睦，顺从。　⑨局局，笑的状声词，相当于“格格”。⑩当，通挡。轶（yì 逸），车辙。这里指车轮。　⑪自为处危，自己造成危急的境地。　⑫观台，宫门两边的楼台。《尔雅·释宫》：“观谓之阙。”孙炎注：“宫门双阙，旧章悬焉，使民观之，因谓之观。”多物，指观台上载着许多法律条文。⑬往，向。投迹，举足而来。句意谓向着观台举足而来的人就多了。　⑭觑觑（xì 隙）然，惊慌的样子。　⑮汒（máng 忙），茫昧无知。若，然。汒若，茫昧的样子。句谓对先生所说的问题自己感到很无知。　⑯风，大略。　⑰摇荡，鼓舞。⑱成教易俗，接受天道的教化，改变世俗的习惯。教，不是指儒家的礼义教化，而是指道家的教化。易，改变。　⑲举，皆，尽。贼心，有害之心。进，促进。独志，一心所向往，指得道的心愿。　⑳若性句：顺着人的本性做去。若，顺。㉑所由然，这样做的原因。　㉒兄，称之为兄，表示推崇。溟涬，混沌不分明的样子，犹今说糊里糊涂。弟，以弟自称，表示不如。句意谓难道推崇尧舜那样教老百姓而还要糊里糊涂地甘拜下风吗？　㉓欲同句：想使得天下的人都有共同的德性而心神安定啊！居，定。

【点评】　说明治天下不能靠官吏的恭俭公正，而要任老百姓本性的自然发展。

子贡南游于楚①，反于晋②，过汉阴③，见一丈人方将为圃畦④，凿隧而入井⑤，抱瓮而出灌⑥，搰搰然用力甚多而见功寡⑦。子贡曰：“有械于此⑧，一日浸百畦⑨，用力甚寡而见功多，夫子不欲乎？”为圃者卬而视之曰⑩：“奈何？”曰：“凿木为机⑪，后重前轻，挈水若抽⑫，数如泆汤⑬，其名为槔⑭。”为圃者忿然作色而笑曰⑮：“吾闻之吾师，有机械者必有机事⑯，有机事者必有机心。机心存于胸中则纯白不备⑰。纯白不备则神生不定⑱，神生不定者，道之所不载也⑲。吾非不知[20]，羞而不为也。”子贡瞒然惭[21]，俯而不对。有间，为圃者曰：“子奚为者邪?”曰：“孔丘之徒也。”为圃者曰：“子非夫博学以拟圣[22]，於于以盖众[23]，独弦哀歌以卖名声于天下者乎[24]？汝方将忘汝神气[25]，堕汝形骸，而庶几乎！而身之不能治，而何暇治天下乎！子往矣，无乏吾事[26]。”

【注释】

①子贡，孔子弟子。楚，诸侯国名，曾建都于今湖北江陵。 ②反，通返。晋，诸侯国名，在今山西一带。 ③汉，汉水。江河的南面称阴。 ④丈人，对长者的称呼。方将，正在。圃，菜园。畦(qí 其)，田园中用沟隔开的小块区域。为圃畦，在菜园中劳动。 ⑤凿，掘。隧，指通入井的道路。 ⑥出灌，出来灌溉菜地。 ⑦搰搰(gǔ 骨)，用力的样子。见功寡，功效差。 ⑧械，器械。指下文所说的槔。 ⑨浸，灌溉。 ⑩卬，同仰。 ⑪机，机械。 ⑫挈(qiè 窃)，取。抽，提。句意为形容桔槔取水时的样子，像人从井里把水提到田上一样。 ⑬数(shuò 朔)，快。泆汤(yì tàng 逸烫)，通逸荡。水自然流动的样子。表明桔槔抽水的功效显著。 ⑭槔(gāo 高)，又叫桔(jié 洁)槔。这是利用杠杆原理制作的汲水机械。 ⑮忿然，发怒的样子。句谓为圃者转怒为笑。 ⑯机，与“机心”之“机”，都有投机取巧的意思。 ⑰纯白不备，不具备纯洁清白的品质。⑱生，性。神性，神情。不定，由于机心杂念作怪，故不安定。 ⑲不载，不容。⑳非不知，指桔槔之事而言。 ㉑瞒(mén 门)，惭愧的样子。 ㉒夫，指示代词，相当于“那个”。拟，比拟。拟圣，以圣人自比。 ㉓于于(wū yú 乌余)，盛气呼号的样子。盖众，压倒众人。句意指儒者竭力宣扬自己的学说，压倒众论。㉔独弦哀歌，哀伤地自弹自唱。说明人们并不听他们的那一套。 ㉕汝方将三句：这三句是对子贡的劝导，说方且抛弃你的神气，废置你的形体，就差不多得道了。与《大宗师》篇说的“堕肢体，黜聪明，离形去知”意同。 ㉖乏，废，阻碍。事，工作。

子贡卑陬失色[1]，顼顼然不自得[2]，行三十里而后愈[3]。其弟子曰：“向之人何为者邪[4]？夫子何故见之变容失色，终日不自反邪[5]?”曰：“始吾以为天下一人耳[6]，不知复有夫人也[7]。吾闻之夫子[8]：事求可[9]，功求成[10]，用力少，见功多者，圣人之道。今徒不然[11]。执道者德全[12]，德全者形全[13]，形全者神全[14]。神全者，圣人之道也[15]。托生与民并行而不知其所之[16]，汒乎淳备哉[17]！功利机巧必忘夫人之心。若夫人者，非其志不之[18]，非其心不为[19]。虽以天下誉之，得其所谓[20]，謷然不顾[21]；以天下非之，失其所谓，傥然不受[22]。天下之非誉无益损焉[23]，是谓全德之人哉！我之谓风波之民[24]。”反于鲁，以告孔子。孔子曰：“彼假修浑沌氏之术者也[25]。识其一，不识其二[26]；治其内而不治其外[27]。夫明白入素[28]，无为复朴[29]，体性抱神[30]，以游世俗之间者，汝将固惊邪[31]？且浑沌氏之术，予与汝何足以识之哉！”

【注释】

①卑陬(zoū 邹)，惭愧不安的样子。失色，失去了正常的神情。 ②项项(xū 需)然，低垂着头的样子。 ③愈，指恢复常态。 ④向，刚才。向之人，刚才那个人，指为圃者。 ⑤反，复，指恢复常态。 ⑥始，曾。以为，认为。天下一人，天下只有一个圣人(指孔子)。 ⑦复，再。夫人，那种人，指为圃者之类，即道家者流。 ⑧夫子，指孔子。 ⑨事求可，做事要适当、合理。 ⑩功求成，用功要讲究成效。 ⑪徒，却。 ⑫执道，掌握了天道。全，完美。 ⑬形，形体。 ⑭形全句：形体是精神所依托的，形体健全，精神也会健全。 ⑮道，与上述德、形、神的关系，参看上文“泰初有无”一段。 ⑯托生，寄生在世上。与民并行，与众人一起生活。之，至，往。不知其所之，不必明确要达到什么目的。 ⑰淳，通纯，纯洁。句谓愚愚昧昧，具备了纯洁的品质啊！ ⑱非其志，不合乎他的志愿。之，往。 ⑲非其心，不合乎他的本心。为，干。 ⑳得其句：合乎人们所赞美的。 ㉑謷(áo 敖)，自得的样子。不顾，指不理会人们的赞美。 ㉒傥(tǎng 淌)然，无心的样子。不受，指不接受人们的非议。 ㉓无益损，毫无影响。 ㉔我，我们。风波之民，容易受非誉功利等所影响而波动的人。 ㉕假，托。修，学习。浑沌氏，参阅《应帝王》篇。 ㉖识其句：意谓只识天道，不识其他。 ㉗治其句：修炼心性而忘怀于世事。 ㉘夫明白句：心地明净，达到纯素的境界。 ㉙复朴，返归自然。 ㉚体性句：体现了真性，

守藏着精神。 ㉛固，胡，何。

【点评】 通过写儒家圣人孔子及其弟子对汉阴丈人甘拜下风，以否定人们对功利机巧的追求，并反衬出道家之术的高明。

谆芒将东之大壑①，适遇苑风于东海之滨②。苑风曰："子将奚之？"曰："将之大壑。"曰："奚为焉？"曰："夫大壑之为物也，注焉而不满③，酌焉而不竭④。吾将游焉⑤！"苑风曰："夫子无意于横目之民乎⑥？愿闻圣治⑦。"谆芒曰："圣治乎？官施而不失其宜⑧，拔举而不失其能⑨，毕见其情事而行其所为⑩，行言自为而天下化⑪。手挠顾指⑫，四方之民莫不俱至⑬，此之谓圣治。""愿闻德人。"曰："德人者，居无思，行无虑，不藏是非美恶。四海之内共利之之谓悦⑭，共给之之谓安。怊乎若婴儿之失其母也⑮，傥乎若行而失其道也⑯。财用有余而不知其所自来，饮食取足而不知其所从，此谓德人之容⑰。""愿闻神人。"曰："上神乘光⑱，与形灭亡⑲，是谓照旷⑳。致命尽情㉑，天地乐而万事销亡，万物复情㉒，此之谓混冥㉓。"

【注释】

①谆芒，与下句的苑风都是假设人名。之，往。大壑，指东海。 ②适，恰巧。滨，海边。 ③注，灌。 ④酌，取。竭，干涸。 ⑤吾将句：上以东海来比喻大道，故用游来比喻心神向往。 ⑥横目之民，指人。因为人的两眼扁平，故称。句意谓先生无心于作人民的君主吗？ ⑦圣治，圣人之治。这是指道家的圣人。 ⑧官施，政令措施。 ⑨拔举，指选拔人才。 ⑩毕见句：看清事情的真相然后顺着形势而做所应该做的。毕，尽。毕见，看清。 ⑪行言句：一言一行都是圣人自然而然地发出的，那么天下的老百姓就自然受到感化了。⑫手挠顾指，挥手指示，举目顾盼。 ⑬莫不句：因为能顺从民意，故人民亦易于顺从。 ⑭四海二句：与四海之内的老百姓共同享受一切利益资财才称得上愉快和安乐。 ⑮怊乎句：怊(chāo 抄)，惆怅。句意谓德人亦有惆怅的时候，但他惆怅也是显得异常天真的，像婴儿失母一样，尽情而悲，绝无隐忧。 ⑯傥，无

心的样子。失其道，没有按一定轨道。比喻行路不带任何目的。以上两句与《庚桑楚》篇“儿子动不知所为，行不知所之，与物委蛇而同其波”意同。　⑰容，情状，样子。　⑱上神，指神人的精神。因为这是最高的精神境界，故称上神。乘，用。乘光，放射光芒。　⑲与形灭亡，指光与所照的物体都归于虚无。形，物体。⑳照，应作昭。因晋人讳昭，改昭为照。昭，明。旷，空。昭旷，虚明空旷。㉑致命二句：生命性情到了尽头的时候，与天地同乐，和万物一样消亡。　㉒万物复情，万物都恢复了未生时候的情状。即所谓还原复朴。　㉓此之句：返朴之后，归于“有一而未形”那种混沌状态，故称之为混冥。混冥，幽暗的样子。昭旷指神人生时的光辉，混冥指神人死时的状态。

【点评】 说明圣治、德人、神人的共同特征就是无为无欲，任随天地万物的自然变化。但圣治中关于“官施拔举”、“手挠顾指”等提法，与内篇“无为”的政治论已有所不同。

门无鬼与赤张满稽观于武王之师[①]，赤张满稽曰：“不及有虞氏乎[②]!故离此患也。”门无鬼曰：“天下均治而有虞氏治之邪[③]？其乱而后治之与?”赤张满稽曰：“天下均治之为愿[④]，而何计以有虞氏为[⑤]！有虞氏之药疡也[⑥]，秃而施髢[⑦]，病而求医[⑧]。孝子操药以修慈父[⑨]，其色燋然，圣人羞之。至德之世[⑩]，不尚贤，不使能，上如标枝[⑪]，民如野鹿[⑫]。端正而不知以为义[⑬]，相爱而不知以为仁，实而不知以为忠[⑭]，当而不知以为信[⑮]，蠢动而相使不以为赐[⑯]。是故行而无迹[⑰],事而无传。

【注释】

①门无鬼、赤张满稽，都是假设人名。师，军队。句谓周武王率领军队东征伐纣，门无鬼与赤张满稽看见而有所议论。　②有虞氏二句：虞舜时代讲究德化，让贤举能，不用武力征伐，而武王要兴师动众，故说比不上虞舜时代。有虞氏，虞舜。离，通罹，遭。此患，指用兵征伐的事情。　③均，平。均治，太平。④天下句：天下人都希望太平。　⑤而何句：而又何须考虑有虞氏呢？意即如果天下太平，根本不需要有虞氏的统治。　⑥药，治疗。疡(yáng 羊)，头疮。这句

是比喻，说有虞氏治乱，好像头生了疮然后治疗一样。 ⑦施，用。髢（dí 敌），假发。句谓头秃了才用假发。 ⑧病而句：连同以上二句，都是反复说明有虞氏到了天下乱才治理。 ⑨孝子三句：操，拿。修，借为羞，进。燋（qiáo 瞧）然，憔悴的样子，表示忧虑。作为孝子，应该养好父母，使父母不要生病才是最好的。到了慈父生病时，虽然进药服侍，但已说明孝顺不够了，因此圣人为之感到羞耻。这一比喻说明：圣人不是等天下乱而后治之，而是使天下不要乱。可见有虞氏治世的方法虽然比周武王好一些，但还是不理想的，比之至德之世就差了。 ⑩至德三句：理想的社会太平无事，故无须用贤能。 ⑪上如句：上，指帝王。标枝，树末端的枝。句意比喻虽然身居高位，但无心作为。 ⑫民如句：说明老百姓自由自在。野是与被管牧的相对而言的。 ⑬端正句：后世认为正直就是义，而在至德之世，虽然大家都正直，却不存在义的观念。下三句意思相类。 ⑭实，诚实。⑮当，正确。 ⑯蠢动句：蠢动，蠕动。相使，互相役使，指互相帮助。赐，恩赐。句谓人们进行互相帮助完全出于本能，和虫的蠕动一样，没有任何目的，更不会是看作对别人的恩惠。以上四句都是说明那时人们的活动都是出于自然本性，不似后代那种人为的教化。 ⑰是故二句：因此，当时的活动、事迹没有留下任何痕迹。

【点评】 说明社会的发展一代不如一代，周不如有虞氏，有虞氏不如蒙昧的原始时代。作者借此表现他的理想社会与“无为”的政治主张。

孝子不谀其亲①，忠臣不谄其君，臣、子之盛也。亲之所言而然②，所行而善③，则世俗谓之不肖子；君之所言而然，所行而善，则世俗谓之不肖臣。而未知此其必然邪④？世俗之所谓然而然之，所谓善而善之⑤，则不谓之道谀之人也⑥！然则俗故严于亲而尊于君邪⑦？谓己道人⑧，则勃然作色；谓己谀人，则怫然作色。而终身道人也，终身谀人也⑨，合譬饰辞聚众也⑩，是终始本末不相坐⑪。垂衣裳⑫，设采色⑬，动容貌⑭，以媚一世⑮，而不自谓道谀；与夫人之为徒⑯，通是非，而不自谓众人⑰，愚之至也⑱。知其愚者⑲，非大愚也；知其惑者，非大惑也。大惑者，终身不解⑳，大愚者，终身不灵㉑。三人行而一人惑，所适者，犹可致也㉒，惑者少也㉓；二人惑则劳而不至，惑者胜也。而今也以天下惑，予虽有祈向㉔，不可得也㉕。不亦悲乎！大声不入于里耳㉖，折杨、皇荂㉗，则嗑然而笑㉘。是故高言不止于众人之心㉙；至言不出㉚，俗言胜也。以二缶钟惑㉛，而所适不得矣㉜。而今也以天下惑，予虽有祈向，其庸可得邪！知其不可得也而强之㉝，又一惑也！故莫若释之而不推㉞。不推，谁其比忧㉟！厉之人㊱，夜半生其子，遽取火而视之㊲，汲汲然唯恐其似己也㊳。

【注释】

①孝子三句：《渔父》篇："希意道言谓之谄，不择是非而言谓之谀。"谀(yú 余)、谄(chǎn 产)，都有阿谀奉承、讨好人的意思。盛，最。这里指臣之最忠，子之最孝。　②亲之句：父母所说的都认为是对的。　③所行句：所做的都认为是对的。　④此，指世俗所认为的。必然，一定如此。　⑤世俗二句：意即随波逐流，人云亦云。　⑥道谀，谄谀。　⑦然则句：故，固，一定。严，敬。句谓难道世俗之人一定比父母还可敬，比君主还可亲吗？　⑧谓己四句：道人、谀人，都是对人阿谀奉承的意思。勃然、怫(fú 扶)然，都是发怒的样子。作色，生气。⑨而终身二句：意即虽然自己不承认，但其实一辈子都如此。　⑩合譬句：用花言巧语来招惹群众。这是道人、谀人的具体表现。合譬，凑合比喻。饰辞，修饰言辞。　⑪是终始句：坐，因。不相坐，不相连，脱节。这句是总括上面一段，回答"而未知其必然邪"一句说的。投合父母、君主就叫做谀亲、谄君，但随波逐流、人云亦云，反而不承认是道人、谀人，这就是首尾脱节、本末倒置了。　⑫垂，穿挂。上叫衣，下叫裳。垂衣裳，表示讲究装饰。与表示古代帝王无为而治的"垂衣裳"意思不同。　⑬采色，神色，颜色。如《人间世》篇："采色不定。"设采色，正颜色，犹今说装模作样。　⑭动容貌，变动着意态、表情。指媚人的表现。⑮媚，讨好。一世，指整个社会的人。从"垂衣裳"至此数句，都是说帝王讨好世人的举止神态。　⑯与夫二句：夫人，指世俗的人。为徒，同党同群。通，同。通是非，世人说是就说是，世人说非就说非。　⑰而不句：而不承认是世俗的人。言外之意是：反而自命圣人。　⑱至，极。前一小段批判的是一般老百姓的随波逐流，而这一小段所批判的则是统治者的随波逐流。　⑲知其四句：知道自己愚蠢和糊涂的，说明已算是有点觉醒了，故说"非大愚"、"非大惑"。　⑳不解，不

能解除迷惑，即不觉悟。 ㉑不灵，不灵通。 ㉒适，往。致，达。指到达所去的目的地。 ㉓惑者少，迷惑的人少。根据多数人的意见行事，故“可致”。 ㉔祈向，祈求向往，意即希望。 ㉕不可得，无能为力。因为全天下的人都受迷惑了。 ㉖大声，高雅的乐音。比喻作者的高论。不入，听不进，听不懂。里耳，世俗里巷人的耳朵。代指孤陋寡闻的人。 ㉗折杨、皇荂(huā 花)，都是通俗的乐曲名。 ㉘嗑(kè 克)，笑的状声词。句谓听见俗乐反而得意得哈哈大笑。 ㉙高言，高论，指作者的理论。止，留，入。 ㉚至言，即高言。 ㉛以二缶句：缶(fǒu 否)，粗俗的乐器。李斯《谏逐客书》中有：“击瓮叩缶而歌呼乌乌，真秦之声。”钟，是较高级的雅乐中的乐器。“以二缶钟惑”是承上“二人惑则劳而不至，惑者胜也”而来的。两个缶打响则一个钟的声音被干扰了，故听者惑。 ㉜适，适意。所适不得，感到适意的并不合乎雅乐。 ㉝强之，强迫人们接受这种“祈向”。 ㉞释，放弃。推，推行。指强求推行自己的一套主张。 ㉟谁其句：谁也没有那么多忧愁。比忧，接连不断的忧愁。 ㊱厉，丑恶。 ㊲遽，急。 ㊳汲汲(jí 级)然，匆忙、紧张的样子。厉人之子，是美是丑，生了出来就成为事实了，本来无须那么紧张的，但厉人不能做到放心任物，总是担心儿子像自己一样丑，故带来恐惧。这是从反面说明：无能为力的事无须强求，否则自寻苦恼。

【点评】 说明社会上人们互相讨好，人云亦云，阿谀成风。而更可悲的是连在上的统治者也是如此。因而哀叹自己虽然有心拨乱，但由于众人迷惑太甚，亦无能为力了。

百年之木①，破为牺尊②，青黄而文之③，其断在沟中④。比牺尊于沟中之断⑤，则美恶有间矣⑥，其于失性一也⑦。跖与曾、史，行义有间矣⑧，然其失性均也。且夫失性有五：一曰五色乱目⑨，使目不明；二曰五声乱耳⑩，使耳不聪；三曰五臭熏鼻⑪，困惾中颡⑫；四曰五味浊口⑬，使口厉爽⑭；五曰趣舍滑心⑮，使性飞扬⑯。此五者，皆生之害也⑰。而杨、墨乃始离跂自以为得⑱，非吾所谓得也。夫得者困，可以为得乎？则鸠鸮之在于笼也⑲，亦可以为得矣。且夫趣舍声色以柴其内⑳，皮弁鹬冠搢笏绅修以约其外㉑。内支盈于柴栅㉒，外重缧缴㉓，睆睆然在缧缴之中而自以为得㉔，则是罪人交臂历指而虎豹在于囊槛㉕，亦可以为得矣！

【注释】

①木，树。　②破，剖开。牺尊，雕刻成牺牛形状的樽，是名贵的祭神器具。③文，粉饰，画上文彩。　④其断句：大树被砍断之后，另一段丢在沟里。⑤比牺句：把用一段所做成的牺樽与被丢在沟里的另一段相比。　⑥间，分别。⑦失性，丧失了树木本来的天性。一，相同。　⑧行义句：根据当时统治阶级的观点，则认为跖凶、曾参孝、史鱼直。故说有别。行义，品行。因为品行要求合乎道义，所以称作行义。　⑨一曰句：青、黄、赤、白、黑，五色纷繁，使人看得眼花缭乱。　⑩五声，宫、商、角、徵(zhǐ 止)、羽。　⑪臭(xiù 嗅)，气味。五臭，膻、焦、香、腥、朽。(取《礼记·月令》说)　⑫困惾(zōng 宗)，闷塞。中(zhòng 众)，中伤。颡(sǎng 嗓)，额。句谓由于气味浓杂，使鼻孔壅塞，甚至中伤额窦。　⑬五味，酸、辛、甘、苦、咸。浊，沾污。　⑭厉，病。爽，伤。⑮五曰句：趣舍，取舍。有利则取，有害则舍。滑(gǔ 骨)，乱。为得失利害左思右想，故心乱。　⑯性，心性。飞扬，驰骋浮动，意指心猿意马。　⑰生，通性。指天生本性。　⑱离跂，阔步，得意洋洋的样子。　⑲则鸠句：鸮(xiāo 消)，又叫鸱鸮、鸺鹠，似麻雀而小。在于笼，说明受困。　⑳柴其内，如柴木一样充塞在心胸之中。　㉑皮弁(biàn 辩)，用皮做的一种帽子，形状如瓜皮帽。鹬(yù 域)，鸟名。鹬冠，用鹬毛装饰的帽子。搢(jìn 进)，插。笏(hù 户)，手版，用玉或象牙、木做成，上朝时拿着，有事记在上面以备忘。绅，大带。修，长。这些都是官服的装束。约，束缚。外，外表。　㉒支盈，塞满。栅(zhà 乍)，木排。柴栅，意谓取舍声色，充塞内心，使内心阻梗不通，如竖柱栅。　㉓重(chóng 虫)，再加上。缧(mò 墨)，绳索。缴(zhuó 浊)，缠绕。缧缴，被绳所绑，即束缚。㉔睆睆(huǎn 缓)然，睁着眼睛的样子。　㉕历，通枥。历指，古时酷刑的一种，用几支小木棒，穿上绳子，把手指夹绑着。罪人被绑时两臂交叉，带上枷锁，手指被夹绑。槛，圈，用来捕捉老虎的，能进不能出，如囊，故叫囊槛。

【点评】 说明曾、史、杨、墨与盗跖，官人与罪人，虽然在社会上声誉不同，但其实从害生伤性说来，都是一路货色，都是如被关在牢笼中一样没有一点自由的。

天道第十三

【导读】

这一篇的中心是论述天道及其与人道的关系的。天道无为，做帝王的应该效法天道，做到“虚静恬淡，寂寞无为”。但人道有为也不能废。无为是君道，有为是臣道；天道有尊卑先后，人道亦应有尊卑先后。作者还从天道的秩序来论证社会上人伦秩序的合理性。这是《在宥》篇末段关于天道、人道观点的发展。但这一发展，就与内篇的基本观点相违了，大有背离道家思想体系的倾向。最后轮扁斫轮的故事以及言不尽意之论，寓意丰蕴，在文论上有深远的影响。

天道运而无所积①，故万物成②；帝道运而无所积，故天下归③；圣道运而无所积，故海内服。明于天④，通于圣⑤，六通四辟于帝王之德者⑥，其自为也，昧然无不静者矣⑦！圣人之静也，非曰静也善⑧，故静也。万物无足以铙心者⑨，故静也。水静则明烛须眉⑩，平中准⑪，大匠取法焉⑫。水静犹明，而况精神⑬！圣人之心静乎！天地之鉴也⑭，万物之镜也。夫虚静恬淡寂漠无为者，天地之平而道德之至也⑮。故帝王圣人休焉⑯。休则虚⑰，虚则实，实则伦矣。虚则静⑱，静则动，动则得矣。静则无为，无为也⑲，则任事者责矣。无为则俞俞⑳。俞俞者，忧患不能处㉑，年寿长矣。夫虚静恬淡寂漠无为者，万物之本也。明此以南乡㉒，尧之为君也；明此以北面，舜之为臣也。以此处上，帝王天子之德也；以此处下，玄圣素王之道也㉓。以此退居而闲游，江海山林之士服㉔；以此进为而抚世㉕，则功大名显而天下一也㉖。静而圣㉗，动而王，无为也而尊，朴素而天下莫能与之争美。夫明白于天地之德者㉘，此之谓大本大宗㉙，与天和者也㉚。所以均调天下㉛，与人和者也。与人和者，谓之人乐；与天和者，谓之天乐。庄子曰："吾师乎㉜，吾师乎！𩐎万物而不为戾㉝；泽及万世而不为仁㉞；长于上古而不为寿㉟；覆载天地、刻雕众形而不为巧㊱。"此之谓天乐。故曰：知天乐者，其生也天行㊲，其死也物化㊳。静而与阴同德，动而与阳同波㊴。故知天乐者，无天怨，无人非，无物累，无鬼责。故曰：其动也天㊵，其静也地，一心定而王天下㊶；其鬼不祟㊷，其魂不疲，一心定而万物服。言以虚静推于天地㊸，通于万物，此之谓天乐。天乐者，圣人之心以畜天下也㊹。

【注释】

①运，动。积，停滞。　②成，生成。　③归，归附。　④明于天，明白了天道。　⑤通于圣，通晓圣道。　⑥辟，开通。六通四辟，全面通晓。帝王之德，即帝道。　⑦昧然句：天道覆载万物，在不停地运动。人们在天道的运

载之中，当然也是跟随着运动的。但就人们自身来说，却是“无不静”的，这种“无不静”是顺乎自然的，不是有意的，故此说是“昧然”。昧然，懵懵懂懂、不自觉的样子。　⑧非曰二句：不是觉得静有好处，故此才说要静。觉得有好处才静，就是有意于静，而不是昧然之静。　⑨万物二句：静是由于对万物无心，不受外界干扰的结果。铙，通挠，干扰。　⑩明烛，清楚地照见。烛，作动词用，照。　⑪平中(zhòng 众)准，平到可以成为标准，今叫水准。　⑫大匠句：大匠，高明的工匠。取法，拿来作为效法的标准。焉，于此，指代水准。句谓高明的工匠衡量一个东西是否平，就是以水准为标准。　⑬而况句：说明精神平静则更明澈可知。⑭天地二句：鉴，也是镜。因为心静则可以反映天地万物，故此用鉴和镜来比喻。⑮也，依《阙误》校引张君房本补。　⑯休，止。焉，于此。休焉，指安心在平静的境界。　⑰休则虚三句：安心在平静的境界就能清虚如镜，映照万物，故此充实。充实就合乎自然的道理。伦，理。　⑱虚则静三句：自身虚静就自然能随顺天道运动，运动而不停滞万物就自然成长，万物成长就自然有所得。　⑲无为也二句：君主无为，臣下就自然尽责了。任事者，担任各种职责的人。责，作动词，负起责任。　⑳俞俞，从容自得的样子。　㉑不能处，指不能入于心。㉒乡，通向。　㉓玄圣素王，指所谓具有被天下人仰慕崇拜的道德品质，但并不处于帝王职位的人。　㉔江海山林之士，即隐士。服，佩服。　㉕进为，指出来做官。抚世，抚养天下百姓，实际就是统治人民。　㉖一，统一。　㉗静而圣四句：静从自身说，动从随顺天道运动变化说。静与动都以无为为条件。无为才能成圣成王，才能被人尊贵。朴素，天然本性，指不夹杂半点人为造作的品德，其实也是指无为。　㉘天地之德，即无为。　㉙大本大宗，最根本。　㉚天，自然。和，顺。　㉛所以二句：均调天下，使天下均平调协。二句意谓：无为是用来调和社会矛盾、调和人与人之间的矛盾的。　㉜吾师，指天道。　㉝韲(jī 基)万物句：韲，调和。戾(lèi 类)，高。句意见《大宗师》篇“韲万物而不为义”注。㉞泽，施恩。不为仁，并非有心做到仁慈。　㉟长(zhǎng 掌)于上古：道先天地生，故长于上古。　㊱刻雕，塑造。万物是天道所孕育造成的，故说刻雕众形。“庄子曰”以下六句，见《大宗师》篇，并可参阅《天地》篇“泰初有无”一段去理解。㊲天行，自然的运动。句谓他生是自然运动的结果。　㊳物化，事物的转化。句谓他死是事物的一种转化。　㊴同波，合流。句谓一动一静都与阴阳合拍。

㊵其动二句：动如天一样动，静如地一样静。意即动静都是自然而然的。 ㊶一心定，专心于静寂的境界。 ㊷其鬼二句：祟(suì 岁)，鬼神给人造成灾祸。不祟，不为害。魂，精神。不疲，不疲劳。 ㊸言以句：指的是以虚静之心推广于天地之间。意即对待什么都要采取虚静无为的态度。 ㊹圣人句：圣人以天乐之心来管理天下。即所谓无为而治。以，用。下省“之”字，代指天乐。畜，养，管理。

【点评】 说明圣人虚静无为，任随万物不停的自然运动，故此可以得天乐而称王天下。

夫帝王之德，以天地为宗①，以道德为主，以无为为常②。无为也③，则用天下而有余；有为也④，则为天下用而不足。故古之人贵夫无为也⑤。上无为也⑥，下亦无为也，是下与上同德。下与上同德则不臣⑦。下有为也，上亦有为也，是上与下同道。上与下同道则不主⑧。上必无为而用天下⑨，下必有为为天下用⑩。此不易之道也⑪。

【注释】

①宗，根本。 ②常，常法。 ③无为也二句：无为则万物自然成长而天下归服，受用不尽，故说有余。 ④有为也二句：有为则虽然忙忙碌碌，亦难以满足天下的需求，故说不足。 ⑤古之人，指远古帝王。贵，看重。 ⑥上，指帝王、君主。下，指被统治的臣民。 ⑦不臣，不成为臣民。 ⑧不主，不成为君主。 ⑨上必句：在上的坐享其成。 ⑩下必句：在下的劳苦一世，供统治者所享受。 ⑪此不易句：在私有制的社会里，千变万化，唯独这种剥削与被剥削、统治与被统治的关系不变。这种主张是道家、儒家、法家所共同的。易，变。

故古之王天下者，知虽落天地①，不自虑也；辩虽雕万物②，不自说也；能虽穷海内③，不自为也。天不产而万物化④，地不长而万物育⑤，帝王无为而天下功⑥。故曰：莫神于天⑦，莫富于地，莫大于帝王。故曰：帝王之德配天地⑧。此乘天地⑨，驰万物⑩，而用人群之道也⑪。

【注释】

①知虽二句：知，通智。落，通络，包罗。不自虑，不用自己费心，只须顺其自然。②辩，口才。雕，粉饰。③能，能力。穷海内，海内绝无。④产，生产。化，自然化育。⑤长，生长。育，自然成长。⑥功，成功。⑦神，灵。⑧帝王句：帝王的道德和天一样神灵，如地一样富有。配，合。⑨此，指帝王无为的道德。乘，驾驭。⑩驰，驱使。⑪用，利用。

本在于上①，末在于下；要在于主②，详在于臣。三军五兵之运③，德之末也④；赏罚利害，五刑之辟⑤，教之末也⑥；礼法度数⑦，形名比详⑧，治之末也⑨；钟鼓之音⑩，羽旄之容，乐之末也⑪；哭泣衰绖⑫，隆杀之服⑬，哀之末也⑭。此五末者⑮，须精神之运，心术之动，然后从之者也。末学者⑯，古人有之，而非所以先也。君先而臣从⑰，父先而子从，兄先而弟从，长先而少从，男先而女从，夫先而妇从。夫尊卑先后⑱，天地之行也，故圣人取象焉⑲。天尊地卑，神明之位也⑳；春夏先，秋冬后，四时之序也；万物化作，萌区有状㉑，盛衰之杀㉒，变化之流也㉓。夫天地至神矣㉔，而有尊卑先后之序，而况人道乎！宗庙尚亲㉕，朝廷尚尊㉖，乡党尚齿㉗，行事尚贤，大道之序也。语道而非其序者，非其道也。语道而非其道者㉘，安取道哉！

【注释】

①本在二句：无为的天道是根本，由君主所掌握；有为的人事是枝节，由臣民去做。末，枝节，末流。②要在二句：无为则一切从简，这是君主实行的；有为则繁杂多事，这是臣民干的。要，简要。详，繁琐。③三军句：周制大国三军。一万二千五百人为一军。五兵，五种兵器：矛、戟、钺、楯、弓矢。运，用。④德之末，道德中的枝节。⑤五刑，劓、墨、刖、宫、大辟。辟，法。⑥教之末：教育失效才用刑罚，刑罚是教育的辅助手段，故说末。⑦礼法句：礼下有法，法下有数，数下有度。礼指上下尊卑的等级，如君臣父子之类；法是根据礼制订的法律条文；法律中有各级等差，百官依次行事，这种等差列为一二三四等

条款叫做数；数下又有具体的制度措施叫度。《天下》篇“其明而在数度者”的“数度”，就是度数。 ⑧形名，即名实，循名责实。比，比较，参验。详，详审，考核。句谓依据法律条文进行审查考察。 ⑨治之末，治天下的下策。治天下的根本在于无为，礼法之类属于次之又次。 ⑩钟鼓二句：羽，鸟毛。旄，兽毛。跳舞时的舞具多用鸟兽的毛来装饰。故用羽旄来表示跳舞。舞分文、武。拿着干斧之类来跳的属武舞，拿着羽旄来跳的属文舞。容，阵容姿态。 ⑪乐之末，音乐的末流。最高的音乐是与天地相应、与万物调和的天乐。世俗的歌声舞姿已属于人为造作，失于自然，故说是乐之末。 ⑫衰(cuī 催)，通缞，丧服。绖(dié 迭)，麻冠带。都是有丧事时穿戴的。 ⑬隆，加隆，提级。杀，降杀，降级。根据当时礼制，丧服分为五级：斩衰、齐衰、大功、小功、缌麻。与死者亲疏不同则穿不同等差的丧服。 ⑭哀之末，哀悼中的皮毛。哀悼应出自本性，由衷而发，这才是本质。丧服之类只是形式上的事，故说末。 ⑮此五末者四句：以上说的“五末”，都是人们费精神、动心机才产生出来的。运，用。从，来。 ⑯末学三句：末学，指上述五末之学。先，首要，根本。三句谓：五末之学，古时候就已经有了，但并非被看作是根本的。 ⑰从，后。以下几句说的都是人伦的先后高低。 ⑱夫尊卑二句：天地运行变化，有高低先后。 ⑲取象，效法。指效法天地运行的次序来制定人伦等级。 ⑳天尊二句：天在上故尊，地在下故卑。《天地》篇：“神何由降，明何由出。”指神由天降，明从地出。天神地明，位置是固定的。 ㉑萌，萌芽。区，通句(gōu 钩)。《礼记·乐记》：“区萌达。”《月令》：“季春之月，句者尽出，萌者毕达。”句即屈生植物的幼芽。有状，呈现出各自的形状。 ㉒杀，降。指从茂盛到衰落的变法。 ㉓流，进行。 ㉔矣，依《阙误》校引张君房本补。 ㉕尚，推崇，讲究。句谓宗族之内，是讲究亲疏的。 ㉖尊，指爵禄的高低。 ㉗齿，指年龄的大小。 ㉘语道二句：谈天道要承认天道这种尊卑先后的秩序，否认了这种秩序而空谈天道就不是真正的天道。不是真正的天道，那么这种道用来干什么呢？“哉”字依《阙误》校引文如海本补。

是故古之明大道者，先明天而道德次之，道德已明而仁义次之，仁义已明而分守次之[1]，分守已明而形名次之，形名已明而因任次之②,因任已明而原省次之③，原省已明而是非次之，是非已明而赏罚次之，赏罚已明而愚知处宜④，贵贱履位⑤，仁贤不肖袭情⑥。必分其能，必由其名⑦。以此事上，以此畜下⑧，以此治物⑨，以此修身，知谋不用，必归其天⑩。此之谓大平⑪，治之至也。故书曰⑫："有形有名。"形名者，古人有之⑬，而非所以先也。古之语大道者，五变而形名可举⑭，九变而赏罚可言也。骤而语形名⑮，不知其本也；骤而语赏罚，不知其始也⑯。倒道而言⑰，迕道而说者，人之所治也⑱，安能治人！骤而语形名赏罚，此有知治之具⑲，非知治之道。可用于天下⑳,不足以用天下㉑。此之谓辩士㉒，一曲之人也㉓。礼法数度，形名比详，古人有之。此下之所以事上，非上之所以畜下也。

【注释】

①分守，职责。　②因任，根据职位名号派定工作。　③原省，考察。④处宜，安排得当。　⑤履，践。句谓谁贵谁贱，谁高谁低，各就各位。⑥仁贤句:仁惠贤能的，与不成材的，都根据他们的实情恰当安排。袭，因，根据。情，实，实际。　⑦必由句：必须根据职位名号，检查他的实际情况。由，因，根据。　⑧畜下，抚养百姓。　⑨治物，处理事情。　⑩归其天，复归于自然。　⑪大，通太。　⑫书，未知指哪一本书。　⑬有之，有所论述。⑭五变二句：变，指论述中的演绎、阐发。举，列举。从上文可见论述的先后次序是：一天、二道德、三仁义、四分守、五形名、六因任、七原省、八是非、九赏罚。轻重主次不能颠倒。　⑮骤，一开头，首先。　⑯始，首要。　⑰倒道二句：倒、迕(wǔ 五)，都是反的意思。大道分先后，形名赏罚之类是次要的、末流的东西。如果把末流的东西提到首位，这是违反了大道的。故说倒道、迕道。　⑱人之所治，被人统治的。　⑲治之具，统治的手段。　⑳用于天下，被天下所用。实则为统治者效劳。　㉑用天下，实则统治、剥削天下人民。　㉒此之句：这种人不懂大道，只懂枝节，又自以为知，华而不实，只是口头上说得好听，故称为辩士。　㉓一曲句：《荀子·解蔽》："曲知之人，观于道之一隅。"《庄子·天下》篇："不该不偏，一曲之士也。"可见"一曲之人"，即指一管之见而不懂大道的人。

【点评】 说明君道无为，臣道有为。无为是首要的，但有为如仁义、法度、是非、赏罚等亦不可废。在这一段里，作者特别强调了尊卑等级是符合天道的，甚至说否认等级秩序就实际上否认了天道。这说明作者虽然在理论上基本坚持了道家无为的总原则，但实质上已对道家学说有所修正，已从对抗现实向维护现实的立场转化。

昔者舜问于尧曰：“天王之用心何如①？”尧曰：“吾不敖无告②，不废穷民③，苦死者④，嘉孺子而哀妇人⑤，此吾所以用心已⑥。”舜曰：“美则美矣⑦，而未大也⑧。”尧曰：“然则何如？”舜曰：“天德而出宁⑨，日月照而四时行，若昼夜之有经⑩，云行而雨施矣⑪！”尧曰：“胶胶扰扰乎⑫！子，天之合也⑬；我，人之合也⑭。”夫天地者，古之所大也，而黄帝、尧、舜之所共美也。故古之王天下者，奚为哉？天地而已矣⑮！

【注释】

①天王，实际就是帝王。但不称帝王而称天王，表明以天道为本的帝王，与一般帝王有区别。　②敖，通傲，傲慢。告，诉。无告，指有苦无处诉的穷人。《书·大禹谟》：“不虐无告。”疏：“不苛虐鳏寡孤独无所告者。”不敖无告，对穷苦者不傲慢。　③废，抛弃。　④苦，悲伤。苦死者，悲悯死者。　⑤嘉，亲善。孺子，小孩。哀，哀怜。　⑥所以用心，用心的地方。已，了。　⑦美，好。⑧未大，未算伟大。　⑨天德句：天德运行则自然呈现一片安宁。而，则。出，呈现。　⑩经，常则，规律。　⑪云行句：行，浮动。施，施降。以上数句意在说明：日月的照耀，四季的转化，昼夜的交替，云气的浮动，雨水的施降，都是自然而然地进行的。天王之德也就是顺乎自然，而无须像尧所说的那样事事费心。⑫胶胶，纠缠的样子。扰扰，动乱的样子。句意表明：尧领悟了天王之德后，对自己过去的所作所为感到厌恶，觉得原来的用心是一种牵累。　⑬天之合，与天道相和顺，即顺乎自然。　⑭人之合，追求在人事上相协调，而忘乎自然。⑮天地句：意谓如天地一样无为罢了。

【点评】 说明人道不如天道，无为而治才是古代圣王的理想政治。

孔子西藏书于周室①，子路谋曰②："由闻周之征藏史有老聃者③，免而归居④，夫子欲藏书，则试往因焉⑤。"孔子曰："善。"往见老聃，而老聃不许⑥，于是缙十二经以说⑦。老聃中其说⑧，曰："大谩⑨，愿闻其要⑩。"孔子曰："要在仁义。"老聃曰："请问：仁义，人之性邪?"孔子曰："然，君子不仁则不成，不义则不生。仁义，真人之性也，又将奚为矣⑪?"老聃曰："请问：何谓仁义?"孔子曰："中心物恺⑫,兼爱无私⑬，此仁义之情也。"老聃曰："意⑭，几乎后言⑮！夫兼爱，不亦迂乎⑯！无私焉，乃私也⑰。夫子若欲使天下无失其牧乎⑱?则天地固有常矣⑲，日月固有明矣，星辰固有列矣⑳，禽兽固有群矣㉑,树木固有立矣㉒。夫子亦放德而行㉓，循道而趋㉔，已至矣㉕！又何偈偈乎揭仁义㉖，若击鼓而求亡子焉㉗！意，夫子乱人之性也。"

【注释】

①孔子句：孔子要将自己所写的书藏在西边的周王室之中。周室在鲁国之西。②子路，孔子弟子，姓仲名由。谋，筹谋，指为孔子想办法。 ③征藏史，收集管理图书典籍和秘书官。征藏，收藏。 ④免，免去征藏史之职。归居，回家隐居。⑤因，由，通过。老聃虽然免职，但与周王室图书馆必然尚有联系，故通过他介绍给周王室图书馆。 ⑥不许，指对孔子的著作不赞同。疑当时所收藏的书是要经过征藏史鉴定的，认为合格才能藏进去。 ⑦缙(fán凡)，演绎。十二经，一说指《春秋》，因为《春秋》是按鲁国春秋时期十二个国君的年号编排的，故可称为十二公经。这是孔子编的。说(shuì税)，说服，指说服老聃同意收藏。 ⑧中其说，在他(指孔子)说话中间插话。 ⑨大，通太。谩，通漫，漫无边际。因为指的是言论，故从言。 ⑩要，主要，犹中心。 ⑪又将句：意谓人性除仁义之外，又还要怎么样呢? ⑫中心，心地中正不偏。恺(kǎi楷)，和悦。物恺，与外物相和悦。⑬兼爱，体现了物恺。无私，体现了中心。 ⑭意，通噫。 ⑮几，危。后言，次要的言论。后，与上文"古人有之，而非所以先也"之"先"相对。应"先明天而道

德次之，道德已明而仁义次之”。现在孔子首先提出仁义，本末倒置，故老聃批评为“后言”。句谓你这些无关重要的话，对人是有危害的。 ⑯迂，迂腐。 ⑰无私句：在私有制的社会里，无私是办不到的。统治阶级宣传“无私”，其实是想人民放弃自己的利益来为他们服务。作者对孔子这个批评倒是一针见血的，但这不是站在人民立场上的批评，而只是从另一个角度为统治阶级的利己主义辩护罢了。 ⑱天下，指天下万物，主要是指天下万民。牧，养。 ⑲固，本来。常，变化的规律。 ⑳列，次序排列。 ㉑群，指群居的地方。 ㉒立，指生长的地方。以上说明万物本来就自然自足，无须人为干扰。 ㉓放，通仿。放德，仿效天德。 ㉔循，顺。循道，顺沿天道。趋，向前走。 ㉕已至矣，已经达到帝王用心的最高境界了。 ㉖偈(jié 洁)，通竭。偈偈，用尽气力的样子。揭，高举。 ㉗若击句：不见了儿子而敲鼓召唤众人为自己寻找。表示一种十分焦急的心情。

【点评】 作者通过老聃的口，指出孔子以仁义为首的政治主张是扰乱人性的。天地间本来有自然的秩序，无须人为地进行干扰。

士成绮见老子而问曰①：“吾闻夫子圣人也。吾固不辞远道而来愿见②，百舍重趼而不敢息③。今吾观子非圣人也，鼠壤有余蔬而弃妹④，不仁也⑤！生熟不尽于前⑥，而积无崖⑦。”老子漠然不应⑧。士成绮明日复见，曰：“昔者吾有刺于子⑨，今吾心正郤矣⑩，何故也⑪？”老子曰：“夫巧知神圣之人⑫，吾自以为脱焉。昔者子呼我牛也而谓之牛⑬；呼我马也而谓之马。苟有其实⑭，人与之名而弗受，再受其殃。吾服也恒服⑮，吾非以服有服⑯。”士成绮雁行避影⑰，履行遂进⑱，而问修身若何。老子曰：“而容崖然⑲，而目冲然⑳，而颡頯然㉑，而口阚然㉒，而状义然㉓。似系马而止也㉔，动而持㉕，发也机㉖，察而审㉗，知巧而睹于泰㉘，凡以为不信㉙。边竟有人焉㉚，其名为窃㉛。”

【注释】

①士成绮，姓士成名绮。 ②固，通故。 ③百舍句：古时行三十里或三

十五里一止宿，叫做一舍。百舍，形容路远。趼(jiǎn 简)，通茧，脚掌因走路摩擦而生成的硬皮。重趼，一重重的茧，说明路途的艰辛。这些都表明了士成绮学道的急切心情。　④鼠壤，老鼠生活的地方。余蔬，吃剩的菜食。弃妹，抛弃妹妹而不养。"弃妹"下原有"之者"二字，依《续古逸丛书》本删。　⑤不仁，菜食有剩余给老鼠去吃，但连妹妹也不养，故说不仁爱。　⑥生熟句：面前生的熟的食物很多，吃不完。　⑦无崖，无边际。句意形容贪财屯积甚多。　⑧漠然，冷淡、不介意的样子。　⑨刺，讽刺。指昨天所说的话。　⑩郤，通隙。正隙，正在开窍，意即有所觉悟。　⑪何故：虽有所觉悟而不明白什么道理，故发问。⑫夫巧知二句：脱，超脱。句意谓对于做个巧智神圣的人，已经完全超脱，无心追求，故对别人的赞扬批评毫不介意。　⑬昔者二句：意即叫我做牛也可以，叫我做马也可以。　⑭苟有三句：实，实际。指弃妹的事。名，指不仁的名声。再，再次。弃妹而被人说是不仁，本来就会有不得已的苦衷的了，现在别人说你而又不接受，就会错上加错，罪上加罪，所以说是再次遭殃。老聃在这里是以弃妹一事说明为人要逆来顺受，就是别人要加给你什么罪名也甘心承当，否则的话，就会有更悲惨的下场。　⑮服，行，作为。恒，常。句谓所作所为从来如此，别无造作。⑯吾非句：我并非要有意做一些世人所做的事。　⑰士成绮句：雁行，像雁一样斜步而行。避影，像要避开自己的影子一样侧着身体。士成绮自知错误，感到羞愧拘束，故斜步侧身而行。　⑱履行，穿着鞋子走。遂，就。古人入室要脱鞋，而士成绮心里不安，忘记规矩，居然穿着鞋子就进入老子室中求教。　⑲而，你。下几句同。容，容貌神态。崖，岸。崖然，与"道貌岸然"的"岸然"意同，摆出很庄重的样子。　⑳冲然，目光注射的样子。　㉑頯頯，见《大宗师》篇注。㉒阚(hǎn 罕)然，张口动唇的样子。　㉓义(é 俄)，通峨。义然，高傲的样子。㉔似系马句：马本想奔驰，只是被绑着才停步。士成绮本是心猿意马的，但为了见老子，强作自我约束。故老子把他比作"系马而止"。　㉕持，拘持，约束。动而持，本想动而勉强约束。　㉖发也机，如用机械发射那么迅速。也，如。机，弓上的机关。　㉗察而审，过分明察而又固执。审，守。　㉘知巧句：机智多端，故所看到的多超出实际。睹，见。泰，太过。　㉙凡以为句：这一切都被认为是不符合人的真性的。　㉚竟，通境。　㉛其名句：入境者多盗窃为害。这比喻士成绮并非学道的人，虽然想进入大道的境界，而却有害于大道。

【点评】 说明得天道的人是不讲求智巧，不计较是非毁誉的，并指出傲岸的态度不但不能学道，而且有害于天道。

夫子曰①："夫道，于大不终②，于小不遗③，故万物备④。广广乎其无不容也⑤，渊渊乎其不可测也⑥。形德仁义⑦，神之末也⑧，非至人孰能定之⑨！夫至人有世⑩，不亦大乎，而不足以为之累⑪；天下奋棅而不与之偕⑫；审乎无假而不与利迁⑬；极物之真⑭，能守其本⑮。故外天地⑯，遗万物⑰，而神未尝有所困也⑱。通乎道，合乎德，退仁义⑲，宾礼乐⑳，至人之心有所定矣㉑！"

【注释】

①夫子，指老子。　②于大不终，从大的方面说，无穷无尽。　③于小不遗，从小的方面说，无孔不入。遗，漏。　④备，具备。万物备，万物都体现了道。　⑤广广乎，宽广的样子。容，包容。　⑥渊渊乎，深深的样子。"渊渊"原脱一"渊"字，依《续古逸丛书》本补。　⑦形，形名。德，功德。　⑧神之末，最低下的精神境界。　⑨至人，得道的人。孰，谁。定，确定，分辨。　⑩有世，得天下。　⑪而不足句：根本不想作帝为王，一切无心无为，故不成为拖累。⑫奋，斗，争。棅，通柄，权柄。偕，同。句谓天下人在争权斗势，而他不与世人一个样。　⑬审，守。无假，纯真。迁，移。句谓安守于纯真的天道而不因为追求权势等外物而转移。　⑭极，尽。真，本性。句谓洞察万物的本性。　⑮本，指天道。　⑯外天地，不把天地放在心上。　⑰遗，忘。　⑱困，束缚，局限。　⑲退，离开。　⑳宾，通摈，抛弃。　㉑定，安。句谓至人安心在无为的天道。

【点评】 说明得天道的人忘怀一切，什么权势、名利、仁义、礼乐，通通超脱。

世之所贵道者①，书也。书不过语②，语有贵也。语之所贵者③，意也，意有所随。意之所随者④，不可以言传也，而世因贵言传书⑤。

世虽贵之，我犹不足贵也，为其贵非其贵也⑥。故视而可见者，形与色也；听而可闻者，名与声也⑦。悲夫！世人以形色名声为足以得彼之情⑧。夫形色名声，果不足以得彼之情⑨，则知者不言，言者不知，而世岂识之哉！

【注释】

①世之二句：世俗凡人尊崇大道，全依赖于书籍的记载。贵，珍重。 ②书不过语，书中所记载的不外是语言文字。 ③语之三句：语言之所以值得珍重，在于它所表达的意思，而所表达的意思又还带着有言外之音。随，从，附带。 ④意之二句：意思所附带着的言外之音是难于用语言表达的。 ⑤贵言，珍重语言。传书，以书册相传授。 ⑥为其句：因为应该珍重的是大道，而世俗所珍贵的是语言。所以世俗所珍贵的，并非真的是值得珍贵的。 ⑦名，言。 ⑧为，认为。彼，指道。情，实质。 ⑨果不足句：道的实质精微玄妙，无法表达，故从形色名声中实在无法得到。果，实在。

桓公读书于堂上①，轮扁斫轮于堂下②，释椎凿而上③，问桓公曰："敢问：公之所读者，何言邪？"公曰："圣人之言也。"曰："圣人在乎？"公曰："已死矣。"曰："然则君之所读者，古人之糟魄已夫④！"桓公曰："寡人读书，轮人安得议乎！有说则可⑤，无说则死！"轮扁曰："臣也以臣之事观之。斫轮，徐则甘而不固⑥，疾则苦而不入⑦，不徐不疾⑧，得之于手而应于心⑨，口不能言，有数存乎其间⑩。臣不能以喻臣之子⑪，臣之子亦不能受之于臣，是以行年七十而老斫轮⑫。古之人与其不可传也死矣⑬，然则君之所读者，古人之糟魄已夫！"

【注释】

①桓公，齐桓公。 ②扁，人名。是个做车轮的木匠，故称作轮扁。斫(zhuó浊)，砍削。 ③释，放下。椎、凿，都是木匠用的工具。 ④古人句：魄，通粕。糟粕，指古人遗言。 ⑤有说，可以解释清楚。 ⑥徐，缓，宽。甘，松滑。固，坚固。句谓轮上的榫头做得宽了则松滑而不牢固。 ⑦疾，急，紧。苦，

涩滞。句谓榫头做得紧了就必然涩滞而安不进去。 ⑧不徐不疾，松紧适宜。 ⑨得之句：成语“得心应手”就是根据这句变化而来的。 ⑩数，度数，分寸。句谓分寸大小心中有数。“乎”原作“焉于”，依《敦煌古籍叙录》校记改。 ⑪喻，明，使之明白。 ⑫是以句：儿子不能继承斫轮的技巧，故难免辛苦一辈子。 ⑬其不可传，指古人之道。因道已随人而去，故说“也死矣”。

【点评】 说明书本所载的都是古人的糟粕。古人的精华在言外之意。道在虚无之间，凡形色名声，书中言语，都不足以表达。这个观点，引起了魏晋玄学的言意之辩，对文艺美学产生深远的影响。

天运第十四

【导读】

全文分八段：前三段论道为万事万物之主，它是不停地在变化发展的，唯当顺之安之；后五段皆借孔子为说，明固守六经所宣扬的仁义那一套旧理论、三皇五帝那些老经验，结果到处碰壁。

开篇突然提出了十多个有关自然界的问题，参差错落，如点雨芭蕉。黄帝张咸池之乐于洞庭一段，用自然界的盛衰、社会上的文治武功、听者的感情起伏，来衬托旋律的变化，譬喻修道的不同境界，是中国文学史上第一篇描写音乐的妙文。“孔子西游于卫”，只写一个“时”字，凡六譬喻，件件奇特，如“赤城霞起，鲛珠落盘，为异样圆滑璀璨之文”(宣颖《南华经解·天运》)。

“天其运乎？地其处乎①？日月其争于所乎②？孰主张是③？孰维纲是④？孰居无事推而行是⑤？意者其有机缄而不得已邪⑥？意者其运转而不能自止邪？云者为雨乎？雨者为云乎？孰隆施是⑦？孰居无事淫乐而劝是⑧？风起北方，一西一东⑨，有上彷徨。孰嘘吸是⑩？孰居无事而披拂是⑪？敢问何故？”巫咸袑曰⑫：“来，吾语女。天有六极五常⑬，帝王顺之则治⑭，逆之则凶。九洛之事⑮，治成德备⑯，监照下土⑰，天下戴之⑱，此谓上皇⑲。”

【注释】

①处，止。 ②日月句：日月交替出没，像追赶着要回到它们居住的地方一样，故说争于所。所，处所。 ③孰，谁。主张，主宰施张。是，此。句意问天的运行是由谁主宰施行呢？ ④维纲，维系。句意问大地可以固定是由谁维系呢？ ⑤孰居句：问日月的竞相奔走是谁得闲无事推着它们走呢？ ⑥意者，或者。机，关。缄，闭。句意表示怀疑天地日月的运行居处是否有个机关控制着它们而不能自主。 ⑦隆，兴。施，降。是，此，指云与雨。句意问谁把云兴起，把雨降落呢？ ⑧淫乐，古代神话常常把云雨看作是天地的交媾，故称为淫乐。劝，助长。是，此，指云雨。 ⑨一西二句：一，或。彷徨，形容风飘不定的样子。 ⑩嘘(xū虚)，吹。句意问有谁一呼一吸而成风？ ⑪披拂，扇动。 ⑫巫咸，神巫名咸。袑(shào绍)，《释文》引李颐注，说是巫咸的寄名。但《离骚》、《山海经》、《淮南子》等书都称巫咸，既名咸，就不宜有寄名袑。因此宣颖认为“袑”是“招”字之误，招呼而答的意思。 ⑬天，兼指天地。六极，东西南北上下六个方面的极限。五常，即五行：金、木、水、火、土。句谓自然界有六方的极限，内中五种因素相生相克，变化无穷，运行不息。 ⑭帝王二句：顺乎自然的变化就天下太平，违反天道而行就会产生祸害。 ⑮九洛，指九畴洛书。据《书·洪范》记载：禹治洪水，天帝把洛水神龟背上所显示的书赐给禹。书上所谈的内容共分九类，都是治天下的大法，其中谈到有五行六极。这本书就称为洛书。九洛之事，就是洛书上九方面所记载的内容。其实这些都是远古历史的传说。 ⑯治成，实现了太平。德备，道

德完备。指洛书中所记的古代帝王而言。 ⑰监，临。监照，由上照下。下土，天下。 ⑱戴，爱戴，尊崇。 ⑲上皇，至高无上的帝王。

【点评】 说明天地、日月、风雨的运动变化，都是六极五常的作用。帝王能顺着这自然的变化就可以获得成功。九洛所记载远古帝王的事就是这样的。

商大宰荡问仁于庄子[①]。庄子曰："虎狼，仁也。"曰："何谓也？"庄子曰："父子相亲[②]，何为不仁！"曰："请问至仁[③]。"庄子曰："至仁无亲。"大宰曰："荡闻之，无亲则不爱，不爱则不孝。谓至仁不孝，可乎？"庄子曰："不然，夫至仁尚矣，孝固不足以言之[④]。此非过孝之言也[⑤]，不及孝之言也[⑥]。夫南行者至于郢[⑦]，北面而不见冥山[⑧]，是何也？则去之远也[⑨]。故曰：以敬孝易[⑩]，以爱孝难；以爱孝易[⑪]，以忘亲难；忘亲易，使亲忘我难[⑫]；使亲忘我易，兼忘天下难[⑬]；兼忘天下易，使天下兼忘我难[⑭]。夫德遗尧、舜而不为也[⑮]，利泽施于万世，天下莫知也[⑯]，岂直大息而言仁孝乎哉[⑰]！夫孝悌仁义，忠信贞廉，此皆自勉以役其德者也[⑱]，不足多也。故曰：至贵，国爵并焉[⑲]；至富，国财并焉[⑳]；至愿[㉑]，名誉并焉。是以道不渝[㉒]。"

【注释】

①商，即宋国。因宋国是商的后代，故称。大（tài 太）宰，官名。荡，大宰名。 ②父子二句：父子，指虎狼父子。为，谓。 ③至仁，仁的最高境界。 ④孝固句：孝本来就不足以说明至仁的境界。 ⑤此非句：这并不是说超过了孝。 ⑥不及句：及，连及。句谓至仁与孝是不相干的。 ⑦郢（yǐng 影），战国时楚国国都，在今湖北江陵北部。 ⑧冥山，在郢都北面，即今河南信阳。 ⑨去之远，这是用比喻说明至仁并非超过了至孝，而是与孝不相干的意思。如冥山是至仁郢是孝，从北往南走，并非是先到冥山再走就到郢，而是越近于郢则越远离于冥山。至仁无亲，孝则亲亲，两者是背道而驰、不相连及的。 ⑩以敬孝二句：同是孝，敬孝在于表面形迹，爱孝发自内心。故说敬孝易而爱孝难。 ⑪以爱孝句：爱孝还是出于有心，忘亲则顺乎本性，出于自然。 ⑫使亲句：使父母不为我挂念，

顺心适志更难。 ⑬兼忘句：父母是亲，天下人是疏。亲疏远近一切忘怀，无亲无疏，这是更难做到的。 ⑭使天下句：我虽忘天下，天下人不一定忘我，只有天下人也忘我，才做到我与天下万物毫不相干，物我两忘。 ⑮夫德句：具备天德的人，对于像尧、舜这样的帝王也是忘怀而不愿干的。说明兼忘天下。遗，忘。 ⑯天下句：说明天下兼忘我。 ⑰岂直句：难道只是忧心忡忡地去宣扬仁孝吗？直，但。大(tài 太)息，长叹息，忧心的表现。 ⑱此皆二句：此，指以上八方面。这八方面当时被说成是道德修养的标准。但在作者看来，这八方面对道德修养不但无益，而且有害。人们自身在尽力做到这些时，反而成为对自己德性的拖累，不值得赞颂。勉，努力。役，劳役，拖累。多，赞颂。 ⑲国爵，国君的爵位。并，通摒，舍弃。 ⑳国财，全国的资财。 ㉑至愿，最高的愿望。 ㉒渝，通逾，过。句谓按天道行事，不超越至贵、至富、至愿界限半步。

【点评】 说明仁义、孝悌、忠信、贞廉都是与天道背道而驰的。只有做到一个“忘”字，你忘我，我忘你，物我相忘，没有对立、矛盾，才是“至仁”，才合乎自然之道的最高境界。

北门成问于黄帝曰①：“帝张咸池之乐于洞庭之野②，吾始闻之惧，复闻之怠③，卒闻之而惑④，荡荡默默⑤，乃不自得⑥。”帝曰：“汝殆其然哉⑦！吾奏之以人⑧，征之以天，行之以礼义，建之以大清。四时迭起⑨，万物循生⑩。一盛一衰⑪，文武伦经⑫。一清一浊⑬,阴阳调和⑭，流光其声。蛰虫始作⑮，吾惊之以雷霆⑯。其卒无尾⑰，其始无首。一死一生⑱，一偾一起，所常无穷，而一不可待。汝故惧也⑲。吾又奏之以阴阳之和⑳，烛之以日月之明。其声能短能长㉑，能柔能刚，变化齐一，不主故常。在谷满谷㉒，在阬满阬。涂郤守神，以物为量。其声挥绰㉓，其名高明。是故鬼神守其幽㉔，日月星辰行其纪。吾止之于有穷㉕，流之于无止。子欲虑之而不能知也㉖,望之而不能见也，逐之而不能及也㉗。傥然立于四虚之道㉘，倚于槁梧而吟㉙：‘目知穷乎所欲见㉚，力屈乎所欲逐㉛，吾既不及，已夫㉜！’形充空虚㉝，乃至委蛇。汝委蛇，故怠㉞。吾又奏之以无怠之声㉟,调之以自然之命。故若混逐丛生㊱，林乐而无形㊲，布挥而不曳㊳,幽昏而无声㊴。动于无方㊵，居于窈冥㊶。或谓之死㊷，或谓之生；或谓之实，或谓之荣。行流散徙㊸，不主常声㊹。世疑之㊺，稽于圣人。圣也者，达于情而遂于命也㊻。天机不张而五官皆备㊼。此之谓天乐㊽，无言而心说㊾。故有焱氏为之颂曰㊿：‘听之不闻其声，视之不见其形，充满天地，苞裹六极。’汝欲听之而无接焉[51]，而故惑也[52]。乐也者[53]，始于惧，惧故祟[54]；吾又次之以怠，怠故遁[55]；卒之于惑，惑故愚[56]；愚故道[57]，道可载而与之俱也。”

【注释】

①北门成，姓北门名成，黄帝的臣子。　②张，设，演奏。咸池，乐曲名。　③怠，心意松弛。　④卒，最终。惑，心神不定。　⑤荡荡，恍恍忽忽。默默，昏昏暗暗。都是形容惑的精神状态。　⑥不自得，不能自主。　⑦殆，恐怕。殆其然，恐怕就是这样吧！　⑧吾奏之四句：这是乐曲首段的意旨。奏，演奏。以，于。奏之以人，表现的是有关人事的主题。征，引证。征之以天，引证于自然现象。行之以礼义，即指乐曲的内容表现了礼义。建，立。大清，指天道。建之以大清，意即以天道为本。这四句下原接有“夫至乐者先应之以人事顺之以天理行之以五德应之以自然然后调理四时太和万物”三十五字，据唐写本删。　⑨迭起，指四季更替。这句至“一不可待”都是比喻首段乐曲的情状。　⑩循，顺。句谓万物顺着四时的变化而生长。　⑪一盛句：指乐音一强一弱。　⑫伦经，犹言经纶。经纶，指政治上的比和分合。文武伦经，指乐曲表现了文治武功的各种变化。⑬清，指天。浊，指地。　⑭阴阳二句：表现了阴阳二气的和合。乐声流动，充满天地之间。光，通广。　⑮蛰虫句：蛰(zhé 哲)虫，冬眠的虫。作，动。句谓乐曲表现了冬眠过后，春季惊蛰时分，蛰虫开始活动的景象。　⑯吾惊句：惊，震。霆，电。句谓当要表现春天到来，万物萌生时，乐曲就像春雷一样响亮，像闪电一样使人震惊。　⑰其卒二句：表现出来无影、去无踪的状态。　⑱一死四句：偾(fèn 愤)，跌倒。所常，所以为常，常态。一不可待，全都不能预料。四句意

谓：乐曲一高一低，一静一响，表现了万物的生死起落，以无穷的变化为常态，故听者都感到不可预料。 ⑲汝故句：说明首段乐曲在听者中产生的效果。 ⑳吾又二句：这是乐曲第二段的意旨。表现了阴阳调和、日月明照。烛，照。 ㉑其声四句：这里至“其名高明”，比喻乐曲第二段的情状。主，守。故常，老一套。四句意谓：乐声有长有短，刚柔结合，变化多样，变化中有条理，有条理而又不呆板。 ㉒在谷四句：阬（kēng 坑），通坑。涂，塞。守，停留。神，指神妙的地方。量，量器，引申为容纳。这几句表现乐声扩散共鸣的状态：大者从山谷到地洞，小者从缝隙到微妙不可测的地方，万物都充满着。 ㉓其声二句：挥绰，悠扬，表现了“阴阳之和”。名，状。高明，高亢明快，表现了“日月之明”。 ㉔是故二句：幽，阴暗的地方。纪，轨道。阴阳调和，则万物安宁，各得其所。故此鬼神守留在它们活动的阴暗角落，日月星辰按照本来的轨道运转。 ㉕吾止之二句：这是写乐曲演奏的变化：该停则停，该奏则奏，都顺于自然，抑扬顿挫，无不得当。穷，尽头。流，动。无止，没有止境。 ㉖子，原本作“予”，据唐写本改。子，指北门成。虑，思。 ㉗逐，追。以上三句描写听音乐时进入了一种微妙不可测的境界。 ㉘傥然，无心的样子。四虚，四方渺茫空虚。道，路。 ㉙倚于句：《德充符》篇：“依树而吟，据槁梧而瞑。”与这句义同。既然四顾茫茫，无所作为，故只好靠着枯槁的梧桐树而自吟自唱。倚，靠着。 ㉚知，通智。穷，尽，指视力、智力穷尽。 ㉛力屈句：虽然想追赶，但已无能为力了。屈，尽。 ㉜已，止。已夫，算了。以上几句是北门成自唱自叹之词。 ㉝形充二句：上文说“立于四虚之道”，指体外空虚；这里说形体空虚，是从体内说的。说明乐曲把听者引进了一种虚无的境界。委蛇（wēi yí 威移），亦作逶迤，形容情态的舒缓宽闲。 ㉞怠，这是乐曲第二段在听者中产生的效果。 ㉟吾又二句：这是乐曲第三段的意旨。无怠之声，即以无怠为主题的乐曲。调，和。自然之命，天道变化的规律。 ㊱故若句：这是用万物的动态来形容这段乐曲的情态。混逐，混杂一起，相互追逐。丛生，丛聚并生。 ㊲林乐，群乐，犹今合奏。无形，指合奏时众音调协，浑然一体，无法分辨各音的具体情状。 ㊳布挥，张扬。曳，牵引。不曳，没约束，不粘糊，形容乐音爽朗奔放。 ㊴幽昏，指情意深沉。而，则。上句表动，这句表静。 ㊵无方，没有一定的格式。与上文“不主故常”义同。 ㊶居，止。窈冥，深沉玄妙的样子。上句补充“布挥而不曳”，这句补充“幽昏而无声”。相互说明，交错成文。 ㊷或谓四句：这是用生物的生、死、开花、结果来比喻各种音乐情态。因为是比喻，故说“或谓之”。实，结果。荣，开花。 ㊸行流，发展流动。散徙，分散运转。都是指乐曲的旋律的发展变化。 ㊹常声，故常之声。犹今说老调子。㊺世疑二句：世俗的人对这种乐曲产生怀疑的话，可以在圣人身上得到验证。稽，考，验。 ㊻达于句：与万物的性情相通，而又随顺于自然变化的规律。达，通。遂，顺。命，即上文的“自然之命”。 ㊼天机句：天机，天然的神理。与《大宗师》篇“其耆欲深者，其天机浅”中的“天机”义同。不张，不动。五官，耳、目、鼻、口、心。句谓五种器官虽然都具备，但却神理不动，安于自然的变化规律。㊽天乐,《天道》篇：“与天和者谓之天乐。”安于自然之命就是“与天和”。 ㊾无言句：无须说明而内心喜悦。说，通悦。从“圣也者”到这里，描写的是圣人的品性。意思是叫人从圣人的品性上去领会、体验第三段乐曲的音旨——调之以自然之命。㊿故有句：焱(yàn 焰)，同炎。有炎氏，神农氏。本来神农氏在黄帝之前，故阮毓崧《庄子集注》说：“此当曰神农之后裔，考其九世孙名祝融者，时为黄帝司徒。”但咸池之乐只说是黄帝所张设，不一定是黄帝所作，或为远古乐曲。况且《庄子》寓言多不管史实而随意虚构，故无须事事核实。 (51)接，触。无接，无法捉摸。(52)而，你,指北门成。惑，这是第三段乐曲在听者中产生的效果。 (53)乐，指咸池之乐。以下几句，总结上文。 (54)祟，徐锴《说文系传》：“祟，神出以惊人。”(55)遁，逃匿。怠故遁，心意松弛，故此总是退缩回避。 (56)惑故愚，心神不安，故此进而变得茫然无知无觉。 (57)愚故道二句：愚钝无知就可以进入道的境界，进入道的境界，天道就与你浑然一体。而，你，指北门成。与之俱，在一起。

【点评】 最后的“道”字点明了全段的中心。表面看来，似乎都是在谈音乐，其实作者是在论道。乐曲引起的效果：惧、怠、惑，其实是修道过程中的三种境界。最终的目的是要引导人们做到混混沌沌，安于自然的变化，无知无为而合乎天道。

孔子西游于卫①，颜渊问师金曰②：“以夫子之行为奚如③？”师金曰：“惜乎④！而夫子其穷哉⑤！”颜渊曰：“何也？”师金曰：“夫刍狗之未陈也⑥，盛以箧衍⑦，巾以文绣⑧，尸祝齐戒以将之⑨。及其已陈也⑩，行者践其首脊，苏者取而爨之而已。将复取而盛以箧衍，巾以文绣，游居寝卧其下⑪，彼不得梦⑫，必且数眯焉。今而夫子亦取先王已陈刍狗⑬，聚弟子游居寝卧其下⑭。故伐树于宋⑮，削迹于卫⑯，穷于商周⑰，是非其梦邪⑱？围于陈蔡之间⑲，七日不火食，死生相与邻，是非其眯邪？夫水行莫如用舟，而陆行莫如用车。以舟之可行于水也，而求推之于陆⑳，则没世不行寻常。古今非水陆与？周鲁非舟车与？今蕲行周于鲁㉑，是犹推舟于陆也！劳而无功，身必有殃。彼未知夫无方之传㉒，应物而不穷者也。且子独不见夫桔槔者乎㉓？引之则俯㉔，舍之则仰㉕。彼，人之所引，非引人者也㉖。故俯仰而不得罪于人㉗。故夫三皇五帝之礼义法度㉘，不矜于同而矜于治㉙。故譬三皇五帝之礼义法度㉚，其犹柤梨橘柚邪㉛！其味相反而皆可于口㉜。故礼义法度者，应时而变者也㉝。今取猨狙而衣以周公之服㉞，彼必龁啮挽裂㉟，尽去而后慊。观古今之异㊱，犹猨狙之异乎周公也。故西施病心而矉其里㊲，其里之丑人见而美之㊳，归亦捧心而矉其里㊴。其里之富人见之，坚闭门而不出；贫人见之，挈妻子而去走㊵。彼知矉美而不知矉之所以美㊶。惜乎，而夫子其穷哉㊷！”

【注释】

①卫，国名，在今河南省一带。孔子从鲁到卫，卫在鲁西，故说西游。②师金，鲁太师名金。　③以，认为。夫子，指孔子。之行，此行，指这次孔子到卫国去推行他的政治主张。奚如，如何。意思是问能否取得成功。　④惜，可怜。⑤而，你。穷，倒霉。　⑥刍（chú 除），草。刍狗，用茅草扎成狗的形状，用来祭神的。陈，摆设。祭神时摆设在神位之前。　⑦盛，装。箧，竹箱子之类。衍（yǎn 演），《说文通训定声》说是“箄”的假借字。箄是圆形的竹箱子。　⑧巾以句：用有花纹的巾覆盖着。巾，作动词用。　⑨尸祝，见《逍遥游》篇注。齐，通斋。古时祭神之前必先斋戒，素食静心，戒备一切邪恶。将，奉。之，指刍狗。⑩及其三句：践，踏。苏者，割草的人。爨（cuàn 窜），烧。刍狗本是祭神用的，故在祭神之前，人们出于敬神之心，对它十分珍重；但在祭神之后，已成为废物，故丢在路上，任过路的人践踏它，让割草的人拿回去烧火。　⑪寝卧其下，表示敬

爱不离。　⑫彼不得二句：彼，他们，指还是如此珍重刍狗的人们。且，将。数(shuò 朔)，屡次。眯(mì 秘)，被鬼魔所惊吓。二句意谓：过时的刍狗，如不抛弃，而且还珍重如前，则不但无益，反而有害。如果不招来噩梦，也一定会屡被妖魔所吓。　⑬先王已陈刍狗，比喻先王那一套政治思想，亦即孔子所主张的仁义礼智等过时的理论。　⑭游居寝卧其下，比喻信奉、沉溺于先王那一套。　⑮故伐树句：孔子曾游说于宋国，在宋国一大树下对弟子讲学。宋司马桓魋想杀孔子。孔子离去之后，桓魋连他在那里讲过学的那棵大树也砍掉。　⑯削迹句：削迹，绝迹，表示再也不去。孔子曾到卫国去做官，后怕被人谋害，于是转去陈国。跑到卫国匡那个地方时，被拘捕。后来才设法跑掉。　⑰穷于句：孔子曾到周去问礼访乐，不但毫无收获，反而被老子讥讽一番，困顿而返。穷，困。商，指宋。商周，指往来宋周之间。　⑱是非句：是，此，指孔子上述的遭遇。句谓这些遭遇难道不是像噩梦一样吗？　⑲围于三句：陈、蔡，都是春秋时的小国。邻，近。孔子曾住在陈、蔡之间，与陈、蔡的士大夫主张不合。后楚昭王召孔子去楚国，陈、蔡大夫怕他到楚国后有害于陈、蔡，故把孔子围困了七日。被困时，粮尽炊灭，孔子及随行弟子疲饿交加近于死亡。　⑳而求二句：没世，终生。八尺为寻，二寻为常。二句谓：推船在陆地上行，一辈子也行不了多远。　㉑今蕲二句：古今不同，周、鲁有别，把古代周朝一套政治措施推行于现在的鲁国，就相当于推船在陆地上行走一样。　㉒彼未知二句：彼，他，指孔丘。无方，没有定向。传，传车、驿车。穷，困。二句谓：他不懂得没有固定方向的传车能应接一切，四通八达，毫无障碍。作者以此比喻无为而治的政治主张。　㉓桔槔，即《天地》篇中的槔。
㉔引之句：引，拉。吊水时用手拉吊竿往井下垂，桔槔的横木前端就俯下。
㉕舍之句：舍，放。放手时吊竿就往上升，横木前端上仰。　㉖者，依唐写本补。
㉗故俯句：因此一切顺从，没有什么得罪别人。言外之意是说：孔子总是以引导者自居，要人服从他推行的那一套，必得罪于人，而带来灾祸。　㉘三皇五帝，历来说法不一。汉孔安国序《书》，称三皇为伏羲、神农、黄帝，五帝为少昊、颛顼、高辛、尧、舜。此与《庄子》中所说的相同。　㉙不矜(jīn 今)句：矜，尚，珍重。句谓不是因为相同才可贵，而可贵的是它们都能使天下太平。　㉚譬，比方。
㉛柤(zhā 楂)，通楂，这种树的果实叫山楂，味酸。　㉜其味句：水果虽然味道不同，但只求合口味。比喻政治措施只求适合时宜，而不求和先王一个样。

㉝应时句：要适应时势的要求。这种理论，近于厚今薄古的法家主张，与内篇的主张不大相同。 ㉞猨狙（yuán jū 袁居），猴子。衣，作动词，穿。 ㉟彼必二句：彼，指猨狙。齕啮（hé niè 核聂），咬。挽裂，扯破。尽去，全部，丢弃。慊（qiè 怯），满意。 ㊱观古二句：以周公的衣服不适合于猨狙，来比喻古代的礼义法度不适合于当时的社会。 ㊲西施，古代美女，春秋越国人。病心，心痛。矉（pín 贫），通颦，皱眉。里，居里，相传二十五家为一里。矉其里，对她同一居里的人皱着眉头。意即皱着眉头而被她的邻居们看到。 ㊳丑，面貌难看。美，作动词，认为漂亮。 ㊴捧心，按着胸口。 ㊵挈（qiè 切），携带。去，离开。妻子，老婆孩子。 ㊶彼知句：彼，指其里之丑人。矉美，指西施矉美。西施心痛而皱着眉头，看起来很漂亮，是因为西施本身漂亮，而不是因为皱眉头才漂亮。但她邻里中的丑人误以为漂亮在于皱眉头，故学西施按着胸口，皱起眉头，结果难看得令人可怕。 ㊷惜乎二句：因为孔子鼓吹仁义一套，不合时宜，故此非常可怜。以上两个寓言故事，都是为了说明古今不同，具体情况也不同。而孔子不明白这个道理，把古代的一套礼义法度套用在春秋时代，故此到处碰壁。

【点评】 说明礼义法度应该根据时势不同而相适应地变化。孔子不顾时间、地点、条件的不同，固执地推行周朝一套，就如丑妇效颦一样可笑。

孔子行年五十有一而不闻道，乃南之沛见老聃①。老聃曰："子来乎？吾闻子，北方之贤者也！子亦得道乎？"孔子曰："未得也。"老子曰："子恶乎求之哉？"曰："吾求之于度数②，五年而未得也。"老子曰："子又恶乎求之哉？"曰："吾求之于阴阳③，十有二年而未得也④。"老子曰："然，使道而可献⑤，则人莫不献之于其君；使道而可进⑥，则人莫不进之于其亲；使道而可以告人，则人莫不告其兄弟；使道而可以与人，则人莫不与其子孙。然而不可者，无佗也⑦，中无主而不止⑧，外无正而不行⑨。由中出者⑩，不受于外，圣人不出；由外入者⑪，无主于中，圣人不隐。名⑫，公器也，不可多取⑬。仁义，先王之蘧庐也⑭，止可以一宿而不可久处。觏而多责⑮。古之至人，假道于仁⑯，托宿于义⑰，以游逍遥之虚⑱，食于苟简之田⑲，立于不贷之圃⑳。逍遥，无为也；苟简，易养也㉑；不贷㉒，无出也。古者谓是采真之游㉓。以富为是者㉔，不能让禄；以显为是者㉕，不能让名。亲权者㉖，不能与人柄㉗，操之则栗㉘，舍之则悲㉙，而一无所鉴㉚，以窥其所不休者㉛，是天之戮民也㉜。怨、恩、取、与、谏、教、生、杀八者㉝，正之器也，唯循大变无所湮者为能用之㉞。故曰：正者㉟，正也。其心以为不然者，天门弗开矣。”

【注释】

①之，往。沛，今江苏省沛县。老聃是苦(今河南省鹿邑县)人，苦与沛相近，或当时老聃在沛县一带活动，故孔子至沛。 ②度数，制度条款(见《天道》篇“礼法度数”注)。 ③阴阳，指关于阴阳变化的理论。 ④也，依唐写本补。 ⑤使，假使。献，恭敬地送给。 ⑥进，上送。 ⑦佗，通他。 ⑧中，内心。主，主宰者，指主意。止，留。句谓外界的影响与我心中的主意不相符合的则无法共鸣，故无法留在心上。 ⑨外无句：外，与“中”相对，指外境。句谓他们没有纯正的品质，与道格格不入，你想推行，外界也无法接受。 ⑩由中三句：由，从。由中出者，指心中之道。三句意谓：圣人传道要看对象，对象所不接受的就不传。 ⑪由外三句：隐，藏。与上文的“止”义同。三句谓：他人的影响与自己心中主意不符的话，圣人是不会把它放在心上的。 ⑫名，名誉。名誉是大家都争着要的，故称“公器”。 ⑬不可句：多取就必然要多争，多争就必然有害，所以不应多取。 ⑭蘧(qú 渠)庐，传舍，旅店。句意谓先王曾经利用过仁义，但不是作为根本、归宿，而是作为借用一下的旅店。 ⑮觏(gòu 构)，有交积的意思。(见《说文通训定声》)而，则。句谓老是沉醉于仁义就终究会多被指责。 ⑯假道，借路。 ⑰托宿，寄居，意即姑且利用一下。 ⑱以游句：逍遥的境界才是目的地。虚，通墟，境界。 ⑲苟简，苟且简略。苟简之田，指耕作粗略，随便就可以有收获的田。比喻无为而可以治。 ⑳立，立足，依靠。不贷，只求自给自足，无须贷出。 ㉑易养，不用精耕细作，故省事，易于养活自己。 ㉒不贷二句：不需要贷借给别人，故无出。 ㉓是，此。采真，神采纯真。 ㉔是，善。下句同。 ㉕显，显达，有名望。 ㉖亲权，热衷于权势。 ㉗柄，权位。 ㉘操，掌握。栗，

恐惧。掌权则有怕被夺取的恐惧。　㉙句谓丧失又引起悲伤。这都是因为过分热衷于权势的缘故。　㉚而一句：对于上述利害都毫无觉察。一，皆。　㉛以，而。窥，视。其所不休者，指对权势名利的追求。因为这种追求是没有止境的。休，止。句谓而老是注视着不断追求的权势名利。　㉜是，此。戮(lù 路)，杀。为名为利，丧心病狂，违反天性，无异于自杀，故称为"天之戮民"。　㉝怨恩二句：取，拿取。与，施给。生，挽救。正，作动词，使之正。器，工具，手段。正之器，治理好天下的手段。　㉞循，顺。湮(yān 烟)，止，停滞。句谓只有能随天道运行而不停滞的人才能运用。　㉟正者四句：正，治理。天门，天道之门。不开，表示不接纳。四句意谓：治理天下的工具就是用来治理天下的，上述八者不是治天下的大道，只是手段而不是根本。只有以天道为根本才能用好八者，如果心里认为不是这样，反而把八者作为治天下的根本而滥用，则必然为天道所不容而成为天之戮民。《达生》篇："不开人之天而开天之天，开天者德生，开人者贼生。"与此义同。

【点评】 说明度数、阴阳、仁义等法家、阴阳家、儒家的理论都是不合大道的。但如果能遵循大道的变化规律的话，那么怨、恩、取、与、谏、教、生、杀等手段都是可以用的。这反映了道家学派与其他学派的相互渗透。

孔子见老聃而语仁义。老聃曰："夫播糠眯目①，则天地四方易位矣；蚊虻嗜肤②，则通昔不寐矣③。夫仁义憯然④，乃愤吾心⑤，乱莫大焉。吾子使天下无失其朴⑥，吾子亦放风而动⑦，总德而立矣⑧！又奚杰杰然若负建鼓而求亡子者邪⑨！夫鹄不日浴而白⑩，乌不日黔而黑⑪。黑白之朴⑫，不足以为辩⑬；名誉之观⑭，不足以为广⑮。泉涸⑯，鱼相与处于陆，相呴以湿，相濡以沫，不若相忘于江湖。"

【注释】

①夫播二句：播，撒。眯(mǐ 米)，物入目为害。易，变。句谓糠撒到眼里，就会东西南北分辨不清。　②虻(méng 萌)，昆虫的一种，身体灰黑，翅透明，生活在野草丛中，雄的吸植物的汁液，雌的吸人畜的血。嗜(zàn 赞)，啮。　③昔，夜。通昔，整夜。　④憯，通惨，毒害。　⑤乃愤二句：于是搅起了我们内心

的激动，这种祸乱是没有什么比得上的。愤，激。 ⑥吾子，您。天下，天下的人。朴，自然纯朴的本质。 ⑦放，通仿，随。 ⑧总，持。德，天德。立，自立。 ⑨又奚句：比喻孔子倡行仁义的急切心情。杰杰，原脱一“杰”字，依唐写本补。与《天道》篇“偈偈”同音同义。负，背。建鼓，大鼓。 ⑩鹄，通鹤。日浴，每天洗澡。 ⑪乌，乌鸦。黔(qián 钳)，黑色，这里作动词用。日黔，每日染黑。 ⑫黑白句：都是天然生成的颜色，故说朴。 ⑬不足句：万物各有各的本性，如乌毛的黑白，不能强行使它改变。辩，变。 ⑭名誉句：观，即《天地》篇“其观台多物”的“观台”。《尔雅·释宫》：“观谓之阙。”孙炎注：“宫门双阙，旧章悬焉，使民观之，因谓之观。”名誉也是标榜来“使民观之”的东西，故以观来作比喻。 ⑮不足句：广，扩大。句谓名誉之观不必扩大。与上文“名，公器也，不可多取”意同。 ⑯泉涸五句：见《大宗师》篇注。

孔子见老聃归，三日不谈[①]。弟子问曰：“夫子见老聃，亦将何规哉[②]?”孔子曰：“吾乃今于是乎见龙[③]。龙，合而成体[④]，散而成章，乘云气而养乎阴阳[⑤]。予口张而不能嗋[⑥]。予又何规老聃哉?”子贡曰：“然则人固有尸居而龙见[⑦]，雷声而渊默，发动如天地者乎[⑧]？赐亦可得而观乎[⑨]?”遂以孔子声见老聃[⑩]。老聃方将倨堂而应[⑪]，微曰[⑫]：“予年运而往矣[⑬]，子将何以戒我乎[⑭]?”子贡曰：“夫三皇五帝之治天下不同[⑮]，其系声名一也[⑯]。而先生独以为非圣人，如何哉?”老聃曰：“小子少进[⑰]！子何以谓不同?”对曰：“尧授舜，舜授禹。禹用力而汤用兵[⑱]，文王顺纣而不敢逆[⑲]，武王逆纣而不肯顺[⑳]，故曰不同。”老聃曰：“小子少进，余语汝三皇五帝之治天下：黄帝之治天下，使民心一[㉑]。民有其亲死不哭而民不非也[㉒]。尧之治天下，使民心亲。民有为其亲杀其服而民不非也[㉓]。舜之治天下，使民心竞[㉔]。民孕妇十月生子，子生五月而能言[㉕]，不至乎孩而始谁[㉖]，则人始有夭矣[㉗]。禹之治天下[㉘]，使民心变，人有心而兵有顺[㉙]，杀盗非杀人[㉚]。自为种而‘天下’耳[㉛]。是以天下大骇[㉜]，儒墨皆起。其作始有伦[㉝]，而今乎妇女，何言哉！余语汝：三皇五帝之治天下，名曰治之，而乱莫甚焉。三皇之知，上悖日月之明㉞，下睽山川之精，中堕四时之施。其知憯于蛎虿之尾㉟，鲜规之兽㊱，莫得安其性命之情者㊲，而犹自以为圣人，不可耻乎㊳？其无耻也！”子贡蹴蹴然立不安㊴。

【注释】

①谈，讲话。　②规，规诲，教导。　③吾乃句：乃今，现在才。龙，比喻老聃。　④合而二句：写龙的变化。静止时蜷合则表现为整条龙，舞动时则鳞甲闪烁，成为灿烂的文彩。　⑤乘云气句：腾云驾雾，吸取天地阴阳二气来保养自己。以上三句都是比喻老聃神妙不可测。　⑥噜(xié 协)，合。句谓过度惊疑，张口结舌。　⑦然则二句：见《在宥》篇。　⑧如天地，指天地那样变幻莫测。⑨赐，子贡名。　⑩以孔子声，凭着孔子的名声。　⑪倨，通踞，坐。倨堂，坐在堂上。　⑫微，轻轻地。　⑬年运而往，行年老迈。　⑭戒，教。⑮皇，原本作“王”，依《续古逸丛书》本改。　⑯系，连。声名，名声。一，一致。⑰小子，称子贡。少进，稍上前来。　⑱禹用力句：禹带头治水，故说用力。汤武王伐夏桀，故说用兵。　⑲文王句：周文王曾被商纣王关在羑里的监狱里而毫无反抗，故说顺。　⑳武王句：周武王率兵讨伐商纣王，把他打败，故说逆。㉑一，纯一而无杂念。　㉒民有句：不非，不加非议。句意说明人们没有偏爱的心。在原始社会里，人们还没有父慈子孝的观念，亲死不哭是不奇怪的，而后来的复古主义者往往借此说明今不如昔。《庄子》作者正是如此。　㉓杀其服，见《天道》篇“隆杀之服”注。“服”原作“杀”，依唐写本及成疏本改。　㉔竞，争。㉕子生句：为了竞争，故加紧对子女的教育，因此有些五个月就会说话了。㉖不至句：还不会笑就已经开始懂得这个是谁、那个是谁。说明早已形成一种彼此、是非、亲疏的心理意识。孩，笑。　㉗夭，夭亡，未到寿终而死。由于人们丧失了纯朴的本质，为了是非、利害的竞争而消耗精力，所以是不会寿终的。　㉘禹之二句：上述“民心亲”、“民心竞”已经说明有所变化，但到这里才称之为“变”，说明从禹开始不是一般的变化。从现在我们的观点看，夏朝开始成为阶级社会。㉙心，指是非、奸诈之心。顺，当，合理。句意谓夏禹以前认为使用兵器是不正义的，但在夏禹之后，就认为使用武力是合理的。　㉚杀盗句：杀了盗贼不算杀人。

说明贼“该杀”而“兵有顺”。 ㉛自为句：种，类，同伙。“天下”上省一“曰”字。《孟子》：“人有恒言，皆曰天下国家。”可见当时许多人以“为天下”、“为国家”自命。句意谓明明是以利害关系结合为同伙，但他们却往往以“为天下”作为标榜。作者对这种人加以讥讽。 ㉜是以二句：骇，惊恐。儒墨皆起，说明儒家、墨家等集团派别也是“自为种而‘天下’耳”之类。 ㉝其作三句：其，指儒墨等。伦，伦理。妇女，以女为妇。三句意谓：他们开始时还讲一点伦理，但越来越离谱，而现在居然以女为妇了，有什么可说呢！ ㉞上悖三句：见《胠箧》篇注。 ㉟其知，指三皇五帝之智。憯，通惨，毒害。蛎虿(lì chài 厉瘥)，是一种尾巴有毒的虫，长尾的叫虿，短尾的叫蝎。 ㊱鲜，新鲜的肉。规，取。鲜规，即规鲜。鲜规之兽，规取生物作为食物的野兽，如虎豹等。上句举小毒虫，这句比大猛兽，可见三皇五帝之智毒害之大。 ㊲莫得句：说明害人者已经丧失了纯朴的天性。 ㊳不可耻二句：自问自答。 ㊴蹴蹴(cù 促)，心神不安的样子。这是子贡知错的神情。

【点评】 说明仁义使人迷失方向，三皇五帝以来，天下日乱一日。

孔子谓老聃曰：“丘治《诗》、《书》、《礼》、《乐》、《易》、《春秋》六经①，自以为久矣，孰知其故矣②，以奸者七十二君③，论先王之道而明周、召之迹④，一君无所钩用⑤。甚矣！夫人之难说也⑥？道之难明邪？”老子曰：“幸矣⑦，子之不遇治世之君也！夫六经，先王之陈迹也⑧，岂其所以迹哉⑨！今子之所言，犹迹也⑩。夫迹，履之所出⑪，而迹岂履哉⑫！夫白鶂之相视⑬，眸子不运而风化⑭；虫，雄鸣于上风⑮，雌应于下风而风化。类自为雌雄⑯，故风化。性不可易⑰，命不可变，时不可止，道不可壅⑱。苟得于道⑲，无自而不可⑳；失焉者㉑，无自而可。”孔子不出三月，复见㉒，曰：“丘得之矣㉓。乌鹊孺㉔，鱼傅沫㉕，细要者化㉖，有弟而兄啼㉗。久矣，夫丘不与化为人㉘！不与化为人，安能化人㉙。”老子曰：“可，丘得之矣㉚！”

【注释】

①丘治句：“六经”之称，是孔子后学的事，不可能出自孔子之口，可见这是寓

言。　②孰，通熟，熟悉。故，事。　③奸(gān 干)，求，求官禄。句谓孔子用六经去游说七十二个君主。但事实上孔子所见的国君只有鲁定公、鲁哀公、齐景公、卫灵公等。七十二，并非实数，只是泛言其多，古时是常用的一个虚数。④明，阐明，宣扬。周，指周公旦。召，指召公奭。两个都是周武王时的功臣。迹，事迹，功业。　⑤钩，取。　⑥夫人二句：夫，发语词。说(shuì 税)，说服。句意问究竟是因为人之难以说服还是道之难以阐明？　⑦幸矣二句：意谓如果遇上贤君圣王，必然被他们耻笑，故以不遇为幸运。这是老子对孔子的讥笑。⑧陈迹,陈旧的足迹，比喻"六经"是陈腐过时的东西。　⑨以，由。所以迹，所产生足迹的，指履。　⑩犹迹，相当于足迹。　⑪履之句：鞋踏出来的。履，鞋。⑫而迹句：足迹不等于鞋，而只是鞋残留的印子。比喻"六经"所载的不等于先王与周、召的所作所为，而只是他们所作所为残存的糟粕。　⑬白鶂(yì 亿)，一种水鸟。　⑭眸(móu 谋)，眼中瞳仁。眸子不运，即定睛注视。风，交配。如《尚书·费誓》"马牛其风"之"风"。化，孕育。　⑮上风，与下句"下风"，是从风流动的方向来区分的，先到为上，后到为下。　⑯类自二句：这是总上白鶂与虫说的。它们之所以会风化，是因为同类中分作雌雄。不同类不能风化，不分雌雄亦不能风化，这些都是天然的本性。　⑰易，变。此句承上句说。　⑱壅，塞。⑲道，指不壅之道。　⑳自，由。　㉑焉，此，指道。　㉒复见，指再见老子。　㉓得之，指得道。　㉔乌鹊，乌鸦和鹊。鹊，形状似乌鸦而尾较长。孺，孵化而生子。　㉕傅，相。傅沫，指以口沫相交而受孕。鱼是体外受精的，其中某些鱼以口含卵而孵化。这里作者根据了自己的错觉来论说。　㉖要，通腰。细腰，指蜾蠃之类。晋干宝《搜神记》说：土蜂名曰蜾蠃，细腰之类。其为物，雄而无雌，不交不产，常取桑虫育之，则皆化成己子，或谓之螟蛉。　㉗有弟句：怕父母宠爱弟弟而薄待自己，所以哭。以上说明万物有各自的本性。　㉘与化，随时随物而相应变化。不与化为人，即不以与化而为人，做人不能随时随物而相应变化。如人们"有弟而兄啼"，而孔子却宣扬孝悌一套，就是其中一例。　㉙安能句：回应上文奸七十二君而一君无所钩用的事。安，何。　㉚丘得句：说明孔子有所领悟。

【点评】　说明"六经"是先王的陈迹，是过时的老套，所以孔子推行一世而徒劳无功。认为只有掌握了因时而变的大道，才能无所不通。

刻意第十五

【导读】

本篇是论述养神之道的。作者首先批判了隐居、游学、做官等各种人的弊病，提出要做到静则恬淡无为，动则随顺天然，保持心性的纯朴，这样就可以达到真人的精神境界了。

刻意尚行①，离世异俗②，高论怨诽③，为亢而已矣④。此山谷之士⑤，非世之人⑥，枯槁赴渊者之所好也⑦。语仁义忠信，恭俭推让，为修而已矣⑧。此平世之士⑨，教诲之人⑩，游居学者之所好也⑪。语

大功，立大名，礼君臣⑫，正上下⑬，为治而已矣⑭。此朝廷之士⑮，尊主强国之人⑯，致功并兼者之所好也⑰。就薮泽⑱，处闲旷⑲，钓鱼闲处，无为而已矣。此江海之士⑳，避世之人㉑，闲暇者之所好也。吹呴呼吸㉒，吐故纳新，熊经鸟申㉓，为寿而已矣。此道引之士㉔，养形之人㉕，彭祖寿考者之所好也㉖。若夫不刻意而高，无仁义而修，无功名而治，无江海而闲，不道引而寿，无不忘也㉗，无不有也㉘。淡然无极而众美从之㉙。此天地之道，圣人之德也。

【注释】

①刻意，在思想意志上严厉地要求自己。尚行，在行为上力求做到高尚。②离世异俗，超脱世俗，与众不同。③高论，高谈阔论。怨诽，对时势不满和非议。④亢，高。为亢，为了表现清高。⑤山谷，指隐居山谷。⑥非世，对抗社会。⑦枯槁，指身体枯毁。如鲍焦、介之推等都是不满现实，隐居山中，自命清高，抱木而死。赴渊，指投水自杀。如申徒荻、务光、卞随等。(见《盗跖》、《让王》诸篇所记)好，喜爱，引申为信仰。⑧修，修身。⑨平世，使社会安定太平。⑩教诲句：以教育者自居的人。⑪游居学者，一时到处游说，一时定居讲学的人。如孔子、孟子等。⑫礼君臣，使君臣以礼相待。⑬正上下，维护上下等级。⑭治，指平治天下。⑮朝廷之士，做官的人。⑯尊主，推崇君主，维护君权。⑰致功，致力。并兼，指并兼别的诸侯国。此句指当时的法家、兵家。⑱就，到。薮(sǒu 叟)泽，湖泽。就薮泽，到湖泽的地方去。⑲处闲旷，生活在旷野、荒凉的地方。⑳江海，指隐居在江海。㉑避世二句：上述的山谷之士，与这里说的江海之士都是一些隐士，但两者处世态度不同。前者与社会对抗，自命清高；后者与世无争，只求清闲。㉒吹呴(xū 虚)二句：出气慢叫呴，出气快叫吹。呴，通嘘。吐故，吐出体内混浊的空气。纳新，吸进新鲜的空气。㉓经，悬吊。申，通伸。熊经，像熊一样悬吊在树上。鸟申，像鸟一样伸展身体。都是一些锻炼身体的动作。《后汉书·华佗传》记有华佗锻炼身体的五禽之戏：一曰虎，二曰鹿，三曰熊，四曰猨，五曰鸟。㉔道引，《素问·异法方宜论》作“导引”，意思是导通气血，柔和肢体，延长寿命。㉕形，指身体。㉖考，老。寿考，长寿。㉗无不忘，一切无心。包括对刻意、仁

义、功名、江海、道引都无心。 ㉘无不有，高、修、治、闲、寿，一切都得到。㉙淡然，淡漠的样子。无极，无限。众美从之，一切美好的东西都随之而来。“淡然无极”说明“无不忘”；“众美从之”说明“无不有”。

故曰：夫恬惔寂漠①，虚无无为，此天地之平而道德之质也②。故曰：圣人休休焉则平易矣③。平易则恬惔矣。平易恬惔，则忧患不能入，邪气不能袭，故其德全而神不亏④。故曰：圣人之生也天行⑤，其死也物化⑥。静而与阴同德⑦，动而与阳同波。不为福先⑧，不为祸始。感而后应⑨，迫而后动，不得已而后起。去知与故⑩，循天之理。故无天灾，无物累，无人非，无鬼责。其生若浮⑪，其死若休⑫。不思虑，不豫谋⑬。光矣而不耀⑭，信矣而不期⑮。其寝不梦⑯，其觉无忧⑰。其神纯粹⑱，其魂不罢。虚无恬惔，乃合天德。故曰：悲乐者，德之邪也⑲；喜怒者，道之过也；好恶者，德之失也。故心不忧乐，德之至也；一而不变⑳，静之至也；无所于忤㉑，虚之至也；不与物交㉒，惔之至也；无所于逆㉓，粹之至也。故曰：形劳而不休则弊，精用而不已则劳，劳则竭。水之性，不杂则清，莫动则平；郁闭而不流㉔，亦不能清；天德之象也㉕。故曰：纯粹而不杂，静一而不变，惔而无为，动而以天行，此养神之道也㉖。

【注释】

①惔，通淡。 ②平，准则。质，本质。 ③圣人句：休休焉，宽容的样子。宽容则与外界事物没有矛盾、无所阻滞，故说平易。 ④神不亏，精神饱满。⑤天行，天道的运行，自然的变化发展。 ⑥物化，物理的必然变化。 ⑦静而二句：德，行。同波，合流。二句意谓：动也好，静也好，都能与天地阴阳的变化相一致。 ⑧不为二句：善是福的先声，恶是祸的根由。善的、恶的都不沾手，就无所谓福，也无所谓祸。始，本，根由。 ⑨感，共鸣。句谓共鸣才有所反应。⑩去，抛弃。知，通智。故，习惯。本性出于自然，智慧和习惯都属后天人为，是违背天理的，故应该抛弃。 ⑪浮，轻。句谓把人生看得很轻。 ⑫休，休息。

句谓把死亡看得像休息一样平常。 ⑬豫，通预。豫谋，预测未来的事。 ⑭光矣句：虽光明而不照耀。说明无心显露自己。 ⑮信矣句：虽守信而不必约定，纯粹顺乎自然。期，约。 ⑯其寝句：日无所思，故夜无所梦。 ⑰其觉(jiào 较)句：无物累，故无所忧虑。觉，睡醒。 ⑱其神二句：内心清净，所以没有什么夹杂；精神闲适，所以不会疲劳。罢，通疲。 ⑲也，与下四句“也”字原本无，皆据唐写本补。 ⑳一而二句：坚持纯一之道而不动，一切无心，故说“静之至”。 ㉑无所二句：一切顺从，虚怀若谷。于，与。忤(wǔ 午)，逆。 ㉒不与二句：无心与外界事物交往，非常淡漠。 ㉓无所二句：与外界没有丝毫抵触，非常纯粹。逆，抵触。 ㉔郁(yù 育)闭二句：郁，积滞。闭，闭塞。水不流动就会腐臭混浊，故说不能清。 ㉕天德句：天德虽静而不断运行，故说水性反映了天德。象，反映。 ㉖此养句：总结上文，点出论述的中心。

夫有干越之剑者①，柙而藏之②，不敢用也③，宝之至也④。精神四达并流⑤，无所不极⑥，上际于天⑦，下蟠于地⑧，化育万物，不可为象⑨，其名为同帝⑩。纯素之道，唯神是守⑪。守而勿失，与神为一⑫。一之精通⑬，合于天伦⑭。野语有之曰：“众人重利，廉士重名，贤士尚志，圣人贵精⑮。”故素也者，谓其无所与杂也；纯也者，谓其不亏其神也。能体纯素⑯，谓之真人。

【注释】

①干，古代小国名，后被吴国所灭，这里代指吴国。吴越多出宝剑。 ②柙，通匣。 ③不敢，表示舍不得。 ④宝，珍宝。 ⑤并，旁。四达并流，四通八达，无处不流。 ⑥极，尽。这里指到达尽头。 ⑦际，会合。 ⑧蟠(pán 盘)，遍及。与《管子·内业》“上察于天，下极于地，蟠满九州”之“蟠”意同。 ⑨象，形。不可为象，无法捉摸。 ⑩同帝，取意于如同天帝。 ⑪唯神是守，专心守着自己的精神，使之不要外驰。 ⑫与神为一，指道与神结合为一。 ⑬一之精通，精通纯一之道。 ⑭天伦，自然之理。 ⑮精，纯粹。 ⑯体，体现。

缮性第十六

【导读】

缮性，修心养性。文章从反面起笔，指出俗学俗思是不能修心养性的。然后陈述古之治道、古之人、古之隐士、古之存身、古之得志，明修养主要在于“莫之为而常自然”，以知养恬，穷乐无忧。感叹道德日衰，世人逐物趋俗，实为倒置之民。充满怀古伤今之情。

缮性于俗学①，以求复其初②；滑欲于俗思③，以求致其明④：谓之蔽蒙之民⑤。

【注释】

①俗学，指当时流行的儒学、法学等。原本“俗学”作“俗俗学”，依刘文典《庄子补正》删去一“俗”字。 ②初，本性。 ③滑，治。欲，情。《礼记·乐记》：“感于物而动，性之欲也。”“滑欲”与“缮性”义近，都是指思想感情的修养。俗思，指追求名位等世俗观念。 ④致，得到。明，明智。 ⑤蔽蒙，蒙蔽，昏庸闭塞。民，人。

古之治道者，以恬养知①。生而无以知为也②，谓之以知养恬。知与恬交相养③，而和理出其性④。夫德，和也；道，理也。德无不容⑤，仁也；道无不理⑥，义也；义明而物亲⑦，忠也；中纯实而反乎情⑧，乐也；信行容体而顺乎文⑨，礼也。礼乐遍行⑩，则天下乱矣。彼正而蒙己德⑪，德则不冒。冒则物必失其性也。古之人，在混芒之中⑫，与一世而得淡漠焉⑬。当是时也，阴阳和静⑭，鬼神不扰⑮，四时得节⑯，万物不伤，群生不夭⑰，人虽有知，无所用之，此之谓至一⑱。当是时也，莫之为而常自然⑲。

【注释】

①恬，指恬淡的性情。养，保养。知，通智。 ②无以知为，无须凭借智慧行事。“生”上原有“知”字，依《续古逸丛书》本删。 ③交相养，相互保养。④和理，指道德，见下二句。出其性，即出于其性，在他心性中养成。 ⑤德无二句：与一切事物都和顺相容，这就是仁爱。 ⑥无不理，没有不合天理的。⑦义明，义理明白。物亲，与物相亲。 ⑧中，心中。纯实，朴实。反乎情，指和理之性从自身作用于外物，又从外物反作用于自身的性情。因为双方都和顺相容，感到愉快，故说“乐也”。 ⑨信行二句：信行，以信为行，言行讲信用。容体，以容为体，一切以宽容为主。顺，合。二句意谓：行为忠信，宽容仁爱，而且都合乎自然的文理、节度，这就是礼。当时的俗学大谈道德、仁义、忠信、礼乐之类。作者特以自己的观点来解说这些概念，和俗学唱对台戏。他宣传的中心就是和、理二字。 ⑩礼乐，指世俗的礼乐。 ⑪彼正三句：他人的德性本来就是纯正的，

而却要他接受自己的德性，而德性是不能外加在别人身上的，如果硬要外加的话，他人就会失去天然的本性。彼，他人。己，我。蒙，蒙受。冒，覆盖，引申为外加。⑫混芒，混混沌沌。　⑬与，相处。得，能。　⑭和静，和顺而宁静。⑮鬼神句：古人把许多灾祸说成是由于神鬼作祟扰乱的结果。阴阳调和则安宁无祸，故说鬼神不扰。　⑯得节，与节令相适应。　⑰群生，各种生物。夭，夭折。⑱至一，指最纯粹的时代。　⑲莫之为，无为。常自然，常合乎自然。

逮德下衰①，及燧人、伏羲始为天下②，是故顺而不一。德又下衰，及神农、黄帝始为天下③，是故安而不顺。德又下衰，及唐、虞始为天下，兴治化之流④，澆淳散朴⑤，离道以善⑥，险德以行⑦，然后去性而从于心⑧。心与心识知⑨，而不足以定天下⑩，然后附之以文⑪,益之以博⑫。文灭质⑬，博溺心⑭，然后民始惑乱，无以反其性情而复其初⑮。由是观之，世丧道矣⑯，道丧世矣，世与道交相丧也⑰。道之人何由兴乎世⑱，世亦何由兴乎道哉！道无以兴乎世，世无以兴乎道，虽圣人不在山林之中，其德隐矣⑲。隐故不自隐⑳。古之所谓隐士者，非伏其身而弗见也㉑，非闭其言而不出也，非藏其知而不发也㉒，时命大谬也㉓。当时命而大行乎天下㉔，则反一无迹㉕；不当时命而大穷乎天下㉖，则深根宁极而待㉗：此存身之道也㉘。古之存身者㉙，不以辩饰知，不以知穷天下㉚，不以知穷德㉛，危然处其所而反其性㉜，己又何为哉！道固不小行㉝，德固不小识㉞。小识伤德，小行伤道。故曰：正己而已矣㉟。乐全之谓得志㊱。

【注释】

①逮，及。　②及燧人二句：燧人氏，是传说中的远古帝王，发明钻木取火，改生食为熟食。伏羲氏，是传说中后于燧人氏的远古帝王，开始驯服野兽，发明畜牧业。前者属原始社会的蒙昧时期，后者属原始社会野蛮时期的中级阶段。在这以前，作者称作“至一”时代，认为那时是绝对统一的。而到了燧人、伏羲为王时，民心虽然顺从，但已经开始运用智慧，不那么纯粹了，故说“不一”。　③及神农二

句：神农，传说是远古时代发明农业的帝王。黄帝，上古帝号，又叫轩辕氏。神农曾攻伐共工，黄帝曾与蚩尤打仗。可见已有斗争、反抗。但经过武力征伐之后，终于安服，故说安而不顺。　④兴，开始。治化，统治、教化。流，风气。⑤澆(xiāo 消)，挠乱。《荀子·非十二子》："以枭乱天下。"澆与枭通。澆淳散朴，即破坏了淳朴的风气。　⑥离道，背道。善，郭庆藩疑是"为"字之误。据《淮南子·俶真训》有"杂道以伪，俭德以行"句(俭，古通险)，《文子·上礼》有"离道以为伪，险德以为行"句，"善"应作"伪"，"伪"即古"为"字。"为"与下句"行"字对举，亦解作行。离道以为，意即背道而行。　⑦险，危害。　⑧去性，舍弃天性。从于心，依据各自的私心。　⑨心与句：彼此以私心互相窥测。　⑩而不足句：互相窥测，则必有勾心斗角，故天下不可能安定。　⑪附，加。文，粉饰，指花言巧语等。　⑫益，增。博，博学，指旁征博引之类。　⑬灭质，掩盖了纯朴的本质。　⑭溺心，淹没了天然的心性。　⑮反，通返。复，恢复。　⑯丧，败坏。　⑰交相丧，相互败坏。　⑱道之二句：表明大势已去，无法挽回。兴，复兴。何由，何以，凭什么。　⑲其德句：意谓身在社会，心离人间。　⑳隐故句：虽然其德隐，但他本身并没有隐。意即不是自藏于山林而是混迹人间。心隐而身不隐，这是庄子式的隐。　㉑伏，藏。弗，不。见，通现。　㉒知，通智。发，出，指运用。　㉓时命，世运。谬，乱，指背离天道而言。　㉔当，合。大行，盛行，指天道盛行。　㉕则反句：反一，返归于至一之道。无迹，没有留下痕迹。因为与万物混同，故无迹。　㉖穷，困顿。　㉗深根，使根长得深深的。宁，静，不动。极，本。宁极，使本扎得稳稳的。深根宁极，深藏静处。待，指等待时运的变化。　㉘存身，保全自己。　㉙存，原本作"行"，依《续古逸丛书》本改。　㉚不以句：不使用自己的智谋而令天下人困顿。　㉛穷德，使自己的心性困惑。　㉜危然二句：危，独。危然，与众不同的样子。处其所，处在他应处的地方。反，通返。反其性，回复他的本性。己，原本作"已"，依《续古逸丛书》本改。　㉝固，本来。小行，与大道相违背的行为，即上文说的"险德以行"。㉞小识，与天德相违背的见识，指人的成见之类。　㉟正己，指培养自己以合乎大道。　㊱乐，即上文说的"中纯实而反乎情"。乐全，保全内心纯朴的心性。

古之所谓得志者，非轩冕之谓也①，谓其无以益其乐而已矣②。

今之所谓得志者，轩冕之谓也。轩冕在身，非性命也③，物之傥来④，寄者也。寄之⑤，其来不可圉，其去不可止。故不为轩冕肆志⑥，不为穷约趋俗⑦，其乐彼与此同⑧，故无忧而已矣！今寄去则不乐⑨。由是观之，虽乐，未尝不荒也⑩。故曰：丧己于物⑪，失性于俗者⑫，谓之倒置之民⑬。

【注释】

①非轩句：指的不是官位显达。轩冕，在这里指代高官厚禄。 ②无以益其乐，纯实之性无以复加，意即“乐全”。 ③非性命，不是性命所固有的。④物之二句：外物偶然而来，只是寄托一时。傥(tǎng 倘)，偶然。 ⑤寄之三句：寄之，犹寄者。圉(yǔ 羽)，御，抵挡。止，留。三句谓：寄托在身上的东西，它要来难以抗拒，它要去也无法挽留。 ⑥肆志，快意。 ⑦穷约，穷困。趋俗，随波逐流，趋炎附势。 ⑧其乐句：彼，指轩冕。此，指穷约。句意谓乐全的人对待轩冕富贵与穷约同样乐观。 ⑨寄，指轩冕之类。去，失去。 ⑩虽乐二句：得轩冕的时候，虽然快乐，但总是担心失掉，所以也会心慌意乱。荒，通慌，迷乱。 ⑪丧己句：为追求外物，患得患失而葬送了自己。 ⑫失性句：由于受时俗的影响而丧失了本性。 ⑬倒置，本末倒置。民，人。

秋水第十七

【导读】

本篇根据万物齐一的原理，论说为人应听天由命，一切都不应强求，尤其不应争名夺位，才能返归自然，获得自由。

开头河伯与北海若的对话，一步步地展示了一个超人间的无穷的宇宙境界。继而以大小、贵贱、是非的相对性论证了“万物齐一”的道理，而归结为“无以人灭天，无以故灭命，无以得殉名。谨守而勿失，是为反其真”的人生态度，作为全文的篇眼。以下几个寓言，除公孙龙问于魏牟属吹捧庄周学说为他家不可企及外，都是分述以上结论的。

秋水时至①，百川灌河。泾流之大②，两涘渚崖之间③，不辩牛马④。于是焉河伯欣然自喜⑤，以天下之美为尽在己。顺流而东行，至于北海，东面而视，不见水端⑥。于是焉河伯始旋其面目⑦，望洋向若而叹曰⑧："野语有之曰⑨：'闻道百，以为莫己若者。'我之谓也。且夫我尝闻少仲尼之闻而轻伯夷之义者⑩，始吾弗信⑪。今我睹子之难穷也⑫，吾非至于子之门则殆矣⑬，吾长见笑于大方之家⑭。"北海若曰："井蛙不可以语于海者⑮，拘于虚也⑯；夏虫不可以语于冰者⑰，笃于时也⑱；曲士不可以语于道者⑲，束于教也⑳。今尔出于崖涘㉑，观于大海，乃知尔丑㉒，尔将可与语大理矣㉓。天下之水，莫大于海：万川归之，不知何时止而不盈㉔；尾闾泄之㉕，不知何时已而不虚㉖；春秋不变，水旱不知。此其过江河之流㉗，不可为量数。而吾未尝以此自多者㉘，自以比形于天地，而受气于阴阳㉙，吾在于天地之间，犹小石小木之在大山也㉚。方存乎见小㉛，又奚以自多！计四海之在天地之间也，不似礨空之在大泽乎㉜？计中国之在海内，不似稊米之在大仓乎㉝？号物之数谓之万㉞，人处一焉㉟；人卒九州㊱，谷食之所生㊲，舟车之所通㊳。此其比万物也㊴，不似豪末之在于马体乎？五帝之所连㊵，三王之所争，仁人之所忧㊶，任士之所劳㊷，尽此矣㊸！伯夷辞之以为名㊹，仲尼语之以为博㊺。此其自多也，不似尔向之自多于水乎㊻？"

【注释】

①秋水二句：时，按时。百川，许多河流。灌，注入。河，黄河。　②泾(jīng经)，巠的假借字，直流的水波。泾流连用，即指水流。　③涘(sì寺)，水边。两涘，河的两边。渚(zhǔ煮)，水中间的小块陆地。崖，岸。　④辩，通辨，分。不辩，分不出。水涨河阔，故分不出对岸的牛和马。　⑤焉，乎。河伯，河神。传说姓冯名夷。欣然，高兴的样子。　⑥端，尽头。　⑦旋，转变。旋其面目，改变了欣然自喜的面容。　⑧望洋，眼睛迷茫的样子。若，海神名。

⑨野语三句：野语，俗语。闻道百，懂得许多道理。莫己若，即莫若己，没有谁比得上自己。我之谓也，即谓我也。都是宾语提前。　⑩尝闻，曾听说。少，贬低。少仲尼之闻，对孔子的学识不看在眼内。轻伯夷之义，轻视伯夷的节义。伯夷，殷诸侯孤竹君的长子，武王伐纣时，他认为臣伐君是不义的，故和他的弟弟叔齐避居首阳山，并表示守节义而不食周粟，于是饿死在首阳山。　⑪弗信，指不相信对仲尼的见识可以小看与对伯夷的节义可以轻视。　⑫子，您。本指若，这里借指海。　⑬殆，危险。　⑭长，永远。见，被。方，道。大方之家，得大道的人。⑮语于海，谈及大海。　⑯拘，局限。虚，同墟。指蛙所生活的地方。　⑰语于冰，谈及冰。　⑱笃(dǔ 赌)，守，限制。笃于时，受时间所限制。夏虫只生活在夏天，冬天结冰时已死，故说“笃于时”。　⑲曲士，乡曲之士，即《天下》篇说的“一曲之士”，孤陋寡闻的人。　⑳束，束缚。教，所受的教育。　㉑今尔句：尔，你。崖涘，指河。句谓现在你摆脱了河道的局限。　㉒丑，鄙陋。　㉓大理，大道。　㉔盈，满。　㉕尾闾，排泄海水的地方，传说在海的东边。从动物的排泄处多在尾部，故拟称“尾闾”。　㉖已，止。虚，指水尽。　㉗此其二句：过，超过。为量数，进行估量和计算。二句都是说明海水盛多。　㉘多，赞美。自多，自夸。　㉙自以句：以，认为。比形，具形(阮毓崧说)。句谓自己认为从天地的恩赐中形成了形体，又禀受了阴阳之气。　㉚大(tài 太)，通泰。㉛存，察，看到。见，读如现。见少，显得太少。　㉜礨(lěi 磊)，石块。礨空，石块上的小孔。大泽，大的湖泽。　㉝稊(tí 题)米，像稗籽一样小的米。大(tài 太)仓，储粮的大仓库。　㉞号物句：号，称。句谓表示物的数量很多时，叫“万物”。　㉟处，居占。处一，占万物中之一。　㊱人卒，人众。九州，天下。㊲谷食句：稻谷等食物所生长的地方。　㊳舟车句：通，通行。所通，通行的地方。这句下原有“人处一焉”四字，据马叙伦《义证》删，否则费解。　㊴此其二句：据马叙伦《义证》说，这两句应接在“号物之数谓之万，人处一焉”句后。这样则前后文字通畅。　㊵连，续，继承。　㊶仁人，指儒家者流。　㊷任士，指墨家者流。《墨经》：“任，士损己而益所为也。”《经说》：“任，为身之所恶，以成人之所急。”墨家都以“任”来要求自己，故称“任士”。　㊸此，即上文“此其比万物也”之“此”。句意谓三王五帝、儒墨等所争所辩的全都是在这个渺小的天地里的事情。㊹辞之，指拒绝当孤竹之君。　㊺语之，指谈论中国帝王的事情。以为博，以此

显示学问上的渊博。　⑯向，从前。自多于水，以水量自夸。

河伯曰："然则吾大天地而小毫末①，可乎?"北海若曰："否。夫物，量无穷②，时无止③，分无常④，终始无故⑤。是故大知观于远近⑥,故小而不寡⑦，大而不多：知量无穷⑧。证曏今故⑨，故遥而不闷⑩，掇而不跂⑪：知时无止⑫。察乎盈虚⑬，故得而不喜⑭，失而不忧：知分之无常也⑮。明乎坦涂⑯，故生而不说⑰，死而不祸⑱：知终始之不可故也⑲。计人之所知⑳，不若其所不知；其生之时㉑，不若未生之时；以其至小㉒，求穷其至大之域，是故迷乱而不能自得也。由此观之，又何以知毫末之足以定至细之倪㉓，又何以知天地之足以穷至大之域!"

【注释】

①然则句：大、小，都是形容词作意动用法。句意问能否把天地看作大而把毫末看作小。　②量，容积。无穷，包括无穷大与无穷小。　③时无止，指物存在的时间无止境。以下几句说的都是物。　④分(fèn 愤)，分际，界限。物的界限随时间空间的变化而变化，故说无常。　⑤故，通固，固定。　⑥大知，指得道的人，知通智。观于远近，既看到远也看到近。　⑦故小二句：因此小的看来也不小(这是从近看)，大的看来也不大(这是从远看)。寡，小。多，大。　⑧量，指物量。　⑨曏，明。今故，今古。句谓验证古今的情况。　⑩故遥句：以今事证古事，虽遥远而明白。遥，远。闷，如《老子》"其政闷闷"之"闷"，犹昧。⑪掇(duō 多)而句：以古事证今事，虽近而有不可企及的。意即有难于捉摸的地方。掇，拾取。表示近在眼前。跂，通企。　⑫知时句：从古今变异、转化不停，就可以知道时间是无止境的。　⑬察乎句：明白了盈与虚的相对性及相互转化。察，看清楚。盈，满。虚，空。　⑭故得二句：盈与虚、得与失都会相互转化，所以不用忧心。　⑮分，指得失的界限。　⑯坦涂，大道。　⑰说，通悦。⑱不祸，不认为是灾祸。　⑲知终句：明白了终始变化是不能固定的。故，通固，定。　⑳计，比。所知，所知道的事。　㉑其生二句：未生的时间长而生的时

间短。 ㉒至小，指有限的、微不足道的人生与知识。穷，尽。至大之域，指未生之时、未知之事。因为这是无限的，故说“至大”。 ㉓又何二句：因为毫末不算最小，天地不算最大，因此不能用它们作为最小与最大的标准。倪，界限，标准。

河伯曰：“世之议者皆曰：‘至精无形①，至大不可围②。’是信情乎③？”北海若曰：“夫自细视大者不尽④，自大视细者不明⑤。夫精，小之微也⑥；垺⑦，大之殷也：故异便⑧。此势之有也⑨。夫精粗者，期于有形者也⑩；无形者⑪，数之所不能分也；不可围者⑫，数之所不能穷也。可以言论者，物之粗也；可以意致者⑬，物之精也；言之所不能论，意之所不能察致者，不期精粗焉⑭。是故大人之行⑮：不出乎害人⑯，不多仁恩；动不为利⑰，不贱门隶；货财弗争，不多辞让⑱；事焉不借人⑲，不多食乎力⑳，不贱贪污㉑；行殊乎俗，不多辟异㉒；为在从众㉓，不贱佞谄㉔；世之爵禄不足以为劝㉕，戮耻不足以为辱㉖；知是非之不可为分，细大之不可为倪㉗。闻曰：‘道人不闻㉘，至德不得㉙，大人无已㉚。’约分之至也㉛。”

【注释】

①至精句：最精细的东西是没有形体的。 ②至大句：最大的东西是不能以范围来限制的。 ③信，实。 ④自细视大，如人看宇宙。不尽，不见尽头。 ⑤自大视细，如人看细菌。 ⑥小之微，小中之微小。 ⑦垺（fú扶）二句：垺，同郛，本指城圈外围的大城。这里指宽大的领域。殷，盛大。 ⑧便，通辨。异便，分别。 ⑨此势句：句谓大小的区别是事物势态所具有的。 ⑩期，待，依赖。 ⑪无形二句：没有形体的东西，是不能用数字去划分它的大小精粗的。 ⑫不可二句：无限大的东西，数字是不能把它完全表达的。 ⑬意致，意识到。 ⑭不期精粗，无须用精与粗去衡量。这指的是玄妙的天道说的。期，待。 ⑮大人，指得道的人。 ⑯不出二句：无心害人，但又不会赞美仁义恩惠。多，赞美。 ⑰动不二句：举动并非有利于人，但也不贱视家奴。门隶，家奴。 ⑱不多句：不赞美辞让。 ⑲事焉句：做事无须借助于人。 ⑳食乎力，自食其力。

㉑不贱句：不以贪污为卑贱。　㉒辟，通僻，偏。辟异，偏异，犹今说标新立异。　㉓从众，随俗。　㉔佞谄，用花言巧语向人献媚。　㉕世之句：封官加禄对他也不能起鼓励作用。劝，勉励。　㉖戮耻，刑罚、耻辱。辱，羞耻。　㉗不可为倪，不能进行量度。倪，标准，引申为量度。　㉘道人句：得道的人不求名声。闻，闻名。　㉙至德句：道德最高尚的人不求有所得。　㉚大人句：意即《逍遥游》篇说的"至人无己"。　㉛约，约束，缩小。分，分别。约分之至，缩小分别到了极点。意即在精神上消除一切对立、矛盾关系。（用何善周说，见《社会科学战线》创刊号九十六页）。

河伯曰："若物之外，若物之内，恶至而倪贵贱①？恶至而倪小大？"北海若曰："以道观之，物无贵贱；以物观之②，自贵而相贱；以俗观之③，贵贱不在己。以差观之④，因其所大而大之，则万物莫不大；因其所小而小之，则万物莫不小。知天地之为稊米也⑤，知毫末之为丘山也，则差数睹矣⑥。以功观之⑦，因其所有而有之⑧，则万物莫不有；因其所无而无之，则万物莫不无。知东西之相反而不可以相无⑨，则功分定矣。以趣观之⑩，因其所然而然之，则万物莫不然；因其所非而非之，则万物莫不非。知尧、桀之自然而相非⑪，则趣操睹矣⑫。昔者尧、舜让而帝⑬，之、哙让而绝⑭；汤、武争而王⑮，白公争而灭⑯。由此观之，争让之礼，尧、桀之行，贵贱有时⑰，未可以为常也。梁丽可以冲城而不可以窒穴⑱，言殊器也⑲；骐骥骅骝一日而驰千里⑳，捕鼠不如狸狌，言殊技也；鸱鸺夜撮蚤㉑，察毫末，昼出瞋目而不见丘山㉒，言殊性也。故曰：盖师是而无非㉓，师治而无乱乎？是未明天地之理㉔，万物之情者也。是犹师天而无地㉕，师阴而无阳，其不可行明矣！然且语而不舍㉖，非愚则诬也㉗！帝王殊禅㉘，三代殊继㉙。差其时㉚，逆其俗者㉛，谓之篡夫㉜；当其时，顺其俗者，谓之义之徒㉝。默默乎河伯㉞，女恶知贵贱之门㉟，小大之家！"

【注释】

①恶至，何从，依据什么。　②以物二句：从一人一物看来，都把自身看作高贵，而把他人他物看作卑贱。　③以俗二句：以世俗的人的立场上看来，贵贱随人，人说贵就贵，人说贱就贱。　④以差五句：从事物的相对差别看来，万物的大小都是相对的，如果从它大的方面说来（即与小的相比较），万物都可以说是大的；反之，万物都可以说是小的。　⑤知天地二句：意即可以推知天地亦如细米那么小，毫末也可以说如丘山那么大。　⑥差数睹，差别的分寸就清楚可见了。⑦功，功效。　⑧因其四句：从有效方面说就样样都有效，从没有效方面说就样样都没有效。　⑨知东西句：东与西是两个相反的方向，但两者又是相互依存的，没有东就没有西，没有西就没有东，相反相成，故不得相无。大小、有无也是一样。⑩趣，通趋，倾向。　⑪知尧句：自然，自以为然。相非，相对立。尧自以为对，桀也自以为对，但其实两者都是相对的。　⑫操，守。趣操，倾向的凭据，与今天说的立场观点相类似。刘文典疑"操"是"舍"字之误，可参考。　⑬让而帝，因禅让而做了帝王。　⑭之哙句：燕王哙十分信任国相子之。在公元前316年还学习尧、舜，把王位让给了子之。燕人不服，大乱。齐国乘机伐燕，杀哙与子之。燕国也差点亡国。　⑮汤武句：商汤王伐夏桀王，周武王伐商纣王，都争得了王位。⑯白公句：白公，即白公胜，楚平王的孙子。他父亲太子建因受别人陷害而流亡国外，生白公胜。后来白公胜回国，决心争夺政权，发动了武装政变，杀掉令尹子西与司马子期，控制了国都。但结果被叶公镇压了。白公出走，在山里上吊自杀。⑰有时，有一定的时宜。意即因时势而不同。　⑱梁丽句：丽，通欐，屋栋。梁栋是大木，故可以用来撞毁城墙。窒，塞。穴，小孔。　⑲器，器具。殊器，指用场不同，所用的器具也不同。　⑳骐骥三句：骐骥、骅骝（huá liú 猾留），都是骏马。骐，青黑色，花纹如棋子。骥，河北所产。骅，所谓桃花马。骝，紫黑色的。一般骐骥连称或骅骝连称。狸，野猫。狌，鼬，即黄鼠狼。技，本领。　㉑鸱鸺（chī xiū 痴休），猫头鹰。撮，抓。蚤，跳蚤。　㉒瞋目，张大眼睛。　㉓盖师是二句：怎能把自己认为是正确的就认为没有错误的一面，把自己认为是治的就认为没有乱的一面呢？盖，通盍，何，怎能。而，则。师是，以是为师，认为正确是绝对可信的。师治，以治为师，认为安定是绝对可信的。　㉔是未明二句：是，此，指"师是而无非，师治而无乱"的人。天地万物是不断变化的，是非治乱都是相

反相成的，如上文说的，“知东西之相反而不可以相无”，如果认为“是”则可以无“非”，“治”则可以无“乱”，这就说明不懂得天地万物的情理了。㉕是犹三句：天与地、阴与阳都是相对而又相依存的，不能信奉天就无视地，信奉阴就无视阳，所以说那种理论是行不通的。㉖然且句：但还要说来说去而不肯抛弃。㉗诬，骗。㉘帝，五帝。王，三王。殊禅，禅让的方式不同。㉙三代，指夏商周。殊继，继承的方式不同。㉚差其时，不合时机。㉛逆其俗，违背世俗。㉜篡夫，篡权的家伙。如上文说的子之、白公。㉝义之徒，如舜、禹、汤、武。㉞默默句：静一静吧河伯。意即叫河伯别乱说。㉟女恶知二句：门，犹今说“未入门”之“门”，这是承上文“至子之门”而说的。家与门同义，都有界限的意思，亦是承上文“大方之家”说的。二句谓：你怎么知道贵贱、大小的道理！

河伯曰：“然则我何为乎？何不为乎？吾辞受趣舍①，吾终奈何？”北海若曰：“以道观之，何贵何贱②，是谓反衍；无拘而志③，与道大蹇。何少何多④，是谓谢施；无一而行⑤，与道参差。严乎若国之有君⑥，其无私德；繇繇乎若祭之有社⑦，其无私福；泛泛乎其若四方之无穷⑧，其无所畛域。兼怀万物⑨，其孰承翼？是谓无方。万物一齐⑩，孰短孰长？道无终始⑪，物有死生，不恃其成。一虚一满⑫，不位乎其形。年不可举⑬，时不可止。消息盈虚⑭，终则有始。是所以语大义之方⑮，论万物之理也。物之生也，若骤若驰。无动而不变，无时而不移。何为乎，何不为乎？夫固将自化⑯。”

【注释】

①吾辞二句：辞，拒绝。受，接受。趋，进取。舍，放弃。终，究竟。二句说明河伯听了北海若上述的话，觉得有无、大小、是非、贵贱都没有一定标准，感到不知所措，故问北海若该怎么办。②何贵二句：衍，通延，发展。反衍，向相反方向发展，即今说转化。贵会转化为贱，贱会转化为贵。③无拘二句：无，通毋。拘，固守。而，你。蹇(jiǎn 剪)，阻塞，引申为抵触。二句意谓：不要固守你的心志，否则，与大道会相抵触的。④何少二句：谢，“代谢”之“谢”，衰落，

减少。施，移，转。二句意谓：多可以减少，少可以转多，这就叫做代谢转化。⑤无一二句：无，通毋。一，与“拘”对举互文，都有执一、固守的意思。参差，不齐，不相符合。二句意谓：不要固执你的所为，否则与大道是不相符合的。⑥严乎二句：严，通俨。严乎，俨然，庄重的样子。有，语助词，无义。二句意谓：像国君一样庄重，对谁都没有偏心。　⑦繇繇（yóu 由）二句：繇繇，通悠悠，自得的样子。社，土地神。二句意谓：像受祭的土地神一样自得，不会对谁偏袒。⑧泛泛二句：像天地的东南西北没有止境一样辽阔，毫无局限。泛泛，广阔的样子。⑨兼怀三句：怀，容。孰，谁。承，受。翼，庇护。无方，没有定见，与“执一”意义相反。三句意谓：对万物兼容并包，没有对谁专门庇护，这就叫做随意而没有定见。　⑩万物二句：一齐，齐一。孰，何。二句意谓：万物都是一样的，无所谓这个短那个长。　⑪道无三句：道的变化始卒若环，无所谓终始，物的死生只是一时的现象，故其形态是不足凭依的。恃，凭依。成，形态。　⑫一虚二句：事物的变化，是一时虚一时满的，故不应专守一时之虚或一时之满。位，守。形，与上句的“成”同义。　⑬年不二句：举，提取。止，留。二句谓：未来的岁月不能提取，将去的时光难以挽留。　⑭消息二句：消，消亡。息，生息。盈，满。有，又。　⑮大义之方，大道的方向、原则。　⑯固，本来。自化，自行变化。

河伯曰：“然则何贵于道邪？”北海若曰：“知道者必达于理，达于理者必明于权①，明于权者不以物害己。至德者，火弗能热，水弗能溺，寒暑弗能害，禽兽弗能贼。非谓其薄之也②，言察乎安危，宁于祸福③，谨于去就，莫之能害也。故曰：‘天在内④，人在外，德在乎天。’知天人之行⑤，本乎天⑥，位乎得⑦，蹢躅而屈伸⑧，反要而语极⑨。”曰：“何谓天？何谓人？”北海若曰：“牛马四足，是谓天⑩；落马首⑪，穿牛鼻，是谓人⑫。故曰：‘无以人灭天⑬，无以故灭命，无以得殉名。谨守而勿失⑭，是谓反其真。’”

【注释】

①权，变。　②非谓句：薄，迫切，引申为触犯。句谓并非说至德之人有意

去触犯火水、寒暑、禽兽之类。 ③宁于句：对祸福的来临冷静对待。宁，静。 ④天在三句：天性蕴藏在内心，人事表现在外表行动上，道德体现在天性上。 ⑤天人，天与人，天性与人为。行，动，运动变化。 ⑥本乎天，以天性为根本。 ⑦得，通德，或应作"德"。(《庄子义证》)位乎得，安守着天德。 ⑧蹢躅(zhí zhú 直逐)句：蹢躅，进退不定的样子，或写作踯躅。句意谓或进或退，或屈或伸，随机应变。 ⑨反，通返。要，本要。反要，归根返本。极，尽。语极，言语至此而尽，意即沉默无言，因为道是"言之所不能论"的。 ⑩是谓天，这些是天然的禀赋。 ⑪落，通络，笼住。 ⑫人，人为。 ⑬无以三句：不要用人为去排除天性，不要用世事去排除天命，不要出于得失的考虑而为功名作牺牲。无，通毋。故，事。 ⑭勿失，勿失上面所说的道理。意即叫人牢记。

【点评】 作者先从海与河，天地与毫末等相比较中，说明万物的大小、贵贱、死生、是非都是相对的，没有定准的，而且是不断地相互转化的。然后进一步指出：以道的观点看来，根本就不存在什么大小、贵贱、是非，万事万物都是齐一的。根据这个道理，顺其自然，听天由命，就可以回复到天真的境界了。

夔怜蚿①，蚿怜蛇，蛇怜风，风怜目，目怜心。夔谓蚿曰："吾以一足趻踔而行②，予无如矣③。今子之使万足，独奈何？"蚿曰："不然④。子不见夫唾者乎？喷则大者如珠⑤，小者如雾，杂而下者不可胜数也。今予动吾天机⑥，而不知其所以然⑦。"蚿谓蛇曰："吾以众足行，而不及子之无足，何也？"蛇曰："夫天机之所动⑧，何可易邪？吾安用足哉！"蛇谓风曰："予动吾脊胁而行，则有似也⑨。今子蓬蓬然起于北海⑩，蓬蓬然入于南海，而似无有，何也？"风曰："然，予蓬蓬然起于北海而入于南海也，然而指我则胜我⑪，鰌我亦胜我。虽然，夫折大木，蜚大屋者⑫，唯我能也。"故以众小不胜为大胜也⑬。为大胜者，唯圣人能之。

【注释】

①夔怜蚿五句：夔(kúi 葵)，是一种似牛而无角、一只脚的野兽。(据《山海经·

大荒经》说）蚿（xián 弦），马蚿，俗名百足。怜，羡慕。夔只有一足，行走不易，故羡慕多足的蚿；蚿又羡慕蛇没有足而能行；蛇羡慕风无形而能飘；风羡慕眼睛一转就可以看得很远；眼睛羡慕心一动就可以想到万物。 ②趻踔（chěn chuō 踸戳），跳着走。 ③无如，是"无如何"的省略，意即没有办法。 ④不然，指万足并非是"使"的。 ⑤喷，指猛力的咳唾。大者，与下句的"小者"指的都是鼻涕、唾沫。 ⑥天机，天生的机能，本能。 ⑦不知其所以然，意即只是像喷唾一样自然而动，并不晓得为什么会这样。 ⑧夫天二句：本能的活动，哪能交换的呢？意即各有不同的本能。 ⑨有似，马叙伦认为应作"似有"，与下文"似无有"相对。意谓好像有足行走一样。 ⑩今子三句：蓬蓬，风尘转动的样子。虽然从北海吹到南海，但凭空卷动，不见形状，故说好像没有一般。 ⑪然而二句：但是有手有脚的指我、踏我，都能胜我。因为风是无法反抗的。鰌（qiū 秋），通蹭，踏。⑫蜚，通飞，刮起。 ⑬故以三句：众小不胜，是"不胜众小"的提宾。众小，指万物，从道看，万物都是小的。一物胜过另一物，如文中说的"指我"、"鰌我"、"折大木"、"蜚大屋"等都属于小胜。不胜众小，即不以胜过众小为胜。大胜，指主宰一切，无物不胜，无时不胜。作者从上文一连串的比较中推及圣人，说明在一些小问题上不与凡人争胜，得天道而支配万物这样的大胜，只有圣人才能做到。

【点评】 本段说明：万物的本能都是出于天然的。羡慕他人他物的本能，或者想胜过别人，都是没有必要，也是不可能的。应该任随天然，忘胜负，忘得失，才是绝对地胜过一切的。这叫"无以人灭天"。

孔子游于匡①，宋人围之数匝②，而弦歌不惙③。子路入见，曰："何夫子之娱也④？"孔子曰："来，吾语女。我讳穷久矣⑤，而不免，命也；求通久矣⑥，而不得，时也⑦。当尧、舜而天下无穷人⑧，非知得也⑨；当桀、纣而天下无通人，非知失也⑩：时势适然⑪。夫水行不避蛟龙者，渔父之勇也⑫；陆行不避兕虎者⑬，猎夫之勇也；白刃交于前，视死若生者，烈士之勇也；知穷之有命，知通之有时，临大难而不惧者，圣人之勇也。由，处矣⑭！吾命有所制矣⑮！"无几何，将甲者进⑯，辞曰："以为阳虎也⑰，故围之；今非也，请辞而退。"

【注释】

①孔子句：当时到别国去学习叫游学，到别国去做官叫游宦。这句"游"指游宦。匡，位居宋、卫、郑三国之间，故或称卫邑，或称郑邑。司马贞《史记索隐》："匡，宋邑也。"故下句云"宋人"。　②匝，周。孔子被匡人包围的事，《史记·孔子世家》记载说："去卫，将适陈，过匡，颜刻为仆，以其策指之曰：'昔吾入此，由彼缺也。'匡人闻之，以为鲁之阳虎。阳虎尝暴匡人，匡人于是遂止孔子。孔子状类阳虎，拘焉。""拘焉"似即这里说的"围之数匝"。　③惙（chuò 啜），通辍，一本亦作辍，止。　④娱，乐。　⑤讳，忌，担扰。　⑥通，顺利，得意。⑦时，时势。指求通不得是时势造成的。　⑧当，遇上。尧、舜，指尧、舜的时代。下"桀、纣"同。　⑨非知句：并非尧、舜时代的人用智慧所取得的。知，通智。　⑩知失，才智不足而失误。　⑪时势适然，碰上时运。适，遇。⑫蛟，属龙而无角。渔父，渔夫。　⑬兕（sì 似），雌的犀牛。　⑭处矣，安居吧。意即叫子路不要担心。　⑮有所制，指被天命所支配，故应听天由命。⑯将，率领。将甲者，率领甲士的将官。　⑰以为二句：阳虎，原是鲁国季孙氏家臣，后篡夺了鲁国的政权，专政三年。在定公六年，他曾带兵侵略匡地（时属郑国），匡人十分恨他，这时走过匡地的孔子，类似阳虎，故被围困。

【点评】　本段通过孔子一行被围于匡一事的记叙，说明命运是由天道主宰的，穷通不能由人，遇到一切情况都应该安时听命。这就叫做"无以故灭命"。

公孙龙问于魏牟曰①："龙少学先王之道，长而明仁义之行；合同异②，离坚白；然不然，可不可；困百家之知③，穷众口之辩④：吾自以为至达已⑤。今吾闻庄子之言，汒然异之⑥。不知论之不及与⑦？知之弗若与？今吾无所开吾喙⑧，敢问其方⑨。"公子牟隐机大息，仰天而笑曰："子独不闻夫坎井之蛙乎？谓东海之鳖曰：'吾乐与！出跳梁乎井干之上⑩，入休乎缺甃之崖⑪。赴水则接腋持颐⑫，蹶泥则没足灭跗⑬。还虷蟹与科斗⑭，莫吾能若也⑮。且夫擅一壑之水⑯，而跨跱坎井之乐[17]，此亦至矣[18]。夫子奚不时来入观乎[19]？’东海之鳖左足未入，而右膝已絷矣[20]。于是逡巡而却[21]，告之海曰[22]：‘夫千里之远，不足以举其大[23]；千仞之高，不足以极其深[24]。禹之时，十年九潦[25]，而水弗为加益[26]；汤之时，八年七旱，而崖不为加损[27]。夫不为顷久推移[28]，不以多少进退者[29]，此亦东海之大乐也。’于是坎井之蛙闻之，适适然惊[30]，规规然自失也[31]。且夫知不知是非之竟[32]，而犹欲观于庄子之言，是犹使蚊负山，商蚷驰河也[33]，必不胜任矣。且夫知不知论极妙之言[34]，而自适一时之利者，是非坎井之蛙与？且彼方跐黄泉而登大皇[35]，无南无北，奭然四解[36]，沦于不测[37]；无东无西[38]，始于玄冥[39]，反于大通[40]。子乃规规然而求之以察[41]，索之以辩[42]，是直用管窥天[43]，用锥指地也，不亦小乎？子往矣！且子独不闻夫寿陵余子之学行于邯郸与[44]？未得国能，又失其故行矣[45]，直匍匐而归耳[46]。今子不去，将忘子之故[47]，失子之业。”公孙龙口呿而不合[48]，舌举而不下，乃逸而走[49]。

【注释】

①公孙龙，战国时赵人，著名的名家。魏牟，魏国公子，故又称公子牟。　②合同四句：见《齐物论》篇注。　③困百家句：当时各家都辩他不过，故说把百家的才智都难倒。困，使动用法，使……困，意即把……难倒。下句“穷”字义近。　④穷众句：使众人的口才都无法施展。辩，口才。　⑤至达，最通达。　⑥汒，通茫。异之，对它感到惊奇。　⑦论，谈论，指口才。与，通欤，下同。　⑧喙(huì 惠)，嘴。无所开吾喙，我无法开口。　⑨方，术，办法。　⑩跳梁，同跳踉，即跳跃。井干，井栏。　⑪休，止。甃(zhòu 咒)，砌井壁用的砖。缺甃，烂砖头。崖，本指高的岸边，这里指井壁。缺甃之崖，砖头破烂脱落的井壁处，即井壁中的破洞。　⑫赴水句：写蛙浮游的状态。接、持，都有承托的意思。指水把蛙的两腋及两腮承托着。　⑬蹶(jué 决)泥句：写蛙在烂泥上走的样子。蹶，即《史记·申徒嘉列传》“以材官蹶张”之“蹶”，踏。跗(fū 肤)，脚背。没、灭，都有埋的意思。　⑭还，回顾。虷(hán 含)，蚂蛤之类。一说虷蟹即孑孓。(何善周

《庄子秋水校注辩证》)科斗，即蝌蚪，蟾蜍的幼虫。　⑮莫吾句：是"莫能若吾也"的宾语提前，意谓没有谁能像我那样。　⑯擅，独占。壑(hè 贺)，坑。⑰跨跱(zhì 至)，叉开腿立着。　⑱至，指乐之至，最大的快乐。　⑲夫子，称东海之鳖。时，时时，常。　⑳絷(zhí 执)，绊住。因为鳖大井小，故踏进了一个脚就给绊住。　㉑逡巡，迟疑徘徊的样子。　㉒告之海，即告之以海，把大海的情况告诉井蛙。　㉓举，称，形容。　㉔极，尽，量尽。　㉕潦，同涝，雨大水淹。　㉖而水句：为(wèi 位)，下省"之"字，为之，因此。下句同。加益，愈来愈多，指水位上涨。　㉗而崖句：崖，通涯，指水边。损，减。加损，愈来愈少。句意谓水位不会因此降低。　㉘夫不句：顷，暂。推移，改变。句意谓不会因为时间的长短而有所变化。　㉙多少，指雨水的多少。进退，指水位的升降。㉚适适(tì 剔)然，惊惧的样子。　㉛规规然，局促的样子。自失，指自己感到不如人。　㉜前一个"知"字，通智，智力。竟，通境，界限。　㉝商蚷(jù 巨)，即马蚿。马蚿是生活在陆地的，要它在河水上游走是不行的。　㉞且夫三句：极妙，无限微妙。极妙之言，指庄子的高论。适，快意。是，此。与，通欤。三句意谓：智力不能理解庄子的高论而以得一时之利，自感得意的人，就类似坎井里的青蛙。　㉟且彼句：彼，指庄子。方，正在。跐(cǐ 此)，踩。黄泉，地下泉水。大(tài 太)皇，天高处。句谓庄子的思想能入地登天那么了不起。如《刻意》篇说的："精神上际于天，下蟠于地。"　㊱奭(shì 式)，借为释。释然，毫无阻碍的样子。四解，四面通达。　㊲沦，入。不测，指不可测的深度。　㊳无东无西，王念孙认为应作"无西无东"，"东"与下文"通"押。　㊴始，开头。玄冥，微妙的境界。　㊵反，通返，复归。大通，无所不通的境界。以上七句都是形容庄子思想的博大精深。　㊶子，指公孙龙。乃，却。规规然，浅陋拘泥的样子。察，细看，可引申为今说的狭隘观点。求之以察，用狭隘的观点去衡量。　㊷索，求。辩，善辩。　㊸是直三句：天大地大，而却用管用锥去测量，故说太小。是，此。直，但，仅仅。指，点。指地，点地而量。　㊹寿陵，成玄英说是燕邑，司马注则只说是邑名。疑是赵邑，因为邯郸是赵国国都，而下句说"未得国能"，"国能"即指国都人走路的本领。寿陵余子是赵人，才可以称邯郸为国，如果是燕邑人，就不宜称为国能了。余子，少年。　㊺故行，原来行路的本领。　㊻直，只能。匍匐，爬行。　㊼故，与下句"业"字互文见义。忘故失业，意思都是忘记原有的那一套。

㊽公孙龙二句：形容公孙龙惊呆得张口结舌的样子。呿(qū 驱)，口张开的样子。 ㊾逸，逃。

【点评】 以坎井之蛙观于大海等寓言来说明：以别家学说来看庄子的高论，是不可企及的。

庄子钓于濮水①。楚王使大夫二人往先焉②，曰："愿以境内累矣③！"庄子持竿不顾④，曰："吾闻楚有神龟⑤，死已三千岁矣。王巾笥而藏之庙堂之上⑥。此龟者，宁其死为留骨而贵乎⑦？宁其生而曳尾于涂中乎⑧？"二大夫曰："宁生而曳尾涂中。"庄子曰："往矣！吾将曳尾于涂中⑨。"

【注释】

①濮(pú 仆)水，在今河南省范县。 ②楚王，楚威王。使，派使。先，先去传达楚王的意思。 ③累，拖累，麻烦。《史记·老庄申韩列传》："威王闻庄周贤，使使厚币聘之，许以为相。"这里说的"愿以境内累矣"，就是指请庄子为相的事。 ④竿，钓竿。不顾，不回头，不理睬。 ⑤神龟，龟壳用来占卜，决事神灵，故称"神龟"。 ⑥笥(sì 四)，竹箱。巾笥，装进竹箱，再用巾包起来。 ⑦宁，宁可。留骨而贵，留下骨壳被人珍重。 ⑧曳，摇曳。涂，泥。 ⑨吾将句：庄子用"死为留骨而贵"比喻困于当官事务，用"生而曳尾于涂中"比喻不当官活得自由快乐，而他所取的是后者。

惠子相梁①，庄子往见之。或谓惠子曰②："庄子来，欲代子相。"于是惠子恐③，搜于国中三日三夜④。庄子往见之，曰："南方有鸟，其名为鹓鸰⑤，子知之乎？夫鹓鸰发于南海而飞于北海，非梧桐不止⑥，非练实不食⑦，非醴泉不饮⑧。于是鸱得腐鼠⑨，鹓鸰过之⑩，仰而视之曰：'吓⑪！'今子欲以子之梁国而吓我邪⑫？"

【注释】

①惠子，惠施，曾为梁惠王相。 ②或谓句：庄子未到惠子处，就有人对惠

施说。或，有人。 ③恐，指怕庄子取代自己的相位。 ④搜，查捕。 ⑤鹓鶵(yuān chú 冤除)，像凤凰一类的鸟。 ⑥止，栖息。 ⑦练，或作“竹”字。(见刘文典《庄子补正》)竹实，竹米。 ⑧醴泉，味道甘美如甜酒的泉水。 ⑨鸱，即鷂鹰，这里比喻惠施。腐鼠，腐烂的死老鼠，比喻相位。 ⑩鹓鶵句：比喻庄子到梁国。 ⑪吓，状声词，表示一种惊怕的语气。怕鹓鶵抢吃它的腐鼠。 ⑫以，因，为了。吓我，惊怕我，指惊怕我抢梁国的相位。

【点评】 写庄子辞相，甚至把相位比作腐鼠，表现了作者对权欲的厌恶。说明“无以得殉名”。

庄子与惠子游于濠梁之上①。庄子曰：“鯈鱼出游从容②，是鱼之乐也。”惠子曰：“子非鱼，安知鱼之乐？”庄子曰：“子非我，安知我不知鱼之乐？”惠子曰：“我非子，固不知子矣；子固非鱼也，子之不知鱼之乐，全矣③！”庄子曰：“请循其本④。子曰‘汝安知鱼乐’云者，既已知吾知之而问我⑤。我知之濠上也⑥。”

【注释】

①濠(háo 豪)，水名，在今安徽省凤阳县北。此处有庄子的坟墓。梁，拦河堰。 ②鯈(tiáo 条)鱼，俗称苍条鱼，身窄小而有条纹。从容，自得的样子。 ③全矣，完全如此。意即无可辩驳。 ④循，追溯。本，始，指开头的话题。 ⑤既已句：“汝安知鱼乐”这句话本来是一反诘问句，意谓：“你怎么知道鱼快乐呢？”庄子却用偷换概念的手法进行诡辩，说惠子问的是“你哪儿知道鱼快乐？”把所问的问题换成了地点。这样一来原来的反诘问句就已经包含了肯定庄子是知道鱼的快乐的意思，只是问庄子是在哪儿知道的罢了。故庄子抓住这一点，说明惠子是在已经承认他知道了鱼的快乐的前提下提出问题的。 ⑥我知句：意谓我是在濠梁上知道的。

【点评】 用庄子在濠梁上游而感到鱼在濠水里游的快乐，来表达“反其真”的境界。

至乐第十八

【导读】

至乐，最大的快乐。作者取首句中二字为题，同时标示全文的中心。首段以六个问句虚提篇旨，接着就世俗之所尊、所乐、所苦诸命题正反辩难，然后提出“无为诚乐”的主张。文情抑扬起伏。末段“人也孰能得无为哉”一句，带起以下五个寓言，针对丧妻、病、死、忧愁等俗人之所大苦者，指点迷津，说明死亡、疾病都是自然的变化，只要想通看破，就不值得忧伤了。篇末“万物皆出于机，皆入于机”的科学设想，企图证明生死同流，物我无异，无所谓忧，无所谓乐。故以无为为至乐。故事奇特异趣，出人意表。然情调低沉灰暗。

天下有至乐无有哉？有可以活身者无有哉①？今奚为奚据②？奚避奚处③？奚就奚去④？奚乐奚恶⑤？夫天下之所尊者，富贵寿善也；所乐者，身安厚味美服好色音声也；所下者，贫贱夭恶也；所苦者，身不得安逸，口不得厚味，形不得美服，目不得好色，耳不得音声。若不得者，则大忧以惧⑥，其为形也亦愚哉⑦！夫富者，苦身疾作⑧，多积财而不得尽用，其为形也亦外矣⑨！夫贵者，夜以继日，思虑善否⑩，其为形也亦疏矣⑪！人之生也，与忧俱生。寿者惛惛⑫，久忧不死，何苦也！其为形也亦远矣⑬！烈士为天下见善矣⑭，未足以活身⑮。吾未知善之诚善邪？诚不善邪？若以显善矣，不足活身；以为不善矣，足以活人⑯。故曰："忠谏不听⑰，蹲循勿争。"故夫子胥争之⑱，以残其形；不争，名亦不成。诚有善无有哉？今俗之所为与其所乐，吾又未知乐之果乐邪？果不乐邪？吾观夫俗之所乐，举群趣者⑲，诬诬然如将不得已⑳，而皆曰乐者，吾未之乐也㉑，亦未之不乐也。果有乐无有哉？吾以无为诚乐矣㉒，又俗之所大苦也。故曰："至乐无乐㉓，至誉无誉。"天下是非果未可定也㉔。虽然，无为可以定是非㉕。至乐活身，唯无为几存㉖。请尝试言之：天无为以之清㉗，地无为以之宁。故两无为相合，万物皆化生㉘。芒乎芴乎㉙，而无从出乎㉚！芴乎芒乎，而无有象乎㉛！万物职职㉜，皆从无为殖㉝。故曰："天地无为也而无不为也㉞。"人也孰能得无为哉㉟！

【注释】

①可以活身者，即无为。至乐，亦是无为。分两句设问，一是表示强调，二是说明至乐之道亦即活身之道。　②据，定，安止。与"为"相对。　③避，回避。处，居。　④就，趋向。去，离开。　⑤乐，喜欢。恶（wù误），厌恶。以上四句设问，提示读者思索如何才能至乐活身。　⑥以，而。　⑦为（wèi位）形，指保养身体。　⑧苦身，使身体劳苦。疾，快。疾作，拼命干。　⑨外，外行。⑩否（pǐ匹），本指《周易》中的卦名，意思是：天地不交而万物不通，故有阻塞、衰

败的意思。善否，指官运亨通与阻滞。　⑪疏，远。与上“外”字义近。　⑫惛惛，神智不清的样子。　⑬远，指与活身之道相距甚远。　⑭烈士句：为，被。见，通现。句谓烈士被天下人所称善。　⑮未足句：因为已经牺牲，所以无身可活。　⑯足以句：烈士多为救人救国而牺牲，故说“活人”。活，作使动用。⑰忠谏二句：忠谏而君主不接受，往往会因此得罪，故不如退却而不要与君主强争。蹲(dūn 吨)循，通逡巡，迟疑退却的样子。　⑱故夫二句：吴王夫差接受越王勾践求和的要求，子胥忠谏强争而不接受，后来还赐剑让子胥自杀。见《胠箧》篇“子胥靡”注。　⑲举群，成群。趣，趋向，倾向。　⑳诬诬(kēng 坑)，争着跑去的样子。　㉑吾未二句：之，指世俗所说是快乐的事。未之乐，即未乐之，还未感到快乐。未之不乐，即未不乐之，没有感到不快乐。意即乐与不乐都有待证实。其实作者认为这是不乐的，但文中这样左右假设，是行文的变化，以此加强说服力与吸引力，并表现自己一种无所谓的态度。　㉒吾以二句：无为才是真正的快乐，而世俗以追名逐利为快乐，故以寂寞无为为“大苦”。　㉓至乐二句：最大的快乐就是无所谓快乐，最大的荣誉就是无所谓荣誉。　㉔天下句：从上述对苦乐看法的分歧，引出是非难辨的问题。　㉕无为句：是非难辨，只好不去辨它。无为即忘却是非，任由是非自然存在。是，自然就是是，非，自然就是非，故说：“可以定是非。”　㉖唯无句：几，近。存，在。句谓只有无为接近于至乐活身之道。说“几存”而不说必然如此，是因为还有待于在下文加以论证。　㉗天无为二句：无为之道又叫“一”，即绝对的统一，没有矛盾斗争，故天地因此而清静。以，因。意出于《老子》：“天得一以清，地得一以宁。”　㉘生，原本无，据刘文典《庄子补正》补。㉙芒芴，即恍惚，形容无为的景象。《老子》：“无为之象是谓恍惚。”　㉚无从出，没有生出的地方。上句说，万物都是在恍惚中化生出来的，故无法知道它们的出处。㉛象，迹象。无为之道难以捉摸，故说“无有象”。　㉜职职，繁多的样子。㉝皆从句：都是从两无为相交合中繁殖出来的。　㉞天地句：无为，指一清一宁。无不为，指能繁殖万物。　㉟人也句：世俗之人只知有为，不懂无为，故作者有这种感叹，感叹学得无为的人太少，感叹无为难得。

【点评】 说明无为就是最大的快乐，无为才能无所忧虑，无所惧怕。

庄子妻死，惠子吊之，庄子则方箕踞鼓盆而歌①。惠子曰："与人居，长子、老、身死②，不哭亦足矣③，又鼓盆而歌，不亦甚乎!"庄子曰："不然。是其始死也④，我独何能无概⑤！然察其始而本无生⑥；非徒无生也，而本无形⑦；非徒无形也，而本无气。杂乎芒芴之间⑧，变而有气，气变而有形，形变而有生。今又变而之死。是相与为春秋冬夏四时行也⑨。人且偃然寝于巨室⑩，是我噭噭然随而哭之⑪，自以为不通乎命⑫，故止也⑬。"

【注释】

①方，正在。箕踞(jī jù 基据)，古人席地而坐，坐时两腿伸直岔开，像个簸箕，这是一种不拘礼节的坐法。鼓，敲击。鼓盆，当作奏乐。 ②人，指庄子妻。居，生活。长子，生育儿女。 ③亦足，也够得上不合情理。 ④是，此，指其妻。 ⑤概，借为慨，感叹。 ⑥察，考察，推究。始，原先。其始，指其妻未有性命的时候。 ⑦形，形骸。 ⑧杂乎句：在尚未有人的性命、人的形骸、以及变成人的那种气(一种微妙的道的作用)的时候，而混杂在恍惚之间的是什么呢？就是无为之道。以下三句说明"两无为相合，万物皆化生"的过程。 ⑨是相句：是，此，指其妻的生死变化。句谓这种变化只不过如四季的运行变化一样，是自然而然地进行的。 ⑩偃，通晏，安。寝，卧。巨室，指天地。 ⑪噭噭(jiào 较)，表现哭声的状声词。 ⑫自以为句：生死是自然的变化，而我却为之而哭，故说是不懂天命。以为，认为。 ⑬止，指停止哭泣。

【点评】 说明生死是自然的变化，无须为之而悲伤。

支离叔与滑介叔观于冥伯之丘①，昆仑之虚②，黄帝之所休③。俄而柳生其左肘④，其意蹶蹶然恶之⑤。支离叔曰："子恶之乎?"滑介叔曰："亡⑥，予何恶！生者，假借也⑦。假之而生生者⑧，尘垢也⑨。死生为昼夜⑩。且吾与子观化而化及我⑪，我又何恶焉!"

【注释】

①支离叔、滑介叔，都是虚设的人物。支离表示忘形，滑介表示忘智。观，游览。冥伯，丘名，有恍惚不清的意思。观于冥伯之丘，比喻进入了混混沌沌的境界。②虚，通墟。昆仑之墟，比喻遥远渺茫、不易达到的境界。 ③休，止。所休，止步的地方。《天地》篇说“黄帝登乎昆仑之丘”。可见上述三者其实是同一境界。④俄而，一会儿。柳，假借为瘤。其，指滑介叔。 ⑤蹶蹶（guì 贵），惊动的样子。 ⑥亡，通无。 ⑦假借，寄托。把人生看作只不过是大道的一时寄托。⑧假之而生，即假之而生者，指人的形骸，因为人的形骸是大道寄托而生的。假之而生生者，即形骸生的，指肿瘤。 ⑨尘垢，比喻渺小。 ⑩昼夜，比喻平常而又自然的变化。言外之意是说：死生尚且属于平常的变化，而肘上生瘤就更不算什么了。 ⑪观化，观察事物的变化。回应上文“观于冥伯之丘”的“观”字。化及我，说明我也在变化中，指生瘤。

【点评】 说明疾病也是一种自然变化在人身上的反映，故不要为之介意。

庄子之楚①，见空髑髅②，髐然有形③。撽以马捶④，因而问之，曰：“夫子贪生失理而为此乎⑤？将子有亡国之事、斧钺之诛而为此乎⑥？将子有不善之行，愧遗父母妻子之丑而为此乎⑦？将子有冻馁之患而为此乎⑧？将子之春秋故及此乎⑨？”于是语卒，援髑髅⑩，枕而卧。夜半，髑髅见梦曰⑪：“向子之谈者似辩士⑫，视子所言，皆生人之累也⑬，死则无此矣。子欲闻死之说乎⑭？”庄子曰：“然。”髑髅曰：“死，无君于上，无臣于下，亦无四时之事，从然以天地为春秋⑮，虽南面王乐，不能过也。”庄子不信，曰：“吾使司命复生子形⑯，为子骨肉肌肤⑰，反子父母、妻子、闾里、知识⑱，子欲之乎？”髑髅深矉蹙颏曰⑲：“吾安能弃南面王乐而复为人间之劳乎！”

【注释】

①之，往。 ②髑髅（dú lóu 独楼），死人的头骨。 ③髐（xiāo 消）然，骨头干枯的样子。有形，具有生人头颅的形状。 ④撽（qiào 窍），敲击。捶，通箠

(chuí 垂)，鞭子。 ⑤贪生，过分追求人生欲望。失理，违反天理。为此，造成如此，指导致死亡。 ⑥将，抑。 ⑦遗(wèi 位)，给。愧遗父母妻子之丑，羞愧地给父母妻子丢了脸。意即做了坏事。 ⑧馁(něi 内上声)，饿。 ⑨春秋，年纪。商代和西周前期，一年只分春秋二季，故古代多以春秋代表一年，再引申为年纪。 ⑩援，拉。 ⑪见，通现，显。 ⑫向，原本无，依《阙误》引张君房本补。 ⑬累，拖累，负担。 ⑭死之说，关于死的说法。 ⑮从(zòng 粽)，通纵。纵然，放纵自由的样子。以，因，循。以天地为春秋，随顺着天地自然的变化过日子。 ⑯司命，主管人生命的神。 ⑰为，造。 ⑱反，通返，恢复。闾里，指同一里巷住的人，即邻居。知识，熟悉的人。 ⑲矉(pín 贫)，通颦。頞，即额字。深矉蹙頞，深深地皱眉头，表示忧愁的样子。

【点评】 说明死了比活着还要快乐，因为死了可以摆脱人生的忧患劳苦。这充分体现出作者极端的厌世思想。

颜渊东之齐，孔子有忧色。子贡下席而问曰[①]：“小子敢问：回东之齐，夫子有忧色，何邪?”孔子曰：“善哉汝问。昔者管子有言[②]，丘甚善之[③]，曰：‘褚小者不可以怀大[④]，绠短者不可以汲深。’夫若是者，以为命有所成而形有所适也[⑤]，夫不可损益[⑥]。吾恐回与齐侯言尧、舜、黄帝之道[⑦]，而重以燧人、神农之言[⑧]。彼将内求于己而不得[⑨]，不得则惑[⑩]，人惑则死。且女独不闻邪？昔者海鸟止于鲁郊[⑪]，鲁侯御而觞之于庙，奏九韶以为乐[⑫]，具太牢以为膳[⑬]。鸟乃眩视忧悲[⑭]，不敢食一脔[⑮]，不敢饮一杯，三日而死。此以己养养鸟也[⑯]，非以鸟养养鸟也。夫以鸟养养鸟者，宜栖之深林，游之坛陆[⑰]，浮之江湖，食之鳅鲦[⑱]，随行列而止[⑲]，委蛇而处[⑳]。彼唯人言之恶闻[㉑]，奚以夫哓哓为乎[㉒]！咸池九韶之乐[㉓]，张之洞庭之野[㉔]，鸟闻之而飞，兽闻之而走，鱼闻之而下入[㉕]，人卒闻之[㉖]，相与还而观之[㉗]。鱼处水而生，人处水而死。彼必相与异[㉘]，其好恶故异也[㉙]。故先圣不一其能[㉚],不同其事[㉛]。名止于实[㉜]，义设于适[㉝]，是之谓条达而福持[㉞]。

【注释】

①下席，退出席位。　②管子，管仲，春秋齐国人。公元前685年起任齐桓公的宰相四十年，死于公元前645年。旧说他著《管子》一书，共二十四卷。但多属后人所作。　③善，赞赏。　④褚小二句：褚（zhǔ 主），装衣的袋子。怀大，装大的东西。绠（gěng 哽），吊水用的绳子。汲深，从深的井里汲水。这两句不见于今本《管子》。　⑤以为句：成，定。适，合。句意谓事物各有其自然的本分。⑥夫不可句：不能随意减少或增加，否则失去了它的本分。　⑦道，与下句的"言"，都是指理论、主张。　⑧重，再加。　⑨彼，指齐侯。内求于己，以尧、舜等人的主张来要求自己。　⑩不得二句：办不到则产生疑惑，疑惑而不解则忧愁苦闷，甚至死亡。　⑪昔者二句：《国语·鲁语》："海鸟曰爰居，止于鲁东之外三日，臧文仲使国人祭之。"可见当时有这种传说。这种鸟很大，举头则高达八尺，形似凤凰。古人迷信，认为是神鸟。故设酒祭拜。鲁郊，鲁城的郊外。御（yà 讶），通迓，迎接。觞（shāng 伤），本指饮酒器具，这里作动词用，意即以酒招待。⑫九韶，舜时代的乐曲名，是在十分隆重的场合才演奏的。　⑬太牢，牛羊猪三者都具备的祭祀规格。膳，所供食品。　⑭眩视，看得眼花。　⑮脔（luán 栾），切成小块的肉。　⑯此以二句：己养，自己生活所需的东西，如上说的酒肉、音乐之类。鸟养，鸟生活所需的东西。二句比喻颜回要用不适合于齐侯需要的一套主张去游说齐侯。　⑰坛，通坦。坦陆，广阔的大地。　⑱鳅（qiū 秋），泥鳅。鲦（tiáo 条），亦作鲦或鯈，即苍条鱼。　⑲行列，指海鸟群的行列。　⑳委蛇（wēi yí 威移），通逶迤，从容自得的样子。　㉑彼唯句：它只要听到人的声音就讨厌。　㉒奚，何。以，用。夫，那个，指九韶之乐。譊譊（náo 挠），喧闹的声音。为，语末助词。　㉓咸池，黄帝时乐曲名。　㉔张，设，演奏。　㉕下入，深入水里。　㉖人卒，众人。　㉗相与句：共同围绕着看。还，通环，围绕。　㉘相与异，相互不同，指生活各有特性。　㉙故，通固，本来。㉚不一其能,不把他们的性能看作一样。　㉛不同其事，不使他们的工作相同。㉜名止于实，名义要限于与实际相符。止，限。　㉝义设于适，义理要确定得适宜。　㉞是，此，指上述先圣所做的。条达，条理通达，指心情顺畅。持，持有。福持，与《渔父》篇"爵禄不持"意正相反，谓获得幸福。

【点评】 说明时代不同、环境不同、种类不同，则好恶、本能亦不同。故不能相互勉强或强加于人，而应无为而顺其自然。只有这样，才能一切顺心而获得幸福。

列子行，食于道，从见百岁髑髅①，攓蓬而指之曰②："唯予与汝知而未尝死、未尝生也③。若果养乎④？予果欢乎？"种有几⑤，得水则为㡭⑥，得水土之际则为蛙蠙之衣⑦，生于陵屯则为陵舄⑧，陵舄得郁栖则为乌足⑨，乌足之根为蛴螬⑩，其叶为胡蝶⑪。胡蝶胥也化而为虫⑫，生于灶下⑬，其状若脱⑭，其名为鸲掇。鸲掇千日为鸟，其名为干余骨⑮。干余骨之沫为斯弥⑯，斯弥为食醯⑰。颐辂生乎食醯⑱，黄軦生乎九猷⑲，瞀芮生乎腐蠸⑳，羊奚比乎不箰㉑，久竹生青宁㉒，青宁生程㉓，程生马㉔，马生人，人又反入于机㉕。万物皆出于机，皆入于机。

【注释】

①从，因。以下本段文句多见于《列子·天瑞》。　②攓（jiǎn 简），拔。属南楚方言。蓬，草。因髑髅在草丛中，故要攓蓬。　③唯予句：女，你。而，乃。髑髅无知，"无知"即不知分辨所谓生与死。列子用道的观点看，亦无所谓生死。故列子亦无所谓生，髑髅亦无所谓死，生死等同。　④若果二句：若，你。养，通痒，心烦的样子。这是指死而言。欢，指生而言。　⑤几，微。种有几，种子有微妙的地方。　⑥得水句：㡭，同继，亦作继，水绵。句谓种子得到水的滋润就会长出水绵。　⑦蠙（bīn 宾），蚌之类。衣，能披盖其他东西，故称。蛙蠙之衣，生在水边而能遮盖蛙蚌之类的一种植物。大概如蕴藻、浮萍之类。楚人叫蛙蠙之衣，江东叫虾蟆衣。　⑧陵屯，土堆。陵舄（xì 戏），车前，泽泻之类。　⑨郁栖，粪土。乌足，车前、泽泻的变种。　⑩蛴螬（qí cáo 齐曹），俗称地蚕、土蚕，是金龟子的幼虫。　⑪其叶句：胡蝶的蛹寄生在乌足的叶上，化虫时就好像是乌足的叶变成似的，故有此说。　⑫胥（xū 须），不久。　⑬灶，同灶。　⑭其状二句：鸲掇（qú duō 渠多），干余骨的幼虫。由于形状幼嫩，故好像刚脱壳出来一

样。 ⑮干余骨，可能是一种十分硬的甲虫，故名。在古代蜚虫也可以称为鸟的，如《大戴礼记·夏小正》："丹鸟羞白鸟。"丹鸟指萤，白鸟指蚊蚋。 ⑯沫，吐出的黏液。 ⑰食醯（xī 希），醋。斯弥经久发酸如醋，故称。 ⑱颐辂（yí lù 夷路），即醯鸡，又称蠛蠓。古人以为酒醋上的白霉变成的。《尔雅》郭注说蠛蠓是小虫似蚋。《荀子·劝学》："醯酸而蜹聚焉。"荀子直把蠛蠓当作蜹（通蚋），说明两者是很难分辨的，都是酸湿处滋生出来的小虫。 ⑲黄軦（kuàng 况），虫名。九，通久。猷，通酋，酒。九猷，过时的酒，即坏了的甜酒。 ⑳瞀芮（mào ruì 冒锐），小蚊虫。 蠸（quán 权），通獾，野猪。腐蠸，腐烂的野猪。 ㉑羊奚，疑即竹菰，生在腐朽的竹节上。比，连。不箰（sǔn 笋），不生笋的竹。 ㉒久竹，陈腐的竹。青宁，竹根虫。 ㉓程，豹。这是秦人的叫法。 ㉔马，高亨认为是"为"字形近而误，或者后人对"为"字不理解而改为"马"字。他又根据《说文》："为，母猴也。"认为母猴即猕猴。如此下句"马生人"则作"为生人"，与人出于猿之说合。（见《庄子新笺》）但恐怕作者当时还没有猿变人的观念。而且本段所说各种生物的转化，不少推测之辞，并非科学。 ㉕人又句：机，即上文"种有几"之"几"，故用一"又"字，表示承上。句谓万物从那微妙的地方变出来，变到了人，人死后又回到那微妙的境界中去。

【点评】 说明万物的机变是循环反复的，人的生死寿夭也是如此。了解了这种机变的必然性，就可以泰然置之，无须乎忧愁，亦无须乎快乐。这样就能够达到至乐的境界了。

达生第十九

【导读】

本篇是谈养生的。取篇首二字为题，明达养生之意。作者认为：养生的关键在于把生死看破，抛弃名位，排除杂念，在饮食和色欲方面要特别谨慎，保持心地纯朴专一。无所用心，顺乎天理，一切都可以获得成功了。

宣颖谓："前三段(至'反以相天')大意已明，后凡十三段横侧引喻，或明养神之妙，或明养形之非。末段借子扁庆子寄慨。"(《南华经解·达生》)主旨与《养生主》篇相近。文中描述技艺的寓言，蕴含精辟的美学思想，对文艺思想产生了特殊的影响。

达生之情者[①]，不务生之所无以为[②]；达命之情者，不务知之所无奈何[③]。养形必先之以物[④]，物有余而形不养者有之矣[⑤]。有生必先无离形[⑥]，形不离而生亡者有之矣[⑦]。生之来不能却[⑧]，其去不能止。悲夫！世之人以为养形足以存生，而养形果不足以存生，则世奚足为哉[⑨]！虽不足为而不可不为者[⑩]，其为不免矣！夫欲免为形者[⑪]，莫如弃世。弃世则无累，无累则正平[⑫]，正平则与彼更生[⑬]，更生则几矣[⑭]！事奚足弃而生奚足遗[⑮]？弃事则形不劳，遗生则精不亏[⑯]。夫形全精复[⑰]，与天为一[⑱]。天地者[⑲]，万物之父母也。合则成体[⑳]，散则成始[㉑]。形精不亏，是谓能移[㉒]。精而又精，反以相天[㉓]。

【注释】

①达，明白。生，生命，此指养生。情，情理。　②务，求。生，性。所无以为，无法做到的。　③知，通智。所无奈何，无能为力的。　④形，身体。物，物质条件，如衣食等。　⑤物有余句：物质是先决条件，但不是最重要的条件，所以有些人物质条件虽然有余而身体保养得并不好。　⑥无，通毋。离形，即死。　⑦形不离句：性命不离形体即活，活是养生的先决条件，但也不是最重要的条件，故虽不离形，有些人也等于死了一样。　⑧生之二句：却，使之退。去，死。止，留。生死出于自然，出于必然，并非人为所能定的。　⑨则世句：在社会上做事本来是为了谋生，而养形不足以存生，因而何必去管世务！　⑩虽不足二句：虽然不值得去管，但有时不得不管。否则形亦难以自养，故说不可免。⑪为形，谋生。　⑫正平，指心性纯正平和。　⑬正平句：彼，指形体。更生，新生。句谓心性纯正平和则身体亦会随之健康。　⑭几，近。指近于“免为形”。⑮事，世事。生，人生。遗，忘怀。　⑯精不亏，精神不会消耗。　⑰夫形全句：形体不劳累，故健全；精神不消耗，故恢复如初。　⑱为一，结合一体。⑲天地二句：《至乐》篇：“天无为以之清，地无为以之宁。故两无为相合，万物皆化生。”故说是“万物之父母”。　⑳合则句：天地两无为交合则生成万物（包括人）的形体。　㉑散则句：天地分离则物各变为它的开始——返归于天地未分之时的混沌状态。　㉒移，变。能移，指能随天地更生变化。　㉓精之句：相，助。如

果养生得法，使精神进一步完美，进入无为之道那种炉火纯青的境界，就有助于天地自然的发展。故说“反以相天”。

【点评】 说明养生的关键在于抛弃世事，忘却人生。

子列子问关尹曰①：“至人潜行不窒②，蹈火不热，行乎万物之上而不栗③。请问何以至于此?”关尹曰：“是纯气之守也④，非知巧果敢之列⑤。居⑥，予语女。凡有貌象声色者⑦，皆物也，物与物何以相远！夫奚足以至乎先⑧！是色而已。则物之造乎不形⑨，而止乎无所化⑩。夫得是而穷之者⑪，物焉得而止焉⑫！彼将处乎不淫之度⑬，而藏乎无端之纪⑭，游乎万物之所终始⑮。壹其性⑯，养其气⑰，合其德⑱,以通乎物之所造⑲。夫若是者，其天守全⑳，其神无郤㉑，物奚自入焉㉒！夫醉者之坠车㉓，虽疾不死㉔。骨节与人同而犯害与人异㉕,其神全也㉖。乘亦不知也㉗，坠亦不知也，死生惊惧不入乎其胸中，是故遻物而不慴㉘。彼得全于酒而犹若是㉙，而况得全于天乎㉚？圣人藏于天㉛，故莫之能伤也㉜。复仇者㉝，不折镆干；虽有忮心者㉞,不怨飘瓦㉟，是以天下平均㊱。故无攻战之乱，无杀戮之刑者，由此道也㊲。不开人之天㊳，而开天之天。开天者德生㊴，开人者贼生㊵。不厌其天㊶，不忽于人㊷，民几乎以其真㊸。”

【注释】

①子列子，即列御寇。古人称老师为子，并冠在姓氏之前，故称子列子。《庄子》全书对列御寇或称名或称子，而《达生》、《让王》二篇则在列子上加子字。从这两篇看，不少与《列子》书中《黄帝》、《说符》两篇同。故疑是作者抄《列子》文而未改。关尹，老子弟子，姓尹名喜，字公度，为函谷关令，故称关令尹。 ②至人，指得道的人。潜行，入水而行。窒，窒塞。 ③万物之上，最高处。 ④是，此，指上述情况。纯气之守，指在心里保持着纯正之气。 ⑤知，通智。列，类。⑥居，坐。 ⑦凡有三句：虽然万物不同，但同样都是有形状声色的东西，故相

差不远。貌象，形状。 ⑧先，指物之先，物产生之前，即虚无状态。与下句“色”对举。色，指可以见到的东西。 ⑨造，塑造，产生。不形，没有形体的，指道。 ⑩止，终。无所化，指无为的道。因为万物是道所化育的，而道是万物之祖，它不是谁所化育的。 ⑪是，此，指上述万物为道所生，而又终返于道这种反复循环的道理。穷，通晓。 ⑫物焉得句：由于看破万物变化的道理，因此对万物毫不介意，故不会把外物放在心上。焉得，哪能。止，留。焉，于此。此指通晓天道的心。 ⑬彼，指“得是而穷之者”，亦即至人。处，守。淫，滥，超越。不淫之度，即恰如其分，指合乎天道的分寸。 ⑭端，尽头。无端之纪，即循环之理。 ⑮游，游心。万物从道生，又终返归于道。故万物之所终始即是无为之道。 ⑯壹其性，使心性纯一。 ⑰养其气，保养纯正之气。意同上文说的“纯气之守”。 ⑱合其德，使德性与天道相合。 ⑲物之所造，即造物者，亦即是道。 ⑳天守，指得道者的心性，因能保守天道，故称。全，完满，健全。 ㉑郤，通隙，漏洞。 ㉒物奚句：天守完满，故外物不能入。意即精神上没有缺口，外物则无路可进。自，从。 ㉓坠车，从车上跌下来。 ㉔虽疾句：虽然会跌伤，但不会致死，即比常人伤势轻些。 ㉕犯害，受害。 ㉖全，健全，指无心于生死得失。因为在作者看来，有心有为就是精神上不健全的人。 ㉗乘亦二句：由于喝醉酒，故乘车与跌车都没有感觉。 ㉘是故句：遻(è饿)，同遌，遇到，碰着。指身体跌下来与地相撞。慴(shè设)，恐惧。句意谓身体虽与外物相碰，但只要精神上不介意，无知无觉，是不会害怕的。 ㉙彼得句：从醉酒中得来的精神健全，尚且有这样的效果。 ㉚而况句：况且从天道修养中所获得的精神健全呢！言外之意是效果更是不可估量。 ㉛藏于天，居心于天道。 ㉜故莫句：由于与物无遻，故不能伤。 ㉝复仇二句：镆干，即镆铘干将的简称。古代传说楚国有夫妇二人善铸剑，夫叫干将，妻叫镆铘。后干将镆铘引申为利剑的代称。句意谓仇乱虽然用利剑杀我，但我报仇只杀仇敌而不折断利剑，因为利剑无心杀我。 ㉞忮(zhì至)心，忌恨之心。 ㉟不怨句：虽然被飘落的瓦片打伤，但瓦片无心伤我，故我无所怨。以上二例说明：只要无心，虽与别人发生矛盾，别人也不会怨我。 ㊱平均，平等。意指人人平等相待。 ㊲此道，指无心无为之道。 ㊳不开二句：意谓不要导致人为造成的情势，而要顺应自然的情势。 ㊴德生，养成良好的道德。生，养成。 ㊵贼生，产生残害的心肠。 ㊶不厌句：厌，满足。天，天德。句意谓无为之道的涵养越充分越好。 ㊷不忽句：忽，疏忽。人，人为。句意谓要谨防人为之害。 ㊸几，近。真，天性。以其真，按着他们天真的本性行事。

【点评】 说明坚信虚无的天道，做到一切顺乎自然，如醉如痴，避免与外界事物矛盾、冲突，就是精神最健全的境界了。有了这样的境界，就能避免许多危害。

仲尼适楚，出于林中①，见痀偻者承蜩②，犹掇之也③。仲尼曰："子巧乎④，有道邪?"曰："我有道也。五六月累丸二而不坠⑤，则失者锱铢；累三而不坠⑥，则失者十一；累五而不坠，犹掇之也。吾处身也⑦，若厥株拘⑧；吾执臂也⑨，若槁木之枝⑩。虽天地之大，万物之多，而唯蜩翼之知⑪。吾不反不侧，不以万物易蜩之翼⑫，何为而不得!"孔子顾谓弟子曰："用志不分，乃凝于神⑬。其痀偻丈人之谓乎⑭!"

【注释】

①出，经过。 ②痀偻（gōu lóu 沟楼），或作佝偻，驼背。承，通拯，引取。蜩（tiáo 条），蝉。承蜩，在竹竿顶端装上胶状物把蝉粘住，是抓蝉的一种方法。 ③犹掇句：说明他粘蝉十分熟练。掇，拾取。 ④巧，纯热。 ⑤五六二句：累，叠。锱铢（zī zhū 资朱），表示极少数。古代六铢等于一锱，四锱等于一两。二句意谓：承蜩者为了提高技巧，在竹竿顶上叠上丸子，使丸子不跌，训练运手镇定。经过五六个月的训练之后，竹竿顶上叠着两个丸子可以不跌下来，这时候承蜩而失败的就极少了。 ⑥累三，即"累丸三"之省。下句"累五"亦同。十一，十分之一。说明失败的更少了。 ⑦处身，运身。指承蜩时身体的动作。 ⑧若厥（jué 决）句：厥，通橛。橛株，树墩。拘（jū 驹），止。句谓身体像木头一样静止不动。 ⑨执，持，控制。 ⑩槁木，枯干的树。 ⑪而唯句：承蜩时要粘住蜩的翅膀，故集中注意，除蜩翼之外，一切都不知不顾。 ⑫不以句：不因为其他东西而转移对蜩翼的注意。易，转换。 ⑬凝，或作疑。俞樾、马叙伦等都认为应作疑。疑通拟，比。以上二句意谓：如果用心专一，就可以与神工相比。 ⑭丈人，古代对老年人的尊称。

【点评】 寓言的本身意义说明排除外界的一切干扰，精神集中，做事就容易取得成功。

这个寓言的“用志不分”，与作者所说的“无心”，是矛盾的统一。对他物无心，才能在承蜩上“用志不分”。

颜渊问仲尼曰：“吾尝济乎觞深之渊①，津人操舟若神②。吾问焉曰：‘操舟可学邪？’曰：‘可。善游者数能③。若乃夫没人④，则未尝见舟而便操之也。’吾问焉而不吾告⑤，敢问何谓也⑥？”仲尼曰：“善游者数能，忘水也⑦；若乃夫没人之未尝见舟而便操之也，彼视渊若陵⑧，视舟之覆，犹其车却也。覆却万方陈乎前而不得入其舍⑨，恶往而不暇⑩！以瓦注者巧⑪，以钩注者惮⑫，以黄金注者殙⑬。其巧一也⑭，而有所矜⑮，则重外也⑯。凡外重者内拙⑰。”

【注释】

①济，渡。渊，深水的地方。觞深，渊名。按下文称“津人”，可见也是渡口。②津人，撑渡船的人。操舟，撑船。神，神妙。说明技巧高明。 ③数（shuò朔），速。数能，很快就会。 ④若乃二句：没人，善于潜水的人。便，轻巧。二句意谓：善于潜水的人，由于熟悉水性，虽然连船都未见过，但撑起来却能轻巧。⑤不吾告，不告吾。指津人答非所问。 ⑥敢问句：问津人所说的是什么意思。⑦忘水，不把水放在心上。因为熟悉水性。 ⑧彼视三句：陵，丘山。却，退。三句谓善潜水的人，把深渊当作丘山，把翻船当作车退坡。 ⑨覆却句：方，端。舍，本指住宅，这里指心，因为心为精神所居，故称。句谓翻船也好，倒车也好，各种危险，挫折出现在眼前都毫不在乎，心里若无其事。 ⑩恶往，到哪儿。暇，闲暇自由。 ⑪注，赌博所投下的钱或物品。巧，轻快。因为输了也只不过是瓦片，故心里没有半点负担。 ⑫钩，银锞。见《胠箧》篇“窃钩者诛”注。惮，怕。⑬殙（hūn昏），心绪紊乱的样子。 ⑭巧，指赌博的技巧。一，一样，指同一个人说。 ⑮矜（jīn斤），慎重，拘谨。因为怕输掉了贵重的东西，所以态度拘谨。⑯重外，注重于身外物（黄金等）。 ⑰凡外重句：由于被身外的利害得失所牵制，

故内心显得笨拙。说明一切都要无心。

【点评】 说明能排除精神上外加的负担，做事才易于成功。

田开之见周威公①，威公曰："吾闻祝肾学生②，吾子与祝肾游，亦何闻焉?"田开之曰："开之操拔篲以侍门庭③，亦何闻于夫子④!"威公曰："田子无让⑤，寡人愿闻之。"开之曰："闻之夫子曰：'善养生者，若牧羊然，视其后者而鞭之。'"威公曰："何谓也?"田开之曰："鲁有单豹者⑥，岩居而水饮，不与民共利⑦，行年七十而犹有婴儿之色，不幸遇饿虎，饿虎杀而食之。有张毅者，高门县薄⑧，无不走也，行年四十而有内热之病以死⑨。豹养其内而虎食其外⑩，毅养其外而病攻其内。此二子者，皆不鞭其后者也⑪。"仲尼曰："无入而藏⑫，无出而阳⑬，柴立其中央⑭。三者若得⑮，其名必极⑯。夫畏涂者⑰，十杀一人⑱，则父子兄弟相戒也⑲，必盛卒徒而后敢出焉⑳，不亦知乎!人之所取畏者㉑，衽席之上㉒，饮食之间，而不知为之戒者㉓，过也!"

【注释】

①田开之，姓田名开之，未详。周威公，崔本作周威公灶。疑灶字为注文误入。《史记·周本纪》："孝王封其弟于河南，是为桓公。桓公卒，子威公代立。"威公的名，史书上没有记载，崔本"灶"字即应是威公名。 ②祝肾，姓祝名肾，未详何人。学生，学习养生之道。 ③操，做。拔，把。篲(huì会)，扫帚。操拔篲，做扫地的工作，意即当学徒。 ④夫子，先生。田开之似乎是向祝肾学道的，故称祝肾为夫子，而且自称是替祝肾做杂务的。 ⑤无，通毋，不要。让，谦让。 ⑥单(shàn善)豹，姓单名豹，鲁国隐士。 ⑦不与句：共利，同利。句意谓与一般所追求的利益不同，因而不会与人争。 ⑧高门，富豪之家。县，通悬。薄，通簿。悬簿，垂帘。竹帘做的门，即指贫苦之家。无不走，说明只要有利可图，即无不钻营。 ⑨内热之病，指为谋利而烦闷引起心火过旺而成的病。 ⑩豹养二句：其内，他的心。养其内，修心养性。其外，他的形体。养其外，谋衣食。 ⑪皆不句：都是顾头不顾尾、顾得不顾失的人。鞭，策励。 ⑫无，通毋。入而

藏，深深地隐藏起来，如单豹。 ⑬阳，外露，出而阳，太过出头露面，如张毅。 ⑭柴立，像木头一样站立，表示无心。中央，指出与入之间。 ⑮三者，指前面说的三句话。得，办得到。 ⑯其名句：必然获得最高的称号。如至人、神人之类。极，最高处。 ⑰畏涂，害怕路途不平安。涂，通途。 ⑱十杀句：假如途中发生十人中有一人被杀害。 ⑲戒，告诫。 ⑳盛卒徒，人马众多。 ㉑取，江南古藏本作最。最畏，最可怕。 ㉒衽(rèn 任)席，睡觉用的席子。衽席之上，指色欲之事。 ㉓为之戒，指对真正可怕的饮食色欲要有所戒备。

【点评】 说明养生不能贪图一时痛快，必须顾及自己行为的后果，尤其在食、色之间，更需谨慎。

文中所记单豹与张毅，二人结局虽然相同，但一个年至七十、一个年仅四十，还是有高低之分的。隐士比追名逐利者好一些，这是作者的倾向性。这又一次证明作者并不主张隐居，而主张做到既混居人中而又要与世无争。

祝宗人玄端以临牢筴说彘[①]，曰："汝奚恶死[②]！吾将三月豢汝[③]，十日戒[④]，三日齐，藉白茅，加汝肩尻乎雕俎之上，则汝为之乎?"为彘谋曰[⑤]："不如食以糠糟而错之牢筴之中[⑥]。"自为谋[⑦]，则苟生有轩冕之尊，死得于腞楯之上、聚偻之中则为之。为彘谋则去之[⑧]，自为谋则取之，所异彘者何也[⑨]！

【注释】

①祝宗人，即祝人、宗人，都是掌管祭祀的官，《周礼·春官》中有大祝、小祝和都宗人、家宗人等。玄，原本作"元"，依《续古逸丛书》本改。玄端，是一种祭祀时穿的斋服，颜色玄黑而样子端正，故称。临，靠近。筴(cè 策)，通柙，木栅。牢筴，猪圈。说(shuì 税)，说服。彘(zhì 至)，猪。 ②汝，指猪。奚，何必。恶(wù 务)，厌恶。 ③豢(huàn 患)，养。 ④十日四句：齐，通斋。斋戒是祭祀的人为了表示自己洁净清白的一种仪式。斋戒期间不饮酒不食肉等。藉白茅，即《在宥》篇所说的"席白茅"，用白茅来做垫子，以表示洁净。尻(kāo 考阴平)，屁股。俎(zǔ 组)，古代祭祀时装肉的器具。上有雕饰，故称雕俎。 ⑤谋，设想。 ⑥错，放。之，下省"于"字。 ⑦自为三句：自为谋，指人为自己打算。苟，假

如。轩，士大夫以上坐的车子。冕，士大夫以上戴的礼帽。乘轩戴冕，表示做了官。腞(zhuàn 篆)，假为辁(quán 全)。楯(shǔn 吮)，假为輴(chūn 春)。辁、輴，都是载柩车。偻，通蒌(lóu 楼)，棺上的装饰。聚，堆积。聚偻，指装饰繁多的棺材。三句意谓：替自己考虑的话，只要生时有爵禄虚荣，死时得厚葬就满意了。 ⑧去，抛弃。之，指代得白茅、雕俎。下句的“之”字指代得虚荣而死。 ⑨所异句：意即和猪一样蠢。

【点评】 说明追求爵禄荣华的人，如同死猪一样。

桓公田于泽①，管仲御②，见鬼焉③。公抚管仲之手曰④：“仲父何见⑤？”对曰：“臣无所见。”公反⑥，诶诒为病⑦，数日不出。齐士有皇子告敖者⑧，曰：“公则自伤，鬼恶能伤公！夫忿滀之气⑨，散而不反，则为不足；上而不下⑩，则使人善怒；下而不上⑪，则使人善忘；不上不下⑫，中身当心，则为病。”桓公曰：“然则有鬼乎？”曰：“有。沈有履⑬。灶有髻⑭。户内之烦壤⑮，雷霆处之⑯；东北方之下者倍阿⑰，鲑蠪跃之⑱；西北方之下者⑲，则泆阳处之⑳。水有罔象㉑，丘有峷㉒，山有夔㉓，野有彷徨㉔，泽有委蛇。”公曰：“请问委蛇之状何如㉕？”皇子曰：“委蛇，其大如毂㉖，其长如辕㉗，紫衣而朱冠。其为物也恶㉘，闻雷车之声则捧其首而立。见之者殆乎霸㉙。”桓公辴然而笑曰㉚：“此寡人之所见者也。”于是正衣冠与之坐㉛，不终日而不知病之去也㉜。

【注释】

①桓公，齐桓公小白。春秋五霸中第一个霸主。田，打猎。泽，沼泽。 ②管仲，管夷吾，齐相。见《至乐》篇“管子”注。御，驾车。 ③见鬼，指桓公看到有鬼。沼泽中多怪物，桓公从未见过，因此以为是鬼。 ④公抚句：表现了桓公惊慌的状态。 ⑤仲父，对管仲的尊称。 ⑥反，通返。 ⑦诶诒(xī yí 希夷)，呻吟声。 ⑧皇子告敖，姓皇子名告敖。 ⑨夫忿滀三句：疑见鬼，过度紧张，因而引起心气愤急，扩散而不能收敛回复，以致体内气虚。忿滀(fèn xù 愤

旭），愤急。反，通返。 ⑩上而二句：愤急之气集中于身体上部而不能下降，则使人易怒。所谓肝火上升之类。 ⑪下而二句：集中于下部而不能上，则心气不足，精神疲弊，故善忘。 ⑫不上三句：集中在身体的中焦当心处，就会影响心机活动而成病。 ⑬沈，污水积聚的地方。履，鬼名。 ⑭灶，通灶。髻（jì继），灶神，传说穿红衣，形状如美女。 ⑮烦壤，尘土积聚的地方。 ⑯雷霆，鬼名，或以声大得名。 ⑰倍，通培。培阿，土堆。东北方之下者倍阿，即倍阿东北方之下。 ⑱鲑蠪（wā lóng 蛙龙），神名，传说状似小孩，长一尺四寸，黑衣，红头巾，大帽子，带剑持戟。跃之，在那里跳跃活动。 ⑲西北方之下者，即倍阿的西北方之下，因承上文而省“倍阿”二字。 ⑳泆（yì 逸）阳，神名，传说头如豹，尾如马。 ㉑罔象，水神名。传说状如小儿，赤黑色，赤爪，大耳，长臂。 ㉒莘（shēn 申），怪兽，形状如狗，有角，身上有五彩花纹。 ㉓夔（kuí葵），一只脚的野兽。见《秋水》篇注。 ㉔彷徨，形状如蛇，两个头，色五彩。㉕请问句：桓公是在泽中打猎看见鬼的，故皇子有意说及，果然引起了桓公的注意。㉖毂（gǔ 谷），车轮中心套轴的部件。 ㉗辕（yuán 袁），车辕子，车前驾牲畜的部分。 ㉘恶，丑陋。 ㉙见之句：殆，近。霸，称霸天下。桓公早有称霸的野心，见怪物以为不吉利，故过分激动，心气愤急而成病。皇子告敖摸透了他的心思，又了解了他所见的情况，故投其所好，借意而说。 ㉚辴（zhěn 枕）然，大笑的样子。 ㉛正衣冠，把衣冠整顿好。之，指皇子告敖。 ㉜不终日，不到一天。

【点评】 说明精神因素对人生命的作用，既可以致人于死地，也可以救死回生。

纪渻子为王养斗鸡①。十日而问：“鸡已乎②？”曰：“未也，方虚憍而恃气③。”十日又问，曰：“未也，犹应向景④。”十日又问，曰：“未也，犹疾视而盛气⑤。”十日又问，曰：“几矣，鸡虽有鸣者，已无变矣⑥，望之似木鸡矣⑦，其德全矣。异鸡无敢应者⑧，反走矣。”

【注释】

①纪渻（shěng 省）子，姓纪名渻子。王，《列子·黄帝》指周宣王。养，训练。斗鸡，专供打架比赛用的鸡。 ②鸡已乎，鸡可以参加斗打了吗？宣颖认为当从

《列子·黄帝》作"鸡可斗已乎"。 ③方，正是。憍，通骄。虚骄，实质空虚而又神态骄傲。恃气，凭着意气。 ④犹应句：向，通响。景，通影。句意谓听到别的鸡的叫声或见到别的鸡的影子还会有反应。说明还存有好斗的心理。 ⑤疾视，憎恶而视。盛气，怒气。表现斗志昂扬。 ⑥无变，不动声色。表明已经没有斗心。 ⑦望之二句：像木鸡一样静寂淡漠，可算是德性完美了。 ⑧异鸡，别的鸡。

【点评】 说明无好胜之心则无所不胜。

孔子观于吕梁①，县水三十仞②，流沫四十里③，鼋鼍鱼鳖之所不能游也④。见一丈夫游之⑤，以为有苦而欲死也⑥。使弟子并流而拯之⑦。数百步而出⑧，被发行歌而游于塘下⑨。孔子从而问焉，曰："吾以子为鬼⑩，察子则人也。请问：蹈水有道乎⑪？"曰："亡，吾无道。吾始乎故⑫，长乎性，成乎命。与齐俱入⑬，与汩偕出⑭，从水之道而不为私焉⑮。此吾所以蹈之也。"孔子曰："何谓始乎故，长乎性，成乎命？"曰："吾生于陵而安于陵⑯，故也；长于水而安于水⑰，性也；不知吾所以然而然⑱，命也。"

【注释】

①观，游览。吕梁，郦道元《水经注》："泗水过吕县南，水上有石梁，谓之吕梁。"在今江苏省铜山县东南吕梁洪。 ②县，通悬。悬水，指水从上直流而下，似从上挂下来。 ③流沫，飞流溅沫。 ④鼋（yuán 元），鳖的一种。鼍（tuó 驼），俗叫猪婆龙，鳄鱼的一种。鳖（biē 憋），甲鱼，俗称王八。不能游，说明水太急。 ⑤丈夫，古代对男子的称呼。 ⑥欲死，指想投水而死。 ⑦并，傍。并流，沿着水流。拯（zhěng 整），救。 ⑧出，浮出水面。指所见丈夫。 ⑨塘，堤。 ⑩吾以二句：孔子见那一丈夫在水中如此悠然自得，感到惊奇，把他看作鬼，但仔细一看却还是人。察，细看。 ⑪蹈水，行水。 ⑫故，习惯。 ⑬齐，通脐，水漩洄而下时，形状像肚脐，故称。 ⑭汩（gǔ 骨），上涌的漩洄。 ⑮从，顺。道，流动的规律。不为私，不按自己的私意动作。 ⑯吾生二句：陵，通淩，即淩水，在江苏省宿迁县故淩城一带，已废。二句谓：初生于淩水，因而安于淩水的环境，这就是习惯。意即上文说的"始于故"，一开始就生活在习惯于水的

环境。 ⑰长于二句：在水上长大，又安于水上的生活。这是培养出来的性能。⑱不知二句：水上活动已经完全成为自然，如同命中固有的本性一样。

【点评】 作者这一寓言的用意，是说明顺于自然而不应有个人的作为。但寓言的实际意义却告诉我们：正是人在长期实践活动中掌握和利用了自然的客观规律才能获得真正的自由。

梓庆削木为鐻①，鐻成，见者惊犹鬼神②。鲁侯见而问焉，曰："子何术以为焉③？"对曰："臣，工人，何术之有！虽然，有一焉：臣将为鐻，未尝敢以耗气也④，必齐以静心⑤。齐三日，而不敢怀庆赏爵禄⑥；齐五日，不敢怀非誉巧拙⑦；齐七日，辄然忘吾有四枝形体也⑧。当是时也，无公朝⑨。其巧专而外骨消⑩，然后入山林，观天性形躯⑪，至矣⑫，然后成见鐻，然后加手焉，不然则已⑬。则以天合天⑭，器之所以疑神者⑮，其是与⑯！"

【注释】

①梓(zǐ子)，管木工的官。庆，名。鐻(jù据)，通簴，一种悬挂钟磬等乐器的木架子，上面雕刻着鸟兽等装饰图像。 ②见者句：由于雕刻的工艺精巧，使看见的人都以为不是人工所做的，而是神鬼所做的。 ③术，道术。焉，此，指精巧的样子。 ④耗气，损耗神气。 ⑤齐，通斋，斋戒。下同。静，"瀞"字省，瀞，通净。 ⑥而不敢句：说明无心于功名利禄。庆，庆贺。 ⑦不敢句：对别人的非议与称赞、对自己做得精巧还是笨拙都不去想它。意即无心于是非美恶。⑧辄然句：辄，止。辄然，不动的样子。枝，通肢。句意说明达到了忘我的境界。⑨无公朝(cháo潮)，无心于公事。 ⑩其巧句：专心于工艺的精巧而排除了外界扰乱心神的事情。骨，通滑，乱。消，亡，排除。 ⑪观天性句：观察自然界鸟兽的神情形状。 ⑫至矣三句：至，得到，指找到了需要的鸟兽情状。见，通现。成见鐻，指把鸟兽的情状画在鐻上。鐻字前省"于"字。加手，指动手雕刻。 ⑬不然，指找不到天性形躯。已，止。 ⑭则以句：上一"天"字指自己心性自然，毫无主观成见与矫揉造作。下一"天"字指外界鸟兽的天然神态。两者相结合，则成鐻上的雕刻。 ⑮疑，通拟。拟神，似神工所做一样。 ⑯其是与，恐怕就是这个原

因吧！与，通欤。

【点评】 以梓庆削木为鐻，说明做事要排除杂念，顺于天然，就能事易工巧。

东野稷以御见庄公①，进退中绳②，左右旋中规③。庄公以为文弗过也④。使之钩百而反⑤。颜阖遇之⑥，入见曰⑦："稷之马将败⑧。"公密而不应⑨。少焉⑩，果败而反⑪。公曰："子何以知之？"曰："其马力竭矣而犹求焉⑫，故曰败。"

【注释】

①东野稷句：东野稷在庄公面前显示驾驭马车的本领。东野，氏。稷，名。《荀子·哀公》、刘向《新序》等书"稷"都作"毕"。"庄公"作"鲁定公"。《吕氏春秋》与此篇同。 ②进退句：中，合。绳，指木匠用绳墨划的直线。句意说明马走得很直。③左右句：规，木匠划圆圈用的工具。句意说明旋转时走的路线很圆。 ④文，清人吴汝伦（著有《点勘庄子》）认为是"父"字之误，且前脱"造"字。《吕氏春秋》作"以为造父弗过也"。造父是周穆王时驾驭马车的能手。 ⑤使之句：钩，弯形，作动词用，兜圈的意思。反，通返。句谓庄公又叫他去兜上一百个圈然后回来。⑥颜阖，《人间世》篇谓"颜阖将傅卫灵公太子"。卫灵公之后为卫出公，卫出公之后为卫庄公，如此，则上文庄公可能指卫庄公。但《荀子》、《新序》记此事时颜阖作颜渊，《孔子家语》作颜回。唯独《吕氏春秋》与此篇同。遇之，指碰见东野稷在那里御马兜圈。 ⑦入见，入见庄公。 ⑧败，垮。 ⑨密，默。 ⑩少焉，一会儿。 ⑪反，通返。 ⑫其马二句：他的马已经筋疲力尽，但为了显示自己的本领还继续强迫马跑，故必然要垮。

【点评】 以东野稷御马的故事，说明追求名誉，违反天性，则事无不败。与上一寓言梓庆以天合天形成鲜明对照。

工倕旋而盖规矩①，指与物化而不以心稽②，故其灵台一而不桎③。忘足④，履之适也；忘要，带之适也；知忘是非，心之适也；不内变⑤，不外从，事会之适也；始乎适而未尝不适者⑥，忘适之适也。

【注释】

①倕(chuí垂)，传说是尧时工人。旋，画圈。盖，合。规矩，偏义复词，只取规义。　②指与句：手指动作随着所造的器物而变化，而根本不用思索。说明他熟练得很。稽，算，量度。　③故其句：灵台，心。桎，通窒。句谓他心性纯一而通达。　④忘足六句：不管足的大小，不管腰的粗细，则不存在鞋子与腰带是否合适的问题；不去计较是非，心性与外物是没有不调和的。要，通腰。　⑤不内变三句：心神如一，不追随外物，遇事就可以顺心应手。事会，遇事。适，合。⑥始乎二句：心性本来是适应自然的，与外物没有不适应的地方。但这种适应，并非是有心去适应，故称之为“忘适之适”。始，本。

【点评】 作者企图说明，对任何事物都无所用心，做事才能顺心。但工倕的经验却正好表明：多费心思才能掌握熟练技巧，达到做起来毫不在意的境界，而绝非无心的结果。

有孙休者[①]，踵门而诧子扁庆子曰[②]：“休居乡不见谓不修[③]，临难不见谓不勇[④]。然而田原不遇岁[⑤]，事君不遇世[⑥]，宾于乡里[⑦]，逐于州部[⑧]，则胡罪乎天哉[⑨]？休恶遇此命也？”扁子曰：“子独不闻夫至人之自行邪？忘其肝胆[⑩]，遗其耳目，芒然彷徨乎尘垢之外[⑪]，逍遥乎无事之业[⑫]，是谓为而不恃[⑬]，长而不宰。今汝饰知以惊愚[⑭]，修身以明污，昭昭乎若揭日月而行也[⑮]。汝得全而形躯[⑯]，具而九窍[⑰]，无中道夭于聋盲跛蹇而比于人数亦幸矣[⑱]，又何暇乎天之怨哉[⑲]！子往矣！”孙子出，扁子入。坐有间，仰天而叹。弟子问曰：“先生何为叹乎？”扁子曰：“向者休来，吾告之以至人之德，吾恐其惊而遂至于惑也[⑳]。”弟子曰：“不然。孙子之所言是邪[㉑]，先生之所言非邪，非固不能惑是；孙子所言非邪，先生所言是邪，彼固惑而来矣[㉒]，又奚罪焉！”扁子曰：“不然。昔者有鸟止于鲁郊[㉓]，鲁君说之，为具太牢以飨之，奏九韶以乐之。鸟乃始忧悲眩视，不敢饮食。此之谓以己养养鸟也。若夫以鸟养养鸟者，宜栖之深林，浮之江湖，食之以委蛇，则安平陆而已矣㉔。今休，款启寡闻之民也㉕，吾告以至人之德，譬之若载鼷以车马㉖，乐鴳以钟鼓也㉗，彼又恶能无惊乎哉㉘！”

【注释】

①孙休，姓孙名休，鲁国人。 ②踵门，古人相见，需经第三者介绍或引进，如亲自叩门求见就叫踵门。诧（chà 岔），惊讶而问。扁，姓。庆子，字。“扁”前的“子”，表示学生对老师的尊称，可能作者是扁庆子的弟子。但后文不再出现这样的称呼，故疑“子”是“于”之误。 ③休居句：见，通现，显露，出名。修，善。句谓自己居住在乡里而没有点名望，说来是不太好的。 ④临难句：遇上危难而不站出来，可以说就是不勇敢的。 ⑤田原，指田原耕作。岁，好时岁。 ⑥不遇世，没有遇上圣君明主的时代。 ⑦宾，通摈。摈于乡里，在乡里被抛弃。 ⑧州部，州邑。 ⑨胡，何。罪，得罪。 ⑩忘其二句：意谓不顾形体，不求聪明。 ⑪芒，通茫。茫然，无知的样子。彷徨，放纵行走的样子。尘垢之外，指一种清净的境界。⑫无事，即无为。 ⑬是谓二句：这就是虽然有所作为但并不自恃，对事物有所助长但并不以主宰者自居。表明一切都顺物自然，虽有为等于无为，虽无为而又有助于事物的发展。 ⑭今汝二句：知，通智。饰智，美化自己的心智。惊愚，令愚顽的人有所惊觉醒悟。明污，把污秽的东西揭露出来。二句都指以教育者自居。⑮昭昭，光明显露的样子。揭，举。揭日月而行，比喻炫耀自己。 ⑯得，能够。全，保全。而，你。下句同。 ⑰具，具备。九窍，指二眼、二鼻孔、一口、二耳、二阴。 ⑱无中句：于，借为阏（è 饿）。夭阏，夭折。蹇（jiǎn 检），跛脚。比，列。比于人数，算作人。句意谓炫耀自己的人，本该早就夭折残废了，而现在身躯完全，没有变成鬼，还能算是属于人的行列，也够幸运了。 ⑲何暇，哪来得及。天之怨，即怨天，宾语提前。 ⑳吾恐句：表示担心孙休闻所未闻，震惊太过而变得更加迷惑。 ㉑孙子三句：是，正确。邪，也。非，错误。固，当然。这三句作一面假设，下三句作另一面假设。 ㉒固，本来。 ㉓昔者句：所引寓言见《至乐》篇注。 ㉔安，原本无，据《阙误》引刘得一本补。平陆，原野。安平陆，放之于原野。 ㉕款启句：款，小孔。启，开。款启，打开一个小孔。犹言一管之见。句谓孙休是个孤陋寡闻的人。 ㉖鼷（xī 奚），小老鼠。以，用。下同。㉗乐，作动词用。鴳（yàn 雁），同鷃，小雀名。 ㉘彼，指小老鼠与小雀。

【点评】 说明对天命埋怨而不顺从的人是难以接受至人的道德教育的。

山木第二十

【导读】

本篇与《人间世》篇相表里。全文一连九个寓言排比而成，将议论寄托于人物之对话。阐明生逢乱世，动辄招祸。只有虚己以游世，才能免除忧患。

庄子行于山中，见大木①，枝叶盛茂。伐木者止其旁而不取也。问其故，曰："无所可用。"庄子曰："此木以不材得终其天年②。"夫子出于山③，舍于故人之家。故人喜，命竖子杀雁而烹之④。竖子请曰："其一能鸣，其一不能鸣，请奚杀？"主人曰："杀不能鸣者。"明日，弟子问于庄子曰："昨日山中之木，以不材得终其天年；今主人之雁，以不材死⑤。先生将何处?"庄子笑曰⑥："周将处乎材与不材之间。材与不材之间，似之而非也，故未免乎累。若夫乘道德而浮游则不然⑦，无誉无訾⑧，一龙一蛇⑨，与时俱化，而无肯专为⑩。一上一下，以和为量⑪，浮游乎万物之祖⑫。物物而不物于物⑬，则胡可得而累邪！此神农、黄帝之法则也⑭。若夫万物之情⑮，人伦之传则不然：合则离⑯，成则毁，廉则挫，尊则议，有为则亏，贤则谋，不肖则欺。胡可得而必乎哉⑰！悲夫，弟子志之⑱，其唯道德之乡乎⑲！"

【注释】

①木，树。 ②不材，不成材。天年，按自然发展应有的寿命。 ③夫子二句：夫子，指庄子。舍，住。故人，老朋友。 ④命竖子句：竖子，童仆。雁，野鹅。烹，读为享，古书"烹"与"享"通用。享，通飨。句谓故人见庄子来，故杀雁招待。 ⑤不材，指不能鸣。 ⑥庄子五句：庄子见弟子所提的问题有趣，故笑。周，庄子名。将，假设之辞。数句意谓：如果一定要在材与不材的关系上有所抉择的话，则只好选择材与不材之间。而其实材与不材之间也没有合乎天道，而只是有点儿近似天道罢了。因此还是难免要受累的。真正得天道的话，则如下文所说。⑦若夫句：乘，用。乘道德，掌握了天道天德。浮游，活动。不然，指不会有所拖累。 ⑧无誉句：对荣誉与指责都无所谓。訾(zǐ 子)，诋毁。 ⑨一龙句：一时可为龙，一时可为蛇。意即不拘高下。龙，比喻飞黄腾达。蛇，比喻低下平庸。⑩无肯，不愿。专为，固守一端。 ⑪和，和顺，指与外物不矛盾。量，量度，引申为标准。 ⑫万物之祖，指虚无的境界。 ⑬物物，主宰外物。不物于物，不为外物所主宰。 ⑭法则，规矩。这句说明作者以神农、黄帝为榜样。
⑮若夫二句：物，事。伦，类。传，习俗。万物与人伦都是指当时社会说的。
⑯合则七句：廉，穷困。挫，压抑。这几句说的是当时万物之情与人伦之传的具体情况：你想合，别人就使你离；你想成功，别人就要破坏；你穷困，别人就压抑你；你尊贵，别人就非议你；你要有所作为，别人就要损害你；你贤能，别人就谋算你；你不肖，别人就欺负你。 ⑰必，指一定如愿。 ⑱志，记。 ⑲其唯句：

只有天道无为的境界才是最美好的。用个“唯”字就把材与不材之间也排除在外了。

【点评】 说明做一个人，成材为患，不成材也为患，不得已的话，只好处于材与不材之间。而处于材与不材之间也难免带来拖累的，只有游于无为的道德境界才是最理想的。

市南宜僚见鲁侯①，鲁侯有忧色。市南子曰：“君有忧色，何也？”鲁侯曰：“吾学先王之道，修先君之业；吾敬鬼尊贤，亲而行之，无须臾离②。居然不免于患，吾是以忧。”市南子曰：“君之除患之术浅矣③！夫丰狐文豹④，栖于山林，伏于岩穴，静也；夜行昼居，戒也⑤；虽饥渴隐约⑥，犹且胥疏于江湖之上而求食焉⑦，定也⑧。然且不免于罔罗机辟之患⑨，是何罪之有哉？其皮为之灾也⑩。今鲁国独非君之皮邪⑪？吾愿君刳形去皮⑫，洒心去欲⑬，而游于无人之野⑭。南越有邑焉，名为建德之国⑮。其民愚而朴，少私而寡欲；知作而不知藏⑯，与而不求其报⑰；不知义之所适⑱，不知礼之将。猖狂妄行⑲，乃蹈乎大方⑳。其生可乐㉑，其死可葬。吾愿君去国捐俗㉒，与道相辅而行㉓。”君曰：“彼其道远而险㉔，又有江山㉕，我无舟车㉖，奈何㉗？”市南子曰：“君无形倨㉘，无留居，以为君车。”君曰：“彼其道幽远而无人㉙，吾谁与为邻？吾无粮㉚，我无食，安得而至焉？”市南子曰：“少君之费㉛，寡君之欲，虽无粮而乃足㉜。君其涉于江而浮于海，望之而不见其崖㉝，愈往而不知其所穷㉞。送君者皆自崖而反㉟。君自此远矣㊱！故有人者累㊲，见有于人者忧㊳。故尧非有人㊴，非见有于人也。吾愿去君之累，除君之忧，而独与道游于大莫之国㊵。方舟而济于河㊶，有虚船来触舟㊷，虽有惼心之人不怒㊸。有一人在其上㊹，则呼张歙之㊺。一呼而不闻㊻，再呼而不闻，于是三呼邪，则必以恶声随之㊼。向也不怒而今也怒，向也虚而今也实㊽。人能虚己以游世㊾，其孰能害之！”

【注释】

①市南宜僚，《左传·哀公十六年》：“市南有熊宜僚者，若得之可以当五百人矣。”可见宜僚姓熊，住在市南，故称市南宜僚。　②离，指离开先王之道与先君之业。　③术，方法。浅，浅陋。　④丰狐，毛长得十分丰厚的狐狸。文豹，身上长有花纹的豹，如金钱豹之类。　⑤戒，警惕。　⑥隐约，困苦。⑦且，原本作旦，依唐写本改。胥疏，犹赵趄，瞻顾而行的样子。　⑧定，审慎。⑨罔，同网。网罗机辟，都是用来捕捉野兽的工具。机辟，见《逍遥游》篇注。⑩其皮句：因为它们的皮上有厚毛、花纹吸引猎人来捕捉，故说“为之灾”。为，造成。⑪今鲁句：意即鲁国就给你带来灾祸。　⑫刳(kū 枯)，剖开而挖空，割弃。刳形，忘身。去皮，指忘国。　⑬洒心去欲，抛弃一切心思欲望。　⑭无人之野，犹言虚无之地，亦即道德之乡。　⑮建德，大德，高尚的道德。　⑯作，劳动耕作。藏，私藏。　⑰与，施舍给人。报，报答。　⑱不知二句：适，往。将，行。二句意谓：不懂所谓遵循什么礼义。　⑲猖狂句：无理智、无目的地活动着。⑳乃蹈句：蹈，踏。大方，大道。句意谓建德之国的人民可说是走上大道了。㉑其生二句：说明生死都得其所。　㉒捐，弃。俗，世俗。　㉓相辅，相助。道助人，人亦助道。《达生》篇“精之又精，反以相天”，就是人助道的意思。但这是自然的辅助，而不是人为的辅助。　㉔远而险，说明十分难行。　㉕江山，表示障碍。　㉖舟车，比喻达道的手段、方法。　㉗奈何，哀叹无法达到大道的境界。㉘君无三句：无，毋。形，势。倨(jù 据)，傲慢。形倨，以形而倨，凭着自己的势位而对人傲慢。留居，安于所处的地位。车，运行工具，比喻到达大道的方法。三句意谓：抛弃势位得失，就是迈进大道的方法。　㉙彼其二句：表明未能忘人。㉚吾无三句：表明未能忘物。　㉛少君二句：费用、欲望都是无止境的，所以应该减少。　㉜虽无句：无止境即不知足，少用寡欲即自然知足，故无粮亦足。作者总是用抑制主观的要求来解决主客观的矛盾。　㉝崖，岸。不见其崖，比喻大道的境地辽阔无际。　㉞愈往句：愈进愈见大道之宽广。　㉟送君句：反，通返。自崖而反，从海岸往回走。指未入道的人。亦说明我与世人告别。　㊱自此远矣，从此以后远离人世，到达彼岸了。　㊲有人，得民，指统治人民。累，拖累，负担。㊳见有于人，被人所统治。　㊴故尧二句：尧时属无阶级社会，无所谓统治与被统治。故作者借用来说明无为的道理。　㊵大莫，广漠。　㊶方舟，两舟并连。

㊷虚船，无人的船。触，撞击。 ㊸虽有句：惼（biǎn 贬）心，心胸狭隘。因来撞的船无人，故“不怒”。 ㊹其上，来撞的船上。 ㊺则呼句：张，开。歙（xì 细），收敛，合拢。句谓呼叫对方撑开或者靠拢，使双方避免撞击。 ㊻不闻，指对方不听。 ㊼恶声，辱骂之声。随，伴随。 ㊽虚、实，指船上无人、有人。 ㊾人能二句：虚己，把自己看作不存在一样。二句谓人能像虚船一样，无心于事，在社会上与人交往，人亦不会与我计较，故不会被人所害。

【点评】 说明放弃权位，洗心寡欲，就可以达到彼岸——建德之国。“故有人者累，见有于人者忧。”认为当统治者与当被统治者都不好，而要谋求一种既不统治人、也不被人统治的生活，超脱于社会之外。要做到这样，主要是“虚己以游世”，避免与任何人事产生矛盾。这是作者的“除患之术”。

北宫奢为卫灵公赋敛以为钟①，为坛乎郭门之外②。三月而成上下之县③。王子庆忌见而问焉④，曰：“子何术之设？”奢曰：“一之间无敢设也⑤。奢闻之：‘既雕既琢⑥，复归于朴。’侗乎其无识⑦，傥乎其怠疑⑧。萃乎芒乎⑨，其送往而迎来。来者勿禁，往者勿止。从其强梁⑩，随其曲傅⑪，因其自穷⑫。故朝夕赋敛而毫毛不挫⑬，而况有大涂者乎⑭！”

【注释】

①北宫奢，卫国大夫，名奢，因居住北宫，故以为号。赋敛，征收，指征收造钟的材料。 ②坛，用土筑高而成，作为祭祀的场所。造钟要先祭神，故为坛。 ③县，通悬。钟是挂在钟架上的，悬挂钟的部分就叫县。架分两层，故说上下之县。这是一种编钟。 ④王子庆忌，可能是周的王子而又在卫国做官的，庆忌是名。 ⑤一之间句：只抱纯一之道，除此之外不敢存有别的想法。 ⑥既雕二句：经过了一番雕琢之后，返归于原始纯朴的状态。 ⑦侗（tóng 同），幼稚无知的样子。 ⑧傥（tǎng 倘），通惝，思虑迟顿的样子。怠疑，通佁儗，呆笨的样子。 ⑨萃乎句：萃，聚集。芒，昏昧不明的样子。句谓造钟的材料不断地收集，但心里还是没个打算。 ⑩强梁，强横，即不服从的样子。 ⑪傅，通附。曲傅，顺从依附。 ⑫因其句：由他们尽力而为。穷，尽。从“既雕既琢”到这里，说的都是赋敛时的态

度，是“一之间无敢设也”的具体描写，显得毫不着急，不管人们交纳多少、好坏、服从与不服从，都听其自然。 ⑬挫，损害。 ⑭大涂，大道。

【点评】 记叙了北宫奢赋敛造钟的故事，说明做事时能够心不在焉，听其自然就可以完成迅速而又效果良好。

孔子围于陈蔡之间①，七日不火食。大公任往吊之②，曰：“子几死乎？”曰：“然。”“子恶死乎？”曰：“然。”任曰：“予尝言不死之道③。东海有鸟焉，其名曰意怠④。其为鸟也，翂翂翐翐⑤，而似无能；引援而飞⑥，迫胁而栖⑦；进不敢为前，退不敢为后；食不敢先尝，必取其绪⑧。是故其行列不斥⑨，而外人卒不得害，是以免于患。直木先伐⑩，甘井先竭。子其意者饰知以惊愚⑪，修身以明污，昭昭乎如揭日月而行，故不免也。昔吾闻之大成之人曰⑫：‘自伐者无功⑬，功成者堕⑭，名成者亏。’孰能去功与名而还与众人⑮！道流而不明居⑯，得行而不名处；纯纯常常⑰，乃比于狂⑱；削迹捐势⑲，不为功名。是故无责于人⑳，人亦无责焉。至人不闻㉑，子何喜哉㉒！”孔子曰：“善哉！”辞其交游，去其弟子，逃于大泽，衣裘褐㉓，食杼栗㉔，入兽不乱群㉕，入鸟不乱行。鸟兽不恶，而况人乎！

【注释】

①孔子句：见《天运》篇注。 ②大公，对老者的称呼，犹今语老爷爷。任，名。吊，慰问。 ③尝，试。 ④意怠，这只海燕的名称。古时燕叫乙或鳦，意与乙同音假借。怠，是取其怠慢无能的特点而命名。这是寓言。 ⑤翂翂（fēn纷）翐翐（zhì秩），飞得迟缓不高的样子。 ⑥引援，作被动用法，被引援，被同群所牵带。意即跟随。 ⑦迫胁，意即偎倚，挤在群鸟中间。 ⑧绪，剩余。 ⑨是故二句：行（háng杭）列，队伍。斥，排斥。卒，终于。得，能。 ⑩直木二句：直木比较有用，故被人先砍掉；甘美的井，人人来取，故水先枯竭。都是说明有用的害处。 ⑪子其三句：见《达生》篇注。 ⑫大成之人，指道德修养极高的人，如老子。 ⑬伐，夸。 ⑭功成二句：说明有所成则有所败，有所得则

有所失。堕(huī 灰)，通毁，败。 ⑮孰能句：本来自己与众人一般，功成名遂之后，则显得出众过人。如果抛弃了功名，又可以返同于众人了。孰，谁。还，返。 ⑯道流二句：明居，居于显露的地方。得，通德。名处，处在被称颂的位置。流、行，都是运动、作用的意思。道德的作用，反映在有道德的人身上，就是与万物共处，而并非显露在万物之上。 ⑰纯纯常常，纯朴而又平凡的样子。 ⑱比，似。狂，比喻举动无目的。 ⑲削迹，不留痕迹。当然更不愿留芳千古之类了。捐势，抛弃权势。 ⑳责，求。 ㉑至人，即大成之人。不闻，不求以功名闻于世。 ㉒喜，指热衷于功名。"喜"下省"闻"字。 ㉓衣，穿。裘褐(qiú hè 求贺)，粗陋的衣服。 ㉔杼(shù 树)，通芧，橡实。芧与栗都是粗糙的食物。以上几句都是说明孔子弃世的态度。 ㉕入兽二句：说明与鸟兽同心，所以能与鸟兽同群，鸟兽也不惊怕。

【点评】 说明抛弃功名，与世无争，则可以免祸。寓言中所写的孔子是作者塑造的孔子，而并非真正的孔子。

孔子问子桑雽曰①："吾再逐于鲁②，伐树于宋③，削迹于卫，穷于商周，围于陈蔡之间。吾犯此数患，亲交益疏，徒友益散，何与？"子桑雽曰："子独不闻假人之亡与④？林回弃千金之璧⑤，负赤子而趋⑥。或曰：'为其布与⑦？赤子之布寡矣；为其累与⑧？赤子之累多矣。弃千金之璧，负赤子而趋，何也？'林回曰：'彼以利合⑨，此以天属也⑩。'夫以利合者，迫穷祸患害相弃也⑪；以天属者，迫穷祸患害相收也⑫。夫相收之与相弃亦远矣，且君子之交淡若水，小人之交甘若醴⑬。君子淡以亲⑭，小人甘以绝⑮，彼无故以合者⑯，则无故以离。"孔子曰："敬闻命矣！"徐行翔佯而归⑰，绝学捐书⑱，弟子无挹于前⑲，其爱益加进⑳。异日，桑雽又曰㉑："舜之将死，真泠禹曰㉒：'汝戒之哉！形莫若缘㉓，情莫若率㉔。'缘则不离㉕，率则不劳㉖。不离不劳，则不求文以待形㉗。不求文以待形，固不待物㉘。"

【注释】

①子桑雽(hù 户)，即《大宗师》篇的子桑户。 ②吾再逐句：鲁昭公时，昭公

想除掉季氏的势力，结果失败，出奔国外。孔子当时站在昭公一边反对季氏，故亦被迫跑到齐国去。鲁定公时，孔子为大司寇，参与国政。齐人担心鲁国强大后危及自己，故送女乐给鲁定公及季桓子，使鲁国君臣无心管理国家政事，孔子又不得已跑到卫国去。这就是孔子两次被逐的事。详见《史记·孔子世家》。 ③伐树四句：见《天运》篇注。 ④假，国名。亡，逃亡。 ⑤林回，假国逃亡者之一。千金之璧，价值千金的玉璧。 ⑥负，背负着。赤子，小孩。趋，快走。 ⑦布，钱。 ⑧为其累，为了减轻拖累。 ⑨彼，指那些不舍得千金之璧而不顾小孩的人。以利合，根据利害来相互结合。 ⑩此，指林回与赤子。以天属，从天性出发相关怀。 ⑪迫穷祸患害，表示艰难的处境。 ⑫相收，相关照。 ⑬醴(lǐ礼)，甜酒。甘若醴，比喻一种利害相关的甜密亲热的感情。 ⑭君子句：不讲利害，故显得淡；天性相属，故变得亲。 ⑮小人句：一切计较利害，故有利则甘，无利则绝交。 ⑯彼无故二句：无故，无缘无故。这几句答复孔子"亲交益疏，徒友益散，何与"的问题。 ⑰徐行，慢步。翔佯，犹徜徉，徘徊。 ⑱绝学句：把学问书本抛弃，表示从此不学不教。 ⑲挹，通揖，拱揖行礼。 ⑳其爱句：说明爱不在礼仪形式上，而在于内心上。 ㉑桑雽句：他日孔子又求教于子桑雽。因承上文而省。只记载了桑雽回答的话。 ㉒真，王引之认为是"迺"字误为"直"，再误为"真"。泠，唐写本作命。真泠，即迺(通乃)命。宣颖作"其命"。 ㉓形，形态，行为表现。缘，顺。 ㉔率，率真。 ㉕缘则句：既然与万物和顺，故相混同而无区别。 ㉖率则句：既然性情率真，就无须费心机。劳，费心神。 ㉗文，装饰。既然与万物无所谓区分，何须要装饰？故说不求文。连心神都不用花费，哪里还需要外表的行为表现？故说不待形。文，装饰。以，与。待，需要。形，形迹，指行为表现。 ㉘固，通故，或作故。

【点评】 说明人与人之间不能以利害相交，而应该从天性出发，感情像清水那么淡薄。

庄子衣大布而补之[①]，正緳系履而过魏王[②]。魏王曰："何先生之惫邪[③]？"庄子曰："贫也，非惫也。士有道德不能行[④]，惫也；衣弊履穿[⑤]，贫也，非惫也，此所谓非遭时也。王独不见夫腾猿乎[⑥]？其得柟梓豫章也⑦，揽蔓其枝而王长其间⑧，虽羿、蓬蒙不能眄睨也⑨。及其得柘棘枳枸之间也⑩，危行侧视⑪，振动悼栗⑫，此筋骨非有加急而不柔也⑬，处势不便⑭，未足以逞其能也⑮。今处昏上乱相之间而欲无惫⑯，奚可得邪？此比干之见剖心⑰，征也夫！”

【注释】

①大布，粗布。　②縻（xié 邪），麻的一端。正縻，使麻丝的头端整齐。系履，绑好鞋子。古代见国君是要整容的。过，过访。魏王，梁惠王。　③惫（bèi 备），潦倒的样子。　④行，实行。　⑤弊，破。　⑥腾猿，善跳跃的猿。　⑦得，遇上，处在。柟（nán 南），即楠树。梓，又叫楸。豫章，即樟树。都是大树。　⑧揽，把捉。蔓，通曼，攀引。王长其间，在其间称王称长。　⑨虽羿句：羿，传说是尧时的著名射手。蓬蒙，是羿的学生。都以善射著称。眄（miàn 面）睨（nì 逆），斜视。句谓腾猿得其所，故活动自如，连善射的人也不敢看它一下。意即对它无可奈何。　⑩柘（zhè 蔗），桑属。棘，似枣树而小，多刺。枸（gōu 勾），香橼，有短而硬的刺的一种小树。　⑪危行，正色而行。因树多刺，故行走时严肃谨慎。侧视，害怕而不敢正视的样子。　⑫振，通震。悼，惧怕。栗，战栗。　⑬急，紧。柔，松软。　⑭便，利。　⑮逞，显示。能，本领。　⑯今处二句：前说非惫，今又说不能无惫，关键在骂昏上乱相，说明非遭时。昏上，昏庸的君主。相，本指宰相，这里代指执政的人。乱相，败坏的执政者。　⑰此比干二句：说明比干忠谏商纣王而被纣王剖心，与今处昏上乱相之间而欲无惫而不可得的现实，可相互印证。见，被。征，证实。

【点评】　表现了作者对生不逢时、生活潦倒的极度不满。“今处昏上乱相之间”，就是对当时的统治者的斥责。

孔子穷于陈蔡之间①，七日不火食。左据槁木②，右击槁枝，而歌焱氏之风③，有其具而无其数④，有其声而无宫角⑤。木声与人声，犁然有当于人之心⑥。颜回端拱还目而窥之⑦。仲尼恐其广己而造大也⑧，爱己而造哀也，曰：“回，无受天损易⑨，无受人益难⑩。无始而非卒也⑪，人与天一也⑫。夫今之歌者其谁乎⑬！”回曰：“敢问无受天损易。”仲尼曰：“饥渴寒暑，穷桎不行⑭，天地之行也，运物之泄也⑮，言与之偕逝之谓也⑯。为人臣者，不敢去之⑰。执臣之道犹若是⑱，而况乎所以待天乎⑲？”“何谓无受人益难？”仲尼曰：“始用四达⑳，爵禄并至而不穷㉑。物之所利㉒，乃非己也，吾命其在外者也㉓。君子不为盗㉔，贤人不为窃，吾若取之何哉？故曰：鸟莫知于鷾鸸㉕，目之所不宜处不给视㉖，虽落其实㉗，弃之而走㉘。其畏人也而袭诸人间㉙。社稷存焉尔㉚！”“何谓无始而非卒？”仲尼曰：“化其万物而不知其禅之者㉛，焉知其所终㉜？焉知其所始？正而待之而已耳㉝。”“何谓人与天一邪？”仲尼曰：“有人㉞，天也；有天，亦天也。人之不能有天㉟，性也。圣人晏然体逝而终矣㊱！”

【注释】

①孔子句：事见《天运》篇。　②据，持。　③猋（biāo 标），当为焱字。（王先谦说）焱氏之风，即炎帝时期的歌曲。　④有其句：具。指打拍子的器具。数，指节拍的路数。句谓只有打拍子的样子，但实际上根本没有节拍，只是随意而唱。　⑤宫、角，都是五音之一。无宫角，指不合音乐的声调。　⑥犁然句：说明孔子击木唱歌虽然不合节奏声调，但颇有感情，能打动听者的心。犁然，即栗然，心神惊动的样子。　⑦端拱，立正拱手。还目，转目。窥，注视。　⑧仲尼二句：孔子担心颜回把自己的问题人为地扩大了，看得太严重；由于爱自己而人为地造成哀痛。　⑨无受句：天损，指自然带来的损害。只要顺乎自然就没有害，故说易。如眼前的遭遇，势所难免，只要达时安命，就无所谓危害了。　⑩人益，人为所加的。　⑪无始句：从现在看将来是开始，从过去看现在就是尽头。说明事物变化无穷，无所谓开始与结尾之分，所以不能只看一时。卒，终。　⑫人，人事。天，自然的情势。一，共同，一致。　⑬夫今句：仲尼并非有心歌唱，只是迫于客观情势罢了，所以发出“歌者其谁”的感叹。　⑭桎，通窒，塞。不行，不通达，不运行。　⑮运物句：饥渴寒暑，穷困潦倒，都是万物运行的主宰者的产物。运物，运物者的省称。泄，排泄。　⑯言与句：言，承上“无受天损易”句而言。偕逝，一起变化。所谓“无受天损易”，就是说随着天地万物的运行而变化。⑰不敢去之，不敢逃避君命。去，离开，逃避。　⑱执，遵守。　⑲而况句：

对君命尚且服从，对天命更应顺从。待，对。　㉚始用，开始用于世。即指为当时的统治者服务。四达，多方通达，各方面都顺利。　㉑穷，尽。不穷，指爵禄不断而来。　㉒物之二句：物，指爵禄等。爵禄有利于我，但并非我本分所应有。㉓吾命句：是属于我本分之外的。　㉔君子三句：不是自己所有的而取之，就如同做强盗、做小偷一样。　㉕知，通智。鷾鸸（yì ér 意而），燕子。　㉖目之句：看到不适合居住的地方就不再多看。目，看。给，足，多。　㉗虽落句：虽然跌落所含的果实。　㉘弃之而走：由于惧怕受害。　㉙袭，钻进。燕子住在人屋里，故说袭诸人间。　㉚社稷句：燕子之所以"畏人也而袭诸人间"，是因为人家屋堂上的窝，就是它们的"社稷"了。它们的社稷在那里，除此别无安身之地。以此比喻人也一样。虽知"人益"不可受，但总不能离开社稷之地而生活。　㉛化其句：使万物变化而又不知它们在如何交替代谢。禅，交替代谢。　㉜焉知二句：事物变化相连，哪是开头，哪是结尾，是很难分辨的。意即《寓言》篇说的："始卒若环，莫得其伦。"　㉝正而句：既不知终始，故不需追逐本末，争求先后，而静心等待万物的来去。正，定，平静。　㉞有人四句：支配人事与自然变化的都是天道。有，支配。　㉟人之二句：人们不可能支配自然，这是人的本性决定的。㊱圣人句：晏然，安乐的样子。体逝，体现了天道的变化发展。终，指了结一生。

【点评】 说明客观的情势、人事的变化，都是被天道所支配的，只要做到安顺于天道，任之自然，就可以做到天人合一了。

庄周游于雕陵之樊①，睹一异鹊自南方来者②。翼广七尺③，目大运寸④，感周之颡⑤，而集于栗林⑥。庄周曰："此何鸟哉！翼殷不逝⑦，目大不睹⑧。"蹇裳躩步⑨，执弹而留之⑩。睹一蝉方得美荫而忘其身⑪。螳螂执翳而搏之⑫，见得而忘其形⑬。异鹊从而利之⑭，见利而忘其真⑮。庄周怵然曰⑯："噫！物固相累⑰，二类相召也⑱。"捐弹而反走⑲，虞人逐而谇之⑳。庄周反入，三日不庭㉑。蔺且从而问之㉒："夫子何为顷间甚不庭乎？"庄周曰："吾守形而忘身㉓，观于浊水而迷于清渊㉔。且吾闻诸夫子曰：'入其俗，从其令。'今吾游于雕陵而忘吾身，异鹊感吾颡，游于栗林而忘真。栗林虞人以吾为戮㉕，吾所以不庭也。”

【注释】

①雕陵，栗园名。樊(fán 凡)，通藩，藩篱，指范围之内。 ②异鹊，不寻常的喜鹊。 ③广，与下句“运”都是指长度，东西为广，南北为运。 ④运寸，直径一寸。 ⑤感，触。颡(sǎng 嗓)，额。 ⑥集，止。 ⑦殷，大。逝，往，指飞走。 ⑧不睹，看不见。指碰在庄周额上而言。 ⑨蹇(jiǎn 检)，拉起。躩(jué 觉)步，小心提步，逡巡前行的样子。 ⑩执弹，拿着弹弓。留之，等候弹杀的机会。 ⑪忘其身，不注意自身的危险。 ⑫执翳(yì)，举臂。螳螂臂前有锯齿，形状似跳舞时所执的翳(边上有锯形的旗)，故称为执翳。之，指蝉。⑬得，指要抓到的蝉。 ⑭从而利之，从中取利，指食螳螂。 ⑮真，本性。翼大可飞而不飞，眼大应见而不见，故说“忘其真”。 ⑯怵(chù 触)然，惊觉的样子。 ⑰相累，互相牵累。 ⑱召，吸引。 ⑲捐，弃。反，通返。⑳虞人，管栗林的人。谇(suì 碎)，责骂。怀疑庄子偷栗子，故追逐斥骂。㉑庭，门庭。不庭，不出门庭。 ㉒蔺且(lìn jū 吝居)，庄子弟子。 ㉓守形，守住物体，指追捕异鹊。 ㉔观于句：比喻沉醉于利害而忘却了天性。 ㉕以，将。戮，辱，指逐而谇之。

【点评】 说明逐利忘形，必有后患。

阳子之宋①，宿于逆旅②。逆旅人有妾二人，其一人美，其一人恶。恶者贵而美者贱。阳子问其故③，逆旅小子对曰④：“其美者自美⑤，吾不知其美也；其恶者自恶⑥，吾不知其恶也。”阳子曰：“弟子记之：行贤而去自贤之行⑦，安往而不爱哉！”

【注释】

①阳子，《列子·黄帝》作杨朱。之，至。 ②宿，寄宿。逆旅，旅店。③问其故，指问为什么丑陋的妾被看重，而漂亮的妾被轻视。 ④小子，对年纪小的人的称呼。 ⑤自美，自以为漂亮。 ⑥自恶，自感丑陋。 ⑦去，抛弃。自贤，自以为贤。

【点评】 说明自我显耀则被人所贱，谦卑才能被人敬爱。

田子方第二十一

【导读】

取篇首人名为题。全篇主旨在扬道贬儒，讥讽儒家的圣智、礼义以及虚伪造作，宣扬做人要纯真自然，无为寡欲，做到忘爵禄、忘得失、忘权欲、忘国耻。章法与《山木》篇近似，十一个寓言排列成篇。刻画了东郭顺子、温伯雪子、老聃、真画者、臧丈人、伯昏无人等形象，皆体道喻真，深玄莫测，只可神遇于耳目之外。相形之下的孔子，则像个彬彬学子。道之神明，儒之浅陋，不言而喻。

田子方侍坐于魏文侯①，数称谿工②。文侯曰："谿工，子之师邪?"子方曰:"非也,无择之里人也③。称道数当④,故无择称之。"文侯曰:"然则子无师邪?"子方曰:"有。"曰:"子之师谁邪?"子方曰:"东郭顺子⑤。"文侯曰:"然则夫子何故未尝称之?"子方曰:"其为人也真⑥。人貌而天虚⑦,缘而葆真⑧,清而容物⑨。物无道,正容以悟之⑩,使人之意也消⑪。无择何足以称之!"子方出,文侯傥然⑫,终日不言⑬。召前立臣而语之曰:"远矣,全德之君子⑭!始吾以圣知之言、仁义之行为至矣⑮。吾闻子方之师,吾形解而不欲动⑯,口钳而不欲言⑰。吾所学者,直土梗耳⑱!夫魏真为我累耳!"

【注释】

①田子方,姓田字子方,名无择,是魏国有德望的人,魏文侯的老师。魏文侯,魏国之君,毕万七世孙,魏武侯的父亲。卑者坐在尊者旁边称侍坐。田子方虽是老师,但魏文侯是国君,故称侍坐。　②数(shuò 朔),屡次,往往。称,称赞。　③里人,同居里的人。　④称道,论道。数当,往往比较正确。　⑤东郭顺子,住在东郭,故以东郭为氏,顺子是名。　⑥真,纯真。以下一段主要阐述这个"真"字。　⑦天虚,自然的心性。俞樾认为:"《淮南子·氾论》:'若循虚而出入',高注曰:'虚,孔窍也。'训孔窍,故亦训心。《俶真》篇:'虚室生白',注曰:'虚,心也。'……此云人貌而天虚,即人貌而天心,言其貌则人,其心则天也。"　⑧缘而句:随顺于人而保持心性的纯真。缘,顺。　⑨清,指心性清净。容物,容纳万物。　⑩正容,正色,指端正自己。悟之,使之醒悟,指对别人等外界环境的影响。　⑪意,意志。消,消亡。　⑫傥然,失意的样子。　⑬终日句:因大受震动,所以整天都说不出话来。　⑭远,高远。全德,道德完美。赞叹东郭顺子的道德不可企及。　⑮始吾句:原以为孔子之道为最高。至,最。　⑯形解,形体懒散,表现出一种丧魂落魄的神态。　⑰口钳,嘴巴像被钳住一样。表现出一种瞠目结舌的神态。以上二句表明魏文侯顿觉自己过去的错误。　⑱直,但,仅仅。土梗,泥做的偶像。比喻废物。

【点评】 以魏文侯的觉醒,表现了领悟到天道的人把儒家的圣智、仁义、权势视为粪土的态度。

温伯雪子适齐①，舍于鲁。鲁人有请见之者，温伯雪子曰："不可②。吾闻中国之君子，明乎礼义而陋于知人心③。吾不欲见也。"至于齐，反舍于鲁，是人也又请见。温伯雪子曰："往也蕲见我④，今也又蕲见我，是必有以振我也⑤。"出而见客，入而叹。明日见客，又入而叹。其仆曰："每见之客也，必入而叹，何耶?"曰："吾固告子矣⑥：中国之民⑦，明乎礼义而陋乎知人心。昔之见我者，进退一成规⑧、一成矩，从容一若龙⑨、一若虎。其谏我也似子⑩，其道我也似父⑪，是以叹也。"仲尼见之而不言⑫。子路曰："吾子欲见温伯雪子久矣。见之而不言，何邪?"仲尼曰："若夫人者⑬，目击而道存矣⑭，亦不可以容声矣!"

【注释】

①温伯雪子，姓温，字雪子，年纪较老，故称温伯，楚国人。适，往。②不可，不同意接见。　③吾闻二句：中国，古代对齐鲁等中原国家的称呼。陋，拙。人心，指人的真性。句意谓中原一带的士大夫被儒家的礼义蒙蔽了心窍而不懂人情。　④蕲，通祈，求。　⑤振，起，启发。　⑥固，本来。子，指仆人。⑦民，人。　⑧进退句：成规成矩，形容行礼时有一定的规则程式。后来多以规矩指礼貌。　⑨从容句：从容，举动。若龙若虎，威武的样子。形容神气造作。⑩似子，似儿子对父亲一样恭敬。　⑪道，通导，引导。似父，似父亲对儿子一样慈祥严肃。　⑫之，指温伯雪子。不言，指仲尼不言。　⑬夫人，指温伯雪子。　⑭目击二句：击，触。目击，看一看。道存，体现了天道。容，通庸，用。二句谓：你一望就知道天道体现在他身上，不用多说。这从侧面阐明了上文"正容以悟之"的道理。

【点评】 通过温伯雪子的口，嘲讽齐鲁一带的儒士拘守礼义，道貌岸然，而不懂人情心地；写孔子在温伯雪子面前相形见绌，是对儒家思想的否定。

颜渊问于仲尼曰："夫子步亦步①，夫子趋亦趋，夫子驰亦驰，夫子奔逸绝尘，而回瞠若乎后矣!"夫子曰："回，何谓邪?"曰："夫子步亦步也[②]，夫子言亦言也；夫子趋亦趋也，夫子辩亦辩也；夫子驰亦驰也，夫子言道，回亦言道也；及奔逸绝尘而回瞠若乎后者，夫子不言而信[③]，不比而周，无器而民滔乎前[④]，而不知所以然而已矣[⑤]。”仲尼曰：“恶！可不察与！夫哀莫大于心死[⑥]，而人死亦次之。日出东方而入于西极[⑦]，万物莫不比方[⑧]，有目有趾者[⑨]，待是而后成功[⑩]。是出则存[⑪]，是入则亡[⑫]。万物亦然[⑬]，有待也而死，有待也而生。吾一受其成形[⑭]，而不化以待尽。效物而动[⑮]，日夜无隙[⑯]，而不知其所终[⑰]。薰然其成形[⑱]，知命不能规乎其前[⑲]。丘以是日徂[⑳]。吾终身与汝交一臂而失之[㉑]，可不哀与？女殆著乎吾所以著也[㉒]。彼已尽矣[㉓]，而女求之以为有[㉔]，是求马于唐肆也[㉕]。吾服[㉖]，女也甚忘；女服，吾也亦甚忘。虽然，女奚患焉[㉗]！虽忘乎故吾[㉘]，吾有不忘者存[㉙]。”

【注释】

①夫子五句：步，行。趋，快行。驰，跑。奔逸，快跑。绝尘，形容跑得快。人马快跑时，与后面扬起的烟尘相距一段距离，似相间绝，故叫绝尘。瞠（chēng 撑），瞪着眼。五句所比喻的意思，下文颜回有所说明。　②也，者。唐写本作“也者”。下“趋也”、“驰也”之“也”亦同。　③夫子二句：信，令人信服。比，近。周，亲。二句谓孔子不用开口别人就信服他，没有与人接近，人们也与他相亲。④无器句：器，权位。如《左传·成公二年》：“唯名与器不可以假人。”滔，通蹈。句谓孔子虽不在位，但人们都投奔于他。这些都是颜回对老师的赞颂。　⑤不知，颜回指自己不知。所以然，会这样的原因。　⑥夫哀二句：心死，指心丧失天性。如上文说的“明乎礼义而陋于知人心”之类。人死合乎自然的变化，而心死违背了天性，故说更为可悲。　⑦西极，西方的尽头。　⑧比，从。方，向。比方，随太阳的运转作为方向。　⑨有目有趾者，指动物。　⑩待是句：待，凭靠。是，此，指日。下同。句意谓日出然后才能有所作为。　⑪是出句：意即日出而作。⑫是入句：意即日入而息。　⑬万物三句：万物也像动物有待于太阳一样要有所凭靠，凭靠着它而死，凭靠着它而生。这三句是承上比喻说的。有待也，即有所待也。所待的就是天道。　⑭吾一受二句：其，指天道。受其成形，禀受天道赋予

的形体。与《知北游》篇"天地之委形"可相互说明。化，化作他物。高亨《诸子新笺》疑是"亡"字之误。《齐物论》篇有此二句，"化"正作"亡"。不亡，指形体不亡，即活着。待尽，等待着形体的消亡。　⑮效，仿，随着。　⑯无隙，没有间断。　⑰而不知句：说明往复循环，没个尽头。　⑱薰然，和顺的样子。《天下》篇"薰然慈仁"与此义近。　⑲知命句：知命，指知命者，会算命的人。规，测度。句谓人生之后，前途如何，连算命的人也是不能测度的。　⑳以是，因此。徂（cú 粗阳平），往。日徂，天天随之变化、前进。　㉑交一臂，交于一臂之间。说明亲密。失之，未得孔子道德精髓，即"不知所以然"。　㉒女殆句：女，你。殆，恐怕。著，明见，明显。句谓你恐怕只是见到我显著的方面（指外表形迹）罢了。　㉓彼，指形迹，如举动言辩之类。　㉔以为有，以为可以学得到，指颜回"步亦步"、"趋亦趋"等。　㉕是求句：唐，"荒唐"之"唐"，空。肆，市场。句谓市场已空，还去求马，必然落空。比喻孔子自身已放弃原来的一套，而颜回还向他求学，亦必然落空。　㉖吾服四句：服，行。女，汝。甚忘，大可忘却。四句意谓：我所做的，你所做的，相互都大可以忘却。　㉗女奚句：孔子根据颜回对自己的崇拜，怕颜回听说大可以相互忘却而灰心丧气，故话头一转，叫他别伤心，并接着在下面安慰他两句。患，担忧。　㉘故吾，旧我，指我已过时的形迹。　㉙不忘者，指天道赋予我的精神。

【点评】 以孔子现身说法，阐明儒家的那一套不值得学习，学过的人都应该悔过自新，转学天道。

孔子见老聃，老聃新沐①，方将被发而干②，慹然似非人③。孔子便而待之④。少焉见⑤，曰："丘也眩与⑥？其信然与？向者先生形体掘若槁木⑦，似遗物离人而立于独也⑧。"老聃曰："吾游心于物之初⑨。"孔子曰："何谓邪？"曰："心困焉而不能知⑩，口辟焉而不能言。尝为汝议乎其将⑪：至阴肃肃⑫，至阳赫赫⑬。肃肃出乎天⑭，赫赫发乎地。两者交通成和而物生焉⑮，或为之纪而莫见其形⑯。消息满虚⑰，一晦一明，日改月化，日有所为而莫见其功。生有所乎萌⑱，死有所乎归，始终相反乎无端⑲，而莫知乎其所穷。非是也⑳，且孰为之宗!”孔子曰：“请问游是㉑。”老聃曰：“夫得是至美至乐也。得至美而游乎至乐，谓之至人。”孔子曰：“愿闻其方㉒。”曰：“草食之兽，不疾易薮㉓；水生之虫，不疾易水。行小变而不失其大常也㉔，喜怒哀乐不入于胸次㉕。夫天下也者，万物之所一也㉖。得其所一而同焉㉗，则四支百体将为尘垢㉘，而死生终始将为昼夜㉙，而莫之能滑㉚，而况得丧祸福之所介乎㉛！弃隶者若弃泥涂㉜，知身贵于隶也。贵在于我而不失于变㉝。且万化而未始有极也㉞，夫孰足以患心㉟！已为道者解乎此㊱。”孔子曰：“夫子德配天地，而犹假至言以修心㊲。古之君子㊳，孰能脱焉!”老聃曰：“不然。夫水之于汋也㊴，无为而才自然矣㊵；至人之于德也㊶，不修而物不能离焉。若天之自高，地之自厚，日月之自明，夫何修焉㊷!”孔子出，以告颜回曰：“丘之于道也，其犹醯鸡与㊸！微夫子之发吾覆也㊹，吾不知天地之大全也。”

【注释】

①新沐，刚洗头。 ②被，通披。被发，把头发披散。干，作动词用，使之干。③慹(zhé 哲)然句：形容老聃精神集中，一动也不动，像木头一样。慹，通蛰，蛰伏不动，故引申为不动的样子。 ④便，借为屏。《汉书·张敞传》：“自以便面拊马。”颜注：“便面所以障面，盖扇之类也。”因老聃正披头散发，孔子不便直入相见，故屏蔽在隐处等候。清人徐廷槐《南华简钞》：“经籍中未有用便字者，庄子始有之。嵇康绝交书曰：每常小便。祖此。” ⑤少焉，不久。 ⑥丘也二句：眩，眼花。与，通欤。信然，确实如此。孔子对自己所见的老聃形象产生疑惑，故自言自语地说：是我孔丘眼花呢？还是真的如此呢？ ⑦掘，通崛，直立的样子。 ⑧遗物，遗弃万物。离人，脱离众人。说明与一切都无牵连，故说似站立在一个独有的境界。 ⑨物之初，即虚无之道，因为万物是从无中产生的。 ⑩心困二句：一切无心，故心似困顿；大道不言，故撇开而不说。辟，辟除。 ⑪尝，试。将，有不确定的意思，犹大概。 ⑫至阴，指地下阴气。肃肃，清冷的样子。 ⑬至阳，指天上阳气。赫赫，盛热的样子。 ⑭肃肃二句：肃肃的阴气本来是属于地

的，赫赫的阳气本来是属于天的。但阴阳有相生的关系，故说阴气从天生，阳气由地发。如太阳从地上升起，云雨从天而降等。 ⑮两者句：阴阳交流和合则生万物。 ⑯或，有个东西。为之纪，作为阴阳的纲纪。意即支配阴阳。 ⑰消息四句：消，消失。息，生息。改，变。功，用功。其，指“为之纪”的那个东西。四句意谓：万物各种变化都是天道每天在起作用，但又见不到它在用功。 ⑱生有二句：所乎萌，萌芽的地方。所乎归，归返的地方。万物的出生都萌芽于虚无，死亡亦归返于虚无。回应上文“物之初”。 ⑲始终二句：生死、终始循环往复，既没有开端，也看不到尽头。 ⑳非是也二句：是，此，指虚无的道。孰，谁。宗，主宰。二句意谓：除此之外，还有谁是万物的主宰！ ㉑游是，指游心于虚无之道。 ㉒方，指达到至人那种境界的方法。 ㉓疾，患。易，变换。薮(sǒu叟)，生长着很多草的湖泽。不疾易薮，不把变换吃草的湖泽看作为患。 ㉔行小变句：只是生活的地方不同，所以说“小变”。大常，指它们生活的基本条件。不论哪处薮泽，只要有草食；不论哪处池沼，只要有水，对于食草的野兽与生活在水里的虫都是可以的，所以说“不失大常”。 ㉕次，中。唐写本或作“中”。 ㉖所一，所统一于其中的地方。 ㉗得其句：同，通。统一万物而又贯通其中的就是道。得其所一而同焉，意即得道。 ㉘则四句：意谓以天道为贵，以肢体为贱。支，通肢。 ㉙为昼夜，看作如昼夜一样平常。 ㉚而莫句：意谓不足以扰乱他的心。滑(gǔ骨)，乱。 ㉛而况句：意谓在得失、祸福的关系上，更是若无其事。丧，失。介，际，关系。 ㉜隶，奴隶。泥涂，泥土。 ㉝贵在句：懂得自身的可贵，所以不宜与人争夺奴隶之类，而应随机应变。 ㉞极，尽头。 ㉟孰，何。患心，忧心。 ㊱为道者，实践天道的人。解，明白。此，指上述的道理。 ㊲假，借助。至言，至人的理论。修心，修养心性。 ㊳古之二句：意谓君子与至人相比，大有距离，更需借助至人之言来修养心性，故说不能免。脱，免。 ㊴汋(zhuó灼)，清澈的样子。比喻人的道德。故本句与下文“至人之于德也”对举。 ㊵无为句：无为，指水的平静不动。才，性。水性本来就是清澈的，不动就更能显出它的自然本性。 ㊶至人二句：至人的道德就是自然之道，是贯通万物的，故无须特别培养，而万物就离不了它。 ㊷夫何句：一切都本来如此，故无须加工。 ㊸醯(xī希)鸡，蠛蠓，是一种比蚊还小的飞虫。孔子以此比喻自己所见狭隘渺小。与，通欤。 ㊹微，无。夫子，指老聃。发吾覆，对我启蒙。

【点评】 以老聃教训孔子及孔子的觉悟，说明儒家对于道家的学问犹如井蛙观天一样。

庄子见鲁哀公①，哀公曰："鲁多儒士，少为先生方者②。"庄子曰："鲁少儒。"哀公曰："举鲁国而儒服③，何谓少乎？"庄子曰："周闻之：儒者冠圜冠者知天时④，履句屦者知地形⑤，缓佩玦者事至而断⑥。君子有其道者⑦，未必为其服也⑧；为其服者，未必知其道也。公固以为不然，何不号于国中曰⑨：'无此道而为此服者，其罪死！'"于是哀公号之五日，而鲁国无敢儒服者。独有一丈夫，儒服而立乎公门。公即召而问以国事，千转万变而不穷。庄子曰："以鲁国而儒者一人耳，可谓多乎？"

【注释】

①庄子句：庄子与魏惠王、齐威王同时，在哀公后百二十年。故这里说的纯属寓言。 ②为，指信仰。方，道术。 ③举，全。儒服，穿儒士的服装。 ④儒者句：一"冠"(guàn 贯)字，作动词，把帽子戴在头上。下一"冠"(guān 官)字，作名词，帽。圜，通圆。知天时，懂得气象之类。 ⑤履，穿。句，通矩，方。屦，拖板。方屦，方形的拖板。知地形，懂得地理。 ⑥缓，五色的条绳。这里作动词，用五色绳系着。佩玦(jué 决)，环状有缺口的佩玉。事至而断，遇事能够决断。 ⑦其道，指儒士的道术本领，如知天时地形等。 ⑧其服，指儒士的打扮。 ⑨号，发号令。

【点评】 揭穿儒士的虚伪面孔。

百里奚爵禄不入于心①，故饭牛而牛肥，使秦穆公忘其贱②，与之政也③。有虞氏死生不入于心，故足以动人④。

【注释】

①百里奚，姓孟，百里奚是字。本是虞人，虞被秦所灭，成为秦人，生活贫困，养牛。由于不想做官，专心养牛，故牛肥。 ②忘，不顾。 ③与之政，把政

权授给他。 ④有虞二句：有虞氏，即虞舜，姓妫氏，字重华。被后母多次陷害，都不介意，以孝出名，令人感动。事见《孟子·万章》。

【点评】 说明爵禄、死生都不应该放在心上，做到一个“忘”字。

宋元君将画图①，众史皆至②，受揖而立③，舐笔和墨④，在外者凌半⑤。有一史后至者，儃儃然不趋⑥，受揖不立，因之舍⑦。公使人视之，则解衣般礴蠃⑧。君曰：“可矣，是真画者也⑨。”

【注释】

①宋元君，即宋元王，宋康王偃之太子，约公元前299年为王。图，图画。 ②史，画师。 ③受揖句：古代臣见国君，臣先拜，国君行揖答谢。受揖是接受国君的揖谢。揖，拱手。立，古“位”字，作动词，就位。 ④舐(shì 氏)，舔。舐笔，用口水润笔。和墨，调色。描写众史准备画的姿势。 ⑤在外句：来的画师很多，除就位的以外，还有一半在外面没有位置坐。 ⑥儃儃(tǎn 坦)，自由自在的样子。趋，快行。按礼节，见国君要快步而行。不趋，说明不拘礼节。 ⑦之，至。舍，客馆。 ⑧般礴(pán bó 盘膊)，盘腿而坐。蠃(luǒ 裸)，同裸，光着身子。 ⑨是真句：宋元君见他悠闲自若，十分自信，故判断他是真正会画的。

【点评】 说明装模作样必定假，坦然自若才是真。

文王观于臧①，见一丈夫钓，而其钓莫钓。非持其钓有钓者也②，常钓也。文王欲举而授之政③，而恐大臣父兄之弗安也④；欲终而释之⑤，而不忍百姓之无天也⑥。于是旦而属之大夫曰⑦：“昔者寡人梦见良人⑧，黑色而頿⑨，乘驳马而偏朱蹄⑩，号曰⑪：‘寓而政于臧丈人⑫，庶几乎民有瘳乎⑬！’”诸大夫蹴然曰⑭：“先君王也⑮。”文王曰：“然则卜之⑯。”诸大夫曰：“先君之命，王其无它⑰，又何卜焉。”遂迎臧丈人而授之政。典法无更⑱，偏令无出⑲。三年，文王观于国，则列士坏植散群⑳，长官者不成德㉑，斔斛不敢入于四竟㉒。列士坏植散群，则尚同也㉓；长官者不成德，则同务也㉔，斔斛不敢入于四竟，则诸侯无二心也㉕。文王于是焉以为大师㉖，北面而问曰㉗："政可以及天下乎㉘？"臧丈人昧然而不应㉙，泛然而辞㉚，朝令而夜遁㉛，终身无闻㉜。颜渊问于仲尼曰："文王其犹未邪㉝？又何以梦为乎？"仲尼曰："默㉞，汝无言！夫文王尽之也㉟，而又何论刺焉㊱！彼直以循斯须也㊲。"

【注释】

①文王三句：文王，周文王。臧，地名，在渭水附近。观，巡视。丈夫，古代对男子的称呼，这里指姜太公。钓，钓鱼。莫钓，不是真心在钓鱼。钓莫钓，就是为无为的具体化。　②非持二句：不是拿着钓钩真的要钓鱼，只是一般地钓一钓，聊以度日，无心得鱼。有钓，有所钓。常钓，一般地钓钓。　③举，提拔。④弗安，不服。　⑤释，放弃掉。　⑥无天，无所仰望。在文王看来，太公德高如天，如果不叫他掌握政权，则百姓失望。　⑦旦，早晨。属，会集。如《孟子·梁惠王》"太王属其耆老而告之"之"属"。　⑧昔，夜。如《天运》篇"通昔不寐"之"昔"。良人，君子。如《吕氏春秋》"良人请问十二纪"，注云："良人，君子也。"　⑨而，"须"字初文，颊毛。頾（rán 然），亦写作髯，颊毛。而頾连用，亦指脸上胡须。黑色而頾，胡须乌黑。　⑩驳马，杂色的马。偏朱蹄，马蹄的一边红色。以上两句是梦见良人的形象。　⑪号，指对文王发号令。　⑫寓，托。而，你。　⑬庶几句：人民的疾苦大概可以解除了。瘳（chōu 抽），病愈。⑭蹴（cù 促）然，惊惧的样子。　⑮先君王，指文王的父亲季历。季历生时颊毛多而黑，喜欢乘驳马，马蹄偏赤，诸大夫是见过的，听文王一说就知道是先君王托梦于文王，故此紧张。　⑯卜之，问卜看看是吉还是凶。　⑰无它，不应有疑虑。⑱更，改。　⑲偏，半。偏令无出，指一个命令也没有颁布。说明无为而治。⑳列士，各种士，如朝士、处士等。植，即"植党"之"植"。《左传·宣公二年》："华元为植。"杜注："植，将主也。"在此相当于指党群的头头。坏植散群，头头垮了，同伙散了。说明私党解散，国家更统一了。　㉑长官，指下属官吏。不成德，不用心去建立个人的功德。　㉒斔（yǔ 羽），量器，六斛四斗为一斔。斛（hú 胡），亦是量器，十斗为斛。竟，通境。古代各诸侯国量的单位不一致，故怕人骗的就用

自己的量器，想骗人的也要用自己的量器，现在各诸侯国的量器都不敢带入境内，可见国内的量器为人所相信，而别人也不敢欺骗了。 ㉓尚同，统一于上。㉔同务，齐心合力。 ㉕无二心，服从。 ㉖大(tài太)师，君主的老师。㉗北面句：古代国君南面而坐。现在北向而问，可见对臧丈人的尊敬。 ㉘及天下，推广于天下。文王当时还未统一天下，只是管一国之政，故问可否扩而广之，以至统治整个天下。 ㉙昧然，像懵懵懂懂的样子。 ㉚泛然，心神闲散、若无其事的样子。辞，拒绝。 ㉛朝令句：文王早上命令他，他晚上就偷偷逃掉。㉜终身句：从此销声匿迹。臧丈人即姜太公。《史记·齐太公世家》有说太公以钓鱼引起文王重视，但没有说姜太公夜里逃走的事。可见作者是借史实加虚构写寓言。㉝犹未邪，还不行吗？ ㉞默，静。意叫颜渊别出声。 ㉟尽之也，已经做到家了。 ㊱论刺，评议。 ㊲彼直句：直，但，只是。循，按。斯须，顷刻之间。句谓他只不过是按照一时的需要而这样做罢了。

【点评】 通过写文王授政于臧丈人，三年而国家大治，说明无为的政治论行之有效；文王想扩张于天下，臧丈人当天夜逃，表明得道的人心里没有权欲。

列御寇为伯昏无人射①，引之盈贯②，措杯水其肘上③，发之，适矢复沓④，方矢复寓⑤。当是时，犹象人也⑥。伯昏无人曰：“是射之射⑦，非不射之射也。尝与汝登高山，履危石，临百仞之渊，若能射乎?”于是无人遂登高山，履危石，临百仞之渊，背逡巡⑧，足二分垂在外⑨，揖御寇而进之⑩。御寇伏地⑪，汗流至踵。伯昏无人曰：“夫至人者，上窥青天⑫，下潜黄泉⑬，挥斥八极⑭，神气不变⑮。今汝怵然有恂目之志⑯，尔于中也殆矣夫⑰！”

【注释】

①列御寇，见《逍遥游》篇。为伯昏无人射，射箭给伯昏无人看。伯昏无人，虚构人物，见《德充符》篇。 ②引，拉弓。贯，通弯。盈贯，《列子·黄帝》张注：“尽弦穷镝。”即弓已弯尽。 ③措，放。射箭时左肘能放杯水，表明十分镇定。④适(dí敌)矢句：适，通的，目标。矢，箭。复，通覆。沓(tà蹋)，合。句谓目标

与箭相重合。说明准确地命中目标。 ⑤方矢句：方，并。方矢，两箭并排。复，重。寓，居，在。句谓第二箭射去，双箭并连，重射在目标上。说明多次准确地命中目标。 ⑥象人，偶像。比喻射箭时精神专一、动作镇定。 ⑦射之射，有心要射的那种射。不射之射，无心要射的那种射。 ⑧背逡巡，背着深渊后退移步。 ⑨垂在外，垂在山石之外，意即脚跟着空。 ⑩揖，揖请。进之，前进悬崖边上。 ⑪御寇二句：踵，脚跟。二句谓列御寇害怕得趴在地上，冷汗流到脚跟。 ⑫窥，观察。 ⑬潜，测，探测。 ⑭挥斥，放纵奔驰。八极，八方。 ⑮神气句：说明无所畏惧。 ⑯怵(chù 触)然，恐惧的样子。恂(xún 旬)目，瞬目，神色不定的样子。志，心。 ⑰尔于句：你想射中就很困难了。

【点评】 说明如果有生死得失的顾虑，那么就算有高超的技能也是无法施展的。

肩吾问于孙叔敖曰①："子三为令尹而不荣华②，三去之而无忧色③。吾始也疑子④，今视子之鼻间栩栩然⑤，子之用心独奈何?"孙叔敖曰："吾何以过人哉⑥！吾以其来不可却也⑦，其去不可止也。吾以为得失之非我也⑧，而无忧色而已矣。我何以过人哉！且不知其在彼乎⑨？其在我乎？其在彼邪亡乎我⑩，在我邪亡乎彼。方将踌躇⑪，方将四顾⑫，何暇至乎人贵人贱哉⑬！"仲尼闻之曰："古之真人，知者不得说⑭，美人不得滥⑮，盗人不得劫⑯，伏戏、黄帝不得友⑰。死生亦大矣，而无变乎己⑱，况爵禄乎！若然者，其神经乎大山而无介⑲，入乎渊泉而不濡⑳，处卑细而不惫㉑，充满天地，既以与人己愈有㉒。"

【注释】

①肩吾，隐者。见《逍遥游》篇与《大宗师》篇。孙叔敖，楚庄王时当令尹。事见《史记·循吏列传》。 ②令尹，楚国宰相之称。荣华，光彩。作动词，感到光彩。 ③三去之，指三次辞去令尹之职。 ④疑子，指怀疑孙叔敖不感到光彩或没有忧虑的表现。 ⑤栩栩(xǔ 许)然，轻松的样子。 ⑥吾何以句：说明与别人一样平常。这是对肩吾"独奈何"问题的回答。 ⑦以，认为。其，指令尹之职。却，

推却。 ⑧非我，非我所有。意谓这是身外之物。 ⑨且不知二句：其，指得失。彼，指令尹之职。二句意谓：不晓得所谓得失是由当令尹与否决定的还是由我本身决定的。 ⑩其在二句：得失在于令尹之职则不在于我，如在于我则与令尹之职无关。亡，不在。 ⑪方将，正在。踌躇(chóu chú 稠厨)，从容自得的样子。⑫四顾，向四方张望。表现出一种自得的样子。以上两句与《养生主》篇"为之四顾，为之踌躇满志"意同。 ⑬何暇，哪有工夫。至乎，顾及到。以上三句主语都是"我"。意谓：我正感到适意，哪有工夫去考虑它什么贵贱呢！ ⑭知(zhì 智)者句：意谓主张不动摇。说(shuì 税)，说服。 ⑮美人句：说明寡欲。滥，淫。作使动用法，意即使他淫。 ⑯盗人句：说明不屈服。劫，以力夺取。 ⑰伏戏(xī 希)句：说明不趋炎附势。伏戏，即伏牺，传说中的古帝王，在这里指代君王。友，亲近。 ⑱无变乎己，对自己毫无影响。 ⑲大，通泰。介，障碍。 ⑳濡(rú 儒)，溺。 ㉑卑细，低贱。惫，困顿。不惫，不认为是困顿。 ㉒既以句：既，尽，全部。与，给。此句出于《老子·第八十一章》："既以为人己愈有，既以与人己愈多。"

【点评】 以孙叔敖任令尹三起三落而不喜不忧，说明得道的人忘得失、贵贱，获得精神上的自由。

楚王与凡君坐①，少焉，楚王左右曰"凡亡"者三②。凡君曰："凡之亡也，不足以丧吾存③。夫凡之亡不足以丧吾存，则楚之存不足以存存④。由是观之，则凡未始亡而楚未始存也。"

【注释】

①凡，国名。《左传·隐公七年》："王使凡伯来聘。"在春秋中叶以后被灭亡。地在今河南省辉县西南，唐时有凡城县，就是以凡国得名的。凡亡后，凡国国君寄居在楚国。 ②三，多次。 ③丧吾存，使我心里存在的凡国丧失掉。 ④不足以存存，不能因为它的存在而令我感到它存在。因为在我心中无所谓存亡得失。

【点评】 企图说明：得道者置国家之存亡于度外，虽亡亦如未亡。存与亡是取决于客观而不是决定于主观的。而凡君却以自己的主观去否定客观的存亡，实际上置国家之存亡于不顾。

知北游第二十二

【导读】

取篇首人名为题。全篇假设了十一个寓言，通过其中人物问答以论道。这是一篇道家的本体论。它论证万物的本体就是道。道是随处皆在、广大无边的，它产生万物、支配万物，但本质是虚无的。故不能问、不能说、不能见，不言无为，才算知道。妙道玄虚，本难模拟，说实了反成了假，故多方映衬，捕风捉影，使读者信其有而睹其无。

知北游于玄水之上①，登隐弅之丘②，而适遭无为谓焉③。知谓无

为谓曰："予欲有问乎若：何思何虑则知道？何处何服则安道[4]？何从何道则得道[5]？"三问而无为谓不答也。非不答，不知答也[6]。知不得问，反于白水之南[7]，登狐阕之上[8]，而睹狂屈焉[9]。知以之言也问乎狂屈[10]。狂屈曰："唉[11]！予知之，将语若。"中欲言而忘其所欲言[12]。知不得问，反于帝宫，见黄帝而问焉。黄帝曰："无思无虑始知道[13]，无处无服始安道，无从无道始得道。"知问黄帝曰："我与若知之，彼与彼不知也[14]，其孰是邪[15]？"黄帝曰："彼无为谓真是也，狂屈似之，我与汝终不近也[16]。夫知者不言，言者不知，故圣人行不言之教[17]。道不可致[18]，德不可至。仁可为也[19]，义可亏也[20]，礼相伪也[21]。故曰[22]：'失道而后德[23]，失德而后仁，失仁而后义，失义而后礼。'礼者，道之华而乱之首也[24]。故曰[25]：'为道者日损[26]，损之又损之，以至于无为。无为而无不为也。'今已为物也[27]，欲复归根[28]，不亦难乎[29]！其易也其唯大人乎[30]！生也死之徒[31]，死也生之始，孰知其纪！人之生，气之聚也。聚则为生，散则为死。若死生为徒，吾又何患[32]！故万物一也[33]。是其所美者为神奇[34]，其所恶者为臭腐。臭腐复化为神奇[35]，神奇复化为臭腐。故曰：'通天下一气耳[36]。'圣人故贵一。"知谓黄帝曰："吾问无为谓，无为谓不应我，非不我应，不知应我也；吾问狂屈，狂屈中欲告我而不我告，非不我告，中欲告而忘之也；今予问乎若，若知之，奚故不近？"黄帝曰："彼其真是也[37]，以其不知也；此其似之也[38]，以其忘之也；予与若终不近也，以其知之也。"狂屈闻之，以黄帝为知言[39]。

【注释】

①知（zhì 智），假设人名。玄水，假设水名。　②隐弅（fén 焚），假设地名。③适，刚。遭，遇。无为谓，假设人名。　④处，居。服，行。何处何服，怎么做。安，守，掌握。　⑤从，由。道，路。何从何道，通过什么。　⑥不知句：天道是不能用语言来表达的，故不晓得需要回答。　⑦反，通返。白水，神话中

的水名，传说源于昆仑山，饮了可以不死。 ⑧狐阕(què 却)，假设山名。 ⑨狂屈，假设人名。 ⑩知以句：知用刚才问无为谓的话再问狂屈。以，用。之，此。 ⑪唉(āi 埃)，表示应人。 ⑫中欲句：正想说而中途把话收回去。因为天道难说，故终于不知要说些什么。 ⑬无思三句：都是说明无为就合乎道。 ⑭彼与彼，指无为谓与狂屈。 ⑮是，对，指合乎天道。 ⑯不近，与得道相距还远。 ⑰故圣人句：天道不能说，只能靠身体力行去影响别人，而不能靠说教，故称为“不言之教”。行，实行。 ⑱道不可二句：这是针对知提出的三个问题说的，阐明道是没有什么办法可以取得的，德也是没有什么道路可以通往的。大道无处不在，关键在于做到无为。致，取得。至，达到。 ⑲仁可为，仁是人可以做到的。 ⑳义，宜，合理。亏，损弃。合理与不合理之间有所裁决、选择，就有所舍弃。故义则有所亏。 ㉑礼相伪：礼有一定的形式来表现，那都是一些表面功夫，而并非出自人的真心本性，故此是虚伪相欺的。 ㉒故曰：下引自《老子·第三十八章》。 ㉓失道，道衰败。而后德，然后产生德。说明由道变为德是精神境界的衰败。以下三句仿此。 ㉔华，通花，装饰。首，开始。 ㉕故曰：下引自《老子·第四十八章》。 ㉖为道者，进行道的修养的人。日损，一天天地抛弃那些人为虚伪的东西。 ㉗为物，与“为道”相对，指追求外物，如追名逐利等。 ㉘归根，归返于虚无之道。 ㉙不亦句：难在不能混同自然而总要有所作为。 ㉚易，易归根。大人，即至人。至人能无为，故“易”。 ㉛生也三句：徒，继承者。纪，规律。三句意谓：生与死循环相继，不断变化，谁也难以掌握它们的规律。 ㉜吾又句：因为死后又继之而生，故无所忧患。 ㉝一，一体。万物一也，万物都统一在生死循环的变化之中。 ㉞是其二句：意谓神奇与臭腐都只不过是人们根据自己的好恶而定的，并没有什么固定的标准。 ㉟臭腐二句：两者随人的好恶而互相转化，循环不止。 ㊱通天下二句：通，贯通。气，作用。贯通天下万物的死生、彼此、臭腐与神奇变化的就是一种作用。这种作用也就是下文说的“天地之强阳气也”，也就是道的作用。它产生万物、支配万物，体现了万物变化的同一性。所以圣人重视这种同一性。 ㊲彼，指无为谓。 ㊳此，指狂屈。 ㊴知言，懂得天道的理论。即懂得不知才是真知，知就是不知的道理。

【点评】 说明言不如欲言，欲言不如不言。不言才是知道的表现。

天地有大美而不言①，四时有明法而不议②，万物有成理而不说③。圣人者，原天地之美而达万物之理④。是故至人无为，大圣不作⑤，观于天地之谓也⑥。今彼神明至精⑦，与彼百化⑧。物已死生方圆⑨，莫知其根也⑩。扁然而万物⑪，自古以固存⑫。六合为巨⑬，未离其内；秋豪为小⑭，待之成体；天下莫不沉浮⑮，终身不故；阴阳四时运行，各得其序⑯；惛然若亡而存⑰；油然不形而神⑱；万物畜而不知⑲：此之谓本根，可以观于天矣⑳！

【注释】

①大美，许多的好处、功德。　②明法，分明的规律。议，论。　③成理，指事物自然形成的特殊形式。如《韩非子·解老》说的："理者，成物之文也。"说，解说。　④原天句：以效法天地的功德为根本，而又与万物的自然本性相通。原，本。达，通。　⑤不作，即无为。　⑥观于句：观，看齐。句谓天地万物都是不言不说的，所以圣人效法天地而无为，这就叫做向天地看齐。　⑦今彼句：彼，指圣人。彼神明，指圣人的心。《荀子·劝学》："积善成德而神明自得，圣心备焉。"神明即圣心可证。不过《荀子》说的是儒家的圣心，《庄子》说的是道家的圣心。至精，最精妙。　⑧与，随同。彼，指天地。百化，千变万化。　⑨物已句：万物已经产生各种变化：或生或死；或方或圆。　⑩莫知句：变化的本源难以捉摸。根，本，下文又称"本根"。　⑪扁然句：意谓天道在千变万化中忽然间又生长出万物。扁(piān 篇)，通翩。翩然，轻快的样子。　⑫自古句：指万物变化的"本根"(即天道)。以，已。　⑬六合二句：天地四方是够宽广的了，但都被它包括。说明天道的伟大。巨，广大。离，超出。　⑭秋豪二句：秋豪虽小，也要等待它的作用才能形成。说明天道的精微。　⑮天下二句：天地万物在升降变化，新陈代谢，因而日新月异。故，陈旧。　⑯各得句：各自按一定的规律顺序运行。　⑰惛然句：惛然，暗淡不分明的样子。天道是看不见的，说它存在，又摸不着，故说若亡；说它不存在，又在天地万物中起作用，故又说存。　⑱油然句：油然，不见迹象的样子。句谓天道没有形状而又有神化的作用。　⑲万物句：万物都在天道的养育之中而不自知。畜，养，表被动，被养育。　⑳可以句：意谓明白、掌握了上述的"本根"，就能效法天地了。

【点评】 说明能够领悟万物变化的根源——道，效法天地，无为顺物，就达到至人的境界了。

齧缺问道乎被衣①，被衣曰："若正汝形②，一汝视，天和将至；摄汝知③，一汝度，神将来舍。德将为汝美④，道将为汝居。汝瞳焉如新生之犊而无求其故⑤。"言未卒，齧缺睡寐。被衣大说，行歌而去之，曰："形若槁骸⑥，心若死灰⑦，真其实知⑧，不以故自持⑨。媒媒晦晦⑩，无心而不可与谋⑪。彼何人哉⑫！"

【注释】

①齧缺、被衣：据《天地》篇，齧缺是王倪弟子，被衣是王倪老师，《应帝王》篇作"蒲衣子"，蒲与被，一音之转。　②若正三句：若，你。正，纯朴，使动用法。形，形体。一，集中。视，视觉。天和将至，天道和顺之理就会体现在你身上。《在宥》篇"无劳汝形，无摇汝精，乃可以长生"，与此三句义近。　③摄汝三句：摄，收敛。知，同智。一，专一，使动用法，使……专一。度，态度。神，神明。舍，居。　④德将二句：道德将寄居在你身上，将给你带来无限好处。　⑤瞳（tóng童），无知的样子。犊，小牛。故，缘故。　⑥槁骸（hái孩），枯骨。形容静寂非常。　⑦心若句：说明心神无限收敛。　⑧其，语中助词，无义。真其实知，真正是懂得的。指懂得天道。　⑨不以句：故，事。持，守。句谓不固守一时间的事物。故郭注："与变俱也。"　⑩媒媒句：懵懵懂懂的样子。媒，通昧。　⑪与（yù预）谋，参加图谋。　⑫彼何句：赞美齧缺是非凡的人物。

【点评】 说明无心就可以得道。

舜问乎丞曰①："道可得而有乎？"曰："汝身非汝有也，汝何得有夫道！"舜曰："吾身非吾有也，孰有之哉？"曰："是天地之委形也②；生非汝有，是天地之委和也；性命非汝有，是天地之委顺也；子孙非汝有③，是天地之委蜕也。故行不知所往④，处不知所持，食不知所味。天地之强阳气也⑤，又胡可得而有邪！"

【注释】

①丞，官名。古代帝王有四辅之官，前面有左丞右丞，后面有左疑右疑。(见《小戴礼记·文王世子》) ②是天地五句：说明人是天地造化的结果。你的身体是天地托付给你的，你的诞生和性命都是天地间阴阳二气调和结合在你身上的体现。委，授，赋予。和、顺，都是指阴阳的结合、统一。这几句可参阅《天地》篇“泰初有无”一段。 ③子孙二句：生长子孙是由于天地赋予你蜕变、遗传的生机的结果。子孙，原本作孙子，据《阙误》引张君房本改。蜕，如蝉蛇那样蜕壳生新。 ④故行三句：说明行动、居处、饮食都不由自主。持，守。 ⑤强阳，运动。气，作用。天地之强阳气即天道的作用，因为天道有使天地万物运动变化的作用。故舜问道能否掌握而丞以强阳气不能掌握来回答他。

【点评】 说明人的一切都是天地的造化，是由天地所支配的。人想反过来支配天地是办不到的。故荀子批评庄子“蔽于天而不知人”。

孔子问于老聃曰：“今日晏闲①，敢问至道。”老聃曰：“汝齐戒②，疏瀹而心③，澡雪而精神④，掊击而知⑤。夫道，窅然难言哉⑥！将为汝言其崖略⑦：夫昭昭生于冥冥⑧，有伦生于无形⑨，精神生于道，形本生于精⑩，而万物以形相生⑪。故九窍者胎生⑫，八窍者卵生⑬。其来无迹⑭，其往无崖⑮，无门无房⑯，四达之皇皇也⑰。邀于此者⑱，四肢彊⑲，思虑恂达⑳，耳目聪明。其用心不劳，其应物无方㉑，天不得不高㉒，地不得不广，日月不得不行，万物不得不昌，此其道与！且夫博之不必知㉓，辩之不必慧，圣人以断之矣㉔！若夫益之而不加益㉕，损之而不加损者，圣人之所保也㉖。渊渊乎其若海，魏魏乎其终则复始也㉗。运量万物而不遗㉘。则君子之道㉙，彼其外与！万物皆往资焉而不匮㉚。此其道与！

【注释】

①晏闲，安闲。 ②齐，通斋。 ③瀹(yuè 跃)，疏通。如《孟子·滕文公》：“淪济漯。”淪通瀹。此文崇德书院本亦作淪。疏瀹，意即疏通。而，你。下二

句同。 ④澡雪，洗净。 ⑤掊击，打破，意即抛弃。知，通智。 ⑥窅(yǎo 咬)然，深远的样子。 ⑦崖略，大概。 ⑧夫昭昭句：意谓天地开辟，万物昭彰的景象是从昏昏暗暗、浑浑沌沌的远古时代演变而来的。 ⑨伦，纹理。有伦，有纹理结构，即有形。《天地》篇："物生成理谓之形。" ⑩形本，形体。精，精神。 ⑪而万物句：万物以各种形态互相转化。 ⑫胎生，人兽之类。⑬卵生，鱼鸟之类。 ⑭无迹，毫无迹象，意即不知不觉，自然而然地出现。⑮其往句：说明发展无止境。崖，边际。 ⑯门，指出生的地方。无门，不知从哪儿生出来。房，归宿。无房，不知哪儿是归宿。 ⑰四达，无所不通。皇，大。皇皇，宽广。如《国语·越语》："天道皇皇。" ⑱邀，俞樾说："《说文》无邀字，彳部：徼，循也。即今邀字。"又说："循，行顺也，然则邀亦顺也。邀于此者，犹言顺于此者。"此，指道。 ⑲彊，通强，强健。 ⑳恂(xún 旬)，畅通。㉑无方,没有一定框框。 ㉒天不五句：天地日月万物都不得不如此，这是自然而然的，这就是天道了。 ㉓且夫二句：博学、善辩未必智慧聪明。之，语中助词，无义。 ㉔圣人，指老子。以，已。断之，断言如此。《老子·第八十一章》："善者不辩，辩者不善；知者不博，博者不知。" ㉕若夫二句：道充满天地，故无所谓增加，亦无所谓减损。 ㉖保，守，信守。 ㉗魏，通巍。巍巍，高大的样子。终则复始，意即循环往复，没有尽穷。 ㉘运，运载。量，容纳。遗，原作匮，据《阙误》引文如海、刘得一本改。不遗，不会遗漏。 ㉙则君子二句：则，而，然而。彼，指君子之道。未入圣人之道，故说"外"。 ㉚万物二句：由于能顺应万物的自然发展，因此虽然万物来求取供养，但还是不会贫乏的，这就是圣人之道。资，取。《易·乾·彖》："万物资始。"疏："万物之象，皆资取乾元而各得始生。"匮，乏。

"中国有人焉①，非阴非阳②，处于天地之间，直且为人③，将反于宗④。自本观之，生者，喑醷物也⑤。虽有寿夭⑥，相去几何？须臾之说也⑦，奚足以为尧、桀之是非！果蓏有理⑧，人伦虽难⑨，所以相齿。圣人遭之而不违⑩，过之而不守⑪。调而应之⑫，德也；偶而应之，道也。帝之所兴⑬，王之所起也。

【注释】

①中国，国中。　②非阴非阳，阴阳调和，无所偏颇。　③直且句：直，但。直且，姑且。句意谓并非有心为人，只是随便为之。　④将反句：反，通返。宗，本。人生于非人，非人就是人之宗。返于宗，即归返于非人。　⑤喑(yīn 音)醷(yì 亿)句：奚侗曰：醷当作噫。《一切经音义》十五："喑噫，大呼也。"句意谓从根本看来，人的出生只不过如呼出的气一样，只是瞬息间的东西。　⑥虽有二句：虽有长命、短命的区别，但也是一瞬间的事，故说相差不远。去，离。几何，多少。⑦须臾二句：人生如此短促，而人的言论，更是一刹那的事，故无须把尧与桀说成这个是那个非。　⑧果蓏(luǒ 裸)，木类所结的叫果，草类所结的叫蓏。理，纹理。　⑨人伦二句：人伦，人与人的关系。难，盛。如《诗·小雅·隰桑》："隰桑有阿，其叶有难。"传："难，盛貌。"可引申为复杂。所，可。齿，邻比。二句意谓：人的伦理关系虽然复杂，但亦与果蓏的纹理差不多。　⑩遭，遇。之，指人伦。不违，顺从。　⑪守，固守。　⑫调而四句：以和谐顺合的态度去处理、对待人伦等关系，就符合道德的要求了。调，和顺。偶，谐合。应，对待，处理。之，指人伦，即人与人的关系。　⑬帝之二句：说明帝王的兴起，亦靠实行无为的天道。

"人生天地之间，若白驹之过郤①，忽然而已。注然勃然②，莫不出焉；油然漻然，莫不入焉③。已化而生④，又化而死。生物哀之⑤，人类悲之。解其天弢⑥，堕其天袠。纷乎宛乎⑦，魂魄将往⑧，乃身从之。乃大归乎⑨！不形之形⑩，形之不形，是人之所同知也，非将至之所务也⑪，此众人之所同论也⑫。彼至则不论⑬，论则不至；明见无值⑭，辩不若默；道不可闻，闻不若塞⑮：此之谓大得⑯。"

【注释】

①白驹，骏马。郤，通隙，缝隙。白驹过隙，比喻十分快。　②注然、勃然，都是兴起、出生的样子。　③油然、漻然，都是消亡、静寂的样子。漻，通寥，唐写本亦作寥。　④化，转化。　⑤生物二句：都为他们的死亡而悲哀。⑥解其二句：弢(tāo 滔)，通韬，弓衣。堕，通隳，毁。袠(zhì 至)，通帙，书衣。弢和袠在这里都是取其束缚、包裹的含义。二句意谓：死亡只不过是解除了天然的

束缚。 ⑦纷乎，纷乱的样子。宛乎，宛转的样子。都是形容生死变化的情状。 ⑧魂魄二句：死亡时魂魄先离去，然后身体跟从而去。 ⑨大归，大的还原，指死。 ⑩不形三句：从无形变为有形，从有形又变为无形，这种生死变化是人们所共同知道的。 ⑪非将句：将至，即将至者，将要达道的人。回应上文孔子问“至道”。务，求，句谓：这不是达道的人所追求的。因为“达生之情者，不务生之所无以为；达命之情者，不务知之所无奈何”(《达生》篇)。 ⑫此众句：这是常人所共同议论的。意谓常人也明白上述的道理，而且经常在谈论。但他们办不到。 ⑬彼此二句：达道的人就不去议论，议论的人就没有达道。至，即上文“将至”之“至”，指达道。 ⑭值，通直。《说文》：直，正见。明见无值，即明见不见。大道是看不到的，说自己对大道看得很清楚的人其实是对大道毫无认识。 ⑮塞，塞耳不闻。 ⑯大得，大大的收获，指得道。

【点评】 说明道产生万物，支配万物。人的生死也只是道一瞬间的变化。在这一瞬间中连是非都难以搞清楚，哪能把道说得清楚呢？所以不论、不见、不闻、不辩，才能达到道的境界。这一段表明了道主宰万物而又不可言传的神秘性。

东郭子问于庄子曰①：“所谓道，恶乎在?”庄子曰：“无所不在。”东郭子曰：“期而后可②。”庄子曰：“在蝼蚁③。”曰：“何其下邪④?”曰：“在稊稗⑤。”曰：“何其愈下邪?”曰：“在瓦甓⑥。”曰：“何其愈甚邪?”曰：“在屎溺⑦。”东郭子不应⑧。庄子曰：“夫子之问也，固不及质⑨。正、获之问于监市履狶也⑩，‘每下愈况’。汝唯莫必⑪，无乎逃物。至道若是，大言亦然⑫。周遍咸三者⑬，异名同实，其指一也。尝相与游乎无何有之宫⑭，同合而论⑮，无所终穷乎！尝相与无为乎⑯！澹而静乎！漠而清乎！调而闲乎！寥已吾志⑰，吾往焉而不知其所至⑱，去而来而不知其所止。吾已往来焉而不知其所终，彷徨乎冯闳⑲，大知入焉而不知其所穷⑳。物物者与物无际㉑，而物有际者，所谓物际者也。不际之际㉒，际之不际者也。谓盈虚衰杀㉓，彼为盈虚非盈虚㉔，彼为衰杀非衰杀，彼为本末非本末，彼为积散非积散也。”

【注释】

①东郭子，因住在东郭而得称。 ②期，必，证实。东郭子要求庄子举出例子来证实道无所不在。 ③蝼(lóu 楼)，蝼蛄，一种对农作物有害的昆虫。蚁，蚂蚁。 ④下，低级。 ⑤稊、稗，相似的两种杂草。 ⑥甓(pì 譬)，砖。 ⑦溺(niào 尿)，通尿。 ⑧不应，表示觉得卑下不堪。 ⑨固，本来。质，指道的实质。东郭子只是问道在哪里，故庄子说他没有问及道的实质。 ⑩正获二句：正、获都是官名，《仪礼》：饮射之礼有司正、司获。监市，市魁，监管市场的人。因他熟悉各种买卖，故司正、司获问他如何履猪才知猪的肥瘦。履，踩。狶(xī 希)，大猪。买猪时要选择肥的，踩一下猪腿就可以辨别肥瘦了。因为猪腿的下部最难肥，而最难肥的部位也肥了，当然就真的肥了。每下愈况，应是监市的回答。况，像。愈是下部愈能真正反映猪的肥瘦。作者引用这一例子打比方，说明上面所谓大道在屎溺等卑下的地方都存在的说法，是更能说明大道无所不在的道理的。 ⑪汝唯二句:你不要绝对化，其实道没有离开每一个东西。必，绝对。 ⑫大言，表现道的言论。 ⑬周遍三句：周、遍、咸，都是全的意思，故说其指一也。指，通旨，意义。这三句比喻蝼蚁、稊稗、瓦甓、屎溺虽然名称不同，而它们的本质都是道。 ⑭尝，试。无何有之宫，指虚无的境界。 ⑮同合句：把你的言论混同在大言之中。而，你。 ⑯尝相与四句：淡漠、清静、和顺、闲逸，都是无为的表现。 ⑰寥，虚寂。寥已吾志，即吾志寥已，我的心志虚寂啊！ ⑱吾，原本作“无”，按武校改。马叙伦谓“无”为衍文。 ⑲彷徨，放任的样子。这是从举动方面说。冯闳(hóng 宏)，空虚开阔的样子。这是指胸怀方面说。 ⑳大知(zhì 智)入焉，指大智入心，即心怀大智。焉，于此。 ㉑物物三句：物物者，主宰万物的，即天道。际，界限。三句意谓：道与物是没有界限的(体现在万物之中)，而物与物之间是有界限的，这就是所谓物的界限。 ㉒不际二句：意谓所谓界限都是相对的，说没有界限也有相对的界限，说有界限也没有绝对的界限。 ㉓盈，满。衰杀，疑是“隆杀”之误。因为前后文说的盈与虚、本与末、积与散，都是反义词相配搭的，而“衰”与“杀”是同义词。隆，升。杀，降。 ㉔彼为四句：都是说明界限、区别、矛盾是相对的，万物的统一性才是绝对的。

【点评】 说明道无处不在，广大无边，而又体现在一切事物之中。

妸荷甘与神农同学于老龙吉①。神农隐几②，阖户昼瞑③。妸荷甘日中奓户而入④，曰："老龙死矣！"神农隐几拥杖而起⑤，嚗然放杖而笑⑥，曰："天知予僻陋慢訑⑦，故弃予而死。已矣，夫子无所发予之狂言而死矣夫⑧！"弇堈吊闻之⑨，曰："夫体道者⑩，天下之君子所系焉⑪。今于道⑫，秋豪之端万分未得处一焉，而犹知藏其狂言而死，又况夫体道者乎！视之无形，听之无声，于人之论者⑬，谓之冥冥，所以论道而非道也。"

【注释】

①妸(ē 婀)荷甘、神农，都是老龙吉的学生。三个都是作者虚设人物。 ②隐，凭靠。几，案。 ③阖(hé 合)，合。瞑，古眠字。 ④妸荷甘句：奓(shē 奢)，开。妸荷甘知老师死了，急于告诉神农，所以直接推开门而进。 ⑤拥杖，扶着手杖。 ⑥嚗(bó 勃)，手杖跌在地上的声音。 ⑦天，指老龙吉。慢訑(dàn 但)，通谩诞，荒唐之意。 ⑧夫子句：夫子，指老龙吉。发，启发。狂言，指至言，认为不是常人所能理解的，故称为狂言。句意谓老龙吉临死时没有留下至言来启发我。 ⑨弇(yǎn 掩)堈(gāng 刚)吊，假设人物。 ⑩体道者，体现了大道的人。 ⑪系，属，依赖。 ⑫今于道二句：说明老龙吉对于大道还懂得很少。 ⑬于人二句：对于人们中那些谈论什么至道的，就可以说他是糊里糊涂的人了。冥冥，昏昏，糊里糊涂的样子。

于是泰清问乎无穷①，曰："子知道乎？"无穷曰："吾不知。"又问乎无为②，无为曰："吾知道。"曰："子之知道，亦有数乎③？"曰："有。"曰："其数若何？"无为曰："吾知道之可以贵、可以贱、可以约、可以散④，此吾所以知道之数也。"泰清以之言也问乎无始⑤，曰："若是，则无穷之弗知与无为之知，孰是而孰非乎？"无始曰："不知深矣⑥，知之浅矣；弗知内矣⑦，知之外矣。"于是泰清卬而叹曰⑧："弗知乃知乎，知乃不知乎！孰知不知之知⑨？"无始曰："道不可闻，闻而非也；道不可见，见而非也；道不可言，言而非也！知形形之不形乎⑩！道不当名⑪。”无始曰：“有问道而应之者，不知道也；虽问道者，亦未闻道⑫。道无问，问无应。无问问之⑬，是问穷也；无应应之，是无内也⑭。以无内待问穷⑮，若是者，外不观乎宇宙⑯，内不知乎大初。是以不过乎昆仑⑰，不游乎太虚。”

【注释】

①泰清、无穷，都是虚设人物。 ②无为，虚设人物。 ③数，定数。 ④吾知句：说明道的变化无穷。约，聚，集中。 ⑤无始，虚设人物。 ⑥不知二句：深浅是指对道的认识程度说的。 ⑦弗知二句：内、外，犹今说内行、外行。 ⑧卬，古仰字。原作“中”，依《释文》引崔本改。 ⑨孰知句：感叹明白这个道理的人不多。 ⑩知形句：知道主宰有形的物的是无形的道吧！这个道理知道的人少，故又有感叹。 ⑪道不句：道是无形的，不该安它一个名称。意犹《老子》中说的：“吾不知其名，字之曰道，强为之名曰大。” ⑫亦未句：道既不能说，就不应当去问，因此，问道的人当然就是没有懂得道的了。 ⑬无问二句：既然没有什么好问而一定要去问，就要问个落空。穷，空。 ⑭内，内容。 ⑮以无句：意即空对空。 ⑯外不二句：天地四方叫宇，古往今来叫宙。万物的根本叫太初，亦即道。二句意谓：从外表上说，不见宇宙的远大；从实质上说，不明道体的微妙。 ⑰是以二句：比喻未能达到得道的境界。不过，不能及。昆仑，比喻较高远的境界。不游，不能游。太虚，极端虚无的境界，或称之为“无何有之乡”。

光曜问乎无有曰①：“夫子有乎②？其无有乎？”光曜不得问而孰视其状貌③：窅然空然④。终日视之而不见，听之而不闻，搏之而不得也。光曜曰：“至矣，其孰能至此乎！予能有无矣⑤，而未能无无也。及为无有矣⑥，何从至此哉⑦！”

【注释】

①光曜、无有，都是虚设人物，以义定名。 ②夫子二句：无有既称之为“无有”，故光曜问他究竟是有还是没有。夫子，对无有的尊称。 ③光曜句：因无有没有回答，故没法问。孰，通熟。熟视，细察。 ④窅（yǎo 咬），本形容深远的

样子，这里引申为暗淡不明的样子。　⑤予能二句：光无形体，不能听、不能搏，故亦可称之为“无”。但还是可以看到，故未达到无无的境界。　⑥及为句：做到无有了。这句指无有而言。“无有”与“有无”意思是不同的，“无有”强调无，等于今天说没有。“有无”强调有，虽然有的是无形无声的东西(光)，但还是有。　⑦何从句：感叹自己比不上无有。

【点评】 说明道不能说、不能见、不能问、不能闻。因此领悟和做到绝对的“无”就是得道的境界了。

大马之捶钩者①，年八十矣，而不失豪芒②。大马曰：“子巧与！有道与?”曰：“臣有守也③。臣之年二十而好捶钩，于物无视也④，非钩无察也。”是用之者假不用者也⑤，以长得其用⑥，而况乎无不用者乎⑦！物孰不资焉。

【注释】

①大马句：大司马有个工人，是捶钩的。大马，官名，楚国的大司马。捶，打锻。钩，《汉书·韩延寿传》“铸作刀剑钩镡”，章怀注：“钩，兵器，似剑而曲，所以钩杀人也。”　②而不句：指打锻出来的钩十分标准，无丝毫差失。　③有守，有所安守。守，即《德充符》篇“命物之化而守其宗”之“守”。　④于物二句：说明精神集中。　⑤用之者，指捶钩时所费的那一部分精力。不用者，指于物无视所节省的那一部分精力。假，借助。　⑥以长句：意谓把精力都集中在捶钩上，而不在其他方面消耗掉，故能运用得久。长，久。　⑦而况二句：无不用者，指道。资，助。焉，于此。资焉，靠他资助。捶钩者所赖以资助的只是不用的那一部分精力而已，如果是大道，那更是万物所赖以资助的了。

【点评】 捶钩者的经验主要说明做事要精力集中。但作者却引用来说明不用才是大用，并推而广之，论证道无为才是无所不为。

冉求问于仲尼曰：“未有天地可知邪?”仲尼曰：“可。古犹今也。”冉求失问而退①。明日复见，曰：“昔者吾问：‘未有天地可知乎?’夫

子曰：‘可。古犹今也。’昔日吾昭然②，今日吾昧然。敢问何谓也？”仲尼曰：“昔之昭然也，神者先受之③；今之昧然也④，且又为不神者求邪！无古无今，无始无终。未有子孙而有子孙可乎⑤？”冉求未对。仲尼曰：“已矣，末应矣⑥！不以生生死⑦，不以死死生。死生有待邪⑧？皆有所一体。有先天地生者物邪⑨？物物者非物，物出不得先物也⑩，犹其有物也⑪。犹其有物也无已⑫！圣人之爱人也终无已者，亦乃取于是者也⑬。”

【注释】

①失问，感到问错了。　②昔日二句：昨天一听心里还明白，今日却糊涂起来了。昧，糊涂。　③神者句：心神首先领会。　④今之二句：不神者，指外界物象。求，索取。二句意谓被物象形迹所影响而糊涂起来。　⑤未有句：意谓古代有子孙，今天才能有子孙。如果古代没有子孙，今天何来子孙。从这一点就可知古今一样，从今天就可以知古。　⑥末应句：末，毋。冉求还未回答，仲尼知道他还未明白，所以叫他别回答，而自己继续说下去。末，原作“未”，依唐写本改。⑦不以二句：以，因。不会因为生，就把死的也生起来；也不会因为死，就连生的也死掉。意即生的照样生，死的照样死，都顺其自然变化。　⑧死生二句：待，对立。一体，一致，共性。死生并非是对立的，不是有生就不能有死，有死就不能有生的，而是有它们共同的地方的。　⑨有生句：有比天地还更早地产生的物体吗？　⑩物出句：物的产生不能在物之前，意即产生物的不能是物。这是对前句的回答。　⑪犹其句：犹，且。其，指产生物的非物(即道)。有，为，变为。⑫无已，无止境，指生化万物而无穷。　⑬是，此，指大道。取于是，指效法天地，泛爱万物。

【点评】　说明古犹今，生犹死，两方面是统一的，而不是对立的。天地万物都是统一在非物的道之中。

颜渊问乎仲尼曰：“回尝闻诸夫子曰：‘无有所将①，无有所迎。’回敢问其游②。”仲尼曰：“古之人外化而内不化③，今之人内化而外不化[4]。与物化者[5]，一不化者也。安化安不化[6]？安与之相靡[7]？必与之莫多[8]。狶韦氏之囿[9]，黄帝之圃[10]，有虞氏之宫[11]，汤武之室[12]。君子之人，若儒墨者师，故以是非相𩐈也[13]，而况今之人乎[14]！圣人处物不伤物。不伤物者，物亦不能伤也。唯无所伤者，为能与人相将迎。山林与[15]，皋壤与，使我欣欣然而乐与！乐未毕也[16]，哀又继之。哀乐之来，吾不能御，其去弗能止。悲夫，世人直为物逆旅耳[17]！夫知遇而不知所不遇[18]，能能而不能所不能[19]。无知无能者，固人之所不免也。夫务免乎人之所不免者[20]，岂不亦悲哉！至言去言[21]，至为去为。齐知之[22]，所知则浅矣！”

【注释】

①无有二句：不送不迎，即静以待物。将，送。　②游，游心，精神活动。其游，指精神进入不将不迎的境界。　③古之句：古代的人行动能顺随万物的运动而心神宁静。外，指言行活动。内，指心神。　④今之句：意谓内则心猿意马，外则呆板不化。　⑤与物二句：能顺物变化的，是因为他有一个东西不变，这就是道。得道者就能一切无心，故说一不化。　⑥安化句：无所谓化与不化。安，何。　⑦安与句：靡，通摩，摩擦。既能随物变化，因而不会与外物产生摩擦。由于不相靡，故下文说“处物不伤物”。　⑧必与句：与之，与物相处。多，侈，过多。莫多，不会太过。由于能随顺于外物，故相处时一定能恰如其分。这就是不将不迎的具体说明。　⑨狶韦氏，远古帝王的称号。囿（yòu 右），园。　⑩黄帝，轩辕，五帝的第一个帝。圃，小园。　⑪有虞氏，虞舜。　⑫汤，商汤王。武，周武王。以上四句说古代圣人所游的地方越来越狭隘，比喻人们的精神境界一代比一代狭隘，愈带局限性。下面直指近代之君子就更甚了。　⑬𩐈（jī 基），毁。⑭而况句：谓今人比之君子互相诋毁更甚。　⑮山林三句：拟世人赞叹山林、平原可供游玩的快乐。皋（gāo 高）壤，平原。　⑯乐未毕句：说明人情变化，哀乐不定。　⑰世人句：直，但。逆旅，旅舍。得道的人内心不化，所以哀乐不会入于胸中；而世人则一时乐一时悲，心里因外物的影响而变化不定，故说简直成为外物寄居的地方。　⑱夫知句：只知道自己所见过的，而不知道自己所未见过的。遇，

碰上，见过。　⑲能能句：能力所及的就能，能力所不及的就不能。“能能”上原有“知”字，依唐写本删。　⑳夫务句：总想不知的也要知，不能的也要能。㉑至言句：至言，合乎道的言论。去言，不说。因为道不能说。至为，合乎道的行为。去为，无为。总之要静。　㉒齐知二句：齐，皆，全。要什么都知道的，实际上所知的就肤浅了。

【点评】 说明固守无为之道，虚怀若谷，随物应变，就可以与外界不发生矛盾，不至于招来祸害了。

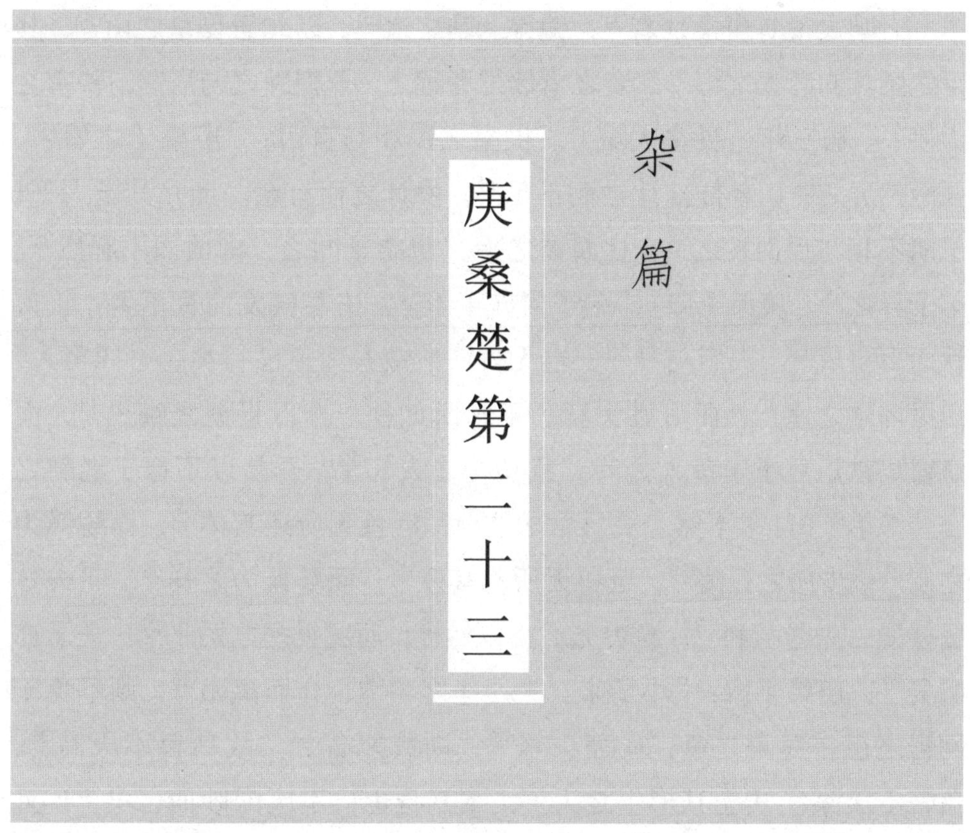

【导读】

本篇是宣传学道的。文中先以庚桑楚与南荣趎展现了得道者与学道者的形象，然后论述至人之德、圣人之道。道的核心是“无有”，学道的关键在于做到无心于功名得失，无知无觉，乃至无我，一切缘于不得已。其中“千世之后，其必有人与人相食者也”的预言，令人惊心动魄。南荣趎见老聃一段，写得出神入化，老子的形象心明如镜，高深莫测。

老聃之役有庚桑楚者①，偏得老聃之道②，以北居畏垒之山③。其臣之画然知者去之④，其妾之挈然仁者远之⑤。拥肿之与居⑥，鞅掌之为使⑦。居三年，畏垒大壤⑧。畏垒之民相与言曰："庚桑子之始来，吾洒然异之⑨。今吾日计之而不足⑩，岁计之而有余。庶几其圣人乎！子胡不相与尸而祝之⑪，社而稷之乎？"庚桑子闻之，南面而不释然⑫。弟子异之⑬。庚桑子曰："弟子何异于予⑭？夫春气发而百草生，正得秋而万宝成⑮。夫春与秋⑯，岂无得而然哉？天道已行矣。吾闻至人，尸居环堵之室⑰，而百姓猖狂，不知所如往。今以畏垒之细民⑱，而窃窃焉欲俎豆予于贤人之间，我其杓之人邪⑲？吾是以不释于老聃之言⑳。"弟子曰："不然。夫寻常之沟㉑，巨鱼无所还其体㉒，而鲵鳅为之制㉓；步仞之丘陵㉔，巨兽无所隐其躯㉕，而孽狐为之祥㉖。且夫尊贤授能，先善与利㉗，自古尧、舜以然㉘，而况畏垒之民乎㉙！夫子亦听矣㉚！"庚桑子曰："小子来！夫函车之兽㉛，介而离山㉜，则不免于网罟之患；吞舟之鱼，砀而失水㉝，则蚁能苦之。故鸟兽不厌高㉞，鱼鳖不厌深。夫全其形生之人㉟，藏其身也，不厌深眇而已矣㊱！且夫二子者㊲，又何足以称扬哉！是其于辩也㊳，将妄凿垣墙而殖蓬蒿也，简发而栉，数米而炊，窃窃乎又何足以济世哉！举贤则民相轧㊴，任知则民相盗㊵。之数物者㊶，不足以厚民㊷。民之于利甚勤㊸，子有杀父，臣有杀君；正昼为盗㊹，日中穴阫㊺。吾语女㊻：大乱之本，必生于尧、舜之间，其末存乎千世之后。千世之后，其必有人与人相食者也。"

【注释】

①役，门徒。古代做门徒的要为师父干杂差，故称役。庚桑，姓。楚，名。②偏，不全。偏得，部分地学到。 ③畏垒，山名，所在不详，一说在鲁国，一说在梁州，一说即《禹贡》的羽山。 ④画（huò 获）然，明察的样子。知，通智。去之，离开庚桑楚。 ⑤挈（qì 弃），通契，本指讲信用的契约，引申为自信。挈然仁者，自信做到仁的。远，远离。 ⑥拥肿，糊涂无知的样子。 ⑦鞅掌，

草野不恭，随随便便的样子。为使，作为庚桑楚所役使。意即代替他原有的臣妾。⑧壤，通穰，亦作穰，丰收。　⑨吾，我们。洒然，惊怪的样子。异之，对他感到奇异。　⑩今吾二句：说明无近功而有远利。　⑪子胡二句：子，畏垒之民相互间的称呼。尸，古代代表死者受祭的活人，后代用神主牌代替。尸而祝之，意即把庚桑楚作为祖宗一样来崇拜。社而稷之，为他建立社稷。社、稷均作动词用。⑫释(yì 译)，通怿，高兴。　⑬异之，对庚桑子不高兴感到奇怪。　⑭何异于予，为什么对我感到奇怪？　⑮宝，指果实。唐写本作“实”。万宝，各种果实。⑯夫春三句：春与秋对百姓是有功德的，但这种功德仅仅是由于天道的运行罢了。庚桑楚以此说明自己对畏垒之民有利也是出于天道自然罢了，并非是自己有意利于他们。得，通德。　⑰尸居，像尸主(神主牌)一样静寂而居，表示无为。环堵之室，四面围有一堵之墙的居室。堵，一丈。环堵，一平方丈。　⑱今以二句：细，小。窃窃，烦琐计较的样子。俎(zǔ 祖)、豆，都是祭祀时放祭品的器具。这里作动词用，引申为奉祀。二句谓：畏垒的小人们斤斤计较地把我放进贤人之列来进行崇拜。　⑲其，岂。杓(biāo 标)，榜样。　⑳吾是句：庚桑楚是老聃的弟子，老聃经常教导说：“功成事遂，而百姓皆谓‘我自然’。”现在畏垒之民把功德归于庚桑楚，所以庚桑楚想起老聃的话，感到自己没有做到而心里不快。　㉑八尺为寻，二寻为常。　㉒还，转。　㉓鲵(ní 倪)、鳅，都是小鱼。制，通折，曲折回旋。㉔六尺为步，七尺或八尺为仞。　㉕隐，藏。因为丘陵太小，所以藏不了巨兽的身躯。　㉖孽(niè 聂)，通孽，妖孽。孽狐，妖孽的狐狸。祥，善，得意。以上六句比喻庚桑楚虽然伟大，但在当时那样的环境下，也无可奈何，只好听从畏垒小民的摆布才是。　㉗先善与利，首先推举善而又对众人有利的人。　㉘以，通已。㉙而况句：意谓畏垒之民更是由于庚桑楚对他们有利而加以推举。　㉚听，听任，顺从。　㉛函，含。兽能把车吞含，说明很大。下文“吞舟之鱼”意同。　㉜介，独个。　㉝砀，通荡。砀而失水，因波流动荡而离开了水。　㉞故鸟二句：因为愈高愈深则愈能避害。厌，满足。　㉟生，性。　㊱眇，远。　㊲二子，指尧与舜。　㊳是其五句：辩，通辨，指分辨善与利。殖，种。蓬蒿(hāo 薅)，即茼蒿，菊科类植物。简，择。栉，梳发。数(shǔ 蜀)，一个一个地计算。五句意谓：尧与舜对于分辨善与恶，就相当于胡乱地凿墙壁来种蓬蒿，选择头发来梳，数米来煮，这些烦琐的事情都是劳而无功的，对于救世是毫无用处的。　㊴轧，倾轧。　㊵盗，欺骗。　㊶物，事。数物，指举贤、任智等事。　㊷厚民，利民，对老百姓带来好处。　㊸勤，努力。于利甚勤，努力谋利。　㊹正昼，中午。　㊺日中，中午。阫(péi 培)，墙。穴阫，把墙挖穿。以上两句说的都是白日抢劫。　㊻女，通汝，你。

【点评】 通过得道者庚桑楚形象的描述，说明要不求功、不要名。因为有功就有害，举贤任智就会导致人与人相食。

南荣趎蹴然正坐曰[①]："若趎之年者已长矣，将恶乎托业以及此言邪[②]？"庚桑子曰："全汝形[③]，抱汝生[④]，无使汝思虑营营[⑤]。若此三年，则可以及此言矣！"南荣趎曰："目之与形[⑥]，吾不知其异也，而盲者不能自见；耳之与形，吾不知其异也，而聋者不能自闻；心之与形，吾不知其异也，而狂者不能自得。形之与形亦辟矣[⑦]，而物或间之邪[⑧]？欲相求而不能相得。今谓趎曰：'全汝形，抱汝生，勿使汝思虑营营。'趎勉闻道达耳矣[⑨]！"庚桑子曰："辞尽矣，奔蜂不能化藿蠋[⑩]，越鸡不能伏鹄卵，鲁鸡固能矣！鸡之与鸡，其德非不同也。有能与不能者，其才固有巨小也。今吾才小，不足以化子。子胡不南见老子！"南荣趎赢粮[⑪]，七日七夜至老子之所。老子曰："子自楚之所来乎？"南荣趎曰："唯。"老子曰："子何与人偕来之众也？"南荣趎惧然顾其后[⑫]。老子曰："子不知吾所谓乎[⑬]？"南荣趎俯而惭，仰而叹，曰："今者吾忘吾答[⑭]，因失吾问。"老子曰："何谓也？"南荣趎曰："不知乎人谓我朱愚[⑮]，知乎反愁我躯[⑯]；不仁则害人，仁则反愁我身；不义则伤彼，义则反愁我己。我安逃此而可？此三言者，趎之所患也[⑰]。愿因楚而问之[⑱]。"老子曰："向吾见若眉睫之间[⑲]，吾因以得汝矣。今汝又言而信之[⑳]。若规规然若丧父母[㉑]，揭竿而求诸海也[㉒]，女亡人哉[㉓]！惘惘乎[㉔]，汝欲反汝情性而无由入，可怜哉！"南荣趎请入就舍[㉕]，召其所好[㉖]，去其所恶。十日自愁[㉗]，复见老子[㉘]。老子曰："汝自洒濯[29]，熟哉郁郁乎！然而其中津津乎犹有恶也[30]。夫外韄者不可繁而捉[31]，将内揵；内韄者不可缪而捉，将外揵；外内揵者[32]，道德不能持，而况放道而行者乎！"南荣趎曰："里人有病[33]，里人问之，病者能言其病[34]，病者犹未病也。若趎之闻大道[35]，譬犹饮药以加病也。趎愿闻卫生之经而已矣[36]。"老子曰："卫生之经，能抱一乎[37]！能勿失乎！能无卜筮而知吉凶乎[38]！能止乎[39]！能已乎！能舍诸人而求诸己乎[40]！能翛然乎[41]！能侗然乎[42]！能儿子乎[43]！儿子终日嗥而嗌不嗄[44]，和之至也；终日握而手不掜[45]，共其德也；终日视而目不瞚[46]，偏不在外也。行不知所之，居不知所为，与物委蛇而同其波[47]。是卫生之经已。"南荣趎曰："然则是至人之德已乎？"曰："非也。是乃所谓冰解冻释者[48]，能乎？夫至人者，相与交食乎地而交乐乎天[49]，不以人物利害相撄[50]，不相与为怪[51]，不相与为谋[52]，不相与为事[53]，翛然而往，侗然而来。是谓卫生之经已[54]。"曰："然则是至乎？"曰："未也。吾固告汝曰：'能儿子乎！'儿子动不知所为，行不知所之，身若槁木之枝而心若死灰。若是者，祸亦不至，福亦不来。祸福无有，恶有人灾也！"

【注释】

①南荣趎(chú 除)，姓南荣名趎，是庚桑子的学生。蹴(cú 促)然，恭敬的样子。　②将恶句：问庚桑楚如何通过学习达到上述境界。恶，何。托，凭借。此言，指庚桑楚上述"藏身深眇"等语。　③全汝形，保养好你的身体。　④抱，保。生，通性。抱汝生，保住你的天性。　⑤营营，劳累而不知休息的样子。⑥目之九句：从外形上说来，盲者的眼睛，聋者的耳朵，狂者的心，和得道的人并没有两样，但却不能"自见"、"自闻"、"自得"。三"与"字都应作"于"解。盲、聋、狂，都是指精神上的，而不是形体上的。如《逍遥游》篇中说："岂唯形骸有聋盲哉，夫知亦有之。"既然是精神上的聋盲，所以从形貌上"不知其异也"。自见、自闻、自得，都是指得道者的见、闻、得，如《骈拇》篇中说："吾所谓聪者，非谓其闻彼也，自闻而已矣；吾所谓明者，非谓其见彼也，自见而已矣；夫不自见而见彼，不自得

而得彼者，是得人之得而不自得其得者也。” ⑦形之句：这句上一“形”字指形体，下一“形”字指外貌。辟，通譬，比类，相似。句谓从外表看来，一个人的形体与得道者的形体相比，也如耳、目、心等一样，看不出有什么两样的。 ⑧而物二句：间，间隔，阻塞。盲者、聋者、狂者就是因为目、耳、心有所阻塞的缘故。因而南荣趎进一步推想：自己与庚桑楚的形体在外貌上并没有什么不同，但向庚桑楚学道总是学不到手，因而怀疑自己的形体被什么东西所阻塞。 ⑨勉，勉强，约略。达耳，仅至于耳朵，意即未入于心。 ⑩奔蜂三句：“奔”字前原有“曰”字，依《庄子补正》说删。奔蜂，即蜾蠃，细腰小虫。藿，豆。蠋（zhú 烛），又叫毛虫，鳞翅目昆虫的幼虫，形似蚕而大如指。生在豆中的即叫藿蠋。越鸡，越地所产的鸡。鲁鸡，鲁地所产的鸡。或当时鲁地鸡种优良，所以比越地的大。伏，孵。鹄，天鹅。 ⑪赢（yíng 盈），担。属当时陈宋齐楚间的方言。 ⑫南荣趎句：以为后面真的有许多人跟着来，所以惊惧地往后一看。 ⑬子不句：老子上边说的“与人偕来之众”并非真的指人，而是指南荣趎心里挟杂着许多东西，即下文说的“三言”，而南荣趎以为真的是指人，所以老子说他不领会自己所指的意思。 ⑭今者二句：南荣趎领悟了老子所说的话之后，认识到应该一切无心，故说“忘吾答”，“失吾问”，不忘就说明还是有心。今者，现在。失，也是忘的意思。 ⑮知，通智。下句同。朱愚，即铢愚，愚钝。楚人谓刀钝为铢。 ⑯我躯，与下“我身”、“我己”，都是我自身、我自己的意思。反愁我躯，反而令我自身愁苦。作者认为智、仁、义都是离道伤性的，所以说反而令我苦恼。 ⑰趎之句：智与不智，仁与不仁，义与不义，都有所害，所以感到左右为难而产生忧患。 ⑱因楚，通过庚桑楚的介绍。 ⑲向吾二句：向，刚才。若，你。眉睫之间，本指眼睛，眼睛是最能反映人的表情的，故引申为表情。得汝，指掌握了你的心事。 ⑳信，证实。 ㉑若规规句：前一“若”解你，后一“若”解如。规规然，不由自主的样子。 ㉒揭竿句：以为父母跌进大海，所以拿起竹竿紧急到海里去打捞。揭，举。诸，之于。 ㉓女，通汝。亡，借为妄。 ㉔惘惘（wǎng 罔）二句：惘惘，不得意的神情。反，通返。反汝情性，恢复你的天性。无由入，无路可进。所以觉得心情惘惘。 ㉕入就舍，入居弟子之舍。 ㉖召其二句：召，招，吸收。所好，指天道。去，抛弃。所恶，指仁义等。 ㉗自愁，自感苦恼。 ㉘复见句：通过闭门思过之后，还有想不通，所以再向老子请教。 ㉙汝自二句：洒濯（zhuó 浊），洗涤，指清除掉那些不合乎天道的东西。熟，通孰，世德堂本亦作“孰”，何。郁郁，闷闷不乐的样子。㉚然而句：水液进出为津。津津，这里表示渗出、流露的样子。津津乎犹有恶也，即犹有恶也津津乎。老子从南荣趎郁郁不乐的表情中看出他还有污恶的东西流露出来。　㉛夫外四句：韄（hù 护），系缚，束缚。外韄，被外物所牵累。繁，杂。捉，促，崔本亦作“促”，急迫。揵（jiàn 健），闭。内韄，被心事所缠缚。缪（móu 谋），绸缪，缠缚。四句意谓：被外物牵累时，不应因为繁杂而紧张，而要心神内守；被心事所缠缚时，不应因为纠缠不清而急躁，而要排除外来干扰。　㉜外内三句：内心、外界都有牵累（如《人间世》篇中说的“人道之患”与“阴阳之患”）的话，那就连有道德的人都不能支持，何况是刚刚学道的人呢！这是针对南荣趎急于求成，患得患失说的。放，通仿，效仿，学习。　㉝里人，同住一居里的人。　㉞病者二句：“其病”下原有“然其病”三字，依高山寺本删。未病，未病危。　㉟若趎二句：未闻大道，本来就糊涂；闻大道而又不能领会，更加糊涂。这好像有病吃了药反而加重一样。说明难以救药。　㊱卫生，养生。经，原则，方法。　㊲能抱二句：能坚持纯一之道而不要放弃。　㊳能无句：顺之自然，吉来知吉，凶来知凶，故无须求卜占筮。无，通毋。　㊴能止二句：都是说明心性要宁静。止，定。已，息。　㊵诸，之于。舍诸人，对人无所求。　㊶翛（xiāo 萧）然，无所牵挂的样子。　㊷侗（dòng 洞）然，心怀开朗的样子。　㊸能儿句：能和小孩一样天真。　㊹嗥（háo 豪），号叫。嗌（yì 意），咽喉。嗄（shà 霎），通哑，沙哑。㊺终日握二句：掜（niè 捏），拳曲。共，合。成人终日握则手劳倦而不易伸直，小孩却不会这样，是因为合乎自然的德性。　㊻终日视二句：瞚（shùn 舜），通瞬，眼睛转动。小孩能定睛看很久，因为他的精神并不偏注于所看的外物。意即只是无意地看着。　㊼与物委蛇（wēi yí 逶迤），随物变化。同其波，随波逐流。　㊽是乃二句：冰解冻释，比喻扫除了障碍，解开症结，心性灵通。能乎，问南荣趎能否做到上述要求。　㊾相与句：《徐无鬼》篇有“吾与之邀乐于天，吾与之邀食于地”二句，可见“交”与“邀”通。交，有和合之义。邀，古字作徼。《说文》：“徼，循也。”循，顺。句意谓生活、游乐都顺乎自然。　㊿撄，扰。　(51)怪，责怪。(52)谋，谋算。　(53)事，服务。　(54)是，此。指前面说的一段话。

【点评】　通过学道者南荣趎的形象，说明要学道就要放弃得失，学婴儿那样天真无知，解除心上故障，才是学道的准备功夫。而患得患失则是学道的最大障碍。

宇泰定者①，发乎天光。发乎天光者，人见其人②，物见其物。人有修者③，乃今有恒。有恒者，人舍之④，天助之。人之所舍，谓之天民；天之所助，谓之天子。

【注释】

①宇泰二句：上下四方叫宇，此指天地之间。泰定，大定，非常宁静。天光，天的光芒。二句意谓：天地间十分宁静，就能清朗光明。比喻心里非常平静，就能清醒开朗。　②人见二句：意谓人和物都各自显露出他们本来的面目。见，通现。③人有二句：修，修炼，指使自己心地宁静的修炼。恒，常，亦即恢复本性。意犹《老子》中说的："归根曰静，静曰复命，复命曰常。"(《第十六章》)　④舍，居。舍之，居止其下，意即归附于他。

学者，学其所不能学也①？行者，行其所不能行也？辩者，辩其所不能辩也？知止乎其所不能知②，至矣！若有不即是者③，天钧败之④。备物以将形⑤，藏不虞以生心⑥，敬中以达彼⑦。若是而万恶至者，皆天也⑧，而非人也，不足以滑成⑨，不可内于灵台⑩。灵台者有持⑪，而不知其所持而不可持者也⑫。不见其诚己而发⑬，每发而不当；业入而不舍⑭，每更为失。为不善乎显明之中者⑮，人得而诛之；为不善乎幽间之中者⑯，鬼得而诛之。明乎人、明乎鬼者⑰，然后能独行⑱。券内者⑲，行乎无名；券外者⑳，志乎期费。行乎无名者㉑，唯庸有光；志乎期费者㉒，唯贾人也。人见其跂㉓，犹之魁然。与物穷者㉔，物入焉；与物且者㉕，其身之不能容，焉能容人！不能容人者无亲，无亲者尽人㉖。兵莫憯于志㉗，镆铘为下；寇莫大于阴阳㉘，无所逃于天地之间。非阴阳贼之㉙，心则使之也。

【注释】

①也，邪。下二"也"字同。　②知止二句：这是总答以上三设问句。

③即是,依照如此。 ④天钧，见《天地》篇注。 ⑤备物句：得万物以滋养自己的形体。备，具备。将，养。 ⑥藏不句：藏，指心里所藏。虞，思虑。不虞，无所思虑。生，活。句意谓什么都不放在心上，心神才有生气。 ⑦敬中句：敬，诚。中，心。彼，外物。句谓心中真诚才能与外物相通。 ⑧皆天二句：说明是天命所造成的，而不是自己所作所为的过错。 ⑨不足句：意谓既然是天命，只好由之任之，不值得为此而扰乱自然形成的心性。滑(gǔ 骨)，乱。 ⑩内，通纳。灵台，心。 ⑪持，守。 ⑫而不可，则不该。 ⑬不见二句：从反面说明“敬中以达彼”。意谓自己心中都还未做到真诚就表示出来，那么与外界就往往合不来。当，合。 ⑭业入二句：从反面说明“而不知其所持而不可持者也”。意谓对于自己还不理解的造成万恶的原因等放进心里而不肯抛开，就往往会错上加错。业，已。入，指纳入心里。失，错。 ⑮为不句：意即公开干坏事。 ⑯幽间之中,在阴暗的地方。 ⑰明乎句：明乎人，对人光明正大。明乎鬼，对鬼光明正大。意谓公开与暗中都光明正大。 ⑱独行，犹“独往独来”(《在宥》篇)。 ⑲券内二句：意谓只求与自己心性相契合的，就必然自我满足，做到不务虚名。券(quàn 劝)，本指契据(合同)，这里作动词，意即契合。 ⑳券外二句：追求与外界契合的，就必然贪多务得，总想为人所重用。志，愿，想。期，必。费，用。 ㉑行乎二句：做到不务虚名的，必然能永远放射着光芒。因为不务虚名则宇泰定，宇泰定者，则发乎天光。庸，常。 ㉒志乎二句：总想着为人所重用就是唯利是图，就只不过如商人一般。贾人，商人。 ㉓人见二句：跂，与《马蹄》篇“踶跂仁义”、“县跂仁义”之“跂”义同，表示举、标榜的意思。魁，伟大。“志乎期费者”标榜仁义一套以收买名声(与“行乎无名”相反)，人们见他们所标榜的，好像很了不起的样子。言下之意是：其实是骗人的。 ㉔与物二句：与，待。穷，空，犹《知北游》篇“是问穷也”之“穷”。二句意谓：以空虚的胸怀来对待外物，就能容纳外物。 ㉕且，通阻。与物且，由于胸怀梗塞，与外物格格不入。 ㉖尽人，自尽的人。以下几句说明称之为“尽人”的道理。 ㉗兵莫二句：憯，通惨，毒，伤害。镆铘，利剑的名称(详见《达生》篇)。为下，为之下，即比不上志那么毒。二句意谓：心志是对人伤害的武器，它甚至比最锋利的剑还要厉害。 ㉘寇莫二句：意谓敌人中最厉害的是阴阳，因为阴阳二气满布于天地之间，如果与阴阳二气相冲撞，就无法逃避而被它伤害。寇，敌人。 ㉙非阴二句：但并非是阴阳伤害你，而是由于你

的心志未能顺乎自然，阴阳不能调和而造成的。贼，害。

道通其分也①，其成也毁也②。所恶乎分者③，其分也以备④。所以恶乎备者⑤？其有以备。故出而不反⑥，见其鬼。出而得⑦，是谓得死。灭而有实⑧，鬼之一也。以有形者象无形者而定矣⑨！出无本⑩，入无窍，有实而无乎处⑪，有长而无乎本剽⑫，有所出而无窍者有实⑬。有实而无乎处者，宇也⑭；有长而无本剽者，宙也⑮。有乎生⑯，有乎死；有乎出，有乎入。入出而无见其形⑰，是谓天门。天门者，无有也。万物出乎无有。有不能以有为有⑱，必出乎无有，而无有一无有⑲。圣人藏乎是⑳。

【注释】

①道通句：通，贯通，统一。分，区别。句谓事物各有界限而相区别，但大道把它们统一起来。　②其成句：成，形成。上一“也”字犹“者”。毁，破坏。句意谓从某一方面说来是形成了，但从大道的观点看，这种形成就是破坏。　③所恶（wū乌）句：万物何以有区别？　④其分句：这种区别是对全体相对来说的。意即有全体就有局部，有局部就有区别。备，全体。　⑤所以二句：何以万物构成全体？那是因为有使它们统一成全体的条件——大道。　⑥故出二句：所以精神外驰而不返，与形体分离，这个人就呈现为鬼了。反，通返。见，通现。　⑦出而二句：精神外驰，追逐名利之类而有所得，其实得到的是死亡。　⑧灭而二句：心神已经灭亡而还有形体存在，这就是属于鬼的一类了。实，存在。　⑨以有句：因为这种心神灭亡的有形者与无形的鬼是相类似的，故此可以定为鬼的一类。这是说明上两句的。以，因。　⑩出无二句：本，根源。窍，门。句意谓大道不知从哪里出来，也不知从哪里回去。来无影，去无踪。　⑪有实句：有实际存在而没有一定界限。意即无限大而又无处不在。这从空间说。实，存在。处，方域，界限。⑫有长句：道的源流久长而不分首尾，意即无限长久而又无时不在。这从时间说。长，久。剽，通标，末端。　⑬有所句：宣颖认为这九个字是衍文。章太炎认为“有实”二字涉下句“有实”而衍。　⑭宇，指空间上没有止境的上下四方。⑮宙，指时间上没有终始的古往今来。　⑯有乎四句：说明变化多端。　⑰入出

二句：万物出于无有，入于无有，而无有是看不见的，那就是天道的门。 ⑱为，产生，形成。以有为有，靠有来产生有。 ⑲一无有，把无与有统一起来。一，作动词，统一。 ⑳藏，居，指居心。是，此，指无有。

古之人，其知有所至矣。恶乎至？有以为未始有物者，至矣，尽矣，弗可以加矣！其次以为有物矣①，将以生为丧也②，以死为反也③，是以分已④。其次曰始无有，既而有生，生俄而死⑤。以无有为首，以生为体，以死为尻⑥。孰知有无死生之一守者⑦，吾与之为友。是三者虽异⑧，公族也。昭景也⑨，著戴也；甲氏也⑩，著封也：非一也⑪。

【注释】

①以上数句见《齐物论》篇注。 ②将以句：一般人以生为得，但作者以无为本，生是从无变有，所以由虚无之道看来，生就是有所失。丧，失。 ③以死句：把死看作是从有还原到无。反，通返。 ④是以句：是，此。以，通已，已经。已，通矣。句意谓虽然能把生死等同看待，但这已经把两者区别开来了，比之“未始有物”已低了一层。 ⑤俄，一下子。 ⑥尻(kāo考阴平)，屁股，指尾。 ⑦孰知二句：这说的是第三种境界，比第二种境界又低一层，因为它把无有作首，把生作体，把死作尻，已有先后轻重的差别了。守，王念孙说：借为“道”。《知北游》篇：“大马曰：‘子巧与！有道与？’曰：‘臣有守也。’”《达生》篇：“仲尼曰：‘子巧乎！有道邪？’曰：‘我有道也。’”是其证。而且“道”从“首”得音，古读如“首”，与“守”音同。以上六句解释参阅《大宗师》篇。 ⑧是三者，指无有、生、死。三者都出于“未始有物”，同一祖宗，故此下说“公族”。 ⑨昭景二句：昭、景都是楚国的王族。著，著称。戴，爱戴，指尊奉的先人。二句谓昭景二姓是因所尊奉的先人而著称的。 ⑩甲氏二句：甲氏则因所受封之地名而著称。马叙伦认为“甲”借为“屈”。 ⑪非一句：意谓虽然同是公族，但又有所区别。比喻无有、生、死三者虽同出于“未始有物”，但毕竟不相同。

【点评】 上段老子只是以卫生之经回答南荣趎，这一段作者则接着老子的意思论述“至人之德”。认为“至人之德”就是要清静、弃知、诚己、无名、虚心，以无有为出发点与归宿，把一切通而为一。这就是古往今来认识的最高境界了。

有生黬也①，披然曰“移是”②。尝言“移是”③，非所言也④。虽然⑤,不可知者也⑥。腊者之有膍胲⑦，可散而不可散也；观室者周于寝庙⑧，又适其偃焉！为是举“移是”⑨。请尝言“移是”：是以生为本⑩,以知为师，因以乘是非⑪。果有名实⑫，因以己为质⑬，使人以为己节⑭，因以死偿节⑮。若然者，以用为知⑯，以不用为愚；以彻为名⑰，以穷为辱。“移是”，今之人也⑱，是蜩与学鸠同于同也⑲。

【注释】

①有生句：黬(àn 暗)，疵，黑痣。句谓有生了面痣的。　②披然句：披，纷。披然，纷纷然。移，去。是，此，指面痣。句谓反反复复地说：“把这个去掉。”　③尝言句：试谈谈“把这个去掉”的问题。　④非所句：意即非所能言，并非能够说得很清楚的。　⑤虽然，虽然说了。　⑥不可句：意谓不能为一般人所理解。　⑦腊者二句：腊，腊祭，古代十二月的祭祀。膍(pí 疲)，牛胃。胲(gāi 该)，牛蹄。二句意谓：腊祭时祭品中有牛胃与牛蹄，表示牛的内脏、四肢都齐备。但这些东西不是必然要放在一起的，故可散；但从祭礼上说，又是必需的，故不可散。　⑧观室二句:观室，游观居室。周，遍。寝庙，住所，有东西厢的叫庙，无东西厢而有室的叫寝。适，往。偃(yǎn 演)，通匽，厕所。二句意谓：游观居室，主要是游观寝庙等住所，而无须去游观厕所，但厕所又不能不去。以上两个例子都是说明：从某一角度上说，有些东西是可以排除不要的，但从另一角度上说，又是不能不要的。由此可知，面上的黑痣，去掉有去掉的道理，不去掉也有不去掉的道理。　⑨举，举例说明。犹《韩非子·五蠹》“此所举先王也”之“举”。　⑩是以二句：生，指自己的心性。知，通智。心智，指个人的认识。师，指导。　⑪因以句：因此凭着个人的认识来驾驭是非。“以”下省“之”字。乘，驾驭。　⑫果，真的。名实，指名实相符的问题。　⑬质，实，主。名者实之宾，以己为主，即以人为宾，故如下句云。　⑭使人句：节，符节，符合。句谓使人符合自己。　⑮因以句：意谓使人为了符合自己而死。偿，殉。　⑯用，利，指对己有利。知，通智，聪明。　⑰彻，通，显达。名，声誉，光荣。以上都是说明所谓“移是”的问题，就是以个人的认识、利益为准的，符合的就是好的，就是可取的；不符合的就是不好的，就是要去掉的。　⑱今之人，指现在的人才这样做。古人把一切看作

无有，根本不存在要去掉什么的问题。　⑲是蜩句：蜩与学鸠都自以为是而笑大鹏高飞是多余的，现在世人动不动就叫把不合自己心意的东西去掉，就如同蜩与学鸠的自以为是一样。同于同，同于所同。二虫都同样自以为是，今人又一样自以为是。

蹍市人之足①，则辞以放骜，兄则以妪②，大亲则已矣③。故曰：至礼有不人④，至义不物⑤，至知不谋⑥，至仁无亲⑦，至信辟金⑧。彻志之勃⑨，解心之谬⑩，去德之累⑪，达道之塞⑫。贵富显严名利六者⑬，勃志也；容动色理气意六者⑭，谬心也；恶欲喜怒哀乐六者⑮，累德也；去就取与知能六者⑯，塞道也。此四六者不荡胸中则正⑰，正则静，静则明，明则虚，虚则无为而无不为也。

【注释】

①蹍(niǎn 捻)市二句：蹍，踩。市人，市场上的人，说明根本不相识。辞，谢，道歉。放骜(ào 傲)，放纵妄动，说明自己不够谨慎，但不是故意的。　②兄则句：妪(yù 育)，表示怜爱的声音，如"喉唷"之类。句谓如果踩在兄弟的脚上则无须道歉，只要"妪"一声，表示怜爱就可以了。　③大亲句：如果踩在父母的脚上，则连"妪"一声也不用，因为父母是一定晓得自己出于无意而表示原谅的。大亲，父母。已矣，算了。　④至礼，最大的礼貌。不人，不看作是别人。对大亲应该是最讲礼貌的，但却连"妪"一声也不发，这就是因为与父母不分彼此。　⑤不物，不当做一回事。　⑥不谋，无须谋虑。　⑦无亲，不分亲疏。　⑧至信句：最大的信用是不用金银作抵押的。辟，排除。　⑨彻，通，作动词用。勃，乱。⑩谬，通缪，亦作缪，束缚。　⑪累，拖累。　⑫达，通。塞，障碍。⑬显，显达。严，威严。　⑭容，容貌。动，举动。色，颜色。理，情理。气，辞气。意，意志。　⑮恶，厌恶。欲，喜爱。　⑯去，舍弃。就，依从。与，给。知，通智。能，本领。　⑰四六者，指上述四方面的"六者"。荡，动。

道者①，德之钦也；生者②，德之光也；性者③，生之质也。性之动谓之为④，为之伪谓之失⑤。知者，接也⑥；知者，谟也⑦。知者之所不知⑧，犹睨也。动以不得已之谓德⑨，动无非我之谓治⑩，名相反而实相顺也⑪。羿工乎中微而拙乎使人无已誉⑫；圣人工乎天而拙乎人⑬；夫工乎天而俍乎人者⑭，唯全人能之。虽虫能虫⑮，虽虫能天。全人恶天⑯，恶人之天，而况吾天乎人乎⑰！一雀适羿⑱，羿必得之，或也。以天下为之笼，则雀无所逃⑲。是故汤以胞人笼伊尹⑳，秦穆公以五羊之皮笼百里奚㉑。是故非以其所好笼之而可得者，无有也。介者拸画㉒，外非誉也。胥靡登高而不惧㉓，遗死生也。夫复謵不馈而忘人㉔，忘人㉕，因以为天人矣！故敬之而不喜，侮之而不怒者，唯同乎天和者为然㉖。出怒不怒㉗，则怒出于不怒矣；出为无为，则为出于无为矣！欲静则平气㉘，欲神则顺心。有为也欲当㉙，则缘于不得已㉚。不得已之类，圣人之道。

【注释】

①道者二句：钦，主，君。得道之谓德，德兼于道。所以德以道为主体，是从属于道的，是道在人物身上的反映。　②生者二句：人物的生长化育，是德的光辉的体现。　③性者二句：天性就是生的本质。意即失去天性就等于死。④性之句：天性本来是静的，受外物的感召而动，就成了行为。　⑤为之句：行为就是加上了人的作用，这种作用与天性相违背，就是失。　⑥接，接触，如耳闻目见之类。这指感性认识。　⑦谟，谋虑，思索。这指理性认识。　⑧知者二句：认识能力所不能认识的，就好像斜视的人有许多东西还没有看到一样。意即所知道的极为有限，极为模糊。睨（nì腻），斜视。　⑨动以句：意谓不得已而动就合乎天德。以，而。不得已，说明被动而又无心。　⑩动无句：所作所为没有不符合我的天性的就叫做治。治，不乱，顺心。　⑪名相句：名、实，都是指德与治而言。两者在名义上好像是相反的，一是“动以不得已”，一是“动无非我”，但其实质是相一致的，即都以天道为出发点，只不过前者从客观说，后者从主观说就是了。　⑫羿，古代射箭能手。工，善。中微，射中微小的目标。拙，笨，不善。无已誉，不要赞扬自己。　⑬工乎天，善于顺应天时。拙乎人，不善于处理人事。指他们不能无为，而以礼乐一套治天下。　⑭夫工二句：俍（liáng良），善。俍于人，指能顺应人的天性，无为而治。如《达生》篇说的：“不厌其天，不忽于人，民几乎以其真。”全人，完美的人，即至人之类。　⑮虽虫二句：意谓虽然人们当我是

虫，我也可以把自己看作是虫；虽然把自己看作虫，但也是顺乎天然的。意如《天道》篇说的："昔者子呼我牛也而谓之牛，呼我马也而谓之马。"这是工乎天而俍乎人的具体说明。此二句"虽"字原本作"唯"，据《释文》改。 ⑯全人二句：人之天，指人为而形成的情势。这虽然是一种客观的趋势，但不是自然形成的，而是人为所造成的，所以道德完美的人厌恶它。意如《达生》篇说的："不开人之天而开天之天。开天者德生，开人者贼生。" ⑰而况句：天乎人乎，则把天与人割裂、对立开来。这更是全人所厌恶的了。 ⑱一雀三句：适，过，指经过羿所在的地方。羿善射，故必得之。或，原作威，依《释文》引崔本改。或，即域字，范围。说明羿得雀是由于雀飞进他的射程之内。 ⑲无所逃，指逃不出天地之外。说明没有局限。 ⑳是故句：胞，通庖，厨工。伊尹善做厨工，并以此求官做，商汤王就请他做厨工而笼络他。 ㉑秦穆公句：百里奚，春秋时虞人，传说他特别喜爱五色羊皮做的皮衣。秦穆公则用五色羊皮笼络他，任他为相。以上两件事都说明要顺其所好。 ㉒介者二句：介者，单足的人。拸（chǐ 耻），弃。画，装饰。外，排除。二句谓：单足的人是放弃了自我装扮的，因为他已经把人们对他容貌上的非议或者赞美早已置之度外了。 ㉓胥靡，犯人。 ㉔夫复句：复，免除。謵（xí 习），通慴，惧怕。馈（kuì 愧），通愧，负疚。忘人，忘却自己是人。这句是说：像胥靡之类那样，由于能解除了惧怕的心理，精神上毫无负担，而且根本不把自己当人来看待。 ㉕忘人二句：由于不把自己看作是人，所以一切任由老天爷摆布。这是完全回复于自然的人，所以算是"天人"了。 ㉖同乎天和，混同在与自然的绝对统一之中。为然，做到如此。 ㉗出怒四句：出，产生。怒产生于不怒，为产生于无为，可见不怒、无为才是根本，怒与有为是枝生的东西。 ㉘欲静二句：平气、顺心，都是心平气和的意思，这就是要不怒。神，灵通。 ㉙当，合乎天道。 ㉚缘，顺。

【点评】 本段主要说明：世人往往自以为是，而要别人服从自己，但其实他们自以为是的，正是扰乱心志，阻碍道德修养的东西。而且就是圣人，也还是有局限性的。因此，连自己是一个人也要忘却，顺随天然而不由自主，这就接近于得天道了。

徐无鬼第二十四

【导读】

本篇最后点出："以不惑解惑，复于不惑。"这揭示了作者写作的意图在于解惑。作者认为，人们为什么总是不能做到清静无为，顺乎天然呢？关键在于心头上有各种各样的迷惑：嗜欲、是非、名利、逞能等等。因此文中列举出各类"糊涂虫"，逐一解剖，说明解除迷惑的途径、方法，作者说理多用寓言，构思独特，生动传神。

徐无鬼因女商见魏武侯①，武侯劳之曰②："先生病矣③，苦于山

林之劳④，故乃肯见于寡人。”徐无鬼曰：“我则劳于君⑤，君有何劳于我！君将盈耆欲⑥，长好恶⑦，则性命之情病矣⑧；君将黜耆欲⑨，掔好恶⑩，则耳目病矣⑪。我将劳君，君有何劳于我！”武侯超然不对⑫。少焉，徐无鬼曰：“尝语君吾相狗也⑬：下之质⑭，执饱而止⑮，是狸德也⑯；中之质，若视日⑰；上之质，若亡其一⑱。吾相狗又不若吾相马也。吾相马：直者中绳⑲，曲者中钩，方者中矩，圆者中规。是国马也⑳，而未若天下马也㉑。天下马有成材㉒，若卹若失㉓，若丧其一。若是者，超轶绝尘㉔，不知其所㉕。”武侯大悦而笑。徐无鬼出，女商曰：“先生独何以说吾君乎㉖？吾所以说吾君者，横说之则以《诗》、《书》、《礼》、《乐》，从说之则以《金板》、《六弢》㉗，奉事而大有功者不可为数㉘，而吾君未尝启齿㉙。今先生何以说吾君？使吾君说若此乎㉚？”徐无鬼曰：“吾直告之吾相狗马耳㉛。”女商曰：“若是乎？”曰：“子不闻夫越之流人乎㉜？去国数日㉝，见其所知而喜㉞；去国旬月㉟，见所尝见于国中者喜㊱；及期年也㊲，见似人者而喜矣㊳。不亦去人滋久思人滋深乎㊴？夫逃虚空者㊵，藜藋柱乎鼪鼬之径㊶，踉位其空㊷，闻人足音跫然而喜矣㊸，又况乎昆弟亲戚之謦欬其侧者乎㊹！久矣夫，莫以真人之言謦欬吾君之侧乎！”

【注释】

①徐无鬼，姓徐字无鬼，缗(今山西省平定县)人，隐士。因，凭，通过。女商，姓女名商，魏武侯的宠臣。魏武侯，名击，魏文侯的儿子。　②劳，慰劳。③病，贫困。　④苦于句：因为徐无鬼隐居山林，所以说他生活于山林而劳苦。⑤我则二句：我却是要慰劳君王，君王有什么必要慰劳我呢！意即我根本不用君王慰劳。则，却。　⑥盈，满，作动词用。盈耆欲，追求嗜欲的满足。　⑦长，增加。好恶，指爱憎之情。　⑧则性句：因为嗜欲、好恶都是伤害心性的。病，坏，被伤害。　⑨黜(chù 绌)，减损，抑制。　⑩掔(qiān 千)，通牵，引申为引去，排除。　⑪则耳目句：武侯未入道，除去了嗜欲、好恶，声色上得不到满

足，就会感到困苦。病，困苦。　⑫超然，若有所失的样子。　⑬尝，试。语(yù 遇)，告诉。相(xiàng 向)，察看。观察相貌来辨别好坏。　⑭下之质，下等的品格。　⑮执饱句：以饱为准则，食饱就满足了。执，守。止，了事，指满足。⑯德，性。狐狸性贪，而下等狗贪食，所以说是狸德。　⑰视日，比喻看得高远，明察。狗是守门或打猎的，因此“若视日”比“执饱而止”高一筹。　⑱若亡句：把形体看作不存在一样。说明精神静寂专一。一，指身躯。　⑲直者四句：说明马跑起来能直、能曲、能方、能圆，听从驾驭。中(zhòng 众)，符合。　⑳国马，国中好马。　㉑天下马，天下中的好马。　㉒成材，一种无须训练的天然性能。㉓若卹(xù 序)二句：卹，《庄子补正》疑是“灭”字之误。灭、失、丧，都是不存在的意思，与上文“若亡其一”，与《达生》篇“望之似木鸡”，都是说明性情静寂专一的状态。　㉔超轶(yì 逸)，超越。绝尘，走过的地方，尘埃还来不及飞起又远远前去了，与尘埃远隔而离绝。都是形容跑得飞快的意思。　㉕所，去向。不知其所，表示自由奔放。　㉖以，用。下句同。何以，即以何，用什么。　㉗从，通纵。《金板》、《六弢》，《周书》篇名。有说《六弢》即《六韬》，是讲太公兵法的。㉘奉事,从事。不可为数，无法计算，表明很多。　㉙启齿，开口，指笑一笑。㉚说(yuè 阅)，通悦。　㉛直，但。　㉜流人，被流放的人。　㉝去，离。国，国都。　㉞所知，所认识的人。　㉟旬月，或一旬(十天)或一月。㊱尝，曾。　㊲期(jì 记)年，周年。　㊳似人，似所认识的人。　㊴人，指所亲、所认识的人。滋，愈。　㊵逃虚空者，逃到荒凉之地的人。　㊶藜藋(lí diào 离掉)句：藜藋，又称灰菜，野草的一种，嫩叶可食。柱，塞。鼪鼬(shēng yòu 生右)，鼠的一种。句谓在老鼠跑来跑去的地方生满了野草。　㊷踉位句：指逃难的人踉踉跄跄地走进了野草中的空地里。踉，踉跄，走路不稳的样子。位，处。㊸闻人句：因为许久未见过人了，所以偶然听到人走的声音就十分高兴。跫(qióng 穷)，脚步声。　㊹謦欬(qīng kài 清忾)，本指咳嗽，引申为言说。

徐无鬼见武侯，武侯曰：“先生居山林，食芧栗[①]，厌葱韭[②]，以宾寡人[③]，久矣夫！今老邪？其欲干酒肉之味邪[④]？其寡人亦有社稷之福邪[⑤]？”徐无鬼曰：“无鬼生于贫贱，未尝敢饮食君之酒肉，将来劳君也。”君曰：“何哉！奚劳寡人？”曰：“劳君之神与形。”武侯曰：“何谓邪？”徐无鬼曰：“天地之养也一⑥，登高不可以为长，居下不可以为短。君独为万乘之主，以苦一国之民⑦，以养耳目鼻口，夫神者不自许也⑧。夫神者，好和而恶奸⑨。夫奸⑩，病也，故劳之。唯君所病之何也⑪？”武侯曰：“欲见先生久矣！吾欲爱民而为义偃兵⑫，其可乎？”徐无鬼曰：“不可。爱民，害民之始也⑬；为义偃兵⑭，造兵之本也。君自此为之，则殆不成。凡成美⑮，恶器也。君虽为仁义，几且伪哉⑯！形固造形⑰，成固有伐⑱，变固外哉⑲。君亦必无盛鹤列于丽谯之间⑳，无徒骥于锱坛之宫㉑，无藏逆于得㉒，无以巧胜人，无以谋胜人，无以战胜人。夫杀人之士民，兼人之土地，以养吾私与吾神者㉓，其战不知孰善？胜之恶乎在㉔？君若勿已矣㉕！修胸中之诚以应天地之情而勿撄㉖。夫民死已脱矣㉗，君将恶乎用夫偃兵哉㉘！

【注释】

①芧(xù 序)栗，橡子。 ②厌，通餍，饱食。 ③以，而。宾，通摈，弃。指不愿做官，不受国君尊宠。 ④干，求。酒肉之味，指代官位。因为做官的称为肉食者。 ⑤其寡人句：其，岂。社稷，国家。句谓徐无鬼如果能出来做官，一定对国家有利，所以使武侯感到幸福。 ⑥天地三句：意谓天地养育万物、众人都是不分彼此、一视同仁的，人们的地位有高下，但受天地的养育却不应有长短之分。 ⑦以苦二句：意谓剥削全国老百姓，使他们受苦，而自己享尽声色酒肉。 ⑧夫神句：意谓只顾耳目鼻口，是养形罢了，而心神却会不舒服。神者，指心神。许，可。自许，自身感到舒服。 ⑨和，平和。奸，乱。 ⑩夫奸二句：追求酒肉声色就会阴阳失调，心神紊乱，导致生病。 ⑪所病之何，病的原因是什么。 ⑫偃(yǎn 演)兵，放下兵器，停战。 ⑬害民句：因为有所爱就有所憎，有所憎就会相谋害。 ⑭为义二句：讲仁义就必然认为有不仁不义，有不仁不义就必然会产生征伐，于是武器就出现了。本，根源。 ⑮凡成二句：成美，指建立爱民为义的好名声。恶器，凶器。因为爱民为义导致了害民造兵，所以说是凶器。 ⑯几且，近乎。伪，虚伪。为仁义的结果适得其反，所以属于虚伪

的行为。　⑰形固句：形，形势。固，必。造，造成，导致。名谓一种情势必然会导致另一种情势。如为义偃兵必然会导致为了对付不义而造兵。　⑱成固句：两种对立的情势形成后必然会各自夸耀，如标榜自己正义，指责别人不义等。伐，拔，夸耀。　⑲变固句：情势的进一步变化必然会表现为公开的战争。　⑳君亦句：鹤列，本是阵名，这里指兵。盛鹤列，陈列出强大的部队。丽谯，城楼。武侯本来也是说要偃兵的，而徐无鬼上边说偃兵是造兵之本，这是否表明他要战争呢？不是的，他只是反对武侯爱民为义的动机，还是主张偃兵的，所以这句用“亦必”二字。　㉑无，毋。徒，步兵。骥，骑兵。徒骥，亦徒亦骥，又有步兵又有骑兵。锱(zī 资)坛，祭坛。宫中有锱坛的，则称为“锱坛之宫”。　㉒无藏句：在自己的道德中不夹杂一丝一毫与外物相矛盾的念头。得，通德，一本亦作德。逆，矛盾。㉓私，指私利，如上文说的耳目鼻口的享受。　㉔胜之句：胜人就要杀人，但又说要爱民。所以问胜利究竟表现在哪里。意即从爱民的角度说又是失败了。㉕勿已，不然，指不杀人之士民。　㉖修，修养。诚，真情。应，顺。撄，扰。㉗脱，免除。　㉘君将句：意谓心中纯真，顺应自然，战争也自然会停息，无须有意去偃兵。

【点评】 以魏武侯说明沉溺于嗜欲，向往于仁义，就会人性丧尽，迷途难返。

黄帝将见大隗乎具茨之山①，方明为御②，昌寓骖乘，张若、謵朋前马，昆阍、滑稽后车。至于襄城之野③，七圣皆迷④，无所问涂。适遇牧马童子，问涂焉，曰：“若知具茨之山乎？”曰：“然。”“若知大隗之所存乎⑤？”曰：“然。”黄帝曰：“异哉小童！非徒知具茨之山，又知大隗之所存。请问为天下⑥。”小童曰：“夫为天下者，亦若此而已矣，又奚事焉！予少而自游于六合之内⑦，予适有瞀病⑧，有长者教予曰：‘若乘日之车而游于襄城之野⑨。’今予病少痊，予又且复游于六合之外⑩。夫为天下亦若此而已⑪。予又奚事焉⑫！”黄帝曰：“夫为天下者，则诚非吾子之事⑬，虽然，请问为天下⑭。”小童辞⑮。黄帝又问。小童曰："夫为天下者，亦奚以异乎牧马者哉！亦去其害马者而已矣⑯！"黄帝再拜稽首，称天师而退⑰。

【注释】

①黄帝句：大隗（tài wěi 太伟），亦作泰隗，古时候的至人形象。具茨（cí 辞），山名，在今河南省密县东南，现在叫大隗山。句中所言并非事实，纯属寓言。②方明四句：方明、昌寓（即"宇"字）、张若、謵（xí 习）朋、昆阍、滑稽，六个都是虚设人名。御，驾车。骖乘，同车作侍卫。前马，向导。后车，车后随从。 ③襄城，河南省有襄城县，在大隗山南。 ④七圣，黄帝加上以上六人。 ⑤存，在。⑥为，治理。 ⑦六合之内，世间。 ⑧瞀（mào 茂），眼花。瞀病，头目晕眩的病症。 ⑨若，你。乘日之车，比喻顺随着时光的流逝。 ⑩六合之外，世外。⑪若此，指随便过日子。 ⑫予又句：我又需要干什么呢？ ⑬则诚句：意即先生当然是不管这种事的。 ⑭请问句：黄帝听了童子上述的话还是不领悟，所以再请问。 ⑮小童句：童子觉得没有什么好说，所以推辞不答。 ⑯亦去句：言外之意是说，治理天下，就是去掉害天下的东西就行了。 ⑰天师，天道之师。

【点评】 以黄帝说明，沉迷于治天下，就必然会害天下。只要治天下者无为地过日子，就可以除去害天下的因素了。

知士无思虑之变则不乐①；辩士无谈说之序则不乐②；察士无凌谇之事则不乐③：皆囿于物者也④。招世之士兴朝⑤；中民之士荣官⑥；筋力之士矜难⑦；勇敢之士奋患⑧；兵革之士乐战⑨；枯槁之士宿名⑩；法律之士广治⑪；礼教之士敬容⑫；仁义之士贵际⑬。农夫无草莱之事则不比⑭；商贾无市井之事则不比⑮；庶人有旦暮之业则劝⑯；百工有器械之巧则壮⑰。钱财不积则贪者忧，权势不尤则夸者悲⑱，势物之徒乐变⑲。遭时有所用，不能无为也，此皆顺比于岁⑳，不物于易者也。驰其形性㉑，潜之万物㉒，终身不反㉓，悲夫！

【注释】

①思虑之变，指考虑问题灵活，多方设法。 ②谈说之序，指论说的逻辑性。

序，层次。　③察士，以明察见长的人，犹今天的观察家。他们善于发现问题，所以往往能抓住别人的毛病。凌谇(suì 碎)，凌辱责骂。　④皆囿(yòu 又)句：指上述几种人都是被名利之类的东西所局限、束缚。　⑤招，挥手而呼。招世之士，以呼民救世为己任的人。兴朝，使朝政振兴。　⑥中，正。中民，理民，统治人民。荣官，以官爵为显荣。　⑦筋力之士，大力士，壮士。矜(jīn 斤)，自夸。矜难，以能解难而自豪。　⑧奋患，奋身于排除患难。　⑨兵革，持兵披革，即武装。　⑩枯槁之士，即隐士。隐士隐居山林，生活简朴，形容常常憔悴枯槁。宿，守。宿名，保持自己的名声。　⑪法律之士，法家一类人物。广治，扩充统治的地盘。　⑫敬容，注重仪式。　⑬贵际，重视交际。　⑭草莱之事，指除草等田野耕作。不比，合不来。　⑮市井之事，即买卖。古代市场在井周围，故称市井。　⑯旦暮之业，日常的工作。劝，努力。　⑰百工，各种手工业者。巧，技巧。壮，意气旺盛，犹今说自豪。　⑱尤，出众。夸者，自大的人。⑲势物，权利。在动荡中易于窃取权势利益，所以追求权利的人"乐变"。　⑳此皆二句：顺比，投合。岁，时。顺比于岁，投合一时。不物于易，不能在变易中主宰外物，意即反而被外物所牵制。　㉑驰其句：身心都为名利、势物而追逐。形性，身心。　㉒潜，沉溺。之，于。　㉓反，通返，指恢复本性。

【点评】 说明社会上各行各业的人都各自被本职所蒙蔽，迷惑于追名逐利而不知回头，这是十分可悲的。

庄子曰："射者非前期而中谓之善射①，天下皆羿也，可乎？"惠子曰："可。"庄子曰："天下非有公是也②，而各是其所是，天下皆尧也，可乎？"惠子曰："可。"庄子曰："然则儒墨杨秉四③，与夫子为五，果孰是邪？或者若鲁遽者邪④？其弟子曰：'我得夫子之道矣！吾能冬爨鼎而夏造冰矣⑤！'鲁遽曰：'是直以阳召阳⑥，以阴召阴⑦，非吾所谓道也⑧。吾示子乎吾道。'于是为之调瑟⑨，废一于堂⑩，废一于室，鼓宫宫动，鼓角角动，音律同矣！夫或改调一弦⑪，于五音无当也，鼓之⑫，二十五弦皆动，未始异于声而音之君已⑬！且若是者邪[14]!”惠子曰:“今乎儒墨杨秉,且方与我以辩,相拂以辞[15],相镇以声[16],而未始吾非也[17],则奚若矣[18]?”庄子曰:“齐人蹢子于宋者[19],其命阍也不以完;其求钘钟也以束缚[20];其求唐子也而未始出域[21]:有遗类矣[22]!夫楚人寄而蹢阍者[23];夜半于无人之时而与舟人斗,未始离于岑而足以造于怨也[24]。”

【注释】

①射者二句:期,约。前期,预定。二句谓:射箭的人没有预定目标,随便射中哪里也算是中,这样称得上善射的话,天下的人都可以称得上像羿一样的射手了。 ②公是,大家都承认是对的,犹公理。 ③然则三句:儒,一般指孔子的门徒。成疏说是指郑缓(见《列御寇》篇)。秉,公孙龙的字。四、五,指学派家数。夫子,指惠施,名家。孰,谁。是,对。三句意谓:五家哪个是对的呢? ④鲁遽,姓鲁名遽,周初人。 ⑤吾能句:成疏说:“鲁遽能冬取千年燥灰以拥火,须臾出火,可以爨鼎;盛夏以瓦瓶盛水,汤中煮之,县瓶井中,须臾成冰也。”或有所依据。爨(cuàn 窜),烧。鼎(dǐng 顶),古代烹煮用的器物,三足两耳。造冰,制造成冰。 ⑥是,此,指冬爨鼎而夏造冰。直,只是。以阳召阳,灰属阳,火也是属阳,二阳相召合,所以能爨鼎。 ⑦以阴句:井属阴,水也是属阴,二阴相召合,所以能成冰。这些都是说明性质相同的易于相结合而形成同一性质的东西,其实还必须有其他的具体条件的。 ⑧非吾句:鲁遽用阳召阳、阴召阴比喻同于己为是,异于己为非。所以他说这不是我所说的道。 ⑨调瑟,调整瑟音的高低。 ⑩废一五句:废,置,放。一,指一瑟。堂,厅。室,在堂后面的寝室。宫、角,五音中的两音。放在厅与室中的两个瑟宫、角二弦音律相同,所以弹其中的一个,则另一个的同一音的弦也起共鸣。 ⑪夫或二句:改调,调整变换。五音:宫、商、角、徵、羽。无当,不合。 ⑫鼓之二句:弹起所改换的那条弦,则整个瑟二十五条弦全都起共鸣。 ⑬未始句:未始,未尝。句意谓这一弦的音虽然和五音不相同,但也是一种乐音,而且它能引起二十五弦的共鸣,可以称得上是众音的君主。以此比喻“公是”。 ⑭且若句:且,将。这句是庄子问惠施,问他的学说是否和鲁遽的“音之君”一样,能得到各家的响应。 ⑮拂,违戾,指用言语相反驳。 ⑯镇,压。声,名声。 ⑰吾非,非吾,说明我不对。 ⑱奚若,何如,怎么

样。惠子认为其他四家未能把他驳倒，还自以为是，所以问庄子看来怎么样。⑲齐人二句：蹢（zhí 直），通擿，投。蹢子于宋，把儿子放到宋国去。阍，守门人。命阍，叫他做守门人。不以完，使他不健全。因为守门的人都是选择肢体残缺的。⑳其求句：钘（xíng 刑），乐器，似小钟而长颈。句意谓求得钘钟等乐器后把它们绑起来（绑着就敲不响了）。　㉑唐，失。域，借为阈，门限之内。未始出域，没有出门。　㉒遗类，失掉伦类，违反常理。指齐人所做的三件蠢事而言。　㉓寄，寄居。寄而蹢阍者，寄居在别人那里而又投掷那里的守门人。　㉔岑（cén 涔），岸。造于怨，造成仇恨。以上说楚人两件惹是生非的事与上面说齐人自以为是的三件蠢事，都是隐喻惠施的。

庄子送葬，过惠子之墓，顾谓从者曰："郢人垩慢其鼻端若蝇翼①，使匠石斲之②。匠石运斤成风③，听而斲之④，尽垩而鼻不伤⑤，郢人立不失容⑥。宋元君闻之⑦，召匠石曰：'尝试为寡人为之⑧。'匠石曰：'臣则尝能斲之。虽然，臣之质死久矣⑨！'自夫子之死也⑩，吾无以为质矣，吾无与言之矣！"

【注释】

①郢（yǐng 影），楚国国都。垩（è 恶），石灰。慢，通漫，涂。端，尖。蝇翼，苍蝇翅膀，比喻非常微薄。　②匠石，匠人名石。斲（zhuó 斫），削。　③运，挥动。斤，斧。成风，说明动作快。　④听，任。表示毫不介意。　⑤尽，作使动用法。尽垩，把石灰全削净。鼻不伤，说明技巧高超。　⑥郢人句：说明十分镇定，与匠石配合得好。不失容，脸不变色，不害怕。　⑦宋元君，见《田子方》篇。　⑧为之，指削鼻尖上的石灰。　⑨臣之句：质，对手。句谓我的对手早死了。意即现在没有可配合的人了。说明那是双方的事。　⑩自夫子三句：这是庄子对惠施的坟墓说的。说明惠子死后，庄子辩论没有对手了。

【点评】　说明惠施等辩士迷惑于自以为是，至死不悔。

管仲有病①，桓公问之曰："仲父之病病矣②，可不讳云③，至于大病④，则寡人恶乎属国而可⑤？”管仲曰：“公谁欲与⑥？”公曰：“鲍叔牙⑦。”曰：“不可。其为人洁廉，善士也；其于不己若者不比之⑧；又一闻人之过，终身不忘。使之治国，上且钩乎君⑨，下且逆乎民⑩。其得罪于君也将弗久矣！”公曰：“然则孰可？”对曰：“勿已则隰朋可⑪。其为人也，上忘而下畔⑫，愧不若黄帝⑬，而哀不己若者⑭。以德分人谓之圣⑮；以财分人谓之贤。以贤临人⑯，未有得人者也；以贤下人⑰，未有不得人者也。其于国有不闻也⑱，其于家有不见也。勿已则隰朋可。”

【注释】

①管仲，姓管名仲，字夷吾，齐相，是鲍叔牙的朋友。　②仲父，这是齐桓公对管仲的尊称。病矣，病危了。这一“病”字与《庚桑楚》篇“病者犹未病也”中后一“病”字义同。　③可不句：讳云，讳言。句谓难道能够不讳言吗？意即本来是不应该说的，但现在不能不说。　④大病，死。　⑤属国，委任国政。　⑥谁欲与，即欲与谁，想委任给谁。　⑦鲍叔牙，姓鲍名叔牙。　⑧不己若，即不若己，比不上自己。比，亲近。　⑨钩，曲，违背。　⑩逆乎民，违反民意，说明他不善容人。　⑪隰（xí 习）朋，姓隰名朋，齐国贤臣。　⑫上忘，对上无心窥察，无心计较，与“钩乎君”相反。畔，通伴。下畔，对下亲善、团结，与“逆乎民”相反。　⑬愧不句：对比不上黄帝自感惭愧。　⑭哀，怜爱。　⑮以德句：意谓用自己的美德去影响别人的称得上圣人。　⑯以贤临人，标榜自己贤能，居高临下地对待别人。　⑰以贤下人，虽然自己贤能，但能谦逊待人。　⑱其于二句：有不闻、有不见，说明不是什么都要靠自己去掌握、去解决，不是只相信自己而不信任别人。

【点评】　以鲍叔牙与隰朋对比，说明迷惑于自负的人，是不能治国的。

吴王浮于江，登乎狙之山①，众狙见之，恂然弃而走②，逃于深蓁③。有一狙焉，委蛇攫搔④，见巧乎王⑤。王射之，敏给搏捷矢⑥。王命相者趋射之⑦，狙执死⑧。王顾谓其友颜不疑曰⑨：“之狙也⑩，伐其巧、恃其便以敖予⑪，以至此殛也⑫。戒之哉！嗟乎！无以汝色骄人哉⑬？”颜不疑归而师董梧⑭，以锄其色⑮，去乐辞显⑯，三年而国人称之。

【注释】

①狙（jū 居），猕猴。因山上多猕猴，所以称为“狙之山”。　②恂（xún 荀），惊怕的样子。　③深蓁（zhēn 真），荆棘丛。蓁，通榛。　④委蛇，通逶迤，转来转去。攫（jué 决），搏。搔（zǎo 早），抓。　⑤见，通现。见巧，表现自己灵巧。　⑥敏给，迅速。捷，通接。矢，箭头。　⑦相（xiàng 向），助。相者，指协助吴王出猎的人。趋，通促，急。　⑧执死，被执而死。《御览》九百十引此文无“执”字，七百四十五引此文“执”作“既”，可参考。　⑨颜不疑，姓颜字不疑。⑩之，此。　⑪伐，夸。便，敏捷。敖，通傲。予，我。敖予，在我面前表现骄傲。　⑫殛（jí 棘），死。　⑬色，颜色，态度。骄人，对人骄傲。　⑭董梧，姓董名梧，应是吴国有道的人。　⑮锄，原本作助，依《续古逸丛书》本改。锄其色，抛弃自己自信不疑的态度。　⑯去乐，抛弃声乐。辞显，辞谢荣华。

【点评】 记叙猕猴迷惑于逞能献巧，结果一命呜呼。说明为人不应过于自信，不能对人骄傲。

南伯子綦隐几而坐①，仰天而嘘②。颜成子入见曰：“夫子③，物之尤也。形固可使若槁骸④，心固可使若死灰乎？”曰：“吾尝居山穴之中矣。当是时也，田禾一睹我而齐国之众三贺之⑤。我必先之⑥，彼故知之；我必卖之⑦，彼故鬻之。若我而不有之，彼恶得而知之？若我而不卖之，彼恶得而鬻之？嗟乎！我悲人之自丧者⑧；吾又悲夫悲人者⑨；吾又悲夫悲人之悲者⑩；其后而日远矣⑪！”

【注释】

①南伯子綦，即《齐物论》篇中的南郭子綦。隐，凭靠。几，古代用来踞坐的器具。　②嘘，吐气。　③夫子二句：夫子，先生。颜成子是子綦弟子，故称“夫子”。尤，最。指子綦出类拔萃。　④形固二句：说明形体、精神都处在静寂的状

态(参见《齐物论》篇)。固，乃。槁骸，枯骨。　⑤田禾，齐国国君的姓名，即齐太公。贺之，祝贺国君得到了贤能的人士。　⑥先之，指首先有所表现。⑦卖之,指出卖名声。鬻(yù 育)，贩卖。以上四句说自己未能静寂无为，所以惹起别人注意。　⑧自丧，指追逐名利而丧失了自己的天性。所以认为可悲。⑨吾又悲夫悲人者，我又连那些对自丧者感到可悲的人也认为他是可悲的。⑩吾又悲夫悲人之悲者，我又连那些对为别人而悲哀的人感到可悲的，也认为他是可悲的。　⑪其后句：因为对于这些可悲的事一天天有所认识，故一天天地抛弃它，远离它，终于达到了寂寞无为的地步。因而能做到形如槁骸，心若死灰。

【点评】 通过南伯子綦的自叙，说明从显露自己的才能到认识到那是可悲的，再从有可悲之感到无所思虑，日益淡漠，直至心如死灰，这就是解惑修道的过程。

仲尼之楚①，楚王觞之②。孙叔敖执爵而立③。市南宜僚受酒而祭，曰："古之人乎④！于此言已。"曰："丘也闻不言之言矣⑤，未之尝言，于此乎言之：市南宜僚弄丸而两家之难解⑥；孙叔敖甘寝秉羽而郢人投兵⑦；丘愿有喙三尺⑧。"彼之谓不道之道⑨，此之谓不言之辩。故德总乎道之所一⑩，而言休乎知之所不知⑪，至矣。道之所一者⑫，德不能同也。知之所不能知者，辩不能举也。名若儒墨而凶矣⑬。故海不辞东流⑭，大之至也⑮。圣人并包天地，泽及天下，而不知其谁氏⑯。是故生无爵⑰，死无谥⑱，实不聚⑲，名不立，此之谓大人。狗不以善吠为良，人不以善言为贤，而况为大乎⑳！夫为大不足以为大㉑，而况为德乎！夫大备矣㉒，莫若天地。然奚求焉㉓，而大备矣！知大备者，无求，无失，无弃，不以物易己也㉔。反己而不穷㉕，循古而不摩㉖，大人之诚㉗！

【注释】

①之，往。　②觞，本来是酒器的总名，这里作动词用，意即用酒接待，古时称为燕礼。　③孙叔二句：孙叔敖是楚庄王的国相，当时孔子还没有出世。孔

子死在鲁哀公十六年，当时市南宜僚还没有在楚国做官。《左传·宣公十二年》记楚国有个熊相宜僚，与孙叔敖同时，但离孔子很远。可见作者在这里说的是寓言。孙叔敖，见《田子方》篇。市南宜僚，见《山木》篇。　④古之二句：古时宴会上请到会的人发表意见，这叫乞言献道。所以宜僚对孔子说：古人在这种场合就要发表意见了。言外之意是请孔子发表高论。　⑤不言之言，指关于天道的理论。⑥市南句：丸，球。弄丸，玩球。解，免。时楚白公胜作乱，想杀令尹子西。子綦向白公推荐宜僚，结果宜僚对白公派来请他的人不理睬，继续在那儿上下弄丸。把剑加在他身，还是弄丸如故。白公对他无可奈何，因而宜僚解除了卷入两家灾难的危险。　⑦孙叔句：甘寝，安寝。秉，拿。羽，羽毛扇。秉羽，摇着羽毛扇。投兵，放下武器。孙叔敖是楚国令尹，他高枕逍遥，楚国人当然就无须动武了。　⑧丘愿句：喙(huì会)，鸟嘴。愿有喙三尺，希望有如三尺长的鸟嘴那样的嘴巴。言下之意是说：我的嘴并没有那么长，没有那么多话可说。正如林希逸所解："何待我说。喙三尺者，言无如此之长喙也。"　⑨彼之二句：这是作者的评论。彼，指宜僚与孙叔敖。他俩逍遥无为的表现，就自然体现了无为之道。所以说是"不道之道"。此，指孔子。宜僚本来叫孔子发表高见，但孔子却表示无话可说，体现了大言不言的精神，所以说是"不言之辩"。　⑩故德句：德是指各人所得的道，所以是统属在大道的同一性之中的。总，统。所一，所共同的。　⑪而言句：智力无法掌握的就别去说它。休，止。　⑫道之二句：各人心性所得的只是道的一点，不是道的同一性。所以不能相等。同，相等。　⑬名若句：儒墨以名声相标榜，以为道全在自己手中，而把他家的学说都看作是错误的。这就是以自己之德等同于道之所一，对智之所不能知的强为辩举，所以非常危险。而，则。凶，危险。　⑭不辞东流，不拒绝东流入海的水流。　⑮大之句：说明度量大才能容人。反之，不能容人的正是由于胸怀狭小。　⑯而不句：说明圣人不标榜自己的名声。　⑰无爵，不要爵位。　⑱死无谥(shì示)，古时君王死后，人们根据他的平生表现来定他的谥号。但圣人无为，不留功名，所以死后无谥号。　⑲实不聚，意即不求利。实，实利。聚，收。　⑳而况句：大，即大人。句意谓贤人都不善言，大人更是不说了。　㉑夫为二句：大人尚且认为不值得标榜自己的大，何况只是进行道德修养的人呢！意即更不应标榜自己的道德。　㉒大备，体现了大。　㉓然奚二句：天地体现了大了，所以无须追求什么。　㉔以物易己，由于追求外物而改变了自己的天性。 ㉕反己句：无止境地反求于自己。意即不向外求。 ㉖循古句：遵循古之大道而行，永不息灭。摩，灭。 ㉗大人句：如上所说的就是大人纯正的品性。诚，纯正。

【点评】 说明要做到无为、无言、无求，遵循天道，使自己的天性不变，才能无惑。

子綦有八子[①]，陈诸前[②]，召九方歅曰："为我相吾子[③]，孰为祥[④]。"九方歅曰："梱也为祥[⑤]。"子綦瞿然喜曰[⑥]："奚若?"曰："梱也，将与国君同食以终其身。"子綦索然出涕曰[⑦]："吾子何为以至于是极也[⑧]?"九方歅曰："夫与国君同食，泽及三族，而况父母乎！今夫子闻之而泣，是御福也[⑨]。子则祥矣，父则不祥。"子綦曰："歅，汝何足以识之。而梱祥邪？尽于酒肉，入于鼻口矣，而何足以知其所自来[⑩]！吾未尝为牧而牂生于奥[⑪]，未尝好田而鹑生于宎，若勿怪，何邪？吾所与吾子游者，游于天地，吾与之邀乐于天[⑫]，吾与之邀食于地。吾不与之为事，不与之为谋，不与之为怪[⑬]。吾与之乘天地之诚而不以物与之相撄[⑭]，吾与之一委蛇而不与之为事所宜[⑮]。今也然有世俗之偿焉[⑯]？凡有怪征者必有怪行[⑰]。殆乎[⑱]！非我与吾子之罪，几天与之也[⑲]！吾是以泣也。"无几何而使梱之于燕[⑳]，盗得之于道，全而鬻之则难[㉑]，不若刖之则易。于是乎刖而鬻之于齐，适当渠公之街[㉒]，然身食肉而终。

【注释】

①子綦，应即上文的南伯子綦。 ②陈诸二句：陈，列队。九方歅(yīn 因)，传说是秦穆公时人，善看相。所以子綦叫八个儿子在前面排好队请他来看。 ③吾子，我的儿子。下同。 ④孰，谁。祥，吉祥。 ⑤梱(kǔn 捆)，子綦儿子名。 ⑥瞿然，惊视的样子。 ⑦索然，流泪的样子。 ⑧是极，此端，这个样子。 ⑨御，抵御。御福，有幸福而拒绝不受。 ⑩而，你。所自来，来

源。　⑪吾未二句：牂(zāng 赃)，母羊。奥，屋里西南角的地方。好田，乐于畋猎。宎(yāo 腰)，屋里东北角的地方。奥、宎是相错成文，并非一定是羊在奥而鹑在宎。二句说明所得的财物来路不明。比喻九方歅所说的幸福无缘无故而来是值得奇怪的，是不正常的。　⑫吾与二句：意谓我与儿子的快乐与生活都是顺天地之自然。参阅《庚桑楚》篇“相与交食乎地而交乐乎天”注。　⑬怪，异。为怪，干一些不正常的事。　⑭诚，正。乘天地之诚，掌握天地的根本，即顺天地之自然。撄，扰。　⑮一，皆。委蛇，即逶迤，随顺的样子。不与之为事所宜，没有和他投合于外物，意即不被外物所牵制。宜，合。　⑯今也句：今也，现在。然，却。偿，报答。句谓现在为什么却会有世俗之人报答我们呢？意即我与儿子都不求名利、不求爵禄，为什么我的儿子将来能与君同食呢？　⑰凡有句：怪征，怪异的征兆。句谓有怪异的征兆给九方歅看出来，就说明有怪异的行为表现。　⑱殆，危。⑲几，大概。　⑳之，往。　㉑全而二句：全，健全。鬻，卖。刖(yuè 月)，把脚砍掉。把脚砍掉就难以逃跑，所以容易出卖。　㉒适当二句：适，正。当，主管。渠公之街，街名。渠公是齐国的富室，所以梱替他管街而终身食肉。

【点评】 以子綦及其子梱的遭遇说明：已经完全顺从天道而却还有祸患，那就是天命的安排了。

啮缺遇许由曰：“子将奚之?”曰：“将逃尧①。”曰：“奚谓邪?”曰：“夫尧畜畜然仁②，吾恐其为天下笑。后世其人与人相食与③！夫民不难聚也④，爱之则亲，利之则至，誉之则劝⑤，致其所恶则散⑥。爱利出乎仁义，捐仁义者寡⑦，利仁义者众⑧。夫仁义之行，唯且无诚⑨，且假乎禽贪者器⑩。是以一人之断制天下⑪，譬之犹一覕也。夫尧知贤人之利天下也⑫，而不知其贼天下也⑬。夫唯外乎贤者知之矣⑭。”

【注释】

①逃尧，逃避尧帝。因为尧要把帝位让给他。　②畜畜，汲汲，不断追求的样子。　③后世句：提倡仁义就有不仁不义，于是产生爱憎、是非，发展下去，矛盾尖锐了，就会人与人相食了。与，通欤。　④聚，笼络。　⑤誉，表扬。

劝，努力。 ⑥致，造成。 ⑦捐，抛弃。 ⑧利，利用。 ⑨无诚，不真诚，即带有虚伪。 ⑩且假句：且，而且。假，借。禽，通擒。禽贪，像渔猎一样，愈多愈好。句谓提倡仁义等于给剥削者提供了工具。 ⑪断制二句："制"字下原有"利"字，依唐写本删。断制，独裁。觋(piē 撇)，割。一觋，一刀切。天下万物情况错综复杂，而以个人的是非标准去决断制裁，就等于用一刀切的办法解决。⑫贤人，指行仁义的人。 ⑬贼，害。 ⑭外乎贤者，无心为仁义的人。

【点评】 说明仁义是渔猎的工具，贤人是害天下的贼。

有暖姝者①，有濡需者②，有卷娄者③。所谓暖姝者，学一先生之言，则暖暖姝姝而私自说也④，自以为足矣，而未知未始有物也⑤。是以谓暖姝者也。濡需者，豕虱是也⑥，择疏鬣长毛⑦，自以为广宫大囿⑧。奎蹏曲隈⑨，乳间股脚，自以为安室利处⑩。不知屠者之一旦鼓臂布草操烟火⑪，而己与豕俱焦也。此以域进⑫，此以域退，此其所谓濡需者也。卷娄者，舜也。羊肉不慕蚁，蚁慕羊肉，羊肉膻也⑬。舜有膻行⑭，百姓悦之，故三徙成都⑮，至邓之虚而十有万家。尧闻舜之贤，举之童土之地⑯，曰："冀得其来之泽⑰。"舜举乎童土之地，年齿长矣⑱，聪明衰矣，而不得休归，所谓卷娄者也。是以神人恶众至⑲，众至则不比，不比则不利也。故无所甚亲⑳，无所甚疏，抱德炀和㉑，以顺天下，此谓真人。于蚁弃知㉒，于鱼得计，于羊弃意。以目视目㉓，以耳听耳，以心复心。若然者，其平也绳㉔，其变也循㉕。古之真人！以天待人㉖，不以人入天㉗，古之真人！

【注释】

①暖姝(shū 枢)，心满意足的样子。 ②濡(rú 儒)需，偷安一时的样子。③卷娄，借为倦劳，勤勤恳恳的样子。 ④说，通悦。 ⑤未始有物，指远古未生万物的时候。 ⑥豕(shǐ 矢)虱(shī 失)，生在猪身上的虱子。 ⑦择，选择。疏鬣(liè 劣)长毛，生在颈上的疏长鬣毛。"长毛"二字原本无，依《阙误》引张君房本补。 ⑧以为，认为是。广宫，宽广的宫殿。大囿，大的园子。 ⑨奎(kuí

葵），两腿之间。蹏（tí 蹄），即蹄字。曲隈（wēi 偎），深曲处，这里指猪身上那些隐蔽皱折的地方。 ⑩利处，好住的地方。 ⑪鼓，奋举。操，拿起。 ⑫此以二句：这时候或进或退，都局限在猪身上。 ⑬膻（shān 煽），膻气。 ⑭舜有二句：舜的品行令人仰慕，招惹百姓，如羊肉有膻味吸引蚂蚁一样。所以称为膻行（xìng 杏）。 ⑮故三二句：按《史记·五帝本纪》："舜耕历山，历山之人皆让畔；渔雷泽，雷泽上人皆让居；陶河滨，河滨器皆不苦窳。一年而所居成聚，二年成邑，三年成都。"三徙即指耕历山、渔雷泽、陶河滨。成都，形成了都邑，说明老百姓归附他。至邓，地名。虚，通墟。而，则。有，又。 ⑯童土，不长草木的地，犹不毛之地。 ⑰冀，希望。其来之泽，他带来的恩泽。 ⑱年齿三句：年齿，年龄。聪明，指视力听觉。休归，退居家中休息。《史记·五帝本纪》："舜年二十以孝闻，年三十尧举之，年五十摄行天子事，年五十八尧崩，年六十一代尧践帝位。践帝位三十九年，南巡狩，崩于苍梧之野。"可见他"不得休归"。 ⑲是以三句：恶，厌恶。众至，来归附的人多。比，亲近。三句说明：来归附的人多了，就不可能都亲近，不亲近就一定会生祸害而有所不利，所以神人厌恶众人来归附自己。 ⑳甚，特别。 ㉑抱德，坚守天德。炀（yàng 样）和，温和，不冷不热。 ㉒于蚁三句：对蚁来说应该抛弃慕羊肉的心志，对鱼来说要得水适意，对羊来说要放弃吸引他物的心意。得计，适意。 ㉓以目三句：意即收视反听，心神内守而不外驰。 ㉔绳，直。宣颖据王元释本作"其平也水，其直也绳"，较顺。 ㉕循，顺，指随顺于外物环境。 ㉖以天待人，以天道对待人事。 ㉗不以句：不用人事去干预自然的天道。

得之也生①，失之也死；得之也死，失之也生：药也。其实堇也②，桔梗也，鸡廱也③，豕零也④，是时为帝者也⑤，何可胜言！

【注释】

①得之五句：病情千变万化，治病时有药可以救生，没药可能死亡；但有时用药也会致死，不用也死不了。得、失，指有无用药。 ②实，物，指药物。堇（jǐn 谨），药名，又叫紫堇，二年生草本植物，有毒。 ③鸡廱（yōng 壅），鸡头草。 ④豕零，猪苓。 ⑤是时二句：帝，君。药方中分君、臣、佐、使。君药是方剂

中的主药。在某种情况下，以上各药都可以为君药。这种因病而异的情况是很多的，所以说也说不尽。这些比喻说明一切都要合乎自然，不能以一人断制天下，以一己之见强加于众人万物。

【点评】 说明自以为得意的人，贪安于一时的人，终生劳苦的人，都是一些有所蒙蔽的人。只有心神内守，顺物自然的人，才是得道的真人。

句践也以甲楯三千栖于会稽①，唯种也能知亡之所以存②，唯种也不知其身之所以愁③。故曰：鸱目有所适④，鹤胫有所节⑤，解之也悲。故曰：风之过⑥，河也有损焉；日之过，河也有损焉；请只风与日相与守河⑦，而河以为未始其撄也，恃源而往者也⑧。故水之守土也审⑨，影之守人也审，物之守物也审。故目之于明也殆⑩，耳之于聪也殆，心之于殉也殆，凡能其于府也殆⑪，殆之成也不给改⑫。祸之长也兹萃⑬，其反也缘功⑭，其果也待久⑮。而人以为己宝⑯，不亦悲乎！故有亡国戮民无已⑰，不知问是也⑱。故足之于地也践，虽践⑲,恃其所不蹍而后善博也；人之于知也少，虽少，恃其所不知而后知天之所谓也⑳。知大一，知大阴，知大目，知大均，知大方，知大信，知大定，至矣㉑！大一通之㉒，大阴解之㉓，大目视之㉔，大均缘之㉕，大方体之㉖，大信稽之㉗，大定持之㉘。尽有天㉙，循有照㉚，冥有枢㉛，始有彼㉜。则其解之也似不解之者㉝，其知之也似不知之也㉞,不知而后知之。其问之也㉟，不可以有崖，而不可以无崖。颉滑有实㊱，古今不代㊲，而不可以亏㊳，则可不谓有大扬搉乎㊴！阖不亦问是已㊵，奚惑然为㊶！以不惑解惑，复于不惑，是尚大不惑㊷。

【注释】

①句(gōu 钩)践句：句践，春秋时越国国君。当时吴国与越国打仗，越国失败，句践带领披甲执盾的士兵三千人退居会稽(kuài jī 侩基)山上。甲，盔甲。楯，防护性的武器。栖，居。会稽，这里指会稽山，在今浙江省绍兴地区诸暨县与嵊县之间

的山区。 ②唯种也能句：种，姓文名种，字少禽，是越国大夫。当时他出谋划策与吴国讲和，转危为安，使临将灭亡的越国保存下来。 ③唯种也不知句：后来越国经过了二十三年的奋斗，终于打败了吴国。这时，越国的另一位名臣范蠡，功成身退，并写信给大夫种说："飞鸟尽，良弓藏；狡兔死，走狗烹；敌国破，谋臣亡。越王长颈乌喙，不可与共安乐。子何不去。"但大夫种没有离去，终于被越王所杀。所以说他不晓得自身悲剧的原因。愁，悲。 ④鸱(chī 痴)，又名鸱鸺(xiū)，即猫头鹰。这种鸟在白天眼睛是看不见东西的，只适应在夜里活动，所以说"目有所适"，意即亦有所不适应的。 ⑤鹤胫二句：胫(jìng 径)，足上从膝盖到脚跟的一段，一般叫小腿。节，度，分寸。解，分，割断。二句意谓：鹤胫一般看来特别长，但其实是有一定分寸的，如果把它砍断，那就悲哀了。从上可见，大夫种、鸱、鹤都有所长亦有所短，有所能亦有所不能。万物有各自的天性，都带有各自的局限性。⑥风之四句：风吹日晒，河水不断蒸发，所以说有损。 ⑦请只二句：只，语助词，无义。相与守河，指风与太阳同时对着河水吹晒。未始，未曾。撄，干扰。⑧恃，凭靠。往者，指水从源流中流来。由于源流不断，所以不觉得风吹日晒会使得河水减少。 ⑨故水三句：守，待。审，定，宁静。水与土、影与人，推而广之，一切物与物，都以宁静相待就可以无损。 ⑩故目三句：眼睛要明察，耳朵要灵敏，心神要逐物，都是不能以宁静待物的表现，这样是危险的。殆，危险。殉，逐。 ⑪凡能句：凡是才能都要费心神，所以对于心脏来说是危险的。府，即灵府，指心脏。 ⑫不给改，不及改。 ⑬祸之句：祸害迅速增长而又多端。长，增长。兹，通滋，多。萃，聚。 ⑭其反句：要回头就得经过下苦功。反，通返，回头。缘，由。功，功夫。 ⑮果，有成效。 ⑯而人句：但人们却把目明、耳聪、才能之类看作是自己的宝贝。 ⑰戮(lù 路)，杀。无已，无止境。⑱不知句：不懂从这里寻找原因。问，求。是，此。 ⑲虽践二句：足所踏的虽然只是所踏的一点地方，但要凭靠周围没有踏的地方然后才能走得远。《外物》篇说："天地非不广且大也，人之所用容足耳，然则厕足而垫之致黄泉，人尚有用乎?"与此义同，但这从正面说，《外物》篇从反面说。蹍(niǎn 捻)，踩。博，博远。 ⑳天之所谓，指天所表现的自然之道。 ㉑至矣句：意谓明白了以上七个"大"就是学道到家了。 ㉒大一句：绝对的同一性可以贯通万物。 ㉓大阴句："静而与阴同德"，所以阴主静寂。大阴即绝对的静寂可以解除一切。这是从心神说的。

㉔大目，大道的观点。大道以不见为见，则任物自见。　㉕大均句：以绝对平均的态度顺随万物。大均，指大道的均衡作用。详见《天地》篇“天地虽大，其化均也”注。缘，顺。　㉖大方，指大道的度量。大道无所不容，没有局限，所以称大方。体之，体现万物。体，如《礼记·中庸》“体物不遗”之“体”。　㉗大信，指大道纯真而没有虚伪的性质。稽，合。稽之，指与万物相契合。大道没有虚伪，所以与万物合得来。　㉘大定，指道体安宁的性质。持，守。以绝对的安宁对待万物。以上七句，都是从不同的角度来论述大道的性质及其作用。　㉙尽有天，即尽之则有天，彻底掌握了上述的道理就可以得天道了。　㉚循有照，即循之则有照，遵循上述的道理去做就可以得到光明。照，明。　㉛冥有枢，即冥之则有枢，以幽昧的态度对待一切就掌握了大道的枢纽了。冥，幽昧，混沌无知的样子。　㉜始有彼，即始之则有彼，溯源于万物的开始就可以领悟到它了。彼，它，指大道。㉝则其句：意谓说明了好像没有说明一样。解，解说。　㉞其知句：知道的都好像不知道一样。意即大智若愚。　㉟其问三句：道体无限，没有边际；但又无处不在，体现在万物之中。所以不要问是有边际还是无边际的。　㊱颉滑（xié huá 鞋猾），错乱复杂的样子。实，指实在的内容，犹今说核心。大道的理论，听来汪洋恣肆，错综复杂，其实是有它的核心的。　㊲代，变换。不代，指大道的核心不变。　㊳亏，损。不可以亏，指大道永远完美。　㊴扬搉（yáng què 羊确），许慎解作“粗略法度”，即大体轮廓。指天道理论虽然似乎很复杂，但由于有它的核心，所以说来还是有它大体轮廓的。　㊵阖不句：阖不，何不。是，此，指“大扬搉”。意即问道的大体轮廓是可以的，而不应问有崖、无崖之类的问题。　㊶奚惑句：意谓“问是”则不惑。为，疑问助词，犹“呢”。　㊷是尚句：是，此，指“以不惑解惑”。尚，庶几。大，初。大不惑，初步算是不惑。意如《天地》篇“知其惑者，非大惑也”。非大惑还是意味着有些惑。因为道是不能问，不能说的，现在虽然是问道的大略，但毕竟是问了，说了，所以还是有些糊涂。

【点评】 说明无论是人还是物，都带有局限性。如果不懂得这一点，就会逞能闯祸。所以清醒的人大智若愚，以宁静的态度对待万物的变化。明白了这个基本道理，就不算是大糊涂虫了。

则阳第二十五

【导读】

说明一切是非、争夺都是没有意义的、渺小的，都应看化。自己看化，才能化人。自己不化，好恶塞心，则自己受害，天下成灾。

则阳游于楚[①]，夷节言之于王[②]，王未之见。夷节归。彭阳见王果曰[③]："夫子何不谭我于王[④]？"王果曰："我不若公阅休[⑤]。"彭阳曰："公阅休奚为者邪？"曰："冬则擉鳖于江[⑥]，夏则休乎山樊[⑦]。有过而问者，曰：'此予宅也[⑧]。'夫夷节已不能[⑨]，而况我乎！吾又不若夷节⑩。夫夷节之为人也，无德而有知⑪，不自许⑫，以之神其交⑬，固颠冥乎富贵之地⑭。非相助以德⑮，相助消也。夫冻者假衣于春⑯，暍者反冬乎冷风。夫楚王之为人也，形尊而严。其于罪也，无赦如虎⑰。非夫佞人正德⑱，其孰能桡焉⑲。故圣人其穷也，使家人忘其贫；其达也，使王公忘爵禄而化卑⑳；其于物也㉑，与之为娱矣；其于人也㉒，乐物之通而保己焉。故或不言而饮人以和㉓，与人并立而使人化㉔，父子之宜。彼其乎归居㉕，而一闲其所施。其于人心者㉖，若是其远也。故曰'待公阅休㉗'。"

【注释】

①则阳，姓彭名阳，字则阳，鲁国人。　②夷节，姓夷名节，楚臣。言，介绍。　③王果，楚大夫。　④谭，通谈，介绍，推荐。　⑤公阅休，隐者。　⑥擉(chuō 戳)，通戳，刺。　⑦休，休息。樊，借为傍。山樊，犹今语山脚。　⑧此予句：此，指山樊。句意表示自己隐居山间。　⑨不能，指不能介绍给楚王。　⑩不若，指交际手腕不及。　⑪无德句：意谓未得道而有智慧。　⑫许，信。不自许，自己没有一定的信念。意即投机取巧。　⑬以之句：用这样的态度在交际场上显神通。之，指"不自许"。神，妙。交，交际。　⑭固，通故。颠，借为瞋。冥，借为瞑。瞋瞑，犹言寤寐，沉溺。　⑮非相助二句：并非从道德上帮助别人，而是使人丧德。消，丧失。　⑯夫冻二句：《淮南子·俶真训》作"是故冻者假兼衣于春，而暍者望冷风于秋"。故王叔岷《庄子校释》疑此二句应作："夫冻者假兼衣于春，暍者反冷风乎冬。"句法一致。暍(yē 椰)，中暑。反，复求。二句意谓：受冻的人总想借助温暖的春天而如得寒衣一般，伤暑热的人总希望复得冬天的冷风。　⑰赦，宽恕。如虎，凶狠。　⑱佞，《说文》："高材也。"佞人，即有才干的人。正德，有纯正的道德。　⑲其孰句：桡，通挠，屈服。句意谓除佞人而又正德者外，谁也不能纠正楚王的恶行。　⑳化卑，变得卑谦。　㉑其于物二句：意谓万事都觉得惬意。物，事。娱，快。　㉒其于人二句：意谓人事交往，无不通达，而又不失自己的本性。　㉓饮人以和，以和顺的态度待人。　㉔与人二句：与人相处能令人感化，有如父亲对儿子的影响一样。宜，相宜。　㉕彼其二句：他归

隐而对一切都毫不在意。如上文说的："冬则擉鳖于江，夏则休乎山樊。"归居，归家隐居。一，皆。施，为。　㉖其于二句：与常人之心性迥然不同，故说相距甚远。㉗待公阅休：这句总结上文，说明只有公阅休这样的人才能感化楚王。

【点评】 通过对公阅休这类圣人的描述，说明道德纯正，对一切无所用心，才能感化别人。

圣人达绸缪①，周尽一体矣②，而不知其然，性也。复命摇作而以天为师③，人则从而命之也④。忧乎知⑤，而所行恒无几时⑥，其有止也，若之何！生而美者，人与之鉴⑦，不告则不知其美于人也。若知之，若不知之，若闻之，若不闻之，其可喜也终无已⑧，人之好之亦无已，性也⑨。圣人之爱人也，人与之名⑩，不告则不知其爱人也。若知之，若不知之，若闻之，若不闻之，其爱人也终无已，人之安之亦无已⑪，性也。旧国旧都⑫，望之畅然。虽使丘陵草木之缗入之者十九⑬，犹之畅然，况见见闻闻者也⑭，以十仞之台县众间者也⑮。冉相氏得其环中以随成⑯，与物无终无始⑰，无几无时。日与物化者⑱，一不化者也。阖尝舍之⑲！夫师天而不得师天⑳，与物皆殉。其以为事也㉑，若之何！夫圣人未始有天㉒，未始有人，未始有始，未始有物，与世偕行而不替㉓，所行之备而不洫㉔，其合之也㉕，若之何！

【注释】

①达，通。绸缪(chóu móu 筹谋)，纠葛。达绸缪，使矛盾和解、纷争了事。②周，合。周尽一体，调合得完全一致。　③复命句：动静都随顺天然。《老子》："静曰复命。"所以复命即静，摇作即动。　④命，名，称呼 。指称呼为圣人。⑤忧乎知，为自己所知的事而担忧。这指一般人说。　⑥而所行三句：但人的所作所为通常并没有多久，生命又要终止了，有什么办法！言外之意是：一切都应"以天为师"。而，但。恒，常。有，又。　⑦鉴，鉴别，评价。　⑧喜，按前后文意，疑为"美"字之误。　⑨性也：指美者与好之者两方面都是出于本性。⑩与之名，给他以圣人的称号。　⑪安，心服。　⑫旧国二句：意谓游离于他

乡的人，望见自己的祖国，都会无限喜悦。 ⑬虽使句：即使所望到的旧国旧都绝大部分被丘陵草木所遮蔽着。缗（mín 民），朦胧不分明的样子。缗入，朦胧地掩蔽其中。 ⑭见见闻闻者，眼前随处可见的。 ⑮以十仞句：作者以旧国旧都比喻人的本性。世人离失本性之后，一悟到了本性，则如人们远离他乡见到祖国一样高兴。而本性实在近在眼前，如十仞之台高出众人之中一般，显而易见。⑯冉相氏，传说中远古时代的帝王。其，指天道。环中，枢纽，要领。（见《齐物论》篇"枢始得其环中"注）随成，随顺天道而成功。 ⑰与物二句：意谓混同万物，一齐变化，循环不已，无首无尾，无有定期。几，借为期。 ⑱日与二句：意同上文说的"乐物之通而保己焉"。 ⑲阖尝句：阖尝，何曾。句谓从未舍离天道的要领。 ⑳夫师天二句：有心师天，但又做不到，这样就必然会导致自身与相处的外物都丧失天性。殉，丧失。 ㉑其以二句：用这种态度来处理问题怎么行！"以"下省"之"字，指上句"不得师天"的态度。为事，对待事情。 ㉒夫圣人四句：表明圣人把一切看作虚无。 ㉓替，变。不替，不改变虚无的态度。㉔所行句：所作所为已经达到完备的境地还是不愿放弃。之，至，达到。洫（xù 序），泄，如《管子·小称》："满者洫之。"故引申为放弃。 ㉕其合二句：他们哪能符合这个圣人之道呢！其，指师天而不得师天的人。之，指圣人之道。

汤得其司御①，门尹登恒为之傅之②。从师而不囿③，得其随成④。为之司其名之名嬴法得其两见⑤。仲尼之尽虑⑥，为之傅之。容成氏曰⑦："除日无岁⑧，无内无外⑨。"

【注释】

①汤，商汤。司御，郭注说"司御之属"，指官吏。 ②门尹，官名。登恒，姓登名恒。为之傅之，登恒为汤王辅导其司御之官。 ③从师句：任随师傅（登恒）而不加束缚。这句主语是汤。 ④得其随成，即"得其环中以随成"的简说，主语亦是指汤。 ⑤为之句：此十三字必有错漏。按郭注与成疏，拟应作："为之名其师，嬴然无心，名法得其两见。"意谓由于任从师傅而得到自然成功，所以称举师傅的大名，而自己毫不在意，这样一来，登恒的美名（登恒有到达永恒的大道的意思）和他的师法两方面都得到显现。嬴然，无心的样子。 ⑥仲尼二句：这是作者

评述登恒师法的话，说他是以仲尼所说的“尽虑”的态度进行辅导的。仲尼说过：“天下何思何虑，虑已尽矣！”(见《易·系辞》)尽虑即绝虑，无心。　⑦容成氏，传说是老子的老师。　⑧除日句：岁是由日积累而成的，没有日当然就没有岁了。⑨无内句：内外是相对而言的，没有内就无所谓外。以上三句与上文意思不衔接，疑此段文字有脱漏。

【点评】 说明圣人一切无心，任其自然，则无事不成。

魏莹与田侯牟约①，田侯牟背之，魏莹怒，将使人刺之。犀首公孙衍闻而耻之②，曰：“君为万乘之君也，而以匹夫从仇③。衍请受甲二十万④，为君攻之，虏其人民，系其牛马，使其君内热发于背⑤，然后拔其国。忌也出走⑥，然后抶其背⑦，折其脊。”季子闻而耻之⑧，曰：“筑十仞之城，城者既十仞矣，则又坏之，此胥靡之所苦也⑨。今兵不起七年矣，此王之基也⑩。衍，乱人也，不可听也。”华子闻而丑之，曰：“善言伐齐者⑪，乱人也；善言勿伐者⑫，亦乱人也；谓‘伐之与不伐乱人也’者⑬，又乱人也⑭。”君曰：“然则若何?”曰：“君求其道而已矣⑮。”惠子闻之⑯，而见戴晋人⑰。戴晋人曰：“有所谓蜗者⑱,君知之乎?”曰：“然。”“有国于蜗之左角者，曰触氏⑲；有国于蜗之右角者，曰蛮氏⑳。时相与争地而战，伏尸数万㉑，逐北旬有五日而后反㉒。”君曰：“噫！其虚言与㉓?”曰：“臣请为君实之㉔。君以意在四方上下有穷乎㉕?”君曰：“无穷。”曰：“知游心于无穷㉖，而反在通达之国，若存若亡乎?”君曰：“然。”曰：“通达之中有魏，于魏中有梁㉗，于梁中有王，王与蛮氏有辩乎㉘?”君曰：“无辩㉙。”客出而君惝然若有亡也㉚。客出，惠子见。君曰：“客，大人也㉛，圣人不足以当之㉜。”惠子曰：“夫吹管也㉝，犹有嗃也㉞；吹剑首者㉟，吷而已矣㊱。尧、舜，人之所誉也。道尧、舜于戴晋人之前㊲，譬犹一吷也。”

【注释】

①魏莹，魏惠王，名莹。田侯牟，旧说齐威王名牟。但俞樾认为："《史记》威王名因齐，田齐诸君无名牟者，惟桓公名午，与牟字相似。牟或午之讹。然齐桓公午与梁惠王又不相值也。"《释文》本无"牟"字，故马叙伦疑是后人所加。 ②犀首，魏官名，如后世的虎牙将军之类。 ③以匹夫从仇，用一般老百姓的办法来报仇，指刺杀。 ④受甲，领兵。 ⑤内热，心火之热。发于背，心火燃烧至背部。说明愤急异常。 ⑥忌，元嘉本作"亡"。古"亡"与"忘"通，故"忘"误写为"忌"。亡，指齐国亡。 ⑦抶(chì 翅)，鞭打。 ⑧季子，未知何人。宣颖说是苏秦，未知所据。 ⑨此胥靡句：胥靡，囚徒。十仞之城是囚徒所筑的，如果攻战破坏了，又得由囚徒重新筑过，故苦在囚徒。 ⑩基，基础，资本。 ⑪善言伐齐者，指公孙衍。 ⑫善言勿伐者，指季子。 ⑬谓伐句：说"主张打与不打的都是扰乱人"的人。 ⑭又乱句：因为这种人还是不忘是非，未能以道感人。⑮君求句：意谓得虚无之道则万事大吉。 ⑯惠子，惠施。 ⑰而见句：见(xiàn 现)，引见。戴晋人，姓戴字晋人，是得道的人。惠子还怕梁惠王不领悟，故引荐戴晋人去见惠王。 ⑱蜗，蜗牛。 ⑲触，取争斗的意思为名。 ⑳蛮，取野蛮的意思为名。 ㉑伏尸，倒在地上的尸体。 ㉒逐，追逐。北，败走。旬，十日。有，又。反，通返。 ㉓虚言，谎言。 ㉔实，证实。 ㉕在，察。以意在，用心细想一下。 ㉖知游三句：无穷，犹说天下。反在，回过头来想一想。通达之国，指人马舟车所能到达的地方。乎，吧。若存若亡，如在有无之间。说明通达之国和天下比起来渺小得微不足道。 ㉗梁，魏国国都。 ㉘辩，通辨，别。 ㉙无辩，王在宇宙之中极其渺小，故说与蛮氏没有区别。 ㉚客出句：意谓惠王听了戴晋人的话后，恍然大悟，失去了竞争之心。惝(tǎng 倘)然，恍惚不定的样子。亡，失。 ㉛大人，犹今说伟大人物。指戴晋人。 ㉜圣人，指尧、舜等。当之，与之相比。 ㉝管，竹管。 ㉞嗃(xiāo 哮)，吹竹管声，表示大而长的声音。 ㉟剑首，指剑环头的小孔。 ㊱吷(xuè 血)，吹气声，表示小而短的声音。 ㊲道尧二句：在戴晋人之前说起尧舜，相当于在嗃嗃的管声之中吷的一声。意即小巫见大巫。

【点评】 从道的观点看来，如诸侯国之间的战争等人间大事，如果放在无限的宇宙之中，都是极端渺小的，既不值得去做，也不值得去说。

孔子之楚，舍于蚁丘之浆①。其邻有夫妻臣妾登极者②，子路曰："是稯稯何为者邪③？"仲尼曰："是圣人仆也④。是自埋于民⑤，自藏于畔。其声销⑥，其志无穷⑦，其口虽言⑧，其心未尝言。方且与世违⑨，而心不屑与之俱⑩。是陆沉者也⑪，是其市南宜僚邪⑫？"子路请往召之。孔子曰："已矣！彼知丘之著于己也⑬，知丘之适楚也，以丘为必使楚王之召己也。彼且以丘为佞人也⑭。夫若然者，其于佞人也，羞闻其言，而况亲见其身乎！而何以为存⑮！"子路往视之，其室虚矣⑯。

【注释】

①蚁丘，山丘的名称。浆，指卖浆之家。　②极，屋顶。　③是，此。稯稯(zōng 宗)，犹总总，群聚在一起的样子。　④仆，学徒。犹言服役者。⑤是自二句：说明都是隐居躬耕的人。埋、藏，都是隐居的意思。畔，田垄。⑥声销，名声消亡。　⑦无穷，远大。　⑧其口二句：因所说的也是无心说的。⑨违，不合。　⑩而心句：而不愿随波逐流。之，指世俗。俱，一起。　⑪陆沉，虽在陆地而如沉于水一般，比喻不离开世间而隐居于世间。　⑫市南宜僚，姓熊字宜僚，居于市南，故称。　⑬著于己，显露自己。　⑭佞人，取巧的人。⑮而，你。存，问。　⑯其室虚，说明宜僚已经跑掉。

【点评】 通过仲尼之口，赞颂了离世疾俗，隐居躬耕的陆沉者。

长梧封人问子牢曰①："君为政焉勿卤莽②，治民焉勿灭裂③。昔予为禾④，耕而卤莽之，则其实亦卤莽而报予⑤；芸而灭裂之⑥，其实亦灭裂而报予⑦。予来年变齐⑧，深其耕而熟耰之⑨，其禾蘩以滋⑩，予终年厌飧⑪。"庄子闻之曰："今人之治其形，理其心，多有似封人之所谓：遁其天⑫，离其性，灭其情，亡其神，以众为。故卤莽其性者，欲恶之孽为性⑬，萑苇蒹葭始萌⑭，以扶吾形⑮，寻擢吾性⑯。并溃漏发⑰，不择所出，漂疽疥痈⑱，内热溲膏是也⑲。”

【注释】

①长梧句：长梧，地名。封人，守封疆的人。子牢，孔子弟子，姓琴，宋国卿士。问，表示商讨口气。 ②卤莽，草率，粗糙。 ③灭裂，胡乱从事。 ④为禾，种稻。 ⑤实，果实。卤莽而报，草率报答，即结谷不多。 ⑥芸，除草。芸而灭裂，说明必伤禾苗。 ⑦灭裂而报，胡乱报答，即结谷甚少。 ⑧齐，通剂，法。变剂，变更耕田的方法。 ⑨熟耰，反复芸田。 ⑩繁，繁荣。滋，茂盛。 ⑪厌飧（sūn 孙），吃得饱。 ⑫遁其五句：天性神情，都是身心的自然表现，如果使它们离散毁灭，去追随俗人的所作所为，就是卤莽、灭裂地对待它们。遁，失。以，与。众，指世俗之人。 ⑬欲恶（wù 误）句：欲，喜爱。恶，厌恶。孽（niè 聂），通蘖。树木被斩后再生出来的芽子。好恶是人的本性被残害之后再生出来的，故称为欲恶之孽。句谓世人把这种好恶之孽作为自己的心性。 ⑭萑（huán 环），荻。苇，芦苇。两者同类，荻细苇粗。蒹（jiān 兼），没有穗的芦苇。葭（jiā 家），初生的芦苇。始萌，发芽生长。 ⑮以扶句：扶，保养。形，身体。用芦荻之类来保养自己的身体，即茅塞之意。 ⑯寻，继，接着。擢（zhuó 斫），拔，助长。以上两句与《骈拇》篇“擢德塞性”意同。 ⑰并溃漏发，即溃漏并发。烂到流浓出血叫溃，疮口成管，流浓不止叫漏。 ⑱漂疽，即瘭疽，脓疮之类。疥，疥疮。痈，皮肉间的急性化脓性疾病。 ⑲溲（sōu 搜）膏，今叫乳糜尿。多由内热炎症引起。从“萑苇”句到这里，都是通过比喻说明“欲恶之孽为性”对身心的危害，甚至会造成百病并作，不可收拾。

【点评】 说明修心养性而不清除好恶，就会病入膏肓，不可救药。

柏矩学于老聃①，曰：“请之天下游。”老聃曰：“已矣！天下犹是也②。”又请之，老聃曰：“汝将何始?”曰：“始于齐。”至齐，见辜人焉③，推而强之④，解朝服而幕之⑤，号天而哭之，曰：“子乎！子乎！天下有大菑⑥，子独先离之⑦。曰‘莫为盗⑧，莫为杀人’。荣辱立然后睹所病⑨，货财聚然后睹所争⑩。今立人之所病⑪，聚人之所争⑫，穷困人之身，使无休时⑬。欲无至此得乎⑭？古之君人者，以得为在民⑮，以失为在己；以正为在民⑯，以枉为在己⑰。故一形有失其形者⑱,退而自责。今则不然，匿为物而愚不识⑲，大为难而罪不敢⑳，重为任而罚不胜㉑，远其涂而诛不至㉒。民知力竭㉓，则以伪继之。日出多伪㉔，士民安取不伪㉕。夫力不足则伪，知不足则欺，财不足则盗。盗窃之行，于谁责而可乎㉖？”

【注释】

①柏矩，姓柏名矩，老子门徒。　②天下句：天下只不过如此。意即到处都一样。　③辜，辜磔，是古代的一种裂尸酷刑，施刑后把尸体丢在市场上。④强，借作僵，僵仆。因被施刑的人尸体竖立，故推倒使他僵仆在地。　⑤解朝句：被辜磔的人尸体暴露，所以柏矩解除自己的朝服而把他覆盖。幕，覆盖。⑥菑，通灾。　⑦离，通罹，遭受。　⑧曰，所谓。这是引用当权者说的话。⑨荣辱句：荣辱感在人们中树立之后，才可以看到由此而产生令人忧心的事。病，忧。　⑩货财句：货财积聚在某些人手上的时候，才可以看到由此而产生的利害之争。　⑪今立句：指当时的统治者而言。所病，指犯罪。　⑫所争，指货财。⑬无休时，指无时无刻不去违法夺利。　⑭至此，指犯罪被杀。　⑮以得二句：成功则归功于百姓，失败则归咎于自己。得，成功。　⑯正，正确。　⑰枉，过失。　⑱一，一旦。形，通刑。刑有失其刑，施刑有所不当，错判人罪。⑲匿为句：把事物的真相掩盖起来而愚弄那些不懂的人。匿，藏，掩盖。　⑳大为句：把困难扩大而处罚那些畏难的人。　㉑重为句：把任务加重而处罚不胜任的人。　㉒远其句：把路程规定得很远而诛杀那些走不到的人。　㉓民知二句：老百姓智力无法做到而又怕处罚，故必然投机取巧，耍弄诈骗来对付。　㉔日出句：经常都表现得很虚伪。这是指统治者说的。日，天天。　㉕士民句：士民，指一般的老百姓。安，何。连上句意即上梁不正，下梁必歪。　㉖于谁句：该责备哪一个呢？言外之意是该责备统治者。

【点评】　说明由于统治者宣传要树立荣辱观念，又带头积聚货财，才影响到一般老百姓争名逐利，直至犯罪受刑。这在一定程度上揭露了当时统治者坑害人命、迫民为盗的罪恶。

蘧伯玉行年六十而六十化①，未尝不始于是之②，而卒诎之以非也③。未知今之所谓是之非五十九非也④。万物有乎生而莫见其根⑤，有乎出而莫见其门⑥。人皆尊其知之所知⑦，而莫知恃其知之所不知而后知，可不谓大疑乎⑧！已乎！已乎！且无所逃⑨。此所谓然与然乎⑩！

【注释】

①蘧(qú 渠)伯玉句：蘧伯玉，姓蘧名瑗，字伯玉，卫大夫。句意谓他六十年来在认识上年年都有变化。　②始于是之，开始时认为对的。　③而卒句：后来总是把原来认为是对的东西作为错误的来批判。卒，终。诎(qū 屈)，通黜，贬斥，批判。　④未知句：很难说今天所认为是对就不是五十九年来所认为是错误的东西。　⑤根，根本，指万物的产生者。　⑥门，出口，指产生万物的地方。　⑦“其知”之“知”，通智。下句同。　⑧大疑，大惑，极端糊涂。　⑨无所逃，无法避免。指世人无法避免这种糊涂。　⑩此所谓句：意谓这就是所谓公说公有理，婆说婆有理。然，指这样或那样。然与然，你说这样，他说那样。

仲尼问于大史大弢、伯常骞、狶韦曰①：“夫卫灵公饮酒湛乐②，不听国家之政；田猎毕弋③，不应诸侯之际④：其所以为灵公者何邪⑤？”大弢曰：“是因是也⑥。”伯常骞曰：“夫灵公有妻三人，同滥而浴⑦。史鳝奉御而进所⑧，搏币而扶翼⑨。其慢若彼之甚也⑩，见贤人若此其肃也⑪，是其所以为灵公也。”狶韦曰：“夫灵公也，死，卜葬于故墓⑫，不吉；卜葬于沙丘而吉。掘之数仞，得石椁焉⑬，洗而视之，有铭焉⑭，曰：‘不冯其子⑮，灵公夺而里之。’夫灵公之为灵也久矣！之二人何足以识之⑯。”

【注释】

①大弢(tāo 滔)、伯常骞(qiān 千)、狶(xī 希)韦，三人都是大(dài 太)史官。伯常是复姓，《晏子春秋》作柏常。　②湛(dān 担)，通耽。耽乐，沉溺于享乐。

③毕，古时田猎用的长柄网。弋(yì 艺)，系着绳子的箭。都是用来捕捉禽兽的工具。④际，交际。以上四句说明灵公只顾游玩享乐，内政、外交都不管。　⑤其所以句：意问灵公究竟灵在哪里。　⑥是因是也，这就是因为他能够这样的缘故。意谓他虽然如此腐败，却能够被人称作灵公，这就是他灵的表现。　⑦滥，洗澡盆。⑧史鰌(qiū 秋)，卫大夫。御，御用，君王所用。奉御，手捧御用的东西。所，指灵公住所。　⑨搏，急取。币，帛，即史鳅所奉御的。翼，敬。扶翼，恭敬地扶接。句谓灵公见史鳅呈送东西来，使人快点去接取所送的币帛，并恭敬地扶接着史鳅，表示热情迎接。　⑩慢，放纵。彼，那样，指与三妻同浴。　⑪肃，敬。⑫故墓，寿穴，生前挖好的墓穴。　⑬石椁，石制的棺椁。　⑭铭，刻记在器具上用来自我警诫、或记述功德的一种文体。　⑮不冯二句：表示死者责备自己的子孙不足依靠，不能保守祖坟，被灵公夺去。冯，通凭，依靠。其，之。里，居。⑯之二人，指大弢与伯常骞。

【点评】 说明是非是没有定准的，因时而变，因人而异。如“灵公”之所以叫做“灵”，各人言之成理，持之有据，但还是无法断定谁是谁非。

少知问于大公调曰①：“何谓丘里之言②？”大公调曰：“丘里者，合十姓百名而以为风俗也③，合异以为同，散同以为异。今指马之百体而不得马④，而马系于前者，立其百体而谓之马也。是故丘山积卑而为高，江河合水而为大，大人合并而为公⑤。是以自外入者⑥，有主而不执⑦；由中出者⑧，有正而不距⑨。四时殊气⑩，天不赐，故岁成；五官殊职⑪，君不私，故国治；文武殊材⑫，大人不赐，故德备；万物殊理，道不私⑬，故无名。无名故无为，无为而无不为。时有终始，世有变化，祸福淳淳⑭，至有所拂者而有所宜⑮，自殉殊面⑯；有所正者有所差⑰，比于大宅⑱，百材皆度；观于大山⑲，木石同坛。此之谓丘里之言。”少知曰：“然则谓之道足乎？”太公调曰：“不然，今计物之数，不止于万，而期曰万物者⑳，以数之多者号而读之也㉑。是故天地者，形之大者也；阴阳者，气之大者也；道者为之公㉒。因其大以号而读之则可也，已有之矣[23]，乃将得比哉[24]！则若以斯辩[25]，譬犹狗马，其不及远矣。”少知曰：“四方之内，六合之里，万物之所生恶起？”大公调曰：“阴阳相照相盖相治[26]，四时相代相生相杀[27]。欲恶去就[28]，于是桥起[29]。雌雄片合，于是庸有[30]。安危相易[31]，祸福相生[32]，缓急相摩[33]，聚散以成[34]。此名实之可纪[35]，精微之可志也[36]。随序之相理[37]，桥运之相使[38]，穷则反[39]，终则始，此物之所有[40]。言之所尽[41]，知之所至，极物而已。睹道之人[42]，不随其所废[43]，不原其所起[44]，此议之所止[45]。”少知曰：“季真之莫为[46]，接子之或使。二家之议，孰正于其情[47]，孰偏于其理？”太公调曰：“鸡鸣狗吠，是人之所知。虽有大知，不能以言读其所自化[48]，又不能以意其所将为[49]。斯而析之[50]，精至于无伦，大至于不可围。或之使，莫之为，未免于物而终以为过[51]。或使则实，莫为则虚。有名有实，是物之居[52]；无名无实，在物之虚[53]。可言可意，言而愈疏[54]。未生不可忌[55]，已死不可阻。死生非远也[56]，理不可睹[57]。或之使，莫之为，疑之所假[58]。吾观之本[59]，其往无穷；吾求之末，其来无止。无穷无止，言之无也[60]，与物同理。或使莫为[61]，言之本也，与物终始。道不可有[62]，有不可无[63]。道之为名，所假而行[64]。或使莫为，在物一曲[65]，夫胡为于大方[66]！言而足[67]，则终日言而尽道[68]；言而不足，则终日言而尽物[69]。道，物之极，言默不足以载[70]。非言非默[71]，议有所极。”

【注释】

①少知、大公调，都是假设人名。　②丘里，一说四井为邑，四邑为丘。五家为邻，五邻为里。一说十家为丘，二十家为里。丘里之言，犹说街谈巷议。③合十姓句：合，集中。十姓百名，群众。句谓风俗是集中了群众的爱好、习惯而形成的。　④今指三句：“马”是一个抽象的概念，故分别指一百个实体的马都不能叫做“马”，这就是散同以为异；马在眼前，总括起一百个实体的马就可以称之为“马”，这就是合异以为同。　⑤大人，指得道的人。合并，指容合众人。⑥入，指入于大人之心。　⑦有主句：虽有主意而不固执。说明能容外物。

⑧中，指大人心中。　⑨有正句：虽有正理，但对外物不拒绝。说明能与外物调和。　⑩四时三句：气，气候。赐，偏与。三句意谓：春夏秋冬气候不同，天不会偏与某一季节而造成失调，因此一年四季自然形成。　⑪五官三句：意谓君主对群臣没有偏私，使他们各守其职，因而国家才会治理得好。五官，包括司徒、司马、司空、司士、司寇（见《小戴礼记·曲礼》）。　⑫文武，文才与武艺。殊材二字原本缺，按宣颖《南华经解》本补。　⑬道不私四句：大道是虚无抽象的，不会偏近于某一事物，因此不可名状，静寂无为。正因为无为，没有干预万物，利于它们自然发展，故又是无所不为的。　⑭淳淳，茫昧难测的样子。　⑮至有句：意谓时世的变化，某方面是矛盾的，另一方面又是统一的。拂，逆乱，矛盾。宜，适合，统一。　⑯自殉句：殉，逐。面，向。句意谓各走各的路。　⑰有所句：从某方面说来是正确的，但从另方面说则又是错误的。　⑱比于二句：譬如建造大屋，各种材料各有各的用场，因而没有不符合分寸的。比，比方。宅，原本作"泽"，依《释文》引另本改。度，分寸。　⑲观于二句：对照一下大山也如此，树木和石头虽然不同类，但同样以大山为基础（都在大山之上）。观，对照。坛，用土堆成的平台，上面用来放东西，故引申为基础。以上二例，都是说明合异为同的道理。　⑳期，定。　㉑以数句：世间的事物无穷，而称之为"万物"，是因为"万"是数目中表示多的。以，因。读，称。　㉒道者句：道为天地、阴阳所共有，包括了大形大气。　㉓有之，指有"道"之名。　㉔比，指把大道与丘里之言相比。　㉕则若三句：如果把大道与丘里之言相辨别，那么两者就如同狗与马那样的大大不同。辩，通辨。不及，无法相比。　㉖相照，相应。盖，通害，另本亦作害。治，克。　㉗相代，相替换。相生，相孕育。相杀，相消除。季节的替换是逐渐进行的，前一季节孕育着后一季节，后一季节的出现意味着前一季节的消失。　㉘欲恶（wù 误），爱憎。去，疏远。就，亲近。　㉙桥，桔槔。桥起，如桔槔一样翘起，意即一头翘起则另一头垂落。　㉚雌雄二句：雌雄相交配，因而经常都有新的生命产生。片，通牉（pàn 判）。牉合，异性相交配。庸，常。　㉛易，变换，转化。　㉜祸福句：即《老子》说的："祸兮福所伏，福兮祸所依。"　㉝相摩，互相摩擦，互相影响。　㉞聚散句：聚与散是相对而形成的，有聚才有散，有散才有聚。　㉟此，指以上各种现象。纪，记。　㊱志，记。　㊲随序，按照顺序，指自然变化的程序。理，治。　㊳桥运，如桔槔一样运动。相使，相互作用。

㊴穷则反，物极必反。穷，极。下句意同。 ㊵所有，所具有的现象。 ㊶言之三句：用语言所能说清楚的，凭智慧可以想到的，都是以事物的现象为极限罢了。意即物外的大道是不能说、无法想的。 ㊷睹道，认识大道。 ㊸随，追寻。其，指大道。废，止。 ㊹原，溯源。起，开端。 ㊺此议句：这就是议论之所以要抛弃的原因。意即大道是无止境、无开头的，说不清，故只好不说。
㊻季真二句：季真、接子，都是齐人，同在稷下学宫活动，一个主张“莫为”，一个主张“或使”。莫为即无为。或使即有为。 ㊼孰正二句：问哪一家合情理？哪一家不合情理？孰，谁。正，合。偏，原作“徧”，依成疏及宣颖说改。 ㊽读，称，表达。其所自化，指鸡鸣狗吠自然变化所包含的意思。 ㊾以意其所将为，凭着它（指鸡鸣狗吠）来意测出鸡狗想要干的事情。以，凭。下省“之”字。 ㊿斯而三句：斯，剖析。伦，比。三句意谓：对于各种事物，分析起来，无比精微，但又是大到无可限量的。 (51)未免句：指两种主张都不免于受物的局限而成为过当之言。
(52)是物句：指物的实体。居，所在。 (53)在物之虚，指虚无的大道。 (54)言而句：意谓越说离道越远。 (55)未生二句：忌，禁。阻，原作徂，按《续古逸丛书》本及成疏改。 (56)死生句：死生是身边常见的，故说非远。 (57)理，指死生之理。睹，看见。 (58)疑，怀疑。假，凭借。所假，依据。 (59)吾观四句：说明事物的本末都是无止境的。 (60)言之二句：说事物是虚无的，与事物的道理是相符合的。 (61)或使三句：或使、莫为两种主张，是很多言论的根本。它们都始终与外物相关连。 (62)有，掌握。不可有，说明是无。 (63)有不可无：既然称为道，就说明是有而不能说是无了。 (64)假，借。行，运用。 (65)一曲，一个方面。 (66)胡为，哪里算得上。大方，大道。 (67)言而足，用语言足以论道。这是假设的说法。 (68)尽道，把道说尽。 (69)尽物，只能把物说个够。意即还是未及大道。 (70)言，言谈。默，沉默。载，传，表达。 (71)非言二句：不是言谈，也不是沉默所能表达的，因为议论只能局限于物象的范畴。极，限，止。

【点评】 作者认为：丘里之言说的是万物的同一性。但同一性不足以说明大道。因为大道不仅是抽象的、同一的，同时又反映在万物的各种具体变化、对立的现象之中，故或虚或实，或有为或无为，或说或不说，都无法把道表达清楚。道反映在事物中是具体的、实的、可为可说的，而它的本体则是虚的、无为的、不可说的。

外物第二十六

【导读】

本篇意旨在于阐明：凡事不可强求，做人不要自信，只要随波逐流，任其自然，就一切都是可以获得成功的。

外物不可必[①]，故龙逢诛[②]，比干戮，箕子狂[③]，恶来死[④]，桀、纣亡。人主莫不欲其臣之忠，而忠未必信，故伍员流于江[⑤]，苌弘死于蜀，藏其血，三年而化为碧。人亲莫不欲其子之孝，而孝未必爱[⑥]，故孝已忧而曾参悲[⑦]。木与木相摩则然[⑧]，金与火相守则流[⑨]，阴阳错行，则天地大绫⑩，于是乎有雷有霆，水中有火⑪，乃焚大槐⑫。有甚忧两陷而无所逃⑬。螴蜳不得成⑭，心若县于天地之间⑮，慰暋沈屯⑯,利害相摩⑰，生火甚多，众人焚和⑱，月固不胜火⑲，于是乎有僓然而道尽⑳。

【注释】

①必，强求。 ②故龙逢二句：见《人间世》篇。 ③箕子，殷纣王的庶叔，忠谏纣王不被接纳，怕被害而假装疯子。见《大宗师》篇。 ④恶来二句：恶来，纣王的奸臣，最后与纣王一齐被杀。前三句说的是忠臣，这两句说的是奸臣暴君，他们共同的一点都是强求外界环境服从自己的愿望、意志，结果都以本身的失败告终。 ⑤故伍员四句：两件事均见《胠箧》篇。蜀，周时一个小邑。在今河南省禹县西北。传说苌弘死后，血凝成块，状似碧玉。 ⑥爱，指得父母的爱。⑦孝己,殷高宗的儿子，遭后母虐待，苦闷而死。曾参，对父母十分孝顺，但常常被父母毒打，所以经常悲泣。 ⑧然，“燃”的本字。 ⑨相守，相处，放在一块。金与火相守，把金属放在火里久烧。流，熔化流动。 ⑩绫(gāi 该)，通骇，动乱。 ⑪水中有火，指雨中闪电。 ⑫乃焚句：指雷电烧树。 ⑬有甚句：意谓心神过分忧伤，不是陷于阴就是陷于阳，这是无法逃避的。前面说的是自然界的阴阳错乱，这句以下说的是人心的阴阳错乱。 ⑭螴蜳(chén dūn 陈敦)，怔忡，心神不定的样子。成，平。 ⑮县，通悬。悬于天地之间，说明没有着落，浮动不定的样子。犹今说“半天吊”。 ⑯慰暋(mín 民)，苦闷。沈屯，沉郁。⑰利害二句：利与害在心里纠缠摩擦，大量消耗营血，就会阴虚阳亢，心火上升。⑱众人句：众人多计较利害，所以心火旺而失去调和。 ⑲月，比喻人清静平明的本性。 ⑳僓(tuí 颓)，通隤。僓然，败坏的样子。道尽，指人的天性丧失干净。

【点评】 说明凡事都不应该强求，强求就必然会引起自身与外界的矛盾。矛盾激化，利害相攻，就会伤害心性，甚至身亡。

庄周家贫，故往贷粟于监河侯①。监河侯曰：“诺②。我将得邑金③，将贷子三百金④，可乎？"庄周忿然作色曰⑤："周昨来，有中道而呼者⑥，周顾视车辙⑦，中有鲋鱼焉⑧。周问之曰：'鲋鱼来，子何为者耶？'对曰：'我，东海之波臣也⑨。君岂有斗升之水而活我哉⑩！'周曰：'诺，我且南游吴越之王⑪，激西江之水而迎子⑫，可乎？'鲋鱼忿然作色曰：'吾失我常与⑬，我无所处⑭。我得斗升之水然活耳⑮。君乃言此，曾不如早索我于枯鱼之肆⑯。'"

【注释】

①贷，借。监河侯，《说苑》作"魏文侯"。成疏把监河侯当做魏文侯，两者是否一人，无所根据。 ②诺，犹今语"唉"，是许诺的状声词。 ③邑，古代诸侯受封的领地。金，租赋收入，包括财货之类。邑金，指监河侯在封邑内向老百姓征收来的财物。 ④贷，借给。金，这是指物品价值数量的计算单位。 ⑤忿(fèn奋)然，生气的样子。作色，变色。 ⑥中道，路中。 ⑦车辙，车轮辗过留下的痕迹。 ⑧鲋(fù付)鱼，鲫鱼。 ⑨波臣，水界的臣子。东海之波臣，东海龙王的当差。 ⑩斗升之水，比喻少量的水。 ⑪且，将。游，游说。《阙误》引张君房本作"游说"。 ⑫激，阻遏水势使之急流。西江，指长江上游重庆部分。 ⑬常与，时常同在一起的，指水。 ⑭处，居。 ⑮然，则。 ⑯曾，竟。索，求。肆，市场。枯鱼之肆，卖鱼干的市场。

【点评】 说明求助于人是困难的。文中在客观上揭露了统治者虚伪的诺言。

任公子为大钩巨缁①，五十犗以为饵②，蹲乎会稽，投竿东海，旦旦而钓③，期年不得鱼④。已而大鱼食之⑤，牵巨钩，錎没而下骛⑥，扬而奋鬐⑦，白波若山，海水震荡，声侔鬼神⑧，惮赫千里⑨。任公子得若鱼，离而腊之⑩，自制河以东⑪，苍梧已北⑫，莫不厌若鱼者⑬。已而后世辁才讽说之徒⑭，皆惊而相告也。夫揭竿累⑮，趣灌渎⑯，守鲵鲋⑰，其于得大鱼难矣！饰小说以干县令⑱，其于大达亦远矣⑲。是以未尝闻任氏之风俗⑳，其不可与经于世亦远矣！

【注释】

①任公子，任国的公子。任国在今山东省济宁市东南方，是春秋时的诸侯国。缁，黑绳。　②犗(jiè 介)，阉了的牛。牛阉后长得特别肥壮。饵，钓饵。　③旦旦,每天早上。　④期(jī 基)年，一周年。说明时期很长。　⑤已，后，指一周年之后。食之，食钓饵。　⑥錎(xiàn 陷)，通陷。錎没，沉没。鹜(wù 务)，乱跑，下鹜，在水底乱跑。　⑦而，颊毛，疑即指腮后的鱼鳍。扬而，举起鱼鳍。奋鬐，张动鱼须。　⑧侔(móu 谋)，同。　⑨惮(dàn 但)赫，震惊，以上四句写大鱼舞动的声势。　⑩离，解剖开。腊(xī 昔)，晾干。　⑪制河，浙江。⑫苍梧，九嶷山。已，通以。　⑬厌，饱食。　⑭辁(quán 全)，用平面圆木制成而没有辐条的车轮，说明十分粗略。辁才，粗浅的才能。讽说，诵说，道听途说。⑮揭，举。累，小绳。　⑯趣，通趋，走向。灌渎，排灌用的小水沟。　⑰守，等候。鲵(ní 坭)、鲋，都是小鱼。　⑱小说，即《齐物论》篇“小言詹詹”之“小言”，指一些低微的言论。饰小说，把自己低微琐碎的言论装饰一番。干，求。县，通悬。县令，悬赏的诏令，谁按这些诏令做到了就可以赏得功名。　⑲大达，大道。　⑳是以二句：任公子钓大鱼，随之任之，不求急功近利，这种作风为人所学，成为一种风尚习俗，这就是“任氏之风”。那些不自量的浅薄之徒，想求得大名大利，但根本不懂任氏之风，那是根本不懂世务的人。经于世，处理世务。

【点评】　任公子毫不着意，反而钓得大鱼，而那些不自量的浅薄之徒，强求名利，与任公子背道而驰，必然落空。

儒以《诗》、《礼》发冢①，大儒胪传曰②：“东方作矣③，事之何若?”小儒曰：“未解裙襦④，口中有珠⑤。《诗》固有之曰⑥：‘青青之麦，生于陵陂⑦。生不布施⑧，死何含珠为⑨?’”接其鬓⑩，压其顪⑪，儒以金椎控其颐⑫，徐别其颊⑬，无伤口中珠。

【注释】

①儒以句：儒，儒生。《诗》、《礼》，指代儒家经典。发，挖开。冢(zhǒng 肿)，坟墓。句谓儒生盗坟时引经据典。　②大儒，与下文的“小儒”，似从声望上分大小，故成疏认为“大儒”谓大博士，小儒指弟子。胪(lú 卢)传，传话。　③东方作，

东方亮，日出。　④未解句：指未解开尸体所穿的裙衣。襦(rú 儒)，短上衣。裙，加在衣服外的一种围裙。　⑤口中句：古时富贵人家死人后，埋葬时家属把珠玉放进死者口中含着。　⑥《诗》固句：以下四句不见今本《诗经》，可能是逸诗。⑦陂(bēi 碑)，山坡。　⑧布施，把财物施舍给别人。　⑨为，疑问助词。⑩接其鬓，揪着尸体的鬓发。　⑪頮(huì 诲)，下巴的胡须，这里连指下巴。⑫儒，应是错字，否则文义不通。《艺文类聚》宝玉部引作“而”。金椎，金属做的锤子。控，敲打。颐(yí 宜)，面颊。　⑬徐，慢慢。别，分开。

【点评】 揭露儒者既要名又要利，打着《诗》、《礼》的招牌，干出肮脏的勾当。

老莱子之弟子出薪①，遇仲尼，反以告②，曰：“有人于彼③，修上而趋下④，末偻而后耳⑤，视若营四海⑥，不知其谁氏之子。”老莱子曰：“是丘也，召而来。”仲尼至。曰：“丘，去汝躬矜与汝容知⑦，斯为君子矣。”仲尼揖而退⑧，蹙然改容而问曰⑨：“业可得进乎⑩？”老莱子曰：“夫不忍一世之伤⑪，而骜万世之患。抑固窭邪⑫？亡其略弗及邪？惠以欢为⑬，骜终身之丑⑭，中民之行易进焉耳⑮！相引以名⑯，相结为隐⑰。与其誉尧而非桀，不如两忘而闭其所誉⑱。反无非伤也⑲，动无非邪也⑳，圣人踌躇以兴事㉑，以每成功㉒。奈何哉㉓，其载焉终矜尔！”

【注释】

①老莱子，楚国隐士，常住在蒙山，楚王想召他为相，他不接受，并逃避到江南去。出薪，出去采柴草。　②反，通返。告，告诉老莱子。　③人，指孔子。于彼，在那里。　④修上句：修，长。趋，短促。句谓上身长而下身短。⑤末偻句：说明是一个伸头竖耳的形象。末偻，头向前伸而背拱起来的样子。后耳，耳朵向后。　⑥视，眼光，神情。营四海，经营天下。　⑦去，抛弃。躬矜，自以为贤能的态度。容知，装得很有智慧的样子。　⑧揖而退，作揖而后退。一种恭敬的表示。　⑨蹙(cù 促)然，局促不安的样子。改容，改变的表情、态度。

原来是恭敬的样子，后变成忧虑不安的样子。 ⑩业，指学道的事。进，提高。 ⑪夫不忍二句：这是对孔子的批评，说他的所作所为，本来是出于对一代人痛苦的哀怜，但实际上却是给子孙万代带来祸患而不在乎。伤，悲伤，痛苦。不忍一世之伤，指孔子宣扬"仁者爱人"之类。骜，通傲，轻视。 ⑫抑固二句：抑，或者。统领两句，表示两种情况的选择。窭(jù 据)，本指生活贫寒，这里指智力的贫乏。亡，无。略，法。弗及，不能达到。二句意谓：究竟是本来固陋无知呢？还是因为没有办法到达大道呢？ ⑬惠以欢为，即以欢为惠，认为取悦于世就是好。 ⑭骜终句：对于给自己一生带来羞耻却不在乎。骜，通傲。 ⑮中民句：意谓中等水平的人的所作所为，就是很容易走上这一步的。"易"字原来无，依《阙误》引张、成二本补。焉，于此，指上两句所说的那种表现。 ⑯相引句：凭着名声互相引进。引，抬举。 ⑰相结句：以私利相勾结。隐，私。 ⑱两忘，忘誉尧与忘非桀。闭其所誉，收起那些称誉(或非议)。 ⑲反，指违反自然，总是闹矛盾。无非伤，必有损害。 ⑳动，不安不静。无非邪，必生邪恶。 ㉑踌躇，心无主意，从容随物的样子。兴事，作事。 ㉒以，而。每，常常。 ㉓奈何二句：这是指孔子说的。意谓：有什么办法呢，你背的总是自以为贤能的包袱啊！载，负。

【点评】 说明不改变以贤能自负的态度是不可能学道的。

宋元君夜半而梦人被发窥阿门①，曰："予自宰路之渊②，予为清江使河伯之所③，渔者余且得予④。"元君觉，使人占之⑤，曰："此神龟也⑥。"君曰："渔者有余且乎？"左右曰："有。"君曰："令余且会朝⑦。"明日，余且朝。君曰："渔何得？"对曰："且之网得白龟焉，其圆五尺。"君曰："献若之龟。"龟至，君再欲杀之，再欲活之。心疑⑧，卜之⑨。曰："杀龟以卜吉⑩。"乃刳龟⑪，七十二钻而无遗筴⑫。仲尼曰："神龟能见梦于元君⑬，而不能避余且之网；知能七十二钻而无遗筴，不能避刳肠之患。如是则知有所困⑭，神有所不及也。虽有至知⑮，万人谋之。鱼不畏网而畏鹈鹕⑯。去小知而大知明⑰，去善而自善矣⑱。婴儿生，无硕师而能言⑲，与能言者处也⑳。"

【注释】

①宋元君，见《田子方》篇注。被发，散发。窥（kuī 亏），从小孔、缝隙或隐蔽处偷看。阿（ē 婀），曲。阿门，旁曲处的小门。窥阿门，从阿门偷偷地往里看。 ②自，从。宰路，龟所生活的渊名。 ③清江，江名。使，出使。河伯，河神。 ④渔者，打渔的人。余且，姓余名且。 ⑤占，用蓍草、竹片等来测吉凶的迷信活动。 ⑥此，指托梦的，即上说“被发窥阿门”的人。 ⑦令，召。会朝，赴朝，拜见国君。 ⑧疑，犹疑不定。 ⑨卜，也是一种迷信活动。先在龟甲上钻一孔，再用火灼，龟甲出现裂痕，然后从这些裂痕推知吉凶。 ⑩杀龟句：意谓把白龟杀掉，用白龟的壳来问卜就会吉祥的。 ⑪刳（kū 枯），剖开而挖空。 ⑫七十二钻，钻了许多次。七十二，虚指，表示多。筴（cè 策），算。无遗筴，没有推算不准的，意即十分灵验。 ⑬见（xiàn 现）梦，托梦。 ⑭困，局限。 ⑮知，通智。下二“知”均同。 ⑯鱼不句：鹈鹕（tí hú 题胡），一种大鸟，又名伽兰鸟，下颌底部有个皮囊，能伸缩，用来兜食鱼类。网是常用的大型捕鱼工具，比鹈鹕更能捕鱼，但鱼只怕鹈鹕而不懂得网的可怕，说明只知小害而不知大害。 ⑰小知，指常人狭隘的智慧。大知，指得道者的智慧，以无智为智。 ⑱去善句：抛弃常人所追求的小善就自然得天道的大善，以不善为善。 ⑲硕，原本作“石”，依唐写本改。硕师，大师。 ⑳与能句：说明能随俗自然就行了。处，共同生活。

【点评】 通过神龟说明：就算是至智亦有不智的一面，亦难于免祸。所以抛弃了聪明智慧，随俗自然，才是大智。

惠子谓庄子曰：“子言无用。”庄子曰：“知无用而始可与言用矣。夫地非不广且大也①，人之所用容足耳②，然则厕足而垫之致黄泉③，人尚有用乎④？”惠子曰：“无用。”庄子曰：“然则无用之为用也亦明矣⑤。”

【注释】

①夫，原本作天，依《续古逸丛书》本改。 ②人之句：人只是用可容立足的地方，其余的并没有用。例如走路，只不过用所踏的地方罢了。 ③厕（cè 测），通侧。侧足，置足。垫（diàn 店），陷下，作动词，使之陷，犹下掘。厕足而垫之，

足踏在地上然后把足所踏以外的地方向下掘。 ④人尚句：除足所踏的，周围成了深渊，必然胆战心惊而无法立足，所以变为没有用。 ⑤然则句：被掘去的地似乎是没有用的，但其实大有用处，否则无法立足。以此论证无用就是有用。

【点评】 论证无用就是大用。

庄子曰："人有能游，且得不游乎！人而不能游，且得游乎！夫流遁之志①，决绝之行②，噫，其非至知厚德之任与③！覆坠而不反④，火驰而不顾。虽相与为君臣⑤，时也。易世而无以相贱⑥。故曰：至人不留行焉⑦。夫尊古而卑今，学者之流也⑧。且以狶韦氏之流观今之世⑨，夫孰能不波！唯至人乃能游于世而不僻⑩，顺人而不失已⑪。彼教不学⑫，承意不彼。目彻为明⑬，耳彻为聪，鼻彻为颤⑭，口彻为甘，心彻为知，知彻为德。凡道不欲壅⑮，壅则哽⑯，哽而不止则跈⑰，跈则众害生。物之有知者恃息⑱。其不殷⑲，非天之罪。天之穿之，日夜无降，人则顾塞其窦。胞有重阆⑳，心有天游㉑。室无空虚㉒，则妇姑勃谿；心无天游㉓，则六凿相攘。大林丘山之善于人也㉔，亦神者不胜。德溢乎名㉕，名溢乎暴㉖，谋稽乎誸㉗，知出乎争㉘，柴生乎守㉙，官事果乎众宜㉚。春雨日时，草木怒生㉛，铫鎒于是乎始修㉜，草木之倒植者过半而不知其然㉝。静默可以补病㉞，眦搣可以沐老㉟，宁可以止遽㊱。虽然，若是劳者之务也，非佚者之所未尝过而问焉㊲；圣人之所以骇天下㊳，神人未尝过而问焉；贤人所以骇世，圣人未尝过而问焉；君子所以骇国，贤人未尝过而问焉；小人所以合时㊴，君子未尝过而问焉。

【注释】

①流遁，指逃避现实。 ②决绝，指与当政者决裂。 ③其非句：意谓逃避现实与当政者决裂并不是得道者的所为。至知，最聪明。厚德，品德高尚。都是从得道说的。任，用。与，通欤。 ④覆坠二句：覆坠，从上直跌下来。反，通

返。火驰，火速奔驰。二句意谓：以上两种人都坚决走他们自己所选择的路而不回头。 ⑤虽相二句：社会上虽然有君与臣的相对关系，但这是时势所造成的。⑥易世句：时代变换了，两者就不一定有高下轻重之分了。言外之意是，时代一变，君臣的关系就变了，今天当权的明天也会下台，何必要因为不满意当政者就流遁决绝呢！ ⑦留行，固执于自己的所作所为。 ⑧流，风气。 ⑨且以二句：狶韦氏，远古帝王。见《大宗师》篇。观，看，衡量。孰，谁。波，动。二句意谓：以狶韦氏时代的风气来衡量当今的时代，谁能不为之而波动！意即各个时代有各个时代的风气，如果厚古薄今，就必然会引起波动。故不如随顺时俗。 ⑩僻(bèi 背)，通背。不僻，即依顺。以上二句，意同《养生主》篇说的"缘督以为经"。⑪不失己，不会丧失自己的本性。 ⑫彼教二句：别人虽然教育我，但我无心去学他，我表面上也表示接受他的意思，但我绝不会学成他那个样子。 ⑬彻，灵通。 ⑭颤(shān 山)，通膻，善辨别气味。 ⑮壅(yōng 拥)，堵塞。⑯哽(gěng 梗)，本指食物阻塞咽喉，这里指上下气不通。 ⑰跈(zhěn 诊)，通抮，戾，反乱。 ⑱恃，靠。息，呼吸。没有呼吸就没有生命，当然就没有智慧可言，所以说"有知者恃息"。 ⑲其不五句：殷，盛，发达。穿，通。降，减。顾，反。窦，孔窍。《应帝王》篇："人皆有七窍，以视听食息。"五句意谓：用来呼吸等器官，如果不发达，那不是老天爷的罪过，因为老天爷使人长了七窍，应该是日夜一样通畅的，只不过是人们反而堵塞自己的孔窍罢了。 ⑳胞，胎胞。阆(làng 浪)，空隙的地方。重(chóng 虫)阆，指胞衣内外都有空隙的地方。 ㉑心有句：心脏亦有自然活动的地方。以上两句都说明"天之穿之"。 ㉒室无二句：所住的房子如果窄得一点余地都没有，那么媳妇和姑姑之间必然经常闹矛盾。勃谿(bó xī 脖希)，争吵，矛盾。 ㉓心无二句：凿，解为窍。《应帝王》篇说"日凿一窍"，所以六凿即六窍，指目耳鼻口等。攘，排斥。二句意谓：如果心机梗塞，不能自然活动，就会引起人类各器官错乱而互相排斥。以上四句说明"壅"之害。 ㉔大林二句：意谓广阔的山林，对于人来说是愉快的，但如果"心无天游"，"六凿相攘"的话，精神上也是无法享受的。 ㉕德溢句：与《人间世》篇"德荡乎名"意同，溢、荡都是水满往外流的意思，故可引申为越轨，失道，败坏。句意谓道德的败坏在于追求名声。 ㉖名溢句：名声的败坏在于喜欢显露自己。暴，表露，显露。 ㉗谋稽句：稽，合。諴(xián 贤)，急。句谓计谋是适应情况紧急而来的。 ㉘知出句：

智慧是在斗争中产生的。 ㉙柴生句：柴，塞。守，固执。固执则心气不通。㉚官事句：所主管的事之所以成功，在于能够适应大家的需要。果，结果，成功。众宜，与众人相适应。 ㉛怒，猛。 ㉜铫（yáo 姚），大锄。鎒（nòu 槈），除草农具的一种。修，修理，意即准备使用。 ㉝草木句：除草整地等农事已经完成了大半，但主管的人还不知道是什么原因。意即无为而治，老百姓自然会应时耕作，这就是“果乎众宜”。倒，原本作“到”，依唐写本改。 ㉞默，原本作“然”，依宣颖及奚侗说改。补病，养病。 ㉟眦（zì 字），上下眼睑接合的地方，即内外眼角。㓕（miè 灭），通搣，按摩。眦㓕，对眼角进行按摩，犹眼功操。沐，原本作“休”，依唐写本改。沐老，洗除老态。 ㊱遽（jù 巨），剧变。 ㊲非佚句：马叙伦说：“非字涉上文郭注‘非不病也，非不老也’误羡。”这是有道理的，否则很难解通，而且删去了“非”字，则与下面四句句法一律。佚，通逸。逸者本来就过着比较宁静的生活，不像劳动者那样多病易老，所以无须过问上面所说的。 ㊳骇（xiè 谢），通骇，惊动。 ㊴合时，顺应时令进行耕作等，如上文“春雨”数句所说的一样。

【点评】 说明心神通达才能得道，而智谋名利是梗塞心机的，因此神人不把天下事放在心上，宁静处世，随波逐流，任由万物自然发展。

演门有亲死者①，以善毁爵为官师②，其党人毁而死者半③。尧与许由天下，许由逃之；汤与务光④，务光怒之；纪他闻之⑤，帅弟子而踆于窾水⑥，诸侯吊之⑦。三年，申徒狄因以踣河⑧。

【注释】

①演门，宋城门名。 ②以善句：毁，毁容，指由于死了父母而悲伤得不成样子。爵，作动词，封爵。官师，一官之长，当时由中士或下士担任。句意谓由于毁容出色而由庶民被封为中士或下士。 ③党，乡党，古代五百家为党。党人，乡里。毁而死，毁容而至死。 ④务光，见《大宗师》篇。 ⑤纪他，见《大宗师》篇。 ⑥踆（cūn 村），通蹲。窾（kuǎn 款）水，水名。 ⑦吊之，向他慰问。⑧申徒狄，姓申徒名狄，隐士。踣（bó 箔），向前仆倒。踣河，投河。

荃者所以在鱼①，得鱼而忘荃②；蹄者所以在兔③，得兔而忘蹄；言者所以在意④，得意而忘言。吾安得夫忘言之人而与之言哉⑤！”

【注释】

①荃(quán 全)，通筌，鱼笱，长形的竹笼，入口处用细竹篾交织，竹的尖端刺向笼内，鱼能入而不能出。所以在鱼，使用的目的在于抓到鱼。　②得鱼句：说明达到了目的，工具(手段)就不要了。　③蹄(tí 题)，兔弶，一种装兔的工具，绳子绕成活套，放上食物，兔子来食时，踏中活套就被绑住。　④言者句：说话的目的在于表达意思。　⑤吾安句：既然是“忘言之人”，又怎么能和他谈谈呢？所以感叹，表示能听到大道的言论实在艰难。

【点评】 说明一些人为了求得爵禄而死，一些人为了避免得爵禄而死，都是强求名利的恶果。

寓言第二十七

【导读】

从题目与开头一段看，本篇是自叙全书的写作特点的。故王夫之《庄子解》认为这是全书的序例。其实不然。从全篇看来，主要是讲学道门路的。篇中列举了五个寓言故事，说明学道要抛弃勤志服知之心；要忘禄忘亲；要看破生死；要一切任之自然而不问其所以然；要态度谦虚，不可傲慢。还有十分重要的一条，作者没有明说的，就是要读《庄子》一书。关于寓言、重言、卮言的提出与论述，是作者文论观点及本书写作特色的自白，为后来研究者所重视。

寓言十九[1]，重言十七，卮言日出，和以天倪。寓言十九，藉外论之[2]。亲父不为其子媒[3]。亲父誉之[4]，不若非其父者也。非吾罪也[5],人之罪也。与己同则应[6]，不与己同则反。同于己为是之[7]，异于已为非之。重言十七，所以已言也[8]。是为耆艾[9]，年先矣[10]，而无经纬本末以期来者[11]，是非先也[12]。人而无以先人，无人道也[13]。人而无人道，是之谓陈人[14]。卮言日出，和以天倪，因以曼衍[15]，所以穷年[16]。不言则齐[17]，齐与言不齐[18]，言与齐不齐也。故曰："言无言[19]。"言无言：终身言[20]，未尝言；终身不言，未尝不言。有自也而可[21]，有自也而不可；有自也而然，有自也而不然。恶乎然[22]？然于然；恶乎不然？不然于不然。恶乎可？可于可；恶乎不可？不可于不可。物固有所然，物固有所可。无物不然，无物不可。非卮言日出[23]，和以天倪，孰得其久！万物皆种也[24]，以不同形相禅[25]，始卒若环[26]，莫得其伦，是谓天均[27]。天均者[28]，天倪也。

【注释】

①寓言四句：寓言，托于别人而说的话。重(zhòng 众)言，庄重之言，亦即庄语，是直接论述作者的基本观点的话。七，疑是"弌"之坏字(王焕镳老师说)，十一与十九对合。九成是借他人之口说的，一成是作者直接论说的。《庄子》一书实际也基本如此。《天下》篇："以重言为真。"说明是作者的真心话。卮(zhī 支)言，司马彪注："谓支离无首尾言也。"支离的合音则为卮。日出，时常出现。和，合。天倪，自然。可见卮言是穿插在寓言与重言之中，随其自然，经常出现的一些零星之言。这几句是作者对全书写法的说明。　②藉(jiè 介)，通借。外，他人。　③媒，做媒人。　④亲父二句：父亲称赞自己比不上别人称赞更能令人信服。这个比喻说明为什么要借别人的话来论说。　⑤非吾二句：为自己儿子说好话而别人不信，这并非是我的过错，而是不信的人的过错。　⑥应，赞同。　⑦同于二句：肯定与否都以是否与自己的看法相同为标准。　⑧以，用。己，原作"已"，依《续古逸丛书》本改。己言，自己的话。与"藉外论之"相对。　⑨耆艾，长寿的人。⑩先，长。　⑪经纬，本指织品纵横的纹理。本末，头尾。经纬本末，合指道理。

期，待。来者，原作“年耆者”，依高山寺本改，意即后来人。 ⑫是非句：这种人只是年岁居人之先，但从道德、思想上并非比人成熟。 ⑬无人道，缺乏为人之道。 ⑭陈人，陈腐的人。 ⑮曼衍，支漫推衍，犹今说穿插、发挥。 ⑯所以穷年，所以能一直说到老。意即下文说的“得其久”。 ⑰不言句：大家都不说，则无所谓分歧，故说齐。 ⑱齐与句：第一个“齐”是承上句“不言”之意，第二个“齐”是齐同之意。不言与言，故不齐同。下句意同。 ⑲言无言，原本作“无言”，依高山寺本补。意谓说了一些等于没有说的话。 ⑳终身四句：因为说的都是等于没有说的话，所以终身说也等于没有说；终身不说，也等于说了。未尝言，原本作“未尝不言”，依《庄子补正》说删“不”字。 ㉑自，由，缘故。 ㉒恶乎句:此句至“无物不可 ”一段，意多见于《齐物论》篇。说明一切事物都可以这样，也可以那样，是变化不定的。而且各有各的缘由，各有各的道理。对人的认识来说是不可知的，无须寻根问底。 ㉓非卮言三句：不随物变化、顺其自然来进行发挥阐述，而是固执一说，怎么能长久取得人们的信服呢！日出，经常运用。 ㉔皆种，都是种子，意即都可生长出新的事物。 ㉕形，形式，状态。禅，代替。相禅，新陈代谢。 ㉖始卒二句：事物的变化，首尾相接，像环一样，是找不到其中次序的。始，开头。卒，结尾。伦，次序。 ㉗天均，见《天地》篇注。 ㉘天均二句：事物的变化是不分先后轻重的，是一视同仁的，这就是自然本身的状态。

【点评】 说明本书写作手法的特点、作用以及运用这些手法的原因。

庄子谓惠子曰：“孔子行年六十而六十化①。始时所是，卒而非之。未知今之所谓是之非五十九非也。”惠子曰：“孔子勤志服知也②。”庄子曰：“孔子谢之矣③，而其未之言也。孔子云：夫受才乎大本④，复灵以生。鸣而当律⑤，言而当法。利义陈乎前⑥，而好恶是非直服人之口而已矣⑦。使人乃以心服而不敢蘁⑧，立定天下之定。已乎，已乎！吾且不得及彼乎⑨！”

【注释】

①孔子四句：与《则阳》篇说蘧伯玉意同。 ②勤志，努力实现自己的志愿。

服，用。服知，运用心智。 ③孔子二句：谢，辞去。之，指勤志服知。谢之，改了那种态度。末之言也，原本作“未之尝言”，依高山寺本改。末，最后。二句意谓孔子后来改变了，最后还说过。所说内容如下。 ④夫受二句：大本，指天道。复，“复归于朴”(《山木》篇)之“复”。复灵，复得天地之灵气。二句意谓人的才智是天道所授予的，但要复得天地灵气才有生气。否则就如上文说的陈人一般了。这是孔子觉醒后的感叹。 ⑤鸣而二句：一开口就是法令。当，合。 ⑥利义句：动不动就首先讲利害、仁义。前，先。 ⑦直，只是。以上四句是孔子对自己过去的言行的检查。 ⑧使人二句：乃，且。蘁(wù误)，违忤，不顺从，逆。二句意谓如果使众人不仅口服而且心服，那么谁还敢违逆，这样就可以立刻使天下平定下来，而无须勤志服知了。这是假设之辞，也是孔子对自己过去否定之后的认识。 ⑨彼，指得道无为而可以令人心服的人。

【点评】 作者虚构孔子年进六十而悔过觉醒的故事，来否定勤志服知，并写他用现身说法来吹捧得道的人。

曾子再仕而心再化①，曰：“吾及亲仕②，三釜而心乐；后仕③，三千锺而不洎，吾心悲。”弟子问于仲尼曰：“若参者，可谓无所县其罪乎④?”曰：“既已县矣⑤！夫无所县者，可以有哀乎？彼视三釜、三千锺⑥，如观雀蚊虻相过乎前也。”

【注释】

①曾子，曾参，孔子弟子。仕，做官。化，变 ②吾及亲二句：及亲，能养父母。釜(fǔ府)，古代量器，又叫䥽，流行于东周时的齐国。六斗四升为釜。三釜，属当时较低的俸禄。二句意谓虽然官爵不高，但只要能养亲，心里就快乐了。 ③后仕三句：后，指双亲死后。锺，古代量器，六斛四斗为一锺。三千锺，说明官爵甚高。洎(jì计)，及。不洎，指不能养亲。《韩诗外传》记述：曾子曰：“吾尝仕齐为吏，禄不过锺釜，而犹欣欣而喜者，非以为多也，乐其逮亲也；亲没之后，吾尝南游于楚，得尊官焉，堂高九仞，榱题三围，转毂百乘，犹北乡而泣涕者，非为贱也，悲不逮吾亲也。”这是本文中曾参所说的最好说明。 ④县，通悬，系。县其罪，受其罪。指受利禄的牵累。句谓曾参不追求爵禄的多少，只求养亲，故说他不

受利禄的牵累。 ⑤既已句：曾参虽不受爵禄的牵累，但还是为养亲而忧心，这也是一种受罪，故说“既已县矣”。 ⑥彼视二句：彼，即上文“吾且不得及彼”之“彼”。句谓彼看利禄如雀蚊虻在眼前飞过一样，毫不在意。

【点评】 写曾参虽然轻禄，但未能忘禄、更不能忘亲，故还是比不上得天道的人那样对一切毫不介意。

颜成子游谓东郭子綦曰①：“自吾闻子之言，一年而野②，二年而从③，三年而通④，四年而物⑤，五年而来⑥，六年而鬼入⑦，七年而天成⑧，八年而不知死、不知生⑨，九年而大妙⑩。生有为⑪，死也。劝公以其私⑫，死也有自也⑬，而生阳也⑭，无自也。而果然乎⑮？恶乎其所适⑯，恶乎其所不适？天有历数⑰，地有人据⑱，吾恶乎求之⑲？莫知其所终⑳，若之何其无命也？莫知其所始，若之何其有命也？有以相应也㉑，若之何其无鬼邪？无以相应也，若之何其有鬼邪？”

【注释】

①颜成子游、东郭子綦，均见《齐物论》篇。 ②野，不文雅，指抛弃世俗的规矩礼节。 ③从，顺从，不固执。 ④通，通达，指与外物没有矛盾。 ⑤物，物化，即与物不分彼此。 ⑥来，使物(包括人)来归附。 ⑦鬼入，神化。 ⑧天成，合于自然。 ⑨不知死不知生，齐生死。 ⑩大妙，指领悟了大道的微妙。 ⑪生有为二句：人生而有为，则相当于死了。 ⑫劝公句：劝，助。公，即《则阳》篇中“道者为之公”之“公”，指天道。“私”字原本缺，依郭注及《阙误》校引张君房本补。私，指个人的作为。劝公以其私，用他个人的作用来帮助天道。也就是《大宗师》篇中所反对的“以人助天”、“以心捐道”。 ⑬死也句：自，由。句谓有些人死是有原因的，就是因为有为，因为劝公以其私。 ⑭而生阳二句：阳，即下文“强阳”之意。生阳，产生活力的意思。无由，没有缘由，意思为只是顺天道之自然。下面接着说明人生无由。 ⑮而果然乎：怕读者不信，故特作这一设问，引起下文。 ⑯恶(wū乌)，何。适，适意。 ⑰历数，时历度

数，如年月日时之类。⑱人据，人所占据，指邦国地域。⑲吾恶句：人生亦如天有历数、地有人据一样自然而然，故无所追求。⑳莫知四句：无命即死，有命即生。既然人物的生死变化都是循环不已的，无所谓终结，怎么会有死？无所谓开端，怎么会有生？㉑有以四句：人对死者的形影声色有时会与之相召应，如见其人，如闻其声，怎么说没有鬼存在？但又有不见与之相召应的，怎么说一定有鬼存在？可见这一切都是不可知的。因而更不必带有任何目的去追求。以，与之。相应，相感应，如相梦见等。

【点评】 说明修道如果能领悟到万物变化循环不已的道理，并以此看破生死，就算是领悟到天道微妙的地方了。

众罔两问于景曰①："若向也俯而今也仰②，向也括撮而今也被发③；向也坐而今也起；向也行而今也止：何也④？"景曰："搜搜也⑤，奚稍问也⑥！予有而不知其所以⑦。予，蜩甲也⑧，蛇蜕也，似之而非也。火与日⑨，吾屯也；阴与夜⑩，吾代也。彼⑪，吾所以有待邪，而况乎以无有待者乎！彼来则我与之来⑫，彼往则我与之往，彼强阳则我与之强阳⑬。强阳者，又何以有问乎⑭！"

【注释】

①罔两，影外暗影。景，通影。②若，你。向，昔。③括撮（cuō 搓），束结，指把头发束结起来。被，通披。披发，散发。④何也：影子随人而动，罔两不理解，故发问。⑤搜搜句：搜搜，运动的样子。句意谓自然而然地运动罢了。⑥稍，借作屑。奚屑问，哪里值得问。⑦予有句：影子自谓知有俯仰行止等现象，但自己也不晓得为什么会这样。所以，原因。⑧蜩甲二句：蜩（tiáo 条）甲，蝉蜕的皮壳。影以蝉蜕和蛇蜕来比喻自己。蝉蜕像蝉，蛇蜕像蛇，影子像人。虽然像，但却不是真的。⑨火与二句：有火光与太阳光，影子就集中显明。屯，聚。⑩阴与二句：阴暗或者夜晚，影子就消失不见。代，谢，消失。⑪彼三句：彼，指形。待，依赖。形体是影子所依赖的，但还是不知道它何以要这样运动。对于无所依赖的天道，更是不能"知其所以"了。⑫彼，指形体。⑬强阳，

运动的样子。 ⑭又何以句：运动是一种自然而然的现象，因此有什么好问的呢？

【点评】《齐物论》篇中说："因是已，已而不知其然谓之道。"这段就是根据这一理论。说明学道只须知其然，而不应问其所以然。作者在这里再一次申述了他的不可知论。

阳子居南之沛①，老聃西游于秦。邀于郊②，至于梁而遇老子③。老子中道仰天而叹曰④："始以汝为可教，今不可也。"阳子居不答。至舍⑤，进盥漱巾栉⑥，脱屦户外，膝行而前⑦，曰："向者弟子欲请夫子，夫子行不闲，是以不敢；今闲矣，请问其过⑧。"老子曰："而睢睢盱盱⑨，而谁与居！大白若辱⑩，盛德若不足。"阳子居蹴然变容曰⑪："敬闻命矣！"其往也，舍者迎将其家⑫，公执席⑬，妻执巾栉，舍者避席⑭，炀者避灶⑮。其反也⑯，舍者与之争席矣⑰！

【注释】

①阳子居，姓杨名朱，字子居。之，往。沛，今徐州。 ②邀，迎截。郊，《说文》："距国百里为郊。"故远地亦可称之为郊。 ③梁，即大梁，在今开封。 ④中道，途中。 ⑤舍，旅舍。 ⑥盥(guàn 贯)，洗手器。漱，漱口。盥漱，引申为洗手漱口的用具。栉，梳。巾栉，洗脸梳头的用具。指阳子居捧进给老子。 ⑦膝行，跪着行。以上几句都是表现阳子居十分恭敬殷勤。 ⑧请问句：上述老子批评他不可教，故今特向老子请问自己的过错在哪里。 ⑨而，你。下同。睢睢(suī 虽)，仰视的样子。盱盱(xū 虚)，张大眼睛的样子。都是一种傲慢的神态。 ⑩大白二句：大白，非常清白。辱，污秽。盛德，道德高尚。说明盛德的人与人相处时，并不标榜自己，而是以谦恭卑下自居。老子以此警诫阳子居。二句语意见于《老子·第四十一章》。 ⑪蹴(cù 促)然，恭敬的样子。变容，改变态度。 ⑫舍,指旅舍主人。将，奉，侍候。 ⑬公，旅舍的男主人。下句的"妻"，即公之妻。 ⑭舍者，旅客。避，让。 ⑮炀(yáng 扬)，烤火。以上都说明周围的人见阳子居傲慢而畏避。 ⑯反，通返。 ⑰舍者句：说明阳子居态度改变而他人不畏。

【点评】 说明学道必须从改变傲慢的态度做起。

让王第二十八

【导读】

这是一篇不满时政的隐居之士的作品。文中宣扬安贫乐道，洁身自好，并运用了借古讽今的手法，充分表现了对当时现实的不满。

但这种不满，往往是从仁义的原则为出发点的。而且隐居避世的做法与内篇宣扬的混世哲学迥然不同。

尧以天下让许由①，许由不受。又让于子州支父②，子州支父曰："以我为天子，犹之可也。虽然，我适有幽忧之病③，方且治之，未暇

治天下也。”夫天下至重也，而不以害其生④，又况他物乎⑤！唯无以天下为者可以托天下也⑥。舜让天下于子州支伯，子州支伯曰：“予适有幽忧之病，方且治之，未暇治天下也。”故天下大器也，而不以易生⑦。此有道者之所以异乎俗者也。舜以天下让善卷⑧，善卷曰：“余立于宇宙之中，冬日衣皮毛，夏日衣葛絺⑨。春耕种，形足以劳动；秋收敛，身足以休食。日出而作，日入而息，逍遥于天地之间，而心意自得。吾何以天下为哉！悲夫，子之不知余也。”遂不受。于是去而入深山，莫知其处。舜以天下让其友石户之农⑩。石户之农曰：“捲捲乎⑪，后之为人⑫，葆力之士也⑬。”以舜之德为未至也⑭。于是夫负妻戴⑮，携子以入于海⑯，终身不反也。

【注释】

①尧以二句：见《消遥游》篇。　②子州支父，姓子州字支父，亦即下文的支伯。　③适，刚刚。幽忧，隐忧。　④生，通性。　⑤又况句：其他东西还比不上天下贵重，更不应该为之而损害心性。　⑥唯无句：无以天下为，即《消遥游》篇许由说的：“予无所用天下为也。”把自己的心性看得比天下还要重的人就不会伤害天下人的心性。所以可以把天下托付给他管理。　⑦易生，牺牲自己的心性。易，换取。生，通性。　⑧善卷，姓善名卷，隐者。　⑨絺，较精细的葛布。　⑩石户，地名。石户之农，意即在石户耕田的人。　⑪捲捲，用力的样子。指舜而言。　⑫后，君，对舜的称呼。　⑬葆力，勤力。　⑭以舜句：石户之农只赞舜为葆力之士，并未称颂舜的道德。可见他认为舜在道德上还未成熟。　⑮负，背。戴，用头顶顶东西。　⑯入于海，指隐居海上。

大王亶父居邠①，狄人攻之②。事之以皮帛而不受③，事之以犬马而不受，事之以珠玉而不受。狄人之所求者土地也。大王亶父曰：“与人之兄居而杀其弟④，与人之父居而杀其子，吾不忍也。子皆勉居矣⑤！为吾臣与为狄人臣奚以异。且吾闻之：不以所用养害所养⑥。”因杖筴而去之⑦。民相连而从之。遂成国于岐山之下⑧。夫大王亶父可谓能尊生矣⑨。能尊生者，虽贵富不以养伤身⑩，虽贫贱不以利累形⑪。今世之人居高官尊爵者，皆重失之⑫。见利轻亡其身⑬，岂不惑哉！

【注释】

①大(tài太)王亶(dàn但)父，又称古公亶父，是周文王的祖父，周民族强大的奠基者。可详见《诗·大雅·緜》。邠(bīn宾)，又作豳，在陕西省邠县(今作彬县)。 ②狄人，北方的一个少数民族。 ③事之三句：用皮帛、犬马、珠玉送给狄人以求和，但狄人不接受。事，侍奉，这里指奉送。 ④与人三句：如果抵抗狄人即必相残杀臣民的子弟，故不忍心。 ⑤子，对所属臣民的称呼。勉居，好好地居住下去。 ⑥所用养，依赖它来养活的东西，指土地。所养，指臣民。 ⑦筴，同策，马鞭。杖筴，执鞭。 ⑧岐山，在今陕西省岐山县东北六十里。今名箭括岭。 ⑨尊生，珍重性命。 ⑩以，因。养，作名词用，赖以供养的，指土地与人民。 ⑪累形，拖累了形体。 ⑫重失之，把失掉高官尊爵的事看得非常重要。 ⑬轻，轻易地。

越人三世弑其君①，王子搜患之，逃乎丹穴②，而越国无君。求王子搜不得，从之丹穴。王子搜不肯出，越人熏之以艾③。乘以王舆④。王子搜援绥登车⑤，仰天而呼曰："君乎⑥，君乎，独不可以舍我乎！"王子搜非恶为君也，恶为君之患也。若王子搜者，可谓不以国伤生矣！此固越人之所欲得为君也。

【注释】

①越人二句：据《史记·越世家》索隐，王子搜就是越王无颛。据《竹书纪年》，越王翳被他的儿子杀掉，越人又把他的儿子杀掉，立无余当国君。无余又被杀而立无颛。故无颛之前三世国君都被杀。搜为无颛的异名。 ②丹穴，南山洞。 ③熏之以艾，烧艾烟熏丹穴，迫王子搜出。 ④王舆，国君坐的车子。 ⑤援，拉。绥，上车时拉的绳子。《论语·乡党》："升车，必正立，执绥。" ⑥君，指国君之位。

韩魏相与争侵地，子华子见昭僖侯①，昭僖侯有忧色②。子华子曰："今使天下书铭于君之前[③]，书之言曰：'左手攫之则右手废[④]，右手攫之则左手废。然而攫之者必有天下。'君能攫之乎？"昭僖侯曰："寡人不攫也。"子华子曰："甚善！自是观之，两臂重于天下也。身亦重于两臂。韩之轻于天下亦远矣[⑤]！今之所争者[⑥]，其轻于韩又远。君固愁身伤生以忧戚不得也[⑦]。"僖侯曰："善哉！教寡人者众矣，未尝得闻此言也。"子华子可谓知轻重矣！

【注释】

①子华子，魏人，即《则阳》篇中魏之华子。昭僖侯，韩国国君。 ②有忧色，担心战败。 ③铭，契约。 ④攫(jué 决)，取。废，弃，指斩去。 ⑤韩之句：韩只是天下中的一小块，所以比天下轻。 ⑥所争者，只是韩与魏相接邻的部分地区。 ⑦固，乃。不得，指得不到所争之地。

鲁君闻颜阖得道之人也[①]，使人以币先焉[②]。颜阖守陋闾[③]，苴布之衣[④]，而自饭牛[⑤]。鲁君之使者至，颜阖自对之[⑥]。使者曰："此颜阖之家与？"颜阖对曰："此阖之家也。"使者致币。颜阖对曰："恐听谬而遗使者罪[⑦]，不若审之[⑧]。"使者还，反审之，复来求之，则不得已[⑨]！故若颜阖者，真恶富贵也。

【注释】

①鲁君，一说指鲁定公，一说指鲁哀公。其实作者并无确指。颜阖(hé 和)，鲁国隐者。 ②使人句：鲁侯想召颜阖出来做官，故派人先拿币帛送去以表达心意。 ③守，居。陋闾，穷巷。 ④苴(jū 居)，本指大麻的雌株，此处泛指麻。苴布，麻布。 ⑤饭，喂。 ⑥对，应对，接待。 ⑦恐听句：恐怕听错了而连累到使者受罪。遗(wèi 位)，给。"听"下原有"者"字，依《阙误》引张君房本删。 ⑧审，审核。之，指鲁君命令的内容。 ⑨已，通矣。不得已，找不到颜阖了。

故曰：道之真以治身[①]，其绪余以为国家[②]，其土苴以治天下[③]。由此观之，帝王之功，圣人之余事也[④]，非所以完身养生也。今世俗之君子，多危身弃生以殉物[⑤]，岂不悲哉！凡圣人之动作也，必察其所以之与其所以为[⑥]。今且有人于此[⑦]，以随侯之珠[⑧]，弹千仞之雀，世必笑之。是何也？则其所用者重而所要者轻也[⑨]。夫生者岂特随侯之重哉[⑩]！

【注释】

①真，犹今说精华。 ②绪余，残余。 ③苴（zhǎ 拃），通渣。土苴，粪土。 ④圣人，指得道的人。 ⑤殉，逐。殉物，指追逐权势名利。 ⑥之，往。所以之，所追求的目的。所以为，所以这样做的原因。 ⑦今且，假设之辞。 ⑧随侯之珠，古代名珠，被随国国君所得，故名。 ⑨要，取。 ⑩特，但。随侯，即指随侯之珠。或如俞樾说，“随侯”下应补一“珠”字。

【点评】 通过许由拒绝当天子，古公亶父把国家让给狄人，王子搜不愿做国君等故事，说明治身为本，治天下为末。为了富贵权位而危害身心，是一种不明轻重、本末倒置的表现。“世之人居高官尊爵者，皆重失之”，固然可悲；然视“两臂重于天下”者，实亦可鄙。

子列子穷，容貌有饥色。客有言之于郑子阳者[①]，曰：“列御寇，盖有道之士也，居君之国而穷，君无乃为不好士乎[②]？”郑子阳即令官遗之粟[③]。子列子见使者，再拜而辞[④]。使者去，子列子入，其妻望之而拊心曰[⑤]：“妾闻为有道者之妻子，皆得佚乐[⑥]。今有饥色，君过而遗先生食[⑦]，先生不受，岂不命邪[⑧]？”子列子笑，谓之曰：“君非自知我也，以人之言而遗我粟[⑨]；至其罪我也，又且以人之言，此吾所以不受也。”其卒，民果作难而杀子阳[⑩]。

【注释】

①子阳，当时任郑相。 ②好（hào 耗）士，重视人才。 ③遗（wèi 位），送。 ④辞，辞谢不受。 ⑤拊（fǔ 府），通抚。拊心是表示痛心的样子。 ⑥佚，通逸。佚乐，悠闲快乐。 ⑦过，遇。《释文》：“本亦作遇。”有过问、关心

的意思。 ⑧岂不句：难道不是命里注定吗？ ⑨以，因，根据。 ⑩民果句：子阳执政的时候，非常残酷，人民愤怒。有个在子阳左右的人不留意把他的弓折断了，为了免于刑戮，于是借赶逐疯狗而把子阳杀掉了。事见《吕氏春秋·适威》、《史记·郑世家》、《淮南子·氾论训》等记载。

楚昭王失国①，屠羊说走而从于昭王②。昭王反国，将赏从者。及屠羊说③。屠羊说曰："大王失国，说失屠羊④。大王反国，说亦反屠羊。臣之爵禄已复矣⑤，又何赏之有。"王曰："强之⑥。"屠羊说曰："大王失国，非臣之罪，故不敢伏其诛⑦；大王反国，非臣之功，故不敢当其赏。"王曰："见之⑧。"屠羊说曰："楚国之法，必有重赏大功而后得见。今臣之知不足以存国，而勇不足以死寇⑨。吴军入郢，说畏难而避寇，非故随大王也⑩。今大王欲废法毁约而见说⑪，此非臣之所以闻于天下也。"王谓司马子綦曰："屠羊说居处卑贱而陈义甚高⑫，子綦为我延之以三旌之位⑬。"屠羊说曰："夫三旌之位，吾知其贵于屠头之肆也⑭；万锺之禄，吾知其富于屠羊之利也。然岂可以贪爵禄而使吾君有妄施之名乎⑮？说不敢当，愿复反吾屠羊之肆⑯。"遂不受也。

【注释】

①楚昭王，名轸，楚平王之子。伍奢、伍尚被楚平王诛戮后，伍子胥奔吴，得吴王阖闾重用为将。吴伐楚，攻破楚都郢。楚昭王于是逃跑至随，后又到郑。 ②说(yuè 悦)，屠羊者的名。 ③及，指赏到。 ④失屠羊，因亡国而丧失了屠羊的工作。 ⑤臣之爵禄，指屠羊。复，恢复。 ⑥强(qiǎng 抢)之，强令他受赏。 ⑦不敢，是不愿意的一种卑谦的说法。伏其诛，甘心受处杀。 ⑧见(xiàn 现)之，把他引见。 ⑨死寇，消灭敌人。 ⑩故，故意，有心。 ⑪废法毁约，指不按楚国之法律条约处理。 ⑫陈义，说理。 ⑬子綦句：俞樾曰："子綦为我延之以三旌之位句，此昭王自与司子马綦言，当称子，不当称子綦。綦字衍文。"《御览》八百二十八引无"綦"字。道藏本"綦"作"其"亦通。延，引而上进，犹今说提拔。三旌，犹三命。一命而士，再命而大夫，三命而卿。三旌之位即卿位。

⑭肆，市，买卖。　⑮妄施，指不按法令规定而赐爵禄。　⑯复，再。反，恢复。

原宪居鲁①，环堵之室②，茨以生草③，蓬户不完④，桑以为枢而瓮牖⑤，二室⑥，褐以为塞⑦，上漏下湿，匡坐而弦歌⑧。子贡乘大马⑨，中绀而表素⑩，轩车不容巷⑪，往见原宪。原宪华冠縰履⑫，杖藜而应门⑬。子贡曰："嘻！先生何病？"原宪应之曰："宪闻之，无财谓之贫，学而不能行谓之病。今宪贫也，非病也。"子贡逡巡而有愧色⑭。原宪笑曰："夫希世而行⑮，比周而友⑯，学以为人⑰，教以为己，仁义之慝⑱，舆马之饰⑲，宪不忍为也。"

【注释】

①原宪，字子思，孔子弟子。　②环堵句：一丈之墙称为堵。环堵，四周各一丈。句意说明居室的矮小。　③茨，用草盖屋。生草，青草。　④蓬户，用蓬草织成的门户。不完，不完整。　⑤桑以为枢句：用桑树条来作门的转轴，而且用破瓮作窗口。牖(yǒu 有)，窗。　⑥二室，把室分隔为两部分，夫妻各一室。⑦褐以句：褐，粗布衣。句谓而粗布烂衣堵塞漏洞。　⑧匡，正。弦歌，奏乐而歌。"歌"字原本无，据《阙误》校引张君房本补。　⑨子贡，名赐，孔子弟子。⑩绀(gàn 干)，红青色。中绀，里衣红青。表素，外衣白色。　⑪轩车，大夫以上所乘的车，不容巷，街巷容纳不了。意即很大。　⑫华冠，以桦木皮做的帽子。縰(xǐ 洗)履，无跟的鞋。　⑬杖藜，撑着用藜木做的手杖。应门，应声开门。⑭逡巡，向后退步。　⑮希，通睎，望。希世而行，观望社会风向而行事。⑯比周句：比，近。周，合。句谓亲近、合得来的就结为朋党。　⑰学以二句：为了使人看重而学，为了自己的声誉而教。　⑱慝(tè 特)，邪恶。　⑲饰，装饰。如上文所述子贡那种架势。

曾子居卫，缊袍无表①，颜色肿哙②，手足胼胝③，三日不举火④，十年不制衣。正冠而缨绝⑤，捉衿而肘见⑥，纳屦而踵决⑦。曳縰而歌《商颂》⑧，声满天地⑨，若出金石⑩。天子不得臣，诸侯不得友。故养志者忘形，养形者忘利，致道者忘心矣。

【注释】

①缊（yùn 运）袍，用乱麻来作絮的袍子。无表，犹今说没有罩衫。 ②肿哙（kuài 快），肿而带有病色。 ③胼胝（pián zhī 骈支），手脚因劳动摩擦而生出来的硬皮，欲称膙子。 ④不举火，没有煮饭。 ⑤正，整。缨，帽子上的绳子。绝，断。绳子已陈旧得发霉，故一动就断。 ⑥捉衿句：衿，通襟，《类聚》六十七引“捉衿”作“敛襟”。见，通现。句意谓衣袖破烂，故一拉衣襟肘就露出来。 ⑦纳屦，穿鞋。踵决，鞋跟裂开。可见鞋已霉烂。 ⑧曳，拖。《商颂》，《诗经》中的一部分，属贵族歌颂祖宗功德的作品。古时可以唱，并且各部分表现不同的感情：“宽而静、柔而正者，宜歌颂……肆直而慈爱者，宜歌商。”（《礼记·乐记》） ⑨声满句：说明十分响亮。 ⑩若出句：像从金石的敲击中发出的。说明十分清脆。

孔子谓颜回曰：“回，来！家贫居卑①，胡不仕乎?”颜回对曰：“不愿仕。回有郭外之田五十亩②，足以给𫗴粥③；郭内之田十亩，足以为丝麻；鼓琴足以自娱；所学夫子之道者足以自乐也。回不愿仕。”孔子愀然变容④，曰：“善哉，回之意！丘闻之：‘知足者，不以利自累也；审自得者⑤，失之而不俱；行修于内者⑥，无位而不怍⑦。’丘诵之久矣，今于回而后见之，是丘之得也⑧。”

【注释】

①居卑，所处地位卑下。 ②郭，外城。《孟子·公孙丑》：“三里之城，七里之郭。” ③给，供给。𫗴（zhān 沾），稠粥。稠的叫𫗴，稀的叫粥。 ④愀（qiǎo 巧）然，表情改变的样子。 ⑤审，明察。审自得者，对于自己的得失看得很清楚的人。 ⑥行修于内，进行内心的精神修养。 ⑦位，指官爵。怍（zuò 作），惭愧。 ⑧得，收获。

【点评】 通过列子、屠羊说不受接济、奖赏等五个故事，宣扬所谓安贫乐道。

中山公子牟谓瞻子曰①：“身在江海之上②，心居乎魏阙之下，奈何[3]?"瞻子曰:"重生[4]。重生则利轻。"中山公子牟曰:"虽知之,未能自胜也[5]。"瞻子曰:"不能自胜则从[6],神无恶乎[7]!不能自胜而强不从者[8],此之谓重伤。重伤之人,无寿类矣[9]!"魏牟,万乘之公子也[10],其隐岩穴也,难为于布衣之士[11],虽未至乎道,可谓有其意矣!

【注释】

①魏公子名牟,封中山,故称中山公子牟。《秋水》篇称魏牟。瞻子,魏人。②身在二句:虽身居江湖,但心想着宫廷生活。魏阙,巍然高大的宫门,代指宫廷。③奈何,问如何才能克服上述身心不一致的矛盾。 ④重生,即尊生,把性命看作最重要。 ⑤自胜,自我抑制。 ⑥从,任从,随便。 ⑦神无句:无,毋。恶,厌恶。句谓心神不要因为抑制不住而厌烦。 ⑧不能二句:不能自我抑制而又硬要那样去做,心情更增烦恼,使心性伤之又伤,故曰重伤。 ⑨无寿类,属于不能长寿之列。 ⑩万乘,有万辆战车,指大国。 ⑪难为,虽难而为。对一个公子来说,做个布衣之士是不容易的。

【点评】 说明作为修道的人,隐居就应忘怀荣华的生活。但如果做不到这一点,也不要为此而焦急烦恼。否则就会伤害身心。这是叫人学道一步步来。

孔子穷于陈蔡之间[1],七日不火食,藜羹不糁[2],颜色甚惫,而弦歌于室。颜回择菜,子路、子贡相与言曰:"夫子再逐于鲁,削迹于卫,伐树于宋,穷于商周,围于陈蔡。杀夫子者无罪,藉夫子者无禁[3]。弦歌鼓琴,未尝绝音,君子之无耻也若此乎[4]?"颜回无以应,入告孔子。孔子推琴,喟然而叹曰:"由与赐,细人也[5]。召而来,吾语之。"子路、子贡入。子路曰:"如此者,可谓穷矣!"孔子曰:"是何言也!君子通于道之谓通,穷于道之谓穷。今丘抱仁义之道以遭乱世之患,其何穷之为[6]?故内省而不穷于道[7],临难而不失其德。天寒既至[8],霜雪既降,吾是以知松柏之茂也。陈蔡之隘[9],于丘其幸乎。"孔子削然反琴而弦歌[10],子路扢然执干而舞[11]。子贡曰:"吾不知天之高也,地之下也。"古之得道者,穷亦乐,通亦乐,所乐非穷通也[12]。

道得于此⑬，则穷通为寒暑风雨之序矣⑭。故许由娱于颍阳⑮，而共伯得乎丘首⑯。

【注释】

①孔子二句：此段所叙孔子的遭遇均见《天运》篇注。 ②藜羹句：藜，野菜。糁（sǎn 伞），米粒。句谓所煮的野菜羹里连米粒都没有。 ③藉，凌藉，欺负。无禁，没有被禁止。 ④君子句：认为孔子无羞耻之心。 ⑤细人，见识狭小的人。 ⑥其何句：宾语提前，即何谓穷。为，通谓。 ⑦内省（xǐng），自我检查。穷，绝。不穷于道，对仁义之道还是坚持。 ⑧天寒三句：意即岁寒然后知松柏之后凋。 ⑨陈蔡句：因为陈蔡被围这种危困的环境更能显示自己道德上的完美，故说是幸运。隘，险。 ⑩削，拉琴的动作声。反琴，原把琴推开，现再拿回来，故称反琴。 ⑪子路句：扢（xì 戏）然，威武的样子。干，楯。句谓子路领悟了孔子的教导，故兴奋地跳起舞来。 ⑫所乐句：快乐的原因并非是由于贫穷或显达。 ⑬道得于此，即于此得道，指明白了上述的道理。得，原作“德”，依高山寺本改。 ⑭序，变化程序。寒暑风雨之序，比喻一种自然的变化，是十分平常的事。 ⑮故许由句：许由不接受尧的禅让，隐居于颍水之阳，生活得十分愉快。颍阳，在今河南省洛阳县南。 ⑯共伯，名和，食封于共。周厉王被推翻时，诸侯认为共伯贤能，立为王，在位十四年，天下大旱，于是共伯被废，立周宣王，共伯退归丘首山，逍遥自得，丘首山在今河南省辉县西。丘，原作“共”，依《续古逸丛书》本改。

【点评】 说明得道者不把穷通放在心上。

舜以天下让其友北人无择，北人无择曰：“异哉，后之为人也①，居于畎亩之中②，而游尧之门③。不若是而已④，又欲以其辱行漫我⑤。吾羞见之。”因自投清泠之渊⑥。

【注释】

①后，君主。 ②畎（quǎn 犬），田中水沟。畎亩，田间。 ③游尧之门，指即帝位。 ④若，但。是，此。 ⑤辱行，可耻的行为。漫，玷污。⑥ 清泠（líng 玲），渊名，《山海经》说在江南。

汤将伐桀，因卞随而谋①，卞随曰："非吾事也。"汤曰："孰可？"曰："吾不知也。"汤又因瞀光而谋②，瞀光曰："非吾事也。"汤曰："孰可？"曰："吾不知也。"汤曰："伊尹何如③？"曰："强力忍垢④，吾不知其他也。"汤遂与伊尹谋伐桀，剋之⑤。以让卞随，卞随辞曰："后之伐桀也谋乎我，必以我为贼也⑥；胜桀而让我，必以我为贪也。吾生乎乱世，而无道之人再来漫我以其辱行⑦，吾不忍数闻也⑧！"乃自投椆水而死⑨。汤又让瞀光，曰："知者谋之⑩，武者遂之⑪，仁者居之⑫，古之道也。吾子胡不立乎⑬？"瞀光辞曰："废上⑭，非义也；杀民⑮，非仁也；人犯其难⑯，我享其利，非廉也。吾闻之曰：'非其义者⑰，不受其禄；无道之世，不践其土。'况尊我乎⑱！吾不忍久见也。"乃负石而自沈于庐水⑲。

【注释】

①因，通过。卞随，姓卞名随。　②瞀光，一作务光。见《大宗师》篇。　③伊尹，见《庚桑楚》篇。　④强力，顽强，忍垢，能忍受耻辱。　⑤剋，通克，胜。　⑥以，以为。贼，如《孟子》"贼仁者谓之贼"中后一"贼"字，残忍的意思。　⑦无道之人，指汤。　⑧数(shuò 朔)，屡次。　⑨椆(zhōu 周)水，在颍川。　⑩知，通智。之，指伐桀。下句同。　⑪遂，完成，指完成所谋划的事。　⑫居之，指居天子位。　⑬立，指立为天子。　⑭废上，废弃君主，指伐桀。　⑮杀民，指战争中人民被杀害。　⑯犯，害。　⑰非其义者，与下句"无道"，都是指汤说的。　⑱尊我，指推崇为天子。　⑲庐水，即庐江，在今辽宁省。

昔周之兴，有士二人处于孤竹①，曰伯夷、叔齐②。二人相谓曰："吾闻西方有人，似有道者，试往观焉。"至于岐阳③，武王闻之，使叔旦往见之④。与盟曰："加富二等⑤，就官一列。"血牲而埋之⑥。二人相视而笑⑦，曰："嘻，异哉！此非吾所谓道也。昔者神农之有天下也，时祀尽敬而不祈喜⑧；其于人也，忠信尽治而无求焉⑨。乐与政为政⑩，乐与治为治。不以人之坏自成也⑪，不以人之卑自高也⑫，不以遭时自利也⑬。今周见殷之乱而遽为政⑭，上谋而行货⑮，阻兵而保威⑯，割牲而盟以为信，扬行以说众⑰，杀伐以要利⑱。是推乱以易暴也⑲。吾闻古之士，遭治世不避其任，遇乱世不为苟存。今天下闇⑳，殷德衰，其并乎周以涂吾身也㉑，不如避之，以絜吾行㉒。"二子北至于首阳之山，遂饿而死焉。若伯夷、叔齐者，其于富贵也，苟可得已㉓，则必不赖高节戾行㉔，独乐其志，不事于世㉕。此二士之节也。

【注释】

①孤竹，商代国名，在今辽宁省。 ②伯夷、叔齐，是孤竹君之二子。 ③岐阳，岐山之阳。唐写本或作"岐山之阳"。 ④叔旦，即周武王的弟弟周公旦。 ⑤加富二句：富，俸禄。就，任。一列，一位。 ⑥血牲句：古时订盟，用牲口的血涂在盟书上，埋在盟坛之下，向神表示忠信。 ⑦二人，指伯夷、叔齐。 ⑧时祀，四时的祭祀。尽敬，竭尽虔诚。祈，求。喜，通禧，福。 ⑨尽治，尽心办理。无求，无求报答。 ⑩乐与二句：人乐于政则我为政，人乐于治则我为治。意即我所行的政治都是顺从人们的愿望的。与，于。 ⑪不以句：不以别人的失败作为自己成功的条件。坏，败。 ⑫卑，低下。自高，抬高自己。 ⑬不以句：遭时，遇到好时机。自利，为自己谋利。句意犹今说不投机。 ⑭遽(jù巨)，急。为政，整顿政治。以此与殷争夺民心。 ⑮上，通尚。尚谋，注重策划。行货，做买卖，指用爵禄收买人。"行"字上原有"下"字，据高山寺本删。 ⑯阻，恃。阻兵，凭靠武力。保威，保持威势。 ⑰扬行，宣扬自己的作为。说，通悦。说众，取悦于众。 ⑱要(yāo腰)，求。 ⑲推乱，行乱，造成混乱。易暴，换了另一种残暴。意即以暴易暴。 ⑳闇，昏暗。 ㉑其，犹与其。并，立。周，指周朝社会。涂，沾污。 ㉒絜，通洁。作使动用法。 ㉓苟，诚。已，矣。 ㉔则，但。赖，恃。戾，亢。高节戾行，行为节气都显得不平凡。 ㉕事，用。

【点评】 通过北人无择、卞随、伯夷、叔齐等人自杀而拒绝君命的故事，说明如果遇上无道的社会，不义的君主，就是宁死也不要参与政事。文中用借古讽今的手法，充分表现了作者对当时政治的不满。

盗跖第二十九

【导读】

全文分三章：一写盗跖怒斥孔丘；二写子张与满苟得关于名利之辩；三写无足与知和关于富贵之辩。皆以破名利观念为宗旨。作者认为：人生在世，如白驹过隙，故应以快乐、长寿为目的。指出追逐名利，对身心是大有危害的，批判了历史上、社会上一切圣贤名士，说他们是一些为名为利、残命伤性之徒。

孔子与柳下季为友①，柳下季之弟名曰盗跖②。盗跖从卒九千人③，横行天下，侵暴诸侯。穴室枢户④，驱人牛马，取人妇女。贪得

忘亲，不顾父母兄弟，不祭先祖。所过之邑，大国守城，小国入保⑤，万民苦之⑥。孔子谓柳下季曰："夫为人父者，必能诏其子⑦；为人兄者，必能教其弟。若父不能诏其子，兄不能教其弟，则无贵父子兄弟之亲矣。今先生，世之才士也，弟为盗跖，为天下害，而弗能教也，丘窃为先生羞之。丘请为先生往说之⑧。"柳下季曰："先生言为人父者必能诏其子，为人兄者必能教其弟，若子不听父之诏，弟不受兄之教，虽今先生之辩⑨，将奈之何哉？且跖之为人也，心如涌泉⑩，意如飘风⑪，强足以距敌，辩足以饰非。顺其心则喜，逆其心则怒，易辱人以言⑫。先生必无往。"孔子不听，颜回为驭⑬，子贡为右，往见盗跖。

【注释】

①柳下季，鲁大夫，姓展名获，字禽，食邑柳下，谥曰惠，故又称柳下惠。据《左传》，展禽是鲁僖公时人，至孔子生时年八十余岁，若至子路之死，则已百五六十岁。故孔子和他交朋友的说法，是假设之辞。 ②盗跖(zhí 直)，《汉书》李奇注说是秦之大盗，《史记·伯夷列传》正义说是黄帝时大盗。古无定说。在战国的史籍中，如《孟子》、《荀子》、《韩非子》等都有提到，在历史上有其人其事是不成问题的。但在战国以前的著作中从未提过，因而可能是春秋末、战国初的一位人民起义的领袖。 ③从卒，跟随跖的起义者。 ④穴，作动词，穿破。室枢户，室之枢户。枢，门轴。穴室枢户，与下句"驱人牛马"同一句法。孙诒让认为"枢"应作抠，解探取。但按上下文意，跖的部队所做的，不是小偷小摸，而是声势浩大的暴动，无须探取，而必然是破门而入的。 ⑤保，通堡，小城。入保，说明小国的统治者龟缩自保。 ⑥万民句：实质上只苦在统治阶级而并非万民。这句暴露了作者反起义的立场。 ⑦诏，教导。 ⑧说(shuì 税)之，说服盗跖。 ⑨辩，善辩，口才。 ⑩涌泉，形容心血横流。 ⑪意如句：即意气风发。 ⑫易辱句：轻易地用语言侮辱人，即骂人。 ⑬驭，驾车。颜回是孔子一个短命的得意门生，死于公元前四八一年，比子路早死一年。

盗跖乃方休卒徒大山之阳①，脍人肝而餔之②。孔子下车而前，见谒者曰③："鲁人孔丘，闻将军高义④，敬再拜谒者。"谒者入通⑤。盗跖闻之大怒，目如明星⑥，发上指冠，曰："此夫鲁国之巧伪人孔丘非邪⑦？为我告之：尔作言造语，妄称文、武，冠枝木之冠⑧，带死牛之胁⑨，多辞缪说⑩，不耕而食，不织而衣，摇唇鼓舌，擅生是非⑪，以迷天下主之，使天下学士不反其本⑫，妄作孝弟，而侥幸于封侯富贵者也⑬。子之罪大极重⑭，疾走归⑮！不然，我将以子肝益昼餔之膳。"

【注释】

①休卒徒，叫士兵休息。大（tài 太）山，即泰山。阳，山之南。　②脍（kuài 快），细切。餔（bǔ 补），食。　③谒（yè 业）者，接待的人。　④将军，对跖的称呼。高义，高尚的义气。　⑤入通，进去向跖报告。　⑥目如二句：眼睛像明星一样炯炯有光，头发竖起来把帽子都撑住。　⑦此夫，这个。巧伪，狡猾虚伪。　⑧冠枝木句：上一"冠"字作动词，戴。枝木之冠，说明孔子所戴帽子的装饰华丽繁复如树枝。　⑨胁，身体两边肋骨之后。皮带多用牛的胁皮做，故称之为死牛之胁。　⑩多辞，啰啰嗦嗦。缪，通谬。缪说，胡言乱语。　⑪擅生句：专门造谣生非。擅，专。　⑫反，通返。本，本性。　⑬侥幸，希望获得意外成功。　⑭罪大极重，罪大而当重重诛罚。极，借为殛，诛也（俞樾说）。⑮疾，快。

孔子复通曰："丘得幸于季①，愿望履幕下。"谒者复通。盗跖曰："使来前!"孔子趋而进，避席反走②，再拜盗跖。盗跖大怒，两展其足，案剑瞋目，声如乳虎③，曰："丘来前！若所言顺吾意则生，逆吾心则死。"

【注释】

①丘得二句：幸，亲近。望履幕下，在帐幕之下望见你的鞋子，意即望见足下。二句表明：孔子想借他与柳下季的关系，求跖给他一点面子，接见接见。　②避

席，离开所到席位。反走，退步而走。表示谦让。　③乳虎，哺乳期间的雌虎。

孔子曰："丘闻之，凡天下有三德：生而长大①，美好无双，少长贵贱见而皆说之②，此上德也；知维天地③，能辩诸物④，此中德也；勇悍果敢，聚众率兵，此下德也。凡人有此一德者，足以南面称孤矣⑤。今将军兼此三者，身长八尺二寸，面目有光，唇如激丹⑥，齿如齐贝⑦，音中黄钟⑧，而名曰盗跖，丘窃为将军耻不取焉⑨。将军有意听臣⑩，臣请南使吴越，北使齐鲁⑪，东使宋卫，西使晋楚，使为将军造大城数百里⑫，立数十万户之邑，尊将军为诸侯，与天下更始⑬，罢兵休卒，收养昆弟，共祭先祖⑭。此圣人才士之行，而天下之愿也⑮。"

【注释】

①长(cháng)大，高大。　②说，通悦。　③维，包罗。维天地，形容知识广博。　④辩，通辨，分析。诸物，各种事物。　⑤南面称孤，做国君。因为国君接见臣下时南向而坐，自称为孤。　⑥激，明。激丹，鲜红的丹砂。⑦贝，珠。齐贝，整齐的珠子。　⑧中(zhòng 众)，合。黄钟，六律中比较宏亮的音调。　⑨窃，暗暗。耻，感到羞耻。不取，指不选择做盗跖的道路。　⑩臣，孔子自称。　⑪北使二句：跖时在太山之阳，说齐鲁在北、宋卫在东，是不切合实际方向的。这只好作寓言读。　⑫使为二句：按周朝的制度，规定王城方围九里。战国时最大的城市仅有七万户左右。今说数百里、数十万户，都是信口开河之辞，不能信以为真。　⑬更始，变化。与天下更始，与天下的潮流相一致。⑭共(gōng 工)，通供。　⑮孔子以上一番说教，成为历代统治者对人民起义军的招安伎俩。

盗跖大怒曰："丘来前！夫可规以利而可谏以言者①，皆愚陋恒民之谓耳②。今长大美好，人见而悦之者，此吾父母之遗德也③。丘虽不吾誉，吾独不自知邪？且吾闻之，好面誉人者④，亦好背而毁之⑤。

今丘告我以大城众民，是欲规我以利而恒民畜我也⑥，安可久长也！城之大者，莫大乎天下矣。尧、舜有天下⑦，子孙无置锥之地；汤、武立为天子⑧，而后世绝灭。非以其利大故邪⑨？且吾闻之，古者禽兽多而人少，于是民皆巢居以避之。昼拾橡栗⑩，暮栖木上，故命之曰‘有巢氏之民’。古者民不知衣服，夏多积薪，冬则炀之⑪，故命之曰‘知生之民’。神农之世⑫，卧则居居，起则于于。民知其母⑬，不知其父，与麋鹿共处，耕而食，织而衣，无有相害之心。此至德之隆也⑭。然而黄帝不能致德⑮，与蚩尤战于涿鹿之野⑯，流血百里。尧、舜作⑰，立群臣⑱，汤放其主⑲，武王杀纣⑳。自是之后，以强陵弱，以众暴寡㉑。汤、武以来，皆乱人之徒也。今子修文、武之道㉒，掌天下之辩㉓，以教后世。缝衣浅带㉔，矫言伪行㉕，以迷惑天下之主，而欲求富贵焉。盗莫大于子，天下何故不谓子为盗丘，而乃谓我为盗跖？子以甘辞说子路而使从之㉖，使子路去其危冠㉗，解其长剑，而受教于子。天下皆曰‘孔丘能止暴禁非’㉘，其卒之也㉙，子路欲杀卫君而事不成㉚，身菹于卫东门之上，是子教之不至也㉛。子自谓才士圣人邪，则再逐于鲁㉜，削迹于卫㉝，穷于齐㉞，围于陈蔡㉟，不容身于天下。子教子路菹㊱。此患㊲，上无以为身，下无以为人，子之道岂足贵邪？世之所高㊳，莫若黄帝。黄帝尚不能全德㊴，而战涿鹿之野，流血百里。尧不慈㊵，舜不孝㊶，禹偏枯㊷，汤放其主，武王伐纣，文王拘羑里㊸。此六子者㊹，世之所高也。孰论之㊺，皆以利惑其真而强反其情性㊻，其行乃甚可羞也。世之所谓贤士：伯夷、叔齐㊼。伯夷、叔齐辞孤竹之君，而饿死于首阳之山，骨肉不葬。鲍焦饰行非世㊽，抱木而死。申徒狄谏而不听㊾，负石自投于河，为鱼鳖所食。介子推至忠也㊿，自割其股以食文公。文公后背之，子推怒而去，抱木而燔死。尾生与女子期于梁下[51]，女子不来，水至不去，抱梁柱而死。此六子者，无异于磔犬流豕、操瓢而乞者[52]，皆离名轻死[53]，不念本养寿命者也。世之所谓忠臣者，莫若王子比干、伍子胥。子胥沉江⑭，比干剖心⑮。此二子者，世谓忠臣也，然卒为天下笑。自上观之⑯，至于子胥、比干，皆不足贵也。丘之所以说我者，若告我以鬼事，则我不能知也⑰；若告我以人事者，不过此矣⑱，皆吾所闻知也。今吾告子以人之情：目欲视色，耳欲听声，口欲察味，志气欲盈⑲。人上寿百岁，中寿八十，下寿六十，除病瘦死丧忧患⑳，其中开口而笑者，一月之中不过四五日而已矣。天与地无穷，人死者有时。操有时之具㉑，而托于无穷之间㉒，忽然无异骐骥之驰过隙也。不能说其志意、养其寿命者，皆非通道者也。丘之所言，皆吾之所弃也。亟去走归㉓，无复言之！子之道狂狂汲汲㉔，诈巧虚伪事也，非可以全真也㉕，奚足论哉！”

【注释】

①规，劝。 ②恒民，常人。 ③遗德，遗传的品性。 ④面誉，当面说好话。 ⑤背，背后。毁，诋毁。 ⑥畜，待。 ⑦尧舜二句：尧、舜时代属原始社会，没有私有财产，没有后世的世袭制，自然他们的子孙都没有继承什么，史书上也没有任何记载。“无置锥之地”这种说法，是以阶级社会看尧、舜的结果。 ⑧汤武二句：汤，商汤王。武，周武王。商王朝早已过去，周室也已经衰微，故称“绝灭”。 ⑨非以句：说明占有利益太多就会被人谋算。 ⑩橡(xiàng象)栗，橡子，栎树的果实，可充饥。 ⑪炀(yáng扬)，烧火取暖。 ⑫神农三句：居居，安稳的样子。于于，混混沌沌的样子。《应帝王》篇“泰氏徐徐，其觉于于”，与此义同。 ⑬民知二句：那时是母系社会，故知母不知父。 ⑭隆,盛。至德之隆，最高尚的道德。 ⑮致德，做到至德。 ⑯蚩尤，原始时代部落首领之一。涿鹿，在今河北省涿县。 ⑰作，指称帝。 ⑱立群臣，设立百官。这只是传说。尧、舜时未有国家，那时的首领不同于后代的君臣。 ⑲汤放句：商汤王起兵讨伐夏桀王，桀流窜于南巢，如同流放，故云。 ⑳武王句：周武王伐商纣王，纣烧死在鹿台。 ㉑暴，残害。 ㉒文武之道，周文王、武王的政治礼制。 ㉓辩，舆论。 ㉔缝，通逢。逢衣，宽大而长的儒服。浅

带，《荀子·儒效》杨倞注："浅带，博带也。《韩诗外传》作逢衣博带。言带博则约束衣服者浅，故曰浅带。" ㉕矫言伪行，言行造作虚伪。 ㉖甘辞，甜言蜜语。从之，指听从孔丘。 ㉗使子路三句：危，高。子路初见孔子时，戴着很高的帽子，佩着长剑，对孔子很粗暴，而孔子以礼义教育了他，使他顺从自己，脱了高帽，除掉长剑。 ㉘止暴禁非，禁止残暴、错误的行为。 ㉙卒，后来，结果。㉚子路二句：卫君，指蒯聩。原来卫灵公赶走了蒯聩，立公子辄为继承人。灵公死后，辄立为卫君，蒯聩从晋国回去作乱，并强迫卫大夫孔悝协助自己。子路当时是孔悝的家臣，想把孔悝救出而攻打蒯聩，结果被蒯聩指挥人夹攻打死。菹(zū 租)，剁成肉酱。这件事发生在公元前480年。上文说"颜回为驭"，在时间上是颠倒的。㉛不至，不成功。 ㉜再逐于鲁：见《山木》篇注。 ㉝削迹于卫：见《天运》篇注。 ㉞穷于齐：鲁乱，孔子跑到齐国去，做高昭子的家臣，被齐景公所认识。景公想封尼谿之田给孔子，齐相晏婴不同意，孔子于是又跑回鲁国。 ㉟围于陈蔡，见《天运》篇。 ㊱教，令，使得。 ㊲此患三句：这种恶果，首先危及自身，其次危及别人。此，指孔子的主张。 ㊳高，推崇。 ㊴全德，指具有完美的道德。 ㊵尧不慈：传说尧杀长子考监明。 ㊶舜不孝：舜不能服侍父母，而且没有禀告父母就自行结婚。这些都是以奴隶、封建社会的道德标准去看尧、舜的表现。尧、舜时代根本没有孝慈等观念。 ㊷偏枯，过分劳苦。指禹为治水而奔波。 ㊸文王句：羑(yǒu 有)里，殷代监狱名，在今河南的牖城。商纣王无道，周文王为之感叹，后被崇侯告状，于是纣王把他抓起来关在羑里。 ㊹六子，尧、舜、禹、汤、文、武。 ㊺孰，通熟。熟论，认真说来。 ㊻惑，迷惑。其真，他们的本性。反，违背。情性，指所谓天然的本性。 ㊼伯夷四句：见《让王》篇。㊽鲍焦二句：《韩诗外传》说："鲍焦，周朝隐者，饰行非世，荷担采樵，拾橡充食。子贡过之曰：'吾闻非其政者不履其地，污其君者不受其利。今子履其地食其利者可乎？'焦曰：'吾闻廉士重进而轻退，贤人易愧而轻死。'遂抱木立枯焉。"饰行，粉饰自己的所为，意即装作清高。非世，不满当时社会。 ㊾申徒狄：见《大宗师》篇及《外物》篇。 ㊿介子推(chuí 椎)五句：介子推，《左传》作介之推。食(sì 四)，给人东西食。文公，晋文公。背之，忘恩负义。晋文公做国君前因避骊姬的陷害，曾逃亡国外。介子推跟随着，在没有东西食的时候，他把自己大腿上的肉割给文公食。后来晋文公回国当国君时，奖赏跟从的人，却没有他的份，他就气愤地跑掉，隐居在绵山上不肯出来。文公叫人放火烧山，企图逼他出来。结果他始终不出，等火烧到身边时，就抱着树给烧死。郭庆藩说：经传没有记载燔死之事，屈原有立枯之说，而燔死之说始于《庄子》。　㊶尾生，人名。期，约会。梁，桥。　㊷无异句：磔（zhé 折）犬，被抛弃在野外的死狗。流豕，飘流在江河里的死猪。操瓢而乞，拿着瓢讨饭。　㊸皆离二句：离，通罹。罹名，被追求名声的思想所蒙蔽。念本，顾念自己的本性。　㊹子胥沉江：见《胠箧》篇。　㊺比干剖心：见《人间世》篇。　㊻自上句：从上述黄帝等十二人看来。　㊼不能知：表示不信鬼神。　㊽此，指上述历史上的各种人物、事件。　㊾盈，充沛。　㊿瘦，王念孙认为当作"瘐"，也是病的意思。　61操，掌握。有时之具，指人的形体。　62无穷之间，指天地。　63亟（jí 吉），急。　64汲汲，急于追求的样子。　65全真，保养天真的本性。

孔子再拜趋走，出门上车，执辔三失①，目芒然无见②，色若死灰，据轼低头③，不能出气④。

【注释】

①执辔三失，三次拿马缰绳都拿不稳。说明孔子精神恍惚不定。　②芒，通茫。　③据，依靠。轼，车前横木。据轼，扶靠着车前横木。　④不能出气：说明紧张得连气都喘不过来。

归到鲁东门外，适遇柳下季。柳下季曰："今者阙然①，数日不见，车马有行色②，得微往见跖邪③？"孔子仰天而叹曰："然！"柳下季曰："跖得逆汝意若前乎④？"孔子曰："然。丘所谓无病而自灸也⑤。疾走料虎头⑥，编虎须，几不免虎口哉！"

【注释】

①今者，近来。阙，缺，不在。　②有行色，有点像走过路的样子。③微，无。得微，莫非。　④若前，如我前面所说的那样。　⑤灸，"针灸"的"灸"。无病自灸，说明无端生事找苦吃。　⑥疾走，急忙跑去。料（liáo 僚），通

撩，挑弄。

【点评】 通过跖驳斥孔丘的寓言故事，论证圣人和盗贼是没有区别的，揭露和批判了历史上的所谓圣贤忠孝之士，指出他们都是名利之徒。宣扬为人主要是要活得快乐，长命百岁。

在《孟子》、《荀子》、《韩非子》、《商君书》等先秦著作中，跖都被称为“盗”，而他在群众中又被赞口不绝，“名声若日月，与舜、禹俱传而不息”(《荀子·不苟》)。可见说他是一位人民起义的领袖是有道理的。对于他的事迹，本文写得最详细，但作者运用的是寓言手法，多非事实，不能以此作为认识、评价历史上的“跖”的根据。

本段对孔子的批判，在先秦著作中，其激烈、尖锐的程度是无与伦比的，而且确有切中要害的地方。但批判的立场、批判的武器，都是比较消极落后的。作者的正面主张并没有比孔子有丝毫的进步。

子张问于满苟得曰[1]：“盍不为行[2]？无行则不信[3]，不信则不任[4],不任则不利。故观之名[5]，计之利，而义真是也[6]。若弃名利[7]，反之于心，则夫士之为行，不可一日不为乎!”满苟得曰：“无耻者富[8],多信者显。夫名利之大者，几在无耻而信[9]。故观之名，计之利，而信真是也[10]。若弃名利，反之于心，则夫士之为行，抱其天乎[11]!”子张曰：“昔者桀、纣贵为天子，富有天下。今谓臧聚曰[12]：‘汝行如桀、纣。’则有怍色[13]，有不服之心者[14]，小人所贱也[15]。仲尼、墨翟，穷为匹夫，今谓宰相曰：‘子行如仲尼、墨翟。’则变容易色[16]，称不足者，士诚贵也[17]。故势为天子，未必贵也；穷为匹夫，未必贱也。贵贱之分，在行之美恶。”满苟得曰：“小盗者拘[18]，大盗者为诸侯。诸侯之门，义士存焉。昔者桓公小白杀兄入嫂[19]，而管仲为臣[20]；田成子常杀君窃国[21]，而孔子受币[22]。论则贱之[23]，行则下之，则是言行之情悖战于胸中也[24]，不亦拂乎[25]！故《书》曰：‘孰恶孰美，成者为首[26]，不成者为尾。’”子张曰：“子不为行，即将疏戚无伦[27]，贵贱无义，长幼无序。五纪六位[28]，将何以为别乎?”满苟得曰：“尧杀长子，舜流母弟[29]，疏戚有伦乎？汤放桀，武王杀纣，贵贱有义乎？王季为适[30]，周公杀兄[31]，长幼有序乎？儒者伪辞[32]，墨子兼爱，五纪六位，将有别乎？且子正为名[33]，我正为利。名利之实，不顺于理，不监于道[34]。吾日与子讼于无约[35]，曰[36]：‘小人殉财，君子殉名，其所以变其情、易其性则异矣[37]；乃至于弃其所为而殉其所不为则一也[38]。’故曰：无为小人[39]，反殉而天；无为君子[40]，从天之理。若枉若直[41]，相而天极[42]。面观四方[43]，与时消息。若是若非，执而圆机[44]。独成而意[45]，与道徘徊。无转而行[46]，无成而义[47]，将失而所为[48]。无赴而富[49]，无殉而成[50]，将弃而天[51]。比干剖心，子胥抉眼[52]，忠之祸也；直躬证父[53]，尾生溺死，信之患也；鲍子立干[54]，申子不自理[55]，廉之害也；孔子不见母[56]，匡子不见父[57]，义之失也。此上世之所传、下世之所语以为士者[58]，正其言[59]，必其行，故服其殃、离其患也[60]。”

【注释】

①子张，见于《论语》，姓颛孙名师，子张是字，是孔子弟子。这里只是借用他的名字，并不是真的写子张的其人其事。满苟得，是假托人名。　②盍，通曷，何不。为行(xìng 杏)，进行品德修养。　③无行，没有好的品行。犹今说“缺德”。不信，不被信任。　④不任，不被任用。　⑤观，察。与下句“计”义近，有考虑、计较的意思。　⑥而义句：意谓若要求得名利，则做到义才是品行修养的根本。　⑦若弃四句：就算是不要名利，扪心自问，那么对于一个士人的品行修养来说，也不应有一天不为义。反之于心，反求之于心，意即扪心自问。　⑧无耻二句：意谓无耻贪婪的人富有，善于夸耀多得信任的人显要。　⑨几，近，大概。⑩而信句：意谓取信于人才能得名与利。　⑪抱，保。抱其天，保养他的天性。⑫今，假设之辞。下“今谓宰相”亦同。臧聚，参加盗窃集团的人。　⑬怍(zuò 作)色，翻脸的样子。　⑭者，也。　⑮小人句：说明小人亦鄙视桀、纣的品行。　⑯变容易色，指表现惭愧的样子。　⑰士诚句：贵，推崇。句谓仲尼、墨翟的德行实在为士大夫所推崇。　⑱小盗四句：见《胠箧》篇注。　⑲昔者二

句：桓公，齐桓公，名小白。曾把他的哥哥子纠杀掉，并将嫂嫂作为自己的妻子。⑳为臣，做桓公的国相。 ㉑田成子常句：见《胠箧》篇。田常即陈恒。 ㉒而孔子句：《论语》说到陈恒弑君而孔子要求鲁君进行讨伐，没有说过孔子接受田常的钱的事。“受币”的说法，只见于本文，他书未见有记载。 ㉓论则二句：口头上说的则认为是卑贱的行为，但行动上则顺从这样做。指管仲顺从小白，孔子顺从田常。下之，甘为之下，顺从。 ㉔悖战，冲突。 ㉕拂，乱。 ㉖成者二句：成功的就是好的，失败的就是坏的。这是满苟得以批判的态度引《书》来说明世人“成则为王，败则为寇”的观点。道，上等。尾，下等。都是从美恶好坏说的。 ㉗疏戚，疏远了亲戚。伦，关系。无伦，失去了人与人应有的关系。 ㉘纪、位，都是指人的关系等级。《白虎通·三纲六纪》说：六纪者谓诸父、兄弟、族人、诸舅、师长、朋友。 ㉙舜流句：舜封同母弟象到有庳之国。《孟子·万章》：“孟子曰：‘封之也，或曰放焉。……象不得有为于其国，天子使吏治其国，而纳其贡税焉，故谓之放。’”意即象在有庳国是有职无权的，表面说封，实是流放。流，流放。㉚王季句：适，通嫡。周太王传位应传给嫡子，但结果传给了王季，而王季的两个哥哥泰伯、仲雍则逃到吴国去。王季成了嫡子一般。 ㉛兄，指管、蔡。㉜伪辞，说假话，指以仁义等骗人。 ㉝且子二句：属假设之辞。 ㉞监，通鉴，明。 ㉟讼，争讼。无约，假托人名。讼于无约，意谓以无约为裁判人。㊱曰，指无约说。 ㊲异，指变易性情的原因不同。 ㊳其所为，即其所当为，指养性。其所不为，即其所不当为，指追求名利。 ㊴无为小人二句：意谓不要做为财而牺牲的小人，要转过来为你的天性而努力。无，毋。而，你。 ㊵无为君子二句：不要做为名而牺牲的君子，而要随顺自然之道。 ㊶若枉句：意谓曲也罢，直也罢。枉，曲。 ㊷相而句：相，看。而，你。天极，自然的准则。连上句意即：不管怎样，照着你那自然的准则行事就是了。 ㊸面观二句：面向四方的变化，随着时间的推移而消亡、生长。消，消亡。息，生息。 ㊹执，掌握。圆机，循环变化的枢纽。 ㊺独成二句：与众不同地形成了你自己的意境，随道周旋。独，有卓然与众不同的意思。 ㊻无，毋。下三“无”字同。转，改变。㊼无成句：做到义就会丧失天理，所以别做到义。 ㊽将失句：意谓“转而行”，“成而义”就将失去你所实践的自然之道。 ㊾赴，趋赴，追求。 ㊿成，指成名成义。 51将弃句：意谓如果“赴而富”、“殉而成”，追名逐利就会抛弃了你自己的天然之性。 ㊾子胥抉(jué 决)眼：传说子胥自杀前对他的舍人说："而抉吾眼县吴东门之上，以观越寇之入灭吴也。"(《史记·伍子胥列传》) ㊿直躬，人名，或因忠直著称而得此名。《论语·子路》记他证实了他父亲偷了别人的羊的故事。 ⑤①鲍子，即鲍焦。 ⑤②申子句：申子即申生，晋献公太子。因骊姬诬告他想谋杀晋献公，出奔新城。有人曾叫他去申辩一下，但申生不去，上吊而死。不自理，指他不去申辩道理。 ⑤③孔子句：这件事不见他书记载。或者就是指孔子整天外出游说而不能时时看望母亲。 ⑤④匡子句：据《孟子》记载，匡子姓匡名章，齐国人。劝谏父亲，结果被父亲赶跑。从此终身不见父亲。 ⑤⑤以为，认为。 ⑤⑥正其言二句：指的是世俗士大夫的言行。正，端正。必，严格要求。 ⑤⑦服，受。离，通罹，遭。

【点评】 论证追逐名利，必有后患，所以应该彻底抛弃。同时指出君子为名，小人为利，都是一路货色。

无足问于知和曰①："人卒未有不兴名就利者②。彼富则人归之③，归则下之④，下则贵之⑤。夫见下贵者⑥，所以长生安体乐意之道也⑦。今子独无意焉⑧，知不足邪⑨？意知而力不能行邪⑩？故推正不妄邪⑪？"知和曰："今夫此人⑫，以为与己同时而生，同乡而处者，以为夫绝俗过世之士焉⑬，是专无主正⑭，所以览古今之时、是非之分也。与俗化世⑮，去至重⑯，弃至尊，以为其所为也。此其所以论长生安体乐意之道，不亦远乎！惨怛之疾⑰，恬愉之安⑱，不监于体⑲；怵惕之恐⑳，欣欢之喜㉑，不监于心㉒。知为为而不知所以为㉓。是以贵为天子，富有天下，而不免于患也。"无足曰："夫富之于人，无所不利。穷美究势㉔，至人之所不得逮㉕，贤人之所不能及㉖。侠人之勇力而以为威强㉗，秉人之知谋以为明察㉘，因人之德以为贤良㉙，非享国而严若君父㉚。且夫声色滋味权势之于人，心不待学而乐之，体不待象而安之㉛。夫欲恶避就㉜，固不待师，此人之性也。天下虽非我㉝，孰能辞之！"知和曰："知者之为，故动以百姓㉞，不违其度㉟，是以足而不争[36]，无以为故不求[37]。不足故求之，争四处而不自以为贪[38]；有余故辞之，弃天下而不自以为廉[39]。廉贪之实[40]，非以迫外也，反监之度。势为天子，而不以贵骄人；富有天下，而不以财戏人[41]。计其患，虑其反[42]，以为害于性[43]，故辞而不受也，非以要名誉也。尧、舜为帝而雍[44]，非仁天下也[45]，不以美害生；善卷、许由得帝而不受[46]，非虚辞让也[47]，不以事害己。此皆就其利、辞其害[48]，而天下称贤焉，则可以有之[49]，彼非以兴名誉也[50]。"无足曰："必持其名[51],苦体绝甘，约养以持生，则亦久病长厄而不死者也。"知和曰："平为福[52]，有余为害者[53]，物莫不然，而财其甚者也[54]。今富人，耳营钟鼓管籥之声[55]，口嗛于刍豢醪醴之味[56]，以感其意[57]，遗忘其业[58],可谓乱矣；侅溺于冯气[59]，若负重行而上阪[60]，可谓苦矣；贪财而取慰[61]，贪权而取竭[62]，静居则溺[63]，体泽则冯[64]，可谓疾矣；为欲富就利[65]，故满若堵耳而不知避，且冯而不舍，可谓辱矣；财积而无用，服膺而不舍[66]，满心戚醮[67]，求益而不止，可谓忧矣；内则疑劫请之贼[68]，外则畏寇盗之害，内周楼疏[69]，外不敢独行，可谓畏矣。此六者，天下之至害也，皆遗忘而不知察。及其患至，求尽性竭财单以反一日之无故而不可得也[70]。故观之名则不见[71]，求之利则不得[72]。缭意绝体而争此[73]，不亦惑乎！"

【注释】

①无足、知和，都是假设人物，以义命名。 ②人卒，人众，人们。兴(xìng幸)名，喜欢名声。就利，趋利。 ③归，归附。 ④下，甘为之下，服从。 ⑤贵，尊敬。 ⑥见，被。见下贵，得人服从，被人尊敬。 ⑦安体，使身体舒适。乐意，使心情愉快。 ⑧无意，无心。焉，于此。此指兴名就利。 ⑨知,通智。知不足，指才智不足以兴名就利。 ⑩意知句：抑或是才智虽然可以而没有力量办到呢？意，通抑。 ⑪故推正句：还是本来就是要求走正道而不走邪路呢？故，通固，本来。推，求。妄，原本作忘。《释文》："或作妄。"妄与正相对

而言。 ⑫此人，这种人。指兴名就利者。 ⑬绝俗，超社会。过世，超时代。⑭是专二句：是，此，指上述的“此人”。专，一，全。无主正，无主见，无准则。故此把明明与自己同时而生的看作是超世，把与自己同乡而处的看作是绝俗。并且以此去看待古与今不同的时代，是与非不同的标准。 ⑮与俗化世，混同世俗，一样变化。因为无主正，当然就人云亦云，随大流。 ⑯去至三句：至重，指生命。至尊，指天道。所为，指兴名就利。 ⑰惨怛(dá达)，痛苦的样子。⑱恬愉，舒服的样子。 ⑲监，察。不监于体，不注意疾苦与安乐对身体的影响。⑳怵惕，惊慌的样子。 ㉑欣欢，高兴。 ㉒不监句：不注意恐惧与欢喜对精神上的影响。 ㉓知为句：意谓只知埋头追名逐利而不懂得这样做的利弊。㉔穷美句：穷，尽。究，竟，终。埶，通势。句意谓享尽美好，到达势位的顶峰。㉕逮，及，达到。 ㉖不能及，指比不上兴名就利的人。 ㉗侠(xiá狭)，通挟，挟持，利用。以为威强，以之作为自己的势力。 ㉘秉，持，掌握。知，通智。 ㉙因，凭借。以上三句都是指利用别人为自己服务。 ㉚享国，占有国家，即掌握国政。严，尊严。君父，君主。 ㉛体，身。象，效法。安，乐，喜爱。 ㉜夫欲二句：欲，喜欢的。恶，厌恶的。避，回避的。就，靠近的，追求的。师，指导。 ㉝天下二句：非我，以我为非。孰，何。辞，拒绝。之，指声色、滋味、权力。 ㉞以，因，随。 ㉟度，分寸，标准。据上述，即以是否利于养性为标准。 ㊱足，与下文的“不足”、“有余”都是据上句的“度”而言的。㊲无以为，没有需要这样做的原因，即无须为。 ㊳争四处，到处争夺。㊴廉，清廉。 ㊵廉贪三句：廉贪的实质，并非决定于外界条件，而要反过来检查自己的标准。意即如果是被外界条件所迫，不得不如此的话，尽管争四处也算不上贪，弃天下也算不上廉，主要看他用心如何。实，实质。以，因。监，察，检查。㊶戏，戏弄，侮辱。 ㊷反，反作用，报复。 ㊸以为句：骄人、戏人则人必害之、报之，所以认为这是对心性的危害。 ㊹雍，和，即不骄人、不戏人。㊺非仁二句：并非有意对天下的人仁爱，而是为了不要因为富有天下之美而伤害自己的本性。 ㊻帝，指帝位。 ㊼虚，假装。 ㊽此皆句：此，这些人，指上述的尧、舜、善卷、许由。句意谓他们都是有利于本性的就接受，有害于本性的就拒绝， ㊾则可句：有，得，接受。之，指“贤”的称誉。因为这种称誉不是有心去追求的，而是自然而来的，所以可以接受。 ㊿兴名誉，沽名钓誉。

㉛必持四句：一定固守名声，身受劳苦，弃绝滋味，生活上尽量节省，这样来维持性命，那就等于长期病危而又死不了的人一样。意即只要名声而不求利，则受苦一生。持，守。苦体，令身体劳苦。绝甘，抛弃美味。约养，节约生活所需。厄，危。㉜平，不多不少，与“有余”对举。㉝有余句：有余则过度，故有害。㉞而财句：财物太多则为害尤其严重。㉟营，谋，求。管籥（yuè 月），二种管状乐器。㊱嗛（qiè 切），通惬，满足。刍豢（chú huàn 除患），本指禽兽，食草的叫刍，食谷的叫豢。这里指肉。醪（láo 牢），淳酒。醴（lǐ 礼），甜酒。㊲感，引起。其意，指享乐的意趣。㊳业，指正业。㊴侅溺（gāi niào 该尿）句：侅，呃逆出气，咽喉噎住。溺，即尿字。冯，通凭，满。冯气，气胀。句意谓由于气胀而上呃气、下出尿。㊵若负重句：形容气胀的痛苦。阪（bǎn 版），山坡。㊶取，带来。慰，读作怼（duì 对），病。㊷竭，指精神疲竭。㊸溺（nì 匿），沉溺。《左传·成公六年》：“于是乎有沉溺重膇之疾。”㊹泽，肥。冯，通凭，满，胀。㊺为欲四句：为了富贵求利，因而欲望膨胀到像耳朵都被堵塞了一样，而又无法摆脱，而且继续膨胀而不抛弃，这就相当于受辱了。冯，胀满。舍，舍弃。㊻服膺，时常挂在心上。㊼戚醮（jiào 教），烦恼。醮，借为焦，焦急。㊽疑，虑，担心。劫请，强求。强求则有害，故称之为贼。㊾周，围。楼疏，犹今窗口上的铁丝网之类，古代用砖砌成。《释名》：“楼谓牖户之间有射孔娄娄然也。”射孔是用来防盗的，娄娄，说明射孔重叠。疏，交疏。楼疏，窗孔交疏。㊿求尽句：尽，完全。性竭，亡命。单，借为殚，尽。反，通返。故，事。句意谓就是想完全拼出一命、费尽家财而换回一天的平安无事都办不到了。(71)故观句：意谓名声得不到。观，察。(72)求之句：说明利亦落空。(73)缭意，心神缭乱。绝，尽。绝体，尽全身之力。“绝”字原本无，依《续古逸丛书》本补。

【点评】 论证不知满足，追求富贵，不但不能身心愉快，长命百岁，而且必然会带来大灾大难。说明知足无争，保养心性，才是安乐长生之道。

【导读】

以庄子说服赵文王停止斗剑取乐的寓言故事，宣扬国君应以国家、天下为心。以意命题，与杂篇多不相同。

本文文风，无异于纵横家游说之词，铺陈夸张、对答讽喻与汉赋的格局有明显的联系，几乎与庄周学派无关。编者或因文中写的是庄周而收入。

昔赵文王喜剑①，剑士夹门而客三千余人②，日夜相击于前，死伤者岁百余人。好之不厌。如是三年，国衰。诸侯谋之③。太子悝患之[4]，募左右曰[5]：“孰能说王之意止剑士者[6]，赐之千金。”左右曰：“庄子当能[7]。”太子乃使人以千金奉庄子。庄子弗受，与使者俱往见太子，曰：“太子何以教周，赐周千金？”太子曰：“闻夫子明圣，谨奉千金以币从者[8]。夫子弗受，悝尚何敢言。”庄子曰：“闻太子所欲用周者，欲绝王之喜好也。使臣上说大王而逆王意[9]，下不当太子[10]，则身刑而死，周尚安所事金乎[11]？使臣上说大王，下当太子，赵国何求而不得也！”太子曰：“然。吾王所见，唯剑士也。”庄子曰：“诺。周善为剑。”太子曰：“然吾王所见剑士，皆蓬头突鬓[12]，垂冠[13]，曼胡之缨[14]，短后之衣[15]，瞋目而语难[16]，王乃说之[17]。今夫子必儒服而见王，事必大逆[18]。”庄子曰：“请治剑服[19]。”治剑服三日，乃见太子。太子乃与见王。王脱白刃待之[20]。庄子入殿门不趋[21]，见王不拜。王曰：“子欲何以教寡人，使太子先[22]。”曰：“臣闻大王喜剑，故以剑见王。”王曰：“子之剑何能禁制[23]？”曰：“臣之剑十步一人[24]，千里不留行。”王大悦之，曰：“天下无敌矣。”庄子曰：“夫为剑者[25]，示之以虚[26]，开之以利[27]，后之以发[28]，先之以至。愿得试之。”王曰：“夫子休[29]，就舍待命[30]，令设戏请夫子[31]。”王乃校剑士七日[32]，残伤者六十余人，得五六人，使奉剑于殿下，乃召庄子。王曰：“今日试使士敦剑[33]。”庄子曰：“望之久矣！”王曰：“夫子所御杖[34]，长短何如？”曰：“臣之所奉皆可[35]。然臣有三剑，唯王所用。请先言而后试。”王曰：“愿闻三剑。”曰：“有天子剑，有诸侯剑，有庶人剑。”王曰：“天子之剑何如？”曰：“天子之剑，以燕谿石城为锋[36]，齐岱为锷[37]，晋卫为脊[38]，周宋为镡[39]，韩魏为夹[40]，包以四夷，裹以四时，绕以渤海，带以常山[41]，制以五行[42]，论以刑德[43]，开以阴阳[44]，持以春夏[45]，行以秋冬。此剑直之无前[46]，举之无上，案之无下，运之无旁。上决浮云[47]，下绝地纪。此剑一用，匡诸侯[48]，天下服矣。此天子之剑也。”文王芒然自失[49]，曰：“诸侯之剑何如？”曰：“诸侯之剑，以知勇士为锋，以清廉士为锷，以贤良士为脊，以忠圣士为镡，以豪桀士为夹。此剑直之亦无前，举之亦无上，案之亦无下，运之亦无旁。上法圆天，以顺三光㊿；下法方地，以顺四时；中和民意，以安四乡(51)。此剑一用，如雷霆之震也，四封之内，无不宾服而听从君命者矣。此诸侯之剑也。”王曰：“庶人之剑何如?”曰：“庶人之剑，蓬头突鬓，垂冠，曼胡之缨，短后之衣，瞋目而语难，相击于前，上斩颈领，下决肝肺。此庶人之剑，无异于斗鸡，一旦命已绝矣，无所用于国事。今大王有天子之位而好庶人之剑，臣窃为大王薄之(52)。”王乃牵而上殿(53)，宰人上食(54)，王三环之(55)。庄子曰：“大王安坐定气，剑事已毕奏矣(56)！”于是文王不出宫三月，剑士皆服毙其处也(57)。

【注释】

①赵文王，即赵惠文王，名何。 ②夹门而客，客居在宫门左右。 ③谋之，图谋攻打赵国。 ④悝(kuī亏)，太子名。患之，担心赵王喜斗剑而国亡。 ⑤募，征求。左右，指左右的人。 ⑥孰能句：谁能设法说服大王，使他停止对斗剑之士的喜爱。 ⑦庄子，按下文庄子自称“周”，应该就是庄周，但近人从本文思想及赵文王、太子悝、庄周等人的活动时间考证结果，认为庄子应指庄辛，庄周是后人误改而成的。 ⑧以币从者，以作为您随从人员用的币帛。不便直称送给您，故委婉其词，以示尊敬。 ⑨逆，触犯。 ⑩当，合。不当太子，指没有完成太子交给的任务。 ⑪事，用。 ⑫蓬头，头发松散如蓬草。突鬓，鬓毛翘起。 ⑬垂，通倕，重。垂冠，表示威武。 ⑭曼胡之缨，粗而没有文理的帽带。 ⑮短后之衣，衣后较短，便于击打。 ⑯瞋目，瞪大眼睛。语难，说话不流利。都是一种愤激欲斗的神态。 ⑰说，通悦。 ⑱逆，犹说碰壁。 ⑲治，做。剑服，剑士之服。 ⑳脱白刃，把雪白的利剑拔出来。 ㉑殿，古代泛指高大的堂屋，汉以后专指帝王所居的地方。殿门，宫殿的门。趋，快步走。按礼，见王要快步上前，不趋就不礼貌。 ㉒使太子先，通过太子先作介绍。 ㉓制，服。 ㉔臣之二句：意谓其剑十步杀一人，一去千里，所向无敌。 ㉕为剑，用剑。 ㉖示之句：别人看来不觉踪影。 ㉗开之句：开剑则显得锋

利。　㉘后之二句：似未发而已经先至。形容神速。　㉙休，休息。　㉚就舍，住在客舍。　㉛戏，指试剑比武。　㉜校，较量。　㉝敦，假借为对。如憝字或作怼，可证。　㉞御杖，执持。所御杖，指所惯用的剑。　㉟所奉，指平日所用的剑。奉，通捧。　㊱燕谿，地名，在战国时的燕国。石城，塞外山名。二地都在北方。锋，尖端。　㊲岱（dài 代），即岱宗，泰山的别称。位在东方。锷，刃。　㊳脊，剑背。卫，原作"魏"，依高山寺本改。　㊴镡（tán 谈），剑环。　㊵夹，通铗，剑把。　㊶带，连。常山，即恒山，在今河北省正定县北。　㊷五行，金、木、水、火、土。古人认为天地间就是这五种东西在相互作用，相生相克。制以五行，用五行的道理来支配天地。　㊸论，讲究。刑，刑法。德，恩德，如奖赏、鼓励等。　㊹开以句：顺阴阳而开合变化。　㊺持以二句：运用四季变化的时势。持，掌握。行，运用。　㊻此剑四句：直，向前伸。案，通按。运，转动。无前、无上、无下、无旁，说明所向披靡，无可阻挡。　㊼上决二句：说明可叱咤风云，改天换地。决，裂。绝，截断。地纪，神话中维系大地的纲（大绳子）。　㊽匡，正。　㊾芒，通茫。　㊿三光，日、月、星辰。　(51)四乡，四方。　(52)薄，鄙薄。　(53)牵，带。指带庄子。　(54)宰人，负责国君膳食的官。上食，奉上餐食。　(55)环，绕。王三环之，文王绕着餐食走了三个圈。表明不能安坐进餐。　(56)毕奏，说完。　(57)服毙其处，自杀于所居的客舍。服，通伏，或作伏。

【导读】

本篇塑造了有道者渔父的形象，并以之教训孔丘。批评孔丘不在其位而谋其政，太多事了。宣传安分守真的处世态度。其中夹杂了忠贞慈孝的言论，反映作者儒道混杂的思想。故事以有道者渔父与孔子对话的形式展开，有情节，有人物形态与神情的描写。故胡文英谓之“小说杂记点缀体”(《庄子独见》)。

孔子游乎缁帷之林①，休坐乎杏坛之上②。弟子读书，孔子弦歌鼓琴。奏曲未半，有渔父者，下船而来，须眉交白③，被发揄袂④，

行原以上⑤，距陆而止，左手据膝⑥，右手持颐以听⑦。曲终而招子贡、子路二人俱对⑧。客指孔子曰："彼何为者也？"子路对曰："鲁之君子也。"客问其族⑨。子路对曰："族孔氏。"客曰："孔氏者何治也⑩？"子路未应，子贡对曰："孔氏者，性服忠信⑪，身行仁义⑫，饰礼乐⑬，选人伦⑭。上以忠于世主，下以化于齐民⑮，将以利天下。此孔氏之所治也。"又问曰："有土之君与⑯？"子贡曰："非也。""侯王之佐与⑰？"子贡曰："非也⑱。"客乃笑而还行⑲，言曰："仁则仁矣，恐不免其身⑳。苦心劳形以危其真㉑。呜呼！远哉，其分于道也㉒。"

【注释】

①缁(zī 资)，黑。或因丛林幽暗密茂如帷幕，故称为缁帷之林。 ②杏坛，坛名，在鲁东门外。宋孔传《东家杂记》曰："夫子车从出国东门，因观杏坛，历级而上，顾弟子曰：'兹鲁将臧文仲誓将之坛也。'睹物思人，命瑟而歌。" ③交，皆。④被，通披。披发，散发。揄(yú 于)，挥。袂(mèi 昧)，袖。 ⑤行原二句：《尔雅·释地》："广平曰原，高平曰陆。"距，至。陆高于原，故先行原而后距陆。⑥据，按。 ⑦持，撑。颐(yí 移)，面颊。以，而。 ⑧俱对，一齐来对话。⑨族，氏族，指姓。 ⑩治，为。 ⑪性服忠信，用心于忠信。性，心。服，用。 ⑫行，实践。 ⑬饰礼乐，以礼乐进行修饰，如《论语》说的"文之以礼乐"。 ⑭选，通撰，制定。人伦，指人与人关系的准则。 ⑮齐民，平民。⑯有土之君，指国君，因为国君是土地的占有者。 ⑰侯王之佐，指做官的人。佐，助。 ⑱非也，这时孔子没有当官，故说非。 ⑲还行，回头走。⑳不免其身，难免身心受累。 ㉑真，天性。 ㉒分，离。

子贡还，报孔子。孔子推琴而起，曰："其圣人与①？"乃下求之，至于泽畔，方将杖拏而引其船②，顾见孔子，还乡而立③。孔子反走，再拜而进。客曰："子将何求？"孔子曰："曩者先生有绪言而去④，丘不肖，未知所谓，窃待于下风⑤，幸闻咳唾之音⑥，以卒相丘也⑦。"客曰："嘻！甚矣，子之好学也！"孔子再拜而起，曰："丘少而修学⑧，以至于今，六十九岁矣，无所得闻至教，敢不虚心！”客曰：“同类相从，同声相应，固天之理也。吾请释吾之所有而经子之所以⑨。子之所以者，人事也。天子诸侯大夫庶人，此四者自正，治之美也；四者离位而乱莫大焉⑩。官治其职，人忧其事，乃无所陵⑪。故田荒室露⑫,衣食不足，征赋不属⑬，妻妾不和，长少无序，庶人之忧也；能不胜任，官事不治⑭，行不清白⑮，群下荒怠⑯，功美不有⑰，爵禄不持⑱，大夫之忧也；廷无忠臣⑲，国家昏乱，工技不巧⑳，贡职不美，春秋后伦㉑，不顺天子㉒，诸侯之忧也；阴阳不和，寒暑不时，以伤庶物㉓，诸侯暴乱，擅相攘伐㉔，以残民人，礼乐不节，财用穷匮㉕，人伦不饬㉖，百姓淫乱，天子有司之忧也㉗。今子既上无君侯有司之势，而下无大臣职事之官，而擅饰礼乐，选人伦，以化齐民，不泰多事乎㉘？且人有八疵㉙，事有四患，不可不察也。非其事而事之㉚，谓之摠㉛；莫之顾而进之㉜，谓之佞；希意道言㉝，谓之谄；不择是非而言，谓之谀；好言人之恶㉞，谓之谗；析交离亲㉟，谓之贼；称誉诈伪以败恶人㊱，谓之慝；不择善否㊲，两容颊适㊳，偷拔其所欲，谓之险。此八疵者，外以乱人，内以伤身，君子不友，明君不臣。所谓四患者：好经大事㊴，变更易常㊵，以挂功名㊶，谓之叨㊷；专知擅事㊸,侵人自用㊹，谓之贪；见过不更，闻谏愈甚，谓之很㊺；人同于己则可，不同于己，虽善不善，谓之矜㊻。此四患也。能去八疵，无行四患，而始可教已。”

【注释】

①其，指渔父。　②杖，撑。挐（nú 奴），通拏，亦作拏，船桨。引，引去，指撑开。　③乡，通向。　④曩（nǎng 攮），昔。绪，端。绪言，开头的话。⑤窃，偷偷地。下风，膝下之风。表示卑恭。　⑥幸闻句：表示自己卑下，不配听尊者之言，只能听咳唾之音。　⑦卒，终。相（xiàng 向），助。　⑧修学，从事学习。　⑨释，推（见《经籍籑诂》）。吾之所有，指道。经，理，分析。以，为。

⑩离位，社会地位转化。表示斗争激烈。 ⑪陵，乱。 ⑫露，败坏。 ⑬属(shǔ蜀)，逮，及。不属，指不按时完成赋税。 ⑭官事，职内的工作。不治，做不好。 ⑮行，行为。 ⑯荒怠，荒废怠慢。 ⑰功美，功绩荣誉。 ⑱不持，不能保持。 ⑲廷，朝廷。 ⑳工技二句：工艺技术不够精巧，进贡的任务完成得不满意。贡职，即职贡，把物品进贡给天子。 ㉑春秋句：春天见天子曰朝，秋天见天子曰觐。朝觐时比同列的诸侯后到。伦，列。 ㉒不顺句：触犯天子。 ㉓庶物，众物，指畜牧庄稼之类。 ㉔擅相句：不听王命，擅自互相攻伐。 ㉕穷匮，贫乏。 ㉖饬(chì斥)，整顿好。 ㉗有司，有关负责人。不便直指天子，故以天子有司指代天子。 ㉘泰，太。 ㉙疵，毛病。 ㉚非其句：不属于自己管的事却要去管。后一"事"字作动词，做的意思。 ㉛摠，通总，包揽。 ㉜莫之句：别人不理睬却投合进身。进，进身投靠。 ㉝希意句：观察人的心意神态而说出一些迎合人的话。希，通睎，观，望。 ㉞好言句：喜欢讲人坏话。恶(è厄)，坏处。 ㉟析交句：析，分。交，朋友。句谓使人与朋友亲戚分离，意即挑拨离间。 ㊱称誉句：称誉奸诈虚伪的人而又败坏自己所憎恶的人的名声。 ㊲否(pǐ痞)，坏。 ㊳两容二句：两容，两种面孔。颊，脸的两边。适，合。拔，举，助长。二句意谓：人有善恶两种面孔，自己却以同样的面孔去投合他，暗中助长他心中所追求的东西。 ㊴经，理。 ㊵变更句：意即标新立异。 ㊶挂，恳取。挂功名，沽名钓誉。 ㊷叨(tāo滔)，叨窃，意即不应当占有而占有了。 ㊸专知句：自以为是，个人独断。 ㊹侵人自用，恃势陵人，刚愎自用。 ㊺很，即《荀子·成相》"愎很遂过"之"很"，执拗的意思。 ㊻矜(jīn斤)，自尊自大。

孔子愀然而叹[①]，再拜而起，曰："丘再逐于鲁，削迹于卫，伐树于宋，围于陈蔡。丘不知所失，而离此四谤者何也[②]？"客凄然变容曰："甚矣，子之难悟也[③]！人有畏影恶迹而去之走者[④]，举足愈数而迹愈多[⑤]，走愈疾而影不离身[⑥]，自以为尚迟，疾走不休，绝力而死。不知处阴以休影[⑦]，处静以息迹[⑧]，愚亦甚矣！子审仁义之间，察同异之际[⑨]，观动静之变，适受与之度[⑩]，理好恶之情[⑪]，和喜怒之节[⑫]，而几于不免矣[13]。谨修而身[14]，慎守其真，还以物与人[15]，则无所累矣。今不修之身而求之人，不亦外乎！”

【注释】

①愀(qiǎo 巧)然，脸色改变的样子。 ②离，通罹，遭。四谤，指被再逐于鲁等四次打击。 ③悟，觉醒。 ④畏影，害怕自己的影子。恶迹，厌恶自己的足迹。去，离，摆脱。去之走，为了摆脱自己的影子、足迹而跑。 ⑤数(shuò 朔)，快。 ⑥疾，急。 ⑦处阴，到阴暗的地方。休影，使影子不见。⑧处静,处于静止的状态。息迹，使足迹不再出现。 ⑨际，界限。 ⑩适，调和。受，接受。与，给人。度，分寸。 ⑪理，分析。 ⑫和，调和。节，度，分寸。 ⑬不免，指不免于祸患。 ⑭而，你。 ⑮与，给。还以物与人，把东西归还给别人，意即与人无争。

孔子愀然曰：“请问何谓真?”客曰：“真者，精诚之至也。不精不诚，不能动人。故强哭者，虽悲不哀；强怒者，虽严不威；强亲者，虽笑不和。真悲无声而哀，真怒未发而威，真亲未笑而和。真在内者，神动于外，是所以贵真也。其用于人理也[1]，事亲则慈孝，事君则忠贞，饮酒则欢乐，处丧则悲哀。忠贞以功为主，饮酒以乐为主，处丧以哀为主，事亲以适为主[2]。功成之美[3]，无一其迹矣[4]；事亲以适，不论所以矣[5]；饮酒以乐，不选其具矣[6]；处丧以哀，无问其礼矣[7]。礼者，世俗之所为也[8]；真者，所以受于天也[9]，自然不可易也[10]。故圣人法天贵真[11]，不拘于俗。愚者反此[12]。不能法天而恤于人[13]，不知贵真，禄禄而受变于俗[14]，故不足。惜哉，子之蚤湛于人伪而晚闻大道也[15]！”

【注释】

①理，伦理。 ②适，顺。指顺合父母之意。 ③之，则。 ④无一句：无，通毋。迹，途。句意谓不需限于一种途径。 ⑤不论句：以，用。句意谓不管用哪种办法。 ⑥选，择。具，器具，指饮酒的器具。 ⑦礼，指礼节仪式。

⑧所为，人为地造出来的东西。 ⑨受于天，出于天然。 ⑩自然句：易，改变。改变则失真。 ⑪法天，效法自然。贵真，珍重精诚。 ⑫反此，与此相反。 ⑬恤，忧。恤于人，忧心于人事。 ⑭禄禄，通逯逯，凡庸的样子。受变于俗，受世俗影响而变。 ⑮蚤，通早。湛，通耽，沉溺。人伪，人为的事情。晚，迟。

孔子又再拜而起曰："今者丘得遇也，若天幸然①。先生不羞而比之服役而身教之②。敢问舍所在，请因受业而卒学大道。"客曰："吾闻之，可与往者③，与之至于妙道；不可与往者，不知其道。慎勿与之，身乃无咎④。子勉之，吾去子矣⑤，吾去子矣！"乃刺船而去⑥，延缘苇间⑦。

【注释】

①幸，指得天道者的亲近。天，犹天师，即得天道者。 ②不羞，不以为耻辱。比之服役，视同弟子。身，亲身。 ③与往，一齐前往。 ④咎，祸害。 ⑤去，离开。 ⑥刺船，撑船。 ⑦延缘句：顺沿芦苇边而慢行。延，慢行。缘，顺。

颜渊还车，子路授绥①，孔子不顾，待水波定，不闻拏音而后敢乘②。子路旁车而问曰③："由得为役久矣④，未尝见夫子遇人如此其威也⑤。万乘之主，千乘之君，见夫子未尝不分庭伉礼⑥，夫子犹有倨敖之容。今渔父杖拏逆立⑦，而夫子曲要磬折⑧，言拜而应⑨，得无太甚乎！门人皆怪夫子矣，渔人何以得此乎！"孔子伏轼而叹⑩，曰："甚矣，由之难化也！湛于礼仪有间矣⑪，而朴鄙之心至今未去。进，吾语汝：夫遇长不敬，失礼也；见贤不尊，不仁也。彼非至人⑫，不能下人。下人不精⑬，不得其真，故长伤身。惜哉！不仁之于人也，祸莫大焉，而由独擅之。且道者，万物之所由也⑭。庶物失之者死⑮，得之者生。为事逆之则败，顺之则成。故道之所在，圣人尊之。今渔父之于道，可谓有矣，吾敢不敬乎！”

【注释】

①授绥，把上车时拉的绳子交给孔子。 ②不闻句：说明对渔父异常崇敬。 ③旁，通傍。 ④为役，做弟子。 ⑤遇，接待。威，肃敬。 ⑥未尝句：古时宾主相见有一定的礼法：主人在门口迎宾，宾由庭西蹑步上西阶而升堂，主人由庭东蹑步上阼阶而升堂。他们入门及上阶时都相互作揖，这就叫分庭。升堂之后，宾让座主亦让座，宾拜主亦拜，这就叫伉礼。 ⑦逆，通迎。 ⑧要，通腰。磬(qìng庆)，乐器，形曲折。磬折，折腰鞠躬如磬的样子。 ⑨言拜而应，渔父说话，孔子先拜而后敢应答。 ⑩轼，车前扶手横木。 ⑪湛于句：有间，经过了相当长的一段时间。句谓长期沉溺在礼乐之中。 ⑫彼非二句：彼，指渔父。下人，使人谦下，意即使人信服。 ⑬下人句：对人表示谦逊却不真诚。 ⑭由，从中产生。 ⑮庶物，众物，指各种生物。

列御寇第三十二

【导读】

本篇主要说明：做到虚无宁静，安于所安，生无为，死不葬，任其自然，才是真正懂得大道。指出如果表现自己，居功骄傲，得利忘形，就一定会给自己带来祸害。至于当官，那简直就成了牺牲品了。

列御寇之齐[①]，中道而反[②]，遇伯昏瞀人[③]。伯昏瞀人曰："奚方而反[④]？"曰："吾惊焉。"曰："恶乎惊？"曰："吾尝食于十浆而五浆先馈[⑤]。"伯昏瞀人曰："若是则汝何为惊已？"曰："夫内诚不解[⑥]，形谍成光⑦，以外镇人心⑧，使人轻乎贵老⑨，而韲其所患⑩。夫浆人特为食羹之货⑪，无多余之赢⑫，其为利也薄，其为权也轻，而犹若是，而况于万乘之主乎！身劳于国而知尽于事⑬。彼将任我以事⑭，而效我以功。吾是以惊。”伯昏瞀人曰：“善哉观乎⑮！女处已⑯，人将保汝矣！”无几何而往⑰，则户外之屦满矣⑱。伯昏瞀人北面而立，敦杖蹙之乎颐⑲。立有间，不言而出。宾者以告列子⑳，列子提屦，跣而走㉑，暨乎门㉒，曰：“先生既来，曾不发药乎㉓？”曰：“已矣，吾固告汝曰：人将保汝。果保汝矣！非汝能使人保汝㉔，而汝不能使人无保汝也，而焉用之感豫出异也㉕。必且有感㉖，摇而本性，又无谓也。与汝游者㉗，又莫汝告也㉘。彼所小言㉙，尽人毒也㉚。莫觉莫悟㉛，何相孰也。巧者劳而知者忧，无能者无所求㉜，饱食而敖游，汎若不系之舟㉝，虚而敖游者也㉞！

【注释】

①之，往。　②中道，半途。反，通返。　③伯昏瞀(mào 冒)人，楚隐士。瞀，《田子方》篇作“无”。“瞀”、“无”一声之转。　④奚，何。方，事。反，通返。　⑤吾尝句：浆，米汤。这里指卖米汤的店子。馈(kuì 溃)，赠送。句意谓十家中有五家先把浆送上给列御寇，表示对他恭维。　⑥夫内诚句：内心虽然真诚，但还没有达到化的程度。意即对大道还未融会贯通。解，如《庚桑楚》篇“冰解冻释”之“解”，融化。　⑦谍，义同渫，即泄。形谍，在外表上流露出来。《刻意》篇说圣人“光矣而不耀”，而“形谍成光”，则是在外表上流露出自己的光辉，意即显示自己。　⑧镇，镇服。　⑨使人句：意谓列子令人对他不得不尊重而对高贵、年老的人反而轻视。　⑩韲(jī 跻)其句：韲，借为赍，遗，致。句意谓如上述所说的，会导致祸害。　⑪特，只是。货，买卖。　⑫赢(yíng 营)，赚。　⑬身劳句：为国事操心而身劳智尽。知，通智。　⑭彼将三句：万乘之主将要把工作委任给我，为了取得成果而叫我去效力，所以我害怕。　⑮善哉句：赞许列御寇善于观察问题。　⑯女处二句：女，汝。处，安居。已，矣。保，附，依附。⑰无几何，没多久。往，指伯昏瞀人到列子居舍。　⑱则户外句：古人入门升堂

一定要在门外脱鞋。列子门外鞋子满地，可见来依附的人很多。　⑲敦，竖立。蹙(cù 促)，紧贴。　⑳宾者句：客人们把伯昏瞀人立了一会的事告诉了列子。　㉑跣(xiǎn 险)，赤脚。　㉒暨，及。乎，于。　㉓曾，乃。发药，比喻赠言，表示伯昏瞀人的话能医治自己的毛病。　㉔非汝二句：这是对前两句用意的解释，意思是说：我并非是肯定你能使人依附于你，而是责备你不能使人不要依附你。这是指责列子还是表现自己，外镇人心。　㉕而焉句：而何以因此感到愉快而显得与众不同呢！用，因。豫，愉。感豫，感到愉快。出异，表现得与众不同。㉖必且三句：且，将。有，又。摇，动。而，你。性，原作"才"，依《续古逸丛书》本改。无谓，没用。三句意谓：一定将会再次出现使人感到愉快的事，使你的本性不能平静，但这也是毫无用处的。　㉗与汝游者，依附你的人。　㉘莫汝告，即莫告汝。同游者多气味相投，故无法对你忠告。　㉙小言，即《齐物论》篇"小言詹詹"之"小言"，琐碎的言论。　㉚尽人毒，全是害人的东西。前说"发药"，这里说"毒"，前后相呼应。　㉛莫觉二句：不觉悟，哪能相互认识、明察呢！意即双方都在懵懂之中。孰，通熟，详审。　㉜无能者，即无为者，指得道者。　㉝汎，飘浮不定的样子。　㉞虚而句：虚则心无症结，无所共鸣，无劳无忧，故能逍遥游。

"郑人缓也①，呻吟裘氏之地②。祇三年而缓为儒③。河润九里④，泽及三族，使其弟墨⑤。儒墨相与辩，其父助翟⑥。十年而缓自杀⑦。其父梦之曰⑧：'使而子为墨者⑨，予也，阖尝视其良⑩？既为秋柏之实矣⑪。'夫造物者之报人也⑫，不报其人而报其人之天⑬，彼故使彼⑭。夫人以己为有以异于人⑮，以贱其亲⑯。齐人之井饮者相捽也⑰。故曰：今之世皆缓也⑱。自是有德者以不知也⑲，而况有道者乎！古者谓之遁天之刑⑳。圣人安其所安㉑，不安其所不安；众人安其所不安㉒，不安其所安。

【注释】

①缓，郑人名。　②呻吟，吟诵。如《礼记·学记》："今之教者，呻其占毕。"呻，意即诵。裘氏，郑地名。　③祇，刚好。为儒，成为儒者。　④河润二句：

以河水浸润九里之地比喻缓学成儒者之后，功成名遂，恩泽施及三族。三族，指父族、母族、妻族。⑤墨，作动词用，成为墨者。⑥翟(dí 敌)，缓弟名。⑦自杀，由于怨恨父亲帮助弟弟。⑧之，指缓。梦之，梦见缓，意即缓托梦于父亲。下数句为缓托梦所说的话。⑨而，你。⑩阖，何不。阖下原有“胡”字，《阙误》校引文、李本作□，今删。尝，试。其，缓自指。句意为缓怨父亲看不到自己的好处。⑪既为句：以秋柏结果比喻翟已成为墨者。缓自夸翟成材是他培养的结果。⑫报，报答。此句以下是伯昏瞀人的评论。⑬天，天性。⑭彼故句：意谓他本性本来就是那样的，因此就使他变成那样。这是造物者按其自然报与人的，故翟之成为墨者，并非是缓的功劳。⑮夫人，指缓。缓把泽及三族与使其弟墨看作是自己出众的表现。⑯贱其亲，指他托梦责怪父亲。⑰井饮者，饮食井水的人。相捽(zuó 昨)，互相扯着头发殴打。这都是由于不明白井之有水是出于天然，而不是各人挖井的功劳。⑱今之句：意谓现代的人都像缓一样好大喜功。⑲不知，不可理解。⑳遁，违。遁天之刑，违背天理所得到的刑罚。㉑圣人二句：说明圣人顺物自然。㉒众人二句：说明众人违反天性。

“庄子曰：‘知道易，勿言难。知而不言，所以之天也①。知而言之，所以之人也②。古之人，天而不人③。’朱泙漫学屠龙于支离益④，单千金之家⑤，三年技成而无所用其巧⑥。圣人以必不必⑦，故无兵；众人以不必必之⑧，故多兵。顺于兵⑨，故行有求⑩。兵，恃之则亡⑪。小夫之知⑫，不离苞苴竿牍⑬，敝精神乎蹇浅⑭，而欲兼济道物⑮，太一形虚⑯。若是者⑰，迷惑于宇宙，形累不知太初。彼至人者，归精神乎无始⑱，而甘冥乎无何有之乡⑲。水流乎无形⑳，发泄乎太清。悲哉乎㉑！汝为知在毫毛而不知大宁。”

【注释】

①之，至。之天，达到天然的境界。②之人，走人为的道路。③天而句：一切自然而不着人为。④朱泙(pēng 烹)漫，姓朱泙名漫。支离益，姓支离名益。都是虚设人名。⑤单，借为“殚”，尽。家，家产。⑥巧，指屠龙的

技巧。 ⑦圣人二句：意谓对圣人说来，情理上虽必然如此，但亦未必去管它。如打仗虽出兵是合理的，但也未必要出兵。犹今说大事化小，小事化了的意思。⑧众人二句：意谓情理上并非如此，但常人却一定要如此处理。如不必出兵的时候还是要出兵，因而战争就多了。 ⑨顺于兵，意即有仗就打。 ⑩求，贪。⑪恃之句：专靠军事暴力则一定失败。恃，靠。 ⑫小夫，匹夫。知，通智。⑬不离句：古人把鱼肉之类送给别人时，常用茅苇等叶子裹着或者垫着。互相问候多用竹简尺牍。这些都是匹夫关心的琐碎小事。裹叫苞，藉(垫着)叫苴。竿，通简。⑭敝精神句：敝，疲劳。这里作动词，消耗。蹇，本义为跛。蹇浅，浅陋。句意谓把精神消耗在浅陋的琐事上。 ⑮济，成就。道，通导。兼济道物，全面地成全、引导万物。 ⑯太一，作动词，达到与万物同一的境界。形虚，体内清虚。⑰若是三句：名谓如果像上述那样以小夫之智而想达到天道，则必然迷惑在广大无边的宇宙之中，就是直到形体疲劳也无法理解太初的妙道。 ⑱归，复。无始，万物还没有萌芽的时代。 ⑲冥，通瞑，眠。甘冥，甜睡。无何有之乡，虚无的境界。 ⑳水流二句：无形，没有固定形迹，意即只是随地势而流。发泄，流露。乎，于。太清，太虚之道，亦即自然之道。二句意谓：水流并没有固定的轨迹，纯粹出于自然。与上文“形谍成光”意正相反。 ㉑悲哉二句：这是伯昏瞀人对列子说的。汝，指列子。为知(zhì 智)，用心。在毫毛，在微细的琐事上。大宁，非常静寂的境界。

【点评】 通过伯昏瞀人教训列子的故事，说明表现自己，居功出众，好高骛远，而不安于自然，不处心于虚无宁静的境界，都将受到天道的惩罚。

宋人有曹商者[①]，为宋王使秦。其往也，得车数乘。王说之[②]，益车百乘。反于宋，见庄子，曰：“夫处穷闾厄巷[③]，困窘织屦[④]，槁项黄馘者[⑤]，商之所短也；一悟万乘之主而从车百乘者[⑥]，商之所长也[⑦]。”庄子曰：“秦王有病召医。破痈溃痤者得车一乘[⑧]，舐痔者得车五乘[⑨]，所治愈下[⑩]，得车愈多。子岂治其痔邪？何得车之多也？子行矣！”

【注释】

①曹商，姓曹名商。 ②王说二句：由于秦王的喜爱，故得到赏赐，车子增加了上百乘。 ③厄，通隘。厄巷，狭窄的小巷。 ④困窘（jiǒng 迥）句：贫苦而以织草鞋为生。 ⑤槁项二句：槁项，颈项干瘪。黄馘（guó 国），面黄瘦的样子。短，不善。 ⑥悟，作使动用法，使……觉醒，意指接受自己的意见。从车，随从的车子。 ⑦长，擅长。 ⑧痈（yōng 佣）、痤（cuó 矬），都是疮疖之类。 ⑨舐（shì 市），舔。 ⑩下，卑下。

【点评】 通过庄子之口，把得庞而富贵跟最肮脏的勾当进行类比，反映了作者对当权者及名利之徒的蔑视。

鲁哀公问乎颜阖曰："吾以仲尼为贞幹①，国其有瘳乎②？"曰："殆哉圾乎③！仲尼方且饰羽而画④，从事华辞⑤。以支为旨⑥，忍性以视民⑦，而不知不信。受乎心⑧，宰乎神，夫何足以上民⑨！彼宜女与予颐与⑩，误而可矣！今使民离实学伪⑪，非所以视民也⑫。为后世虑，不若休之⑬。难治也！"施于人而不忘⑭，非天布也⑮，商贾不齿⑯。虽以事齿之⑰，神者弗齿。为外刑者⑱，金与木也；为内刑者⑲，动与过也。宵人之离外刑者⑳，金木讯之㉑；离内刑者，阴阳食之㉒。夫免乎外内之刑者，唯真人能之。

【注释】

①贞，通桢。桢幹，原指筑墙用的木条，桢树立在墙的两头，幹树立在墙的两边。这里借用来指国家重臣。犹言国家栋梁。 ②国其句：意谓任仲尼为重臣，能否把国家治理好？瘳（chōu 抽），病愈。 ③圾，同岌，危。 ④仲尼句：羽毛本来已经有文彩，又用画来装饰，说明仲尼追求花样、巧伪。 ⑤华辞，花言巧语。 ⑥以支句：支，枝末。旨，宗旨。句谓仲尼舍本逐末。 ⑦忍性二句：孔子宣扬"克己复礼"之类，即是叫人压抑自己的天性，故说忍性。视，通示。视民，指示老百姓。知，通智。 ⑧受乎二句：意谓不依大道，而以自己的心神为主宰。受，受制。 ⑨上民，为民之上，即统治人民。 ⑩彼宜二句：彼，指仲尼那

一套。宜，适合。颐(yí移)，养。与，通欤。可，可以。二句意谓，仲尼的那一套如果适用于你和我的养生的话，就是错了，也不大要紧啊！　⑪实，真。⑫非所以句：不是用来教育老百姓的正确主张。　⑬休，止，作罢。指任仲尼为桢幹的事。　⑭施，施恩。不忘，指总是以恩人自居。　⑮天布，出于自然的布施。　⑯商贾(gǔ古)句：商人做买卖是为了获利，而"施于人而不忘"的人，也是为了收买名利，而又装着施恩于人的样子，故连商人都不如。齿，列。不齿，不愿与之相提并论。　⑰虽以二句：指商贾所做的(买卖)表面与他们相近似，但思想上并不像他们那样。神，思想。　⑱为外二句：外刑，施在体外的刑罚。金，金属的刑具如刀锯斧钺。木，木制的刑具，如棰楚桎梏等。　⑲为内二句：妄动与太过是施在内心的刑罚。　⑳宵，通小。离，通罹，遭受。下同。　㉑讯，拷问。　㉒食，通蚀，腐蚀，指对身心的逐渐伤害。

孔子曰："凡人心险于山川①，难于知天②。天犹有春秋冬夏旦暮之期③，人者厚貌深情④。故有貌愿而益⑤，有长若不肖⑥，有慎懁而达⑦，有坚而缦⑧，有缓而釬⑨。故其就义若渴者⑩，其去义若热⑪。故君子远使之而观其忠⑫，近使之而观其敬⑬，烦使之而观其能⑭，卒然问焉而观其知⑮，急与之期而观其信⑯，委之以财而观其仁⑰，告之以危而观其节⑱，醉之以酒而观其则⑲，杂之以处而观其色⑳。九征至㉑，不肖人得矣㉒。"

【注释】

①险，阴险。　②难于句：天高深莫测，故用来比喻难知。　③期，定时，说明可信。　④厚貌，外表不浅露，说明善掩饰。深情，感情藏得深，说明难测度。　⑤貌愿，表面谦虚老实。益，通溢，骄傲自满。　⑥长，善，指优良的品德。不肖，指外表而言。　⑦有慎句：慎，原本作"顺"，依《阙误》引江南古藏本改。懁(xuān喧)，通狷。《孟子·尽心》："狷者有所不为。"意谓狷介自守的人，不与人苟合。慎懁犹今说固执保守。句谓有些人外表似乎固执保守而内心却通达识理。　⑧缦(màn慢)，软弱。　⑨缓，和顺，釬(hàn)，通悍，凶悍。以上数句都说明人的内心与外貌相反，故说险于山川，难于知天。　⑩就义，追求义理。

若渴，像口渴想饮水那样急切。 ⑪去义，抛弃义理。若热，像被热烫而退缩一样的急促。以上二句说明进得快的退得也快。 ⑫远使之，派去远处工作。远则难监督，故可考察他是否忠。 ⑬近使句：派在身边，容易相熟而没有拘束，故便于考察他是否恭敬。 ⑭烦使句：在情况复杂的时候就派他去，看看他的能力。⑮卒(cù促)，同猝。很快的样子。知，通智。 ⑯急与句：在紧逼的情况下和他相约，看他是否守信。 ⑰委，放任。仁，指不贪。 ⑱危，指危急的情况。节，节气。 ⑲则，规矩，原作“侧”，依《续古逸丛书》本改。 ⑳杂之，指男女杂居。色，指是否好色。 ㉑征，检验，考察。九征至，以上九方面都考察过了。 ㉒得，掌握到。

正考父一命而伛①，再命而偻，三命而俯，循墙而走，孰敢不轨！如而夫者②，一命而吕钜③，再命而于车上儛④，三命而名诸父⑤。孰协唐许⑥？贼莫大乎德有心而心有睫⑦，及其有睫也而内视⑧，内视而败矣！凶德有五，中德为首。何谓中德？中德也者，有以自好也而吡其所不为者也⑨。穷有八极⑩，达有三必⑪，形有六府⑫。美、髯⑬、长、大、壮、丽、勇、敢，八者俱过人也，因以是穷⑭；缘循⑮、偃佒⑯、困畏⑰，不若人三者俱通达⑱；知慧外通⑲，勇动多怨⑳，仁义多责㉑，六者所以相刑也㉒。达生之情者傀㉓，达于知者肖㉔，达大命者随㉕，达小命者遭㉖。

【注释】

①正考父五句：正考父，是孔子的七世祖，宋卿。根据《左传·昭公七年》记载，他一命为士，再命为大夫，三命为卿。伛偻(yǔ lóu 宇楼)，弯腰曲背。俯，身伏在地上。对每一次任命他所表现出来的态度，说明他被提升得愈高而愈谦恭谨慎。他尚且如此，其他人谁还敢有不轨的行为？轨，法。 ②而夫，你们这种人。指孔子一类人。 ③吕，膂本字，脊骨。钜，强大。吕钜，意犹今说腰板硬，与伛偻相反，是一种自恃的表现。 ④再命句：说明被提升则得意忘形。儛，即舞。⑤名诸父，称呼各位叔伯的名。说明轻视长者，骄傲已发展到肆无忌惮的地步了。

⑥孰协句：正考父与而夫者相比，谁个符合唐尧、许由那样谦让的作风？孰，谁。协，合。　⑦贼，害。德有心，德中藏有私心。睫，睫毛。睫毛是用来遮蔽眼睛的。心有睫，即心眼有所遮蔽。　⑧及其二句：到了心眼被遮蔽的时候而又只凭主观，不看外界实际，则必然失败。内视，主观。　⑨自好，自以为是。吡(bǐ比)，訾，诋毁。　⑩穷，困，潦倒失意。与下句"达"相反。极，端。　⑪达，通达顺利。必，指必要条件。　⑫形，通刑。即上文"外刑"、"内刑"之"刑"，危害。府，如"怨府"之"府"，集中处。聚集了六种危害的地方，故称"六府"。⑬髯(rán然)，两颊的胡子。古人以两颊胡子多为漂亮。　⑭因以句：因为上述八方面都超过别人，自恃骄傲，就会倒霉。　⑮缘循，因循，一切顺着。　⑯俠(yǎng养)，通仰。偃俠，俯仰从人，卑顺的样子。　⑰困畏，懦弱。　⑱不若句：不若人三者，即三者不若人，三方面都甘心落后于人。甘心落后则与人无争，故一切通达顺利。　⑲知，通智。外通，显露在外表。　⑳勇动句：勇武好动则必多伤人，所以也多结怨。　㉑仁义句：你行仁义，人们就会多求于你。责，求。　㉒六者句：原本无此七字，据《阙误》校引刘得一本补。　㉓傀(guī龟)，不平凡。　㉔肖(xiáo消)，渺小。　㉕大命，天命。随，顺利。　㉖小命，人命。遭，遇，引申为阻滞，不顺利。

【点评】 批判仲尼浮华居功，得意忘形，有私心，带成见，教人虚伪，伤人本性。说明他的主张不但不能治国，而且治身亦必有阴阳之害。

人有见宋王者①，锡车十乘。以其十乘骄稚庄子②。庄子曰："河上有家贫恃纬萧而食者③，其子没于渊④，得千金之珠。其父谓其子曰：'取石来锻之⑤！夫千金之珠，必在九重之渊而骊龙颔下⑥。子能得珠者，必遭其睡也。使骊龙而寤⑦，子尚奚微之有哉！'今宋国之深，非直九重之渊也⑧；宋王之猛⑨，非直骊龙也。子能得车者，必遭其睡也；使宋王而寤，子为齑粉夫⑩。"

【注释】

①人有二句：成疏说有人游说宋襄王，而宋襄王赐车十乘。锡，通赐。

②稚(zhì雉),骄傲。 ③纬,织。萧,芦荻。恃纬萧而食者,靠编织芦苇制品维持生活的。 ④没,潜。 ⑤锻,锤烂。 ⑥骊(lí离)龙,黑龙。颔(hàn憾),下巴。 ⑦使骊龙二句:意谓假使骊龙醒来,定被他吃掉,故不但得不到千金之珠,而且会连自己也无些微残余。使,假使。奚,何。奚微之有,即有奚微,宾语提前。 ⑧直,但。 ⑨猛,凶。 ⑩韲(jī跻)粉,碎粉,比喻粉身碎骨。

或聘于庄子①,庄子应其使曰:"子见夫牺牛乎②?衣以文绣③,食以刍叔④。及其牵而入于大庙⑤,虽欲为孤犊⑥,其可得乎!"

【注释】

①或,有人。《史记·老庄申韩列传》:"楚威王闻庄周贤,使使厚币迎之,许以为相。" ②牺牛,在三个月前养来祭祀宗庙的牛。 ③衣(yì意),作动词,指给牺牛穿。衣绣,有花纹的织绣。 ④食(sì似),饲,指给牺牛吃。刍,草。叔,大豆。 ⑤大(tài太)庙,帝王的祖庙。 ⑥孤犊,没有人豢养的小牛。

【点评】 说明得到君主的宠爱、看重,必有大祸。高官厚禄,表面上很高贵,而实际上只不过是君主的牺牲品。

庄子将死,弟子欲厚葬之。庄子曰:"吾以天地为棺椁,以日月为连璧①,星辰为珠玑②,万物为赍送③。吾葬具岂不备邪④?何以加此!"弟子曰:"吾恐乌鸢之食夫子也⑤。"庄子曰:"在上为乌鸢食,在下为蝼蚁食,夺彼与此⑥,何其偏也⑦。"以不平平⑧,其平也不平;以不征征⑨,其征也不征。明者唯为之使⑩,神者征之。夫明之不胜神也久矣,而愚者恃其所见入于人⑪,其功外也⑫,不亦悲乎!

【注释】

①连璧,连城之璧。 ②珠玑,圆为珠,不圆为玑。这里的连璧与珠玑都是作为殉葬品而言的。 ③赍(jī跻),送。此指送葬品。 ④备,齐备。 ⑤乌,乌鸦。鸢(yuān冤),老鹰。 ⑥彼,指乌鸢。此,指蝼蚁。 ⑦偏,偏心。 ⑧以不平二句:平,公正。与上句"偏"义相反。二句意谓,把偏心偏见看

作是公平的，这种公平其实就是不公平。 ⑨以不征二句：把未经应验的看作是应验，这种应验其实是不可信的。征，应验，可信。 ⑩明者二句：明，与“神”相对，公开的，可以看到的，指人事。为，被。之，它，指天道。神，神秘的，看不到的，指天道。二句意谓：看得见的人事只有被天道所支配，而天道才是可信的。 ⑪所见，指愚者的偏见。入于人，沉溺于人事，如厚葬就是一例。 ⑫其功句：意谓人为全是表面功夫。

【点评】 儒家主张厚葬，墨家主张薄葬，庄子主张不葬。作者认为不仅要把人生看破，还要把死后看破，把一切人事看破，那才是修道的实在功夫。

天下第三十三

【导读】

本篇主要说明：庄周学派的理论是当时学术的高峰。而它高就高在恢复了古代道术的面貌。作者认为，学术发展的过程就是道术分裂为方术的过程。

古代的道术是完美纯正的，并体现在各个方面。但后世的学者各执己见，自以为是，标榜自己的一套是学术的顶峰，而实际上只是一方之术、一管之见，是十分片面的。因此，道术被他们弄得支离破碎了。

虽然如此，但各家之说还是在不同程度上反映了道术的某些方面的。于是作者又根据各家与道术的关系，从远而近地列举了墨家、宋尹、彭田慎、关老诸家进行分析。对每家都首先肯定了他们反映了道术的某些方面，然后批评其不足的地方，指出前面三家还是道术的外行，而到了关、老才算得上得道真人，最后抬出本家，标榜为道术最充分、最生动的体现。可见，这也是从某个角度上总结了庄周学派对上述学派的批判继承与发展。因而梁启超谓此篇为全书之自序（见《庄子天下篇释义》），确有一定的根据。有人把本文看作是先秦哲学发展的总结就十分不恰当了。因为文中虽然提到了儒、法等当时比较重要的学派，但并不加以阐述。就是所阐述的各家，也只是从道术的体现这一角度出发的。如慎到关于“势”的学说就根本不加涉及。如果作为先秦哲学的总结，就带很大的片面性了。作者的用意，似乎并非如此。

文章洋洋洒洒，磅礴古今而又条分缕析，文例生动，富有感情，不因评论学术而乏味。自言庄周学派文风一章，概括准确、深刻，体现了浪漫主义创作的特色，为先秦道家文论的凤毛麟角。

惠施一段，记录了名家论辩的重要命题，是研究名家的珍贵资料。从文章结构看，这一段与全文脱节，谭介甫认为原为《惠施》篇而被后来编者所移入。

天下之治方术者多矣①，皆以其有为不可加矣②！古之所谓道术者，果恶乎在？曰：“无乎不在③。”曰：“神何由降④？明何由出？”“圣有所生，王有所成，皆原于一。”不离于宗⑤，谓之天人；不离于精，谓之神人；不离于真，谓之至人。以天为宗⑥，以德为本⑦，以道为门⑧，兆于变化⑨，谓之圣人；以仁为恩⑩，以义为理⑪，以礼为行⑫，以乐为和⑬，薰然慈仁⑭，谓之君子；以法为分⑮，以名为表⑯，以参为验⑰，以稽为决⑱，其数一二三四是也⑲，百官以此相齿⑳；以事为常㉑，以衣食为主，蕃息畜藏㉒，老弱孤寡为意㉓，皆有以养㉔，民之理也㉕。古之人其备乎㉖！配神明㉗，醇天地㉘，育万物，和天下，泽及百姓，明于本数㉙，系于末度㉚，六通四辟㉛，小大精粗㉜，其运无乎不在。其明而在数度者㉝，旧法、世传之史尚多有之㉞；其在于《诗》、《书》、《礼》、《乐》者，邹鲁之士、搢绅先生多能明之㉟。《诗》以道志㊱，《书》以道事，《礼》以道行㊲，《乐》以道和，《易》以道阴阳，《春秋》以道名分㊳。其数散于天下而设于中国者㊴，百家之学时或称而道之㊵。

【注释】

①方术，一方之术。与下句“道术”含义不同。道术是反映天道之术，是普遍适用的、包罗万象的，而方术只适用于某一方面，是局部适用的。　②以其有，认为自己所主张的。不可加，无以复加，即顶峰。　③无乎不在：见《知北游》篇庄子答东郭子问。　④神何五句：神由天降，体现为圣；明由地出，体现为王。归根结蒂都是道的作用。一，指道。后三句是前两句的回答。　⑤不离六句：宗、精、真，都是“原于一”之“一”，即道。从其主宰万物方面说，称之为宗；从其纯粹不杂方面说，称之为精；从其朴实不伪方面说称之为真。故天人、神人、至人是同一样人。　⑥宗，主宰。　⑦本，根本。　⑧门，天门。万物产生与归宿的进出口。　⑨兆，预示。变化，指万物的变化。　⑩以仁句：按照仁去布施恩惠。这以下六句说的君子指的是儒家。　⑪以义句：以义作为道理。　⑫以礼句：用礼来约束行动。　⑬和，调和性情。　⑭薰然，温和慈爱的样子。　⑮以法句：根据法度来规定各人的本分职位。这以下六句说的，反映了法家的主张。⑯名，职称。表，标志。　⑰参，比较。验，检查。　⑱稽，考核。决，判断。⑲数，指等级之数。　⑳齿，序列。见《天道》篇“礼法度数”注。　㉑以事句：以工作、劳动作为经常任务。这以下六句写的是平民的事。　㉒蕃，繁殖。息，生息。畜，蓄积。藏，储藏。句指生产与收藏。　㉓为意，作为关心的事。㉔皆有句：有，得。句谓老弱孤寡都得到抚养。　㉕理，常情。　㉖古之句：备，完备。意谓上述君子、百官、平民等各种人都只是偏于一面，而古代得道的人是全面具备的。　㉗配神明，与神圣明王相一致。配，合。　㉘醇，借为准(依章太炎《庄子解故》说)。醇天地，以天地为准。即效法自然。　㉙明，表现。本数，基本的等级次序。　㉚末度，具体的措施。　㉛辟，意亦为通。六通，从空间说，与上下四方相通。四辟，从时间说，与春夏秋冬四时相通。　㉜小大二句：不论小大精粗的事物，都存在着他的作用。运，作用。　㉝数度，即本数末度。　㉞旧法，旧时的法令。世传之史，社会上流传的史书。　㉟邹(zōu 陬)，

周代国名，在今山东邹县一带。鲁，亦是周代国名，在今山东南部一带。山东一带古代多儒士，也是孔丘、孟轲的家乡。故邹鲁之士，即指儒士。搢(jìn进)，笏。绅，长带。古代做官的衣绑长带，并插笏在腰带上。故用搢绅代指做官的，或写作缙绅。明，通晓。 ㊱道，讲述，表达。 ㊲行，指行为规范。 ㊳名分，名位职守。以上五句马叙伦疑为注而传写误入正文。 ㊴数，概，大略。散，散布。设，设立。 ㊵称，引用。

【点评】 说明古代的道术及其流传的状况。

天下大乱，贤圣不明①，道德不一②。天下多得一察焉以自好③。譬如耳目鼻口④，皆有所明，不能相通。犹百家众技也，皆有所长，时有所用。虽然，不该不遍⑤，一曲之士也⑥。判天地之美⑦，析万物之理⑧，察古人之全⑨。寡能备于天地之美，称神明之容⑩。是故内圣外王之道⑪，闇而不明⑫，郁而不发⑬，天下之人各为其所欲焉以自为方⑭。悲夫！百家往而不反⑮，必不合矣！后世之学者，不幸不见天地之纯⑯，古人之大体⑰。道术将为天下裂⑱。

【注释】

①贤圣句；贤人圣人见天下无道则隐，故不显出他们的作用来。明，显。②不一，各家自有一套，故不统一。 ③一察，一管之见。自好，自我欣赏。④譬如三句：耳能听，目能见，鼻能嗅，口能尝，各有各的官能，不能相通用。⑤该，完备。遍，普遍，全面。 ⑥一曲之士，一方之士，又称曲士(见《秋水》篇)。 ⑦判，剖开，割裂。美，完美。 ⑧析，离析，支解。理，纹理。⑨察，借作槃，散之意。句谓把古人完美的道德弄得支离破碎。 ⑩称，合。容，通颂，亦美之意。 ⑪内圣，从本身说具有圣人的品格。外王，对外说可以为王。⑫闇(àn暗)，通暗。 ⑬郁，闭塞。发，发挥出来。 ⑭方，术。 ⑮百家二句：百家各走各的路而不回头，故必定不能统一。反，通返。 ⑯纯，纯真，指自然的本质。 ⑰古人，即上文"古之人其备乎"的"古之人"。大体，全貌。⑱裂，割裂。

【点评】 说明道术已经分裂为方术，哀叹学术上今不如昔。

不侈于后世[1]，不靡于万物[2]，不晖于数度[3]，以绳墨自矫[4]，而备世之急[5]。古之道术有在于是者，墨翟、禽滑厘闻其风而说之[6]。为之大过[7]，已之大顺。作为《非乐》[8]，命之曰《节用》。生不歌，死无服[9]。墨子泛爱兼利而非斗[10]，其道不怒[11]。又好学而博[12]，不异[13]，不与先王同，毁古之礼乐。黄帝有《咸池》[14]，尧有《大章》，舜有《大韶》，禹有《大夏》，汤有《大濩》，文王有辟雍之乐，武王、周公作《武》。古之丧礼，贵贱有仪[15]，上下有等。天子棺椁七重[16]，诸侯五重，大夫三重，士再重。今墨子独生不歌[17]，死无服，桐棺三寸而无椁[18]，以为法式[19]。以此教人，恐不爱人；以此自行，固不爱己[20]。未败墨子道[21]。虽然，歌而非歌，哭而非哭，乐而非乐，是果类乎[22]？其生也勤[23]，其死也薄[24]，其道大觳[25]。使人忧，使人悲，其行难为也[26]。恐其不可以为圣人之道，反天下之心[27]。天下不堪。墨子虽独能任[28]，奈天下何！离于天下[29]，其去王也远矣[30]！墨子称道曰："昔禹之湮洪水[31]，决江河而通四夷九州也[32]。名川三百[33]，支川三千，小者无数。禹亲自操橐耜而九杂天下之川[34]。腓无胈[35]，胫无毛，沐甚雨[36]，栉疾风[37]，置万国[38]。禹大圣也，而形劳天下也如此[39]。"使后世之墨者，多以裘褐为衣[40]，以跂跻为服[41]，日夜不休，以自苦为极[42]，曰："不能如此，非禹之道也，不足谓墨[43]。"相里勤之弟子[44]，五侯之徒[45]，南方之墨者若获、已齿、邓陵子之属[46]，俱诵《墨经》，而倍谲不同[47]，相谓别墨[48]。以坚白同异之辩相訾[49]，以觭偶不仵之辞相应[50]，以巨子为圣人[51]。皆愿为之尸[52]，冀得为其后世[53]，至今不决[54]。墨翟、禽滑厘之意则是[55]，其行则非也。将使后世之墨者，必自苦以腓无胈、胫无毛相进而已矣[56]。乱之上也[57]，治之下也。虽然，墨子真天下之好也[58]，将求之不得也[59]，虽枯槁不舍也[60]，才士也夫[61]！

【注释】

①不侈句：不以奢侈影响后世。　②靡（mí糜），浪费。　③晖，炫耀。④绳墨，规矩。自矫，自我勉励。　⑤备，应付。急，急难。　⑥墨翟，见《骈拇》篇注。禽滑（gǔ骨）厘（lí离），墨翟弟子。说（yuè悦），通悦。以上说明墨家学派从哪些方面体现了古代的道术。这是对墨家的肯定。　⑦为之二句：大，通太。已，止。顺，原本作循，据世德堂本改。顺，《小尔雅》："退也。"退与过意思正相反。退是不及，过是过了头。墨家的主张要求过分苛刻，故实行的话，未免太过；但其中亦有合理的地方，完全抛弃掉，又未免成了另一极端。意即过犹不及。⑧作为二句：提倡非乐，以节用为名。《墨子》书中有《非乐》、《节用》两篇。作，设。命，名。　⑨无服，不穿丧服。　⑩泛爱，广泛地爱一切人。兼利，使大家都得到利益。非斗，即非攻，反对攻伐。　⑪其道句：主张不要互相怨怒为原则。⑫又好学句：《墨子》说他尝见百国春秋，南游时载书甚多。　⑬不异，不立异。墨子主张"尚同"。　⑭黄帝七句：说的是五帝三王时代乐曲的代表作。　⑮仪，仪式。　⑯椁，外棺。重，层。　⑰独，却。　⑱桐棺，桐木做的棺。三寸，指桐棺厚度。　⑲法式，榜样。　⑳固，实在。　㉑未败句：还不能把墨子的学说看得很坏。败，坏。　㉒是果句：类，象。句意谓世人歌、哭、乐都并非出自真心，故亦不像样。这是对现实而说的。　㉓其，指墨子。勤，劳苦。㉔薄，指丧礼简单化。　㉕大，通太。觳（què确），苛刻。　㉖难为，难以办到。　㉗反，违反。天下，指天下人。下数句同。　㉘独能任，自个儿可以做到。　㉙离，脱离。天下，指天下人的实际。　㉚其去句：去，离。句谓他们离王道也是很远的。　㉛湮，堵塞。　㉜通，达，交通。四夷，四方的少数民族地区。　㉝川，原本作山，据赵谏议本改。　㉞操，拿。橐（tuó驼），盛土器。耜（sì似），挖土器。九，通纠。杂，交合。九杂，使之纵横交合，便于排灌。㉟腓无胈二句：腓（féi肥），腿肚。胈（bá拔），《史记集解》："肤毳毛。"即人体表面的细毛。胫（jìng径），小腿。二句意谓东奔西走，水里来，泥里去，连腿上的汗毛都磨掉了。　㊱沐，沐浴。指被淋。甚雨，暴雨。　㊲栉（zhì志），梳头发。疾风，猛风。　㊳置，安置好。万国，许多地区。　㊴形劳天下，为天下而使身体劳苦。　㊵裘，兽皮。褐，粗布。　㊶跂（qí其），通屐，木屐。蹻（jué厥），草鞋。　㊷极，准则。　㊸不足句：称不上是墨者。　㊹相里勤，姓相里名

勤。是南方的墨师。 ㊺五，通伍，姓。侯，名。当是较出名的墨家子弟。徒，类。 ㊻若获，姓若名获。原本“若”作“苦”，但未见有姓苦的，疑因形近而误，故依《续古逸丛书》本改。已齿，姓已，名齿。但二者活动不详。邓陵子，《韩非子·显学》有相里氏之墨、相夫氏之墨、邓陵氏之墨。 ㊼倍，背。谲(jué 决)，异。倍谲，分歧。 ㊽别墨，非正统的墨家。 ㊾坚白同异，见《齐物论》篇“故以坚白之昧终”注。訾(zǐ 子)，诋毁。 ㊿觭(jī 基)，通奇，单。偶，双。觭与偶，是相对的两个数目，这里取其相反之义。仵(wǔ 五)，通伍，合。应，对答。 (51)巨子，墨学高超的人。 (52)尸，主，首领。为之尸，作为其首领。 (53)冀，希望。后，继承人。 (54)至今句：决，定。句谓到现在他们还在争论不休，还没有决定谁是正统的继承者。 (55)意则是，用意是对的。 (56)相进，互相竞进。 (57)乱之二句：乱国有余，治国不足。 (58)墨子句：好，爱。句谓墨子还是真心爱天下的。 (59)求之，求爱天下。 (60)舍，弃。 (61)才士，有才能的人。

【点评】 这段是对墨学的批评。先肯定了墨家俭朴、严于律己、备世之急等方面继承了古代的道术，用心是良好的。但他们以禹为榜样，主张非乐、节用，过分苛刻，人们难以做到，故脱离了实际，与圣王之道相距太远了。其次，叙述了墨家的分派及组织上的特点。最后给墨家一个总的评价。

不累于俗①，不饰于物②，不苟于人③，不忮于众④，愿天下之安宁以活民命，人我之养⑤，毕足而止⑥，以此白心⑦。古之道术有在于是者，宋钘、尹文闻其风而悦之⑧。作为华山之冠以自表⑨，接万物以别宥为始⑩。语心之容⑪，命之曰“心之行⑫”。以聏合欢⑬，以调海内。请欲置之以为主⑭。见侮不辱⑮，救民之斗，禁攻寝兵，救世之战。以此周行天下，上说下教⑯。虽天下不取，强聒而不舍者也⑰。故曰：上下见厌而强见也⑱。虽然，其为人太多，其自为太少，曰：“请欲固置五升之饭足矣⑲。”先生恐不得饱⑳，弟子虽饥，不忘天下，日夜不休。曰：“我必得活哉！”图傲乎救世之士哉㉑！曰：“君子不为苛察㉒，不以身假物㉓。”以为无益于天下者，明之不如已也㉔。以禁攻寝兵为外，以情欲寡浅为内。其小大精粗㉕，其行适至是而止。

【注释】

①不累句：不为世俗所拖累。 ②不饰句：不因外界条件而装模作样。饰，矫饰。 ③不苟句：苟，章太炎说是“苛”字之误。句谓对人不苛求。 ④不忮句：忮(zhì至)，违逆。句谓不会与众人发生矛盾。 ⑤人我之养，即人之养我。这是提宾结构。 ⑥毕足，满足。意谓不求有余。 ⑦白心，表白心愿。 ⑧宋钘(jiān肩)。即宋荣子(见《逍遥游》篇)。《孟子》作宋牼。《汉书·艺文志》记有《宋子》十八篇，在小说家，均不传。尹文，《汉书·艺文志》记《尹文子》一篇，在名家。今本《尹文子》为伪作。据郭沫若考证，今《管子》中的《心术》、《内业》二篇为宋钘所作，《白心》篇为尹文所作。 ⑨作为句：华山陡削，上下均平，故他们制作华山模样的帽子来象征自己的主张。 ⑩宥，通囿，局限。别宥，去囿，抛弃偏见。始，首。 ⑪语心句：容，思。《说文》：“思，容也。”句谓谈论心的思维。 ⑫命，名。心之行，心理活动。 ⑬以聏(ér而)二句：聏，崔本作胹，柔和。调，合。二句谓：用和顺的态度投合别人的喜欢，并以此与天下人相协调。 ⑭请欲句：希望树立上述主张作为他们行动的主导思想。主，主宰，主导思想。 ⑮见侮四句：见，被。不辱，不以为耻辱。救，使之免。寝，息。《荀子·正论》：“子宋子曰：明见侮之不辱，使人不斗。人皆以见侮为辱，故斗也。知其侮之为不辱，则不斗矣。”《孟子·告子》：“宋牼将之楚，孟子遇之石丘，曰：‘先生将何之？’曰：‘吾闻秦楚构兵，我将见楚王，说而罢之。楚王不悦，我将见秦王，说而罢之。二王，我将有所遇焉。”《尹文子·大道上》：“见侮不辱，见推不矜，禁暴息兵，救世之斗。此人君之德，可以为主矣！”这些都表明了宋钘的主张。 ⑯上，指对君主。下，指对百姓。 ⑰聒(guō郭)，喧扰，嘈杂。强聒，硬是吵嚷。舍，通捨。 ⑱见厌，被人讨厌。强见(xiàn现)，硬是表现、宣扬。 ⑲请欲句：固，借为姑。这句是对接待他们的人说的。 ⑳先生四句：这是作者对宋、尹的评说。先生、弟子是指他们师徒。 ㉑图傲，伟大。《尚书·大诰》：“乃宁考图功。”本书《德充符》：“謷乎大哉。”可见图、謷都是伟大的意思。 ㉒苛察，对人对事苛求挑剔。 ㉓不以句：自身不随意被外物所利用。假，借助，利用。 ㉔明，揭示，指明。已，止。以上二句说明“不为苛察”之义。犹《荀子·儒效》所说的：“君子之所谓察

者，非能遍察人之所察之谓也，有所止矣。”　㉕其小大二句：指宋、尹之所为，不管从大方面说还是从细微方面说，就是到此为止了。这是作者感叹他们未入大道的领域。犹《逍遥游》中说宋荣子：“彼其于世，未数数然也。虽然，犹有未树也。”

【点评】 这段是评论宋钘、尹文学派的。根据作者叙述，宋、尹与墨家有共同之处：一、自身刻苦，生活俭朴；二、爱人心切；三、以平息战乱、安定天下为己任。因而《荀子·非十二子》把墨翟与宋钘并列。但宋、尹能随俗顺人，淡情寡欲，为墨子所不及。而这两点正是庄子学派所取的，故放在墨子之后，评价比墨子高。但比之后面数家又稍逊一筹。

公而不党①，易而无私②，决然无主③，趣物而不两④，不顾于虑⑤,不谋于知⑥，于物无择⑦，与之俱往。古之道术有在于是者，彭蒙、田骈、慎到闻其风而悦之⑧。齐万物以为首⑨，曰：“天能覆之而不能载之，地能载之而不能覆之，大道能包之而不能辩之⑩。”知万物皆有所可⑪，有所不可。故曰：“选则不遍⑫，教则不至⑬，道则无遗者矣⑭。”是故慎到弃知去己⑮，而缘不得已。泠汰于物⑯，以为道理。曰：“知不知⑰，将薄知而后邻伤之者也⑱。”謑髁无任⑲，而笑天下之尚贤也⑳；纵脱无行㉑，而非天下之大圣㉒；椎拍輐断㉓，与物宛转㉔;舍是与非，苟可以免㉕。不师知虑㉖，不知前后㉗，魏然而已矣㉘。推而后行，曳而后往㉙。若飘风之还㉚，若羽之旋㉛，若磨石之隧㉜，全而无非㉝，动静无过，未尝有罪。是何故？夫无知之物，无建己之患㉞，无用知之累，动静不离于理㉟，是以终身无誉㊱。故曰：“至于若无知之物而已，无用贤圣。夫块不失道㊲。”豪桀相与笑之曰：“慎到之道，非生人之行，而至死人之理㊳。”适得怪焉㊴。田骈亦然，学于彭蒙，得不教焉㊵。彭蒙之师曰：“古之道人，至于莫之是、莫之非而已矣㊶。其风窢然㊷，恶可而言㊸。”常反人㊹，不见观，而不免于鲩断㊺。其所谓道非道㊻，而所言之韪不免于非㊼。彭蒙、田骈、慎到不知道⑱。虽然，概乎皆尝有闻者也⑲。

【注释】

①党，阿党，偏。党，原本作“当”，据赵谏议本改。 ②易，平。 ③决然，自然流动的样子。无主，没有被什么所支配。 ④趣物句：随物变化而没有三心二意。 ⑤不顾句：没有顾虑。 ⑥不谋句：不追求知识。 ⑦于物二句：对万物毫无选择地随顺着，和它一道变化发展。 ⑧彭蒙，不详。下文说是田骈的老师。田骈，即陈骈。《汉书·艺文志》：“道家田子二十五篇。”今已完全散失。《吕氏春秋·不二》：“陈骈贵齐。”慎到，赵人。《汉书·艺文志》：法家有慎子四十二篇。今存《慎子》是残余的辑本。 ⑨齐万句：首，首要。句意与《吕氏春秋》谓“陈骈贵齐”正合。 ⑩包，包容。辩，分辨。 ⑪知万物二句：天地与道尚且有所不能，万物更是如此可知。可，能。 ⑫选则句：有所选择，则有所淘汰，故说不遍。遍，全。 ⑬教则句：有所教，则必有所不能教。不至，指教不能及。 ⑭道则句：大道能包容万物，所以没有遗漏。 ⑮去己，抛开己见。⑯泠(líng 玲)汰，听从放任。 ⑰知不知，即知则不知，知就是无知。 ⑱将薄句：将，要。薄知，鄙薄知识。邻，借为磷。磷伤，毁伤，毁弃。句谓：要鄙薄知识，然后又进一步把它毁弃。 ⑲謑髁(xǐ kē 喜科)，儿戏、随便的样子。无任，无能。 ⑳尚贤，推崇贤能的人。这是儒家、墨家的主张。 ㉑纵脱，放任不羁。无行，不修德行。 ㉒非，非议。 ㉓椎、輐(wàn 腕)，都是古代的刑具。拍，打。椎可拍打人，輐可以把人的手足切断，故说“椎拍輐断”。 ㉔与物句：物，事。宛转，相应变化。句意承上句说：或椎拍，或輐断，是根据事态而相应变化的。意即施行刑罚要根据犯罪的轻重。 ㉕苟，姑且。免，免去刑罚。连上几句的意思是：抛弃了是非，才能免除椎拍或輐断等刑罚。 ㉖不师句：不凭靠自己的知识与思虑。 ㉗不知句：不瞻前顾后。 ㉘魏，通巍，独立的样子。 ㉙曳，拖。 ㉚还，往返。 ㉛羽，指空中飘动的羽毛。 ㉜隧，转动。 ㉝全，完美。无非，没有不对的。 ㉞建，树。建己，标榜自己。㉟不离于理，即合理。 ㊱无誉，无誉也就可以无罪。 ㊲块，土块。不失道，没有离开道。参阅《知北游》篇。 ㊳而至句：人像土块，就等于死了一般。故说是“死人之理”。 ㊴适，适足。得怪，被人看作怪异。这句是作者的评议。

㊵不教，不用教。这是不教之教。　㊶至于二句：达到无所谓是非，就是最高的境界。　㊷其风句：窢（xù 旭），风迅速吹过的声音。这句用风来比喻教化。指道人的影响。　㊸恶（wū 乌）可句：指道人的影响，无法言传 。　㊹常反人二句：常常违反人意，得不到人们所仰望。见，被。观，瞻望。　㊺而不句：鲩（yuán 元）断，同輐断。句谓不免于受罪。　㊻所谓句：指彭蒙等人所说的道并非真正的天道。　㊼韪（wěi 伟），是。　㊽不知道，不真正懂得天道。　㊾概乎句：概，约略。尝，曾。句谓他们还是知道一点的。

【点评】 根据《史记·孟子荀卿列传》说：“慎到、田骈皆学黄老道德之术。”故与庄子学术来源有共同的地方。在这段里，作者肯定了他们去己、弃智、齐物为首、缘于不得已等都与作者的主张是相一致的。所以说他们“有所闻”。但他们未能融会贯通，总括、抽象出一个真正的道来，故又指出他们“不知道”，基本上还是个外行。

以本为精①，以物为粗，以有积为不足②，澹然独与神明居③。古之道术有在于是者，关尹、老聃闻其风而悦之④。建之以常无有⑤，主之以太一⑥。以濡弱谦下为表⑦，以空虚不毁万物为实⑧。关尹曰：“在己无居⑨，形物自著。”其动若水⑩，其静若镜⑪，其应若响⑫。芴乎若亡⑬，寂乎若清⑭。同焉者和⑮，得焉者失。未尝先人而常随人⑯。老聃曰：“知其雄⑰，守其雌，为天下溪；知其白⑱，守其辱，为天下谷。”人皆取先，己独取后⑲。曰：“受天下之垢⑳。”人皆取实，己独取虚。“无藏也故有余㉑。”岿然而有余㉒。其行身也㉓，徐而不费㉔，无为也而笑巧㉕。人皆求福，己独曲全㉖。曰：“苟免于咎㉗。”以深为根㉘，以约为纪。曰：“坚则毁矣㉙，锐则挫矣。”常宽容于物，不削于人㉚。虽未至于极㉛，关尹、老聃乎，古之博大真人哉！

【注释】

①本，指德。上文云：“以德为本。”德是无为之德，是精妙玄虚的，故说“为精”。而“本”所生出来的万物是有形、有为的，故说“为粗”。　②以有句：意谓

认为有积蓄反而会不足。老子根据“有无相生”的道理，主张“圣人不积。既以为人己愈有，既以与人己愈多”(《老子·第八十一章》)。积，积蓄。　③澹然，无心的样子。神明，道的作用。(见上文“神何由降”五句注)独与神明居，只与大道为一体。意即不夹杂其他。　④关尹，《吕氏春秋·不二》：“老聃贵柔，关尹贵清。”高诱注：“关尹，关正也。”看来并非姓关，关尹是职称。传说他比老聃年纪大。《汉书·艺文志》有《关尹子》九篇，疑属伪托。　⑤建之句：主张建立在常无与常有的基础上。即常无与常有是他的理论基础。《老子》中说：“常无，欲以观其妙；常有，欲以观其徼。此两者同出而异名，同谓之玄。”(《第一章》)老子的理论是以有与无两种现象的研究为基础的。“万物生于有，有生于无”，“有无相生”，“有之以为利，无之以为用”等等都是。这种无有，不是一事一物之无与有，而是永恒的无与有。故称常无常有，缩称为“常无有”。　⑥主之句：以太一为主。主，核心。太一即是道。《老子·第三十九章》：“天得一以清，地得一以宁，神得一以灵，谷得一以盈，万物得一以生，侯王得一以为天下贞。”这个一不是一事一物的一，而是包罗万物、主宰万物的一，是体现万物的绝对的统一性的道 。如《吕氏春秋·大乐》说的：“道也者，至精也。不可为形，不可为名。强为之名，谓之太一。”　⑦濡(rú 如)，通輭，今作软。表，外表形式。句意谓表现为软弱谦逊卑下。《老子》：“天下莫柔弱于水，而攻坚强者莫之能胜，以其无以易之。弱之胜强，柔之胜刚，天下莫不知，莫能行。”(《第七十八章》)“江海所以能为百谷王者，以其善下之。故能为百谷王。是以欲上民，必以言下之；欲先民，必以身后之。……以其不争，故天下莫能与之争。”(《第六十六章》)这些都说明以软弱谦下为表。　⑧以空虚句：道体空虚，能包容万物。故得道的人内心空虚，对万物不会毁伤。这是他们主张的内容。如《老子·第十六章》：“致虚极，守静笃。万物并作，吾以观其复。夫物芸芸，各复归其根。”毁，伤害。实，内容。　⑨在己二句：在自己心上不留痕迹，保持清净，有形的物类自然就会显示得清清楚楚。居，止，留滞。著，昭著。　⑩其，指关尹。若水，如流水一样清澈自然。　⑪若镜，清净平静。动也清，静也清，所以《吕氏春秋》说他“贵清”。　⑫应，指对外界的反应。响，回声。　⑬芴(hù 户)，通忽。忽然，水快流的样子。亡，无。这句形容“其动若水”。　⑭寂乎句：形容“其静若镜”。　⑮同焉二句：回声与发声相同故能调和，有所得则有所失。前句形容“其应若响”，后句是加以推论，说明不是与物混同，而是追求要使自己有所得，这样就必然会带来有所失。 ⑯未尝句：这句提出另一论点，引起下文，用“老聃曰”加以证明。以下数句同例。 ⑰知其雄三句：见《老子·第二十八章》。意谓：明知是雄性的，却以雌性自居，愿成为天下的沟壑。雄性表示刚强，雌性表示柔弱。沟壑表示卑下而且空虚，但能容纳一切。 ⑱知其白三句：亦见《老子·第二十八章》。白，清白，与辱对举，可引申为光彩。谷，山谷。三句意与上三句同。 ⑲取后，自甘落后。 ⑳垢，辱。句意见《老子·第七十八章》：“受国之垢，是谓社稷主；受国不祥，是谓天下王。” ㉑无藏句：按上文体例，这句上应有“曰”字。 ㉒岿(kuī亏)然，山高大的样子。形容有余之多，如高山堆积。这句是作者承上句而强调老子有余的意思。 ㉓行身，立身行事。 ㉔徐，舒缓，从容不迫的样子。费，损。 ㉕巧，机巧。 ㉖曲全，委曲求全。 ㉗苟免句：姑且免于受罪。说明曲全的原因。 ㉘以深二句：以深藏为根本，以隐约为纲纪。都表明不可外露。 ㉙坚则二句：露出坚锐则被人挫折毁断。说明深藏、隐约的原因。 ㉚削，侵削。 ㉛虽未句：原本作“可谓至极”，今按高山寺本改。《阙误》校引李、文二本“可谓”作“虽未”，无“于”字。

【点评】 赞颂关尹、老聃以“太一”为核心，虚怀若谷，能让人，能容物，委曲求全，免于受罪。说明他们确是伟大的真人了，但还未达到道的高峰。

寂漠无形①，变化无常，死与？生与？天地并与②？神明往与③？芒乎何之④？忽乎何适⑤？万物毕罗⑥，莫足以归。古之道术有在于是者，庄周闻其风而悦之。以谬悠之说⑦，荒唐之言⑧，无端崖之辞⑨，时恣纵而傥⑩，不以觭见之也⑪。以天下为沈浊，不可与庄语⑫。以卮言为曼衍⑬，以重言为真⑭，以寓言为广⑮。独与天地精神往来⑯，而不敖倪于万物⑰。不谴是非⑱，以与世俗处。其书虽瑰玮⑲，而连犿无伤也⑳。其辞虽参差㉑，而諔诡可观㉒。彼其充实㉓，不可以已。上与造物者游㉔，而下与外死生、无终始者为友㉕。其于本也㉖，弘大而辟㉗，深闳而肆㉘；其于宗也㉙，可谓稠适而上遂矣㉚。虽然，其应于化而解于物也㉛，其理不竭，其来不蜕，芒乎昧乎，未之尽者。

【注释】

①寂，原本作“芴”，按高山寺及《续古逸丛书》本改。寂漠，静。无形，虚。都是描写道的本质属性。　②天地句：与天地共存。并，并存。　③神明句：神与明是天地的精神，两者的交往，也体现了道的作用。往，交往。　④芒，通茫。之，往。　⑤忽，很快的样子。适，往。以上六句都是表明道的变化无常。⑥万物二句：万物都给包罗其中，而它本身没有归属于谁。因为它是自本自根的。⑦谬通缪。缪悠，深远而不可捉摸。　⑧荒唐，广大不可测度。　⑨无端崖，不着边际。　⑩恣纵，放肆。傥（tǎng 躺），傥荡，随意无拘束的样子。如《天地》篇：“傥乎若行而失其道也。”原本“而傥”作“而不傥”，欠通，今依《释文》删“不”字，疑因下句“不”字而衍。　⑪不以句：觭（jī 基），角一俯一仰，犹今说倾向。见，通现。句意谓不表现任何倾向。　⑫庄语，庄重的言论。　⑬以卮言句：见《寓言》篇注。　⑭重言，见《寓言》篇注。真，真心话。　⑮广，阐发。⑯独与句：天地精神，即上文说的神明，指大道的作用。句意与上段“独与神明居”同。　⑰敖，通傲。傲倪，轻视。　⑱谴，责，求。　⑲瑰玮，奇伟。⑳连犿（fān 翻），随和的样子。无伤，对人不会有伤害，对自身也不会有伤害。㉑参差（cī 疵），变化多端，而不是整齐呆板。　㉒諔（chù 触）诡，奇异。㉓彼其二句：他内心之情饱满，故禁不住而流露出来。已，止。　㉔造物者，大道。　㉕无终始，不分首尾。　㉖其于句：本，指德。句谓庄子对德的论述。㉗弘大，博大。辟，通达。　㉘深闳（hóng 宏），深广。肆，畅达。　㉙宗，指道。　㉚稠（tiáo 调），通调，或作调。稠适，调和，妥帖。遂，达。上遂，上合乎天道。亦即“上与造物者游”的意思。　㉛其应五句：应连作一气读。应，反应。化，指事物的变化。解，分析。其理，事物的纹理（形式）。竭，止境。其来，事物的出现。蜕，通脱，离。不蜕，连绵不断。芒，通茫。昧，昏暗。几句说明庄子的学说对于反映事物的变化，分析各种事物，还没有到达尽头。因为变化的形式是没有止境的，万物的出现是连绵不断的。这些都在茫茫然、昏昏然之间进行着，故很难说个了尽。

【点评】　说明庄周的学说是天道的体现，因而达到了天人的境界。并交代本书写作的笔法、风格。

惠施多方①，其书五车，其道舛驳②，其言也不中③。历物之意④，曰："至大无外⑤，谓之大一；至小无内⑥，谓之小一。无厚⑦，不可积也，其大千里。天与地卑⑧，山与泽平⑨。日方中方睨⑩，物方生方死⑪。大同而与小同异⑫，此之谓'小同异'；万物毕同毕异⑬，此之谓'大同异'。南方无穷而有穷⑭。今日适越而昔来⑮。连环可解也⑯。我知天之中央⑰，燕之北、越之南是也。泛爱万物，天地一体也。"惠施以此为大，观于天下而晓辩者⑱，天下之辩者相与乐之⑲。卵有毛⑳。鸡三足㉑。郢有天下㉒。犬可以为羊㉓。马有卵㉔。丁子有尾㉕。火不热㉖。山出口㉗。轮不蹍地㉘。目不见㉙。指不至㉚，至不绝。龟长于蛇㉛。矩不方㉜，规不可以为圆。凿不围枘㉝。飞鸟之景未尝动也㉞。镞矢之疾㉟，而有不行、不止之时㊱。狗非犬㊲。黄马骊牛三㊳。白狗黑㊴。孤驹未尝有母㊵。一尺之捶㊶，日取其半，万世不竭。辩者以此与惠施相应㊷，终身无穷。桓团、公孙龙辩者之徒㊸，饰人之心㊹，易人之意㊺，能胜人之口，不能服人之心，辩者之囿也㊻。惠施日以其知与之辩㊼，特与天下之辩者为怪㊽，此其柢也㊾。然惠施之口谈㊿，自以为最贤，曰："天地其壮乎(51)，施存雄而无术。"南方有倚人焉(52)，曰黄缭，问天地所以不坠不陷，风雨雷霆之故(53)。惠施不辞而应(54)，不虑而对，遍为万物说(55)。说而不休，多而无已，犹以为寡(56)，益之以怪(57)，以反人为实(58)，而欲以胜人为名(59)，是以与众不适也(60)。弱于德(61)，强于物(62)，其涂隩矣(63)。由天地之道观惠施之能，其犹一蚊一虻之劳者也(64)。其于物也何庸(65)！夫充一尚可(66)，曰愈贵(67)，道几矣！惠施不能以此自宁(68)，散于万物而不厌(69)，卒以善辩为名。惜乎！惠施之才，骀荡而不得(70)，逐万物而不反(71)，是穷响以声(72)，形与影竞走也，悲夫！

【注释】

①方，术。 ②舛（chuǎn 喘）驳，错误杂乱。 ③中，中肯。 ④历，

分析叙述。物，事物。意，含义，指性质。　⑤无外，无限大。　⑥无内，无限小。　⑦无厚三句：无厚，没有厚度。积，重叠。三句所说的，相当于今天几何学中说的平面。平面没有厚度，但能扩大到千里。　⑧卑，低。　⑨平，一样高。以上两句说明：高低是相对的，而且还要看从什么角度去衡量。　⑩日方句：睨(nì 匿)，本指斜视，这里只取斜的意思。句谓太阳刚刚正中的时候也正是偏斜的时候。意即太阳没有绝对正中的位置。　⑪物方生句：万物刚刚生出的时候就马上向死亡转化。　⑫大同二句：大体相同与小部分相同是不同的，但从绝对的观点看，毕竟还是有相同，也有相异，只是程度上有差别罢了，因此都可称为“小同异”。　⑬万物二句：万物中完全相同或完全不同的，这才是大的相同或大的不同。毕，完全。　⑭穷，穷尽。方向是可以无限伸延的，故可说“南方无穷”。就某一范围的南方说是有止境的，故说“有穷”。　⑮今日句：从本身说，今天我到越国去，从越国说，昨天他到来。今天与昨天是相对而言的。　⑯连环句：从本身存在意义上讲连环是分不开的，从环与环之间关系上讲，它又是可分的。《战国策·齐策》载：秦始皇尝使使者遗君王后玉连环，曰：“齐多知，而解此环否?”君王后以示群臣，臣不知解，君王后引椎椎破之，谢秦使曰：“谨以解矣!”可供参考。⑰我知二句：在燕之北、越之南望天上都似中央。“天”字下原有“下”字，依《释文》、成疏删。　⑱观，显示，炫耀。晓，启发，引导。　⑲乐之，乐意和他论辩。　⑳卵有毛：从小鸡孵出时已有毛可知蛋里有毛的因素。　㉑鸡三足：《公孙龙子·通变论》：“谓鸡足一，数足二，二而一故三。”　㉒郢有天下：郢(yǐng 影)，楚国都城，在今湖北省江陵。从上文“天之中央”看来，惠施关于天下的概念和当时一般人的看法不一样。中国只是天下一部分亦可称为天下，那么郢也可以称得上天下。　㉓犬可以句：犬与羊的名称是人叫的，是约定俗成的，相对的。如果大家都叫犬为羊，犬也就成了羊。　㉔马有卵：马是胎生的，但胎之初期也如卵。㉕丁子，虾蟆。楚人叫做丁子。虾蟆的幼虫为蝌蚪，蝌蚪有尾。　㉖火不热：热和冷都是相对的，对火的感觉，物各不同，有感到火不热的。高亨据司马彪注，认为下脱“水不寒”一句。　㉗山出口：《释文》引司马云：“呼于一山，一山皆应，是山犹有口也。”这是指山间可以回响说的。马叙伦据此认为“出”是“有”之误。㉘轮不蹍地：车轮转动时，只有其中一点在一刹那与地面接触，故说不蹍地。㉙目不见：《公孙龙子·坚白论》：“且犹白：以目、以火见。而火不见；则火与目不见，而神见。”旧注说：“人谓目能见物，而目以因火见。是目不能见，由火乃得见也。”眼睛看见东西是有条件的，黑夜也有眼睛，没有光线就什么也看不见，故说“目不见”。 ㉚指不至二句：《列子·仲尼》引公孙龙说：“有指不至，有物不尽。”指即《齐物论》篇中“物莫非指而指非指”的第一、二个“指”字之意，为所指事物的概念。概念与事物是不能完全相称的，故说“不至”。要完全相称是没有止境的，这叫“至不绝”。因为客观事物的变化是没有止境的，这就是公孙龙说的“物不尽”。 ㉛龟长于蛇：龟有大小，蛇有长短，大龟可以长过短小的蛇。 ㉜矩不方二句：矩与规本来是划方与圆的工具。但用绝对的方与圆的标准来要求，矩与规都是不标准的方与圆。 ㉝凿，安榫的凿孔，今叫卯眼。枘(ruì 锐)，榫头。凿孔是套榫头的，但认真说来，凿孔与榫头还是有空隙的，不能围得完全紧贴，故说“不围”。 ㉞飞鸟句：动静是两物相对而言的，飞鸟的影子对其他东西来说是动的，但对飞鸟来说就没有动了。 ㉟镞矢，箭头。疾，快速。 ㊱而有句：一切运动的东西都有相对的静止，故说“有不行”。静止中又有不停的运动，故说有“不止之时”。 ㊲狗非犬：《尔雅·释畜》“未成豪狗”郝懿行义疏：“狗、犬通名，若对文，则大者名犬，小者名狗。”大小不同，故“狗非犬”。 ㊳黄马句：与“鸡三足”相类似。黄马与骊牛合起来是一个集合的概念，分开是两个概念，加起来是三个概念。这些都是一些诡辩的概念游戏。 ㊴白狗黑：白狗身上有黑，如眼珠。根据毛白可叫白狗，根据眼黑亦可叫黑狗。 ㊵孤驹句：既称孤，有母的概念就不存在了。 ㊶一尺三句：捶(chuí 垂)，杖。每日取一半，最后一次总还是留一半，故万世都取不尽。其，指所余部分。 ㊷相应，相对答。 ㊸桓团，《列子·仲尼》作韩团，赵人，辩士。公孙龙，也是赵人。《汉书·艺文志》名家中有《公孙龙子》十四篇，今存六篇。 ㊹饰，蒙蔽。 ㊺易，改变。 ㊻囿，局限。 ㊼惠施句：“与”字下原有“人”字，依唐写本删。 ㊽特，专门。为怪，造出各种奇谈怪论。 ㊾柢(dǐ 底)，根本。 ㊿口谈，口才。 51天地二句：天地虽然那么大，但有我惠施的雄才在，则无人敢称道自己的道术了。 52倚，通畸，怪僻。 53故，指产生的缘故。 54不辞，不辞谢，不表示一下谦让。 55遍，广泛。说，解说。 56犹以为寡，还嫌说得少。 57益，加。怪，怪诞。 58以反句：把违反人之常情的事说成是真实的。 59胜人，辩赢别人。为名，获取名声。 60适，合。 61弱于德，轻视道德修养。德是本，这是舍本。 62强于物，努力追逐外物。物是末，这是逐末。 ⑥③涂，道路，隩(ào 澳)，深曲。 ⑥④其犹句：劳，功。句意比喻惠施功能之渺小。 ⑥⑤庸，用。 ⑥⑥充一，充当一家之说。 ⑥⑦曰愈贵二句：如果说他的理论很宝贵，那么道术就差不多完了。 ⑥⑧此，指"充一"。宁，安。 ⑥⑨散于句：散，杂。厌，满足。句谓他对各种事物拉杂而论，没个完。 ⑦⓪骀(dài 代)荡，放荡。不得，不能行于正道。 ⑦①不反，不知回头。 ⑦②是穷二句：这好像用声音去追逐回响，用形体和影子竞走一样啊！意即捕风捉影，一无所得。

【点评】 前文作为完整的一篇已经完结。本段宜属另篇。谭介甫《现存庄子天下篇的研究》(见1959年科学出版社出版的《中国哲学史论文初集》)中认为这段是《惠施》篇，前几段则是《淮南王庄子略要》的改名，可供参考。

本段着重介绍以惠施为首的名家学派及其辩论的命题，并加以批判。作者认为惠施学派的理论是最片面、最狭隘、违背大道的奇谈怪论。

其实，对惠施学派的命题要具体分析，其中不少是形而上学的诡辩，但许多命题也闪耀着辩证法的光辉。辩论中他们往往采用了合乎形式逻辑的推理判断。这些在中国哲学思想史上还是有一定价值的。